경설유편

經 說 類 編

일러두기

단행본과 학술지, 잡지 등은 『 』로, 논문과 단편, 시조, 그림은 「 」로 표기했다.

국학자료 심층연구 총서 27

경설유편

經 說 類 編

퇴계학파의 경학 전통과 계승

한국국학진흥원 인문융합본부 기획

이근호 박준철 김용재 함영대 이영호 김방울 지음

은행나무

경전은 조선시대 지식인들의 삶과 학문의 근간이었다. 특히 영남 지역은 퇴계 이황 이후 면면히 이어진 경학 전통이 살아 숨 쉬는 곳이었다. 사서삼경에 대한 깊이 있는 해석과 토론은 단순한 학문적 논의를 넘어 삶의 실천 원리이자 도학 정신의 계승을 의미했다. 그러나 구한말 일제강점기라는 격변의 시대를 맞아 이러한 전통을 어떻게 보존하고 후학에 전승할 것인가는 절박한 과제였다.『경설유편』은 바로 이러한 시대적 요청에 대한 응답이자, 퇴계학파 경학 전통의 총결산이었다.

『경설유편-퇴계학파의 경학 전통과 계승』은 한국국학진흥원 국학자료 심층연구의 결과물로, 1919년 청석 서석화가 편찬한 경학서『경설유편』의 학문적 배경과 편찬 의의, 퇴계학파 경학의 특징과 계승 과정 등에 대한 심도 깊은 논의를 담고 있다.『경설유편』은 퇴계 이황, 갈암 이현일, 대산 이상정, 정재 류치명 4인의 사서삼경 경설을 집대성한 13권 7책의 방대한 저술로, 총 1,457개의 경설을 체계적으로 유편한 것이다. 이에 2024년 관련 연구자들이 모여 '『경설유편』과 퇴계학파 경학 전통'이라는 대주제로 같이 공부하고 서로 질문을 던지며 논의를 심화시켜 나가면서 이 책을 다각도에서 검토했다.

이근호는 '조선시대 청송 지역 달성 서씨 가학의 연원과 전승'에서 『경설유편』 편찬자 서석화의 학문적 배경을 밝히기 위해 청송 지역 달성 서씨 가문의 형성과 전승 과정, 퇴계학파와의 학맥 연계를 상세히 추적했으며, 박준철은 '『경설유편』「대학」편의 편찬 방식과 의의'에서 서석화가 어떤 기준으로 경설을 선별하고 배치했는지, 그리고 1919년 민족적 위기 상황에서 이 저술이 갖는 실천적 의의를 분석하였다. 김용재는 '16~19세기 영남 퇴계학의 학문과 성리설 : 서석화의 『경설유편』에 등장하는 이황·이현일·이상정·류치명의 접점과 간극'에서 4인의 경설에 나타난 학문관, 이기론, 사단칠정론 등 성리학 핵심 화두의 계보적 특징과 차이를 비교 조망하였으며, 함영대는 '20세기 퇴계학파 경학의 모색과 퇴영 : 서석화의 『경설유편·맹자』의 경우'에서 『맹자』편을 중심으로 퇴계학파의 심성론적, 수양론적 전통과 경설 선별의 원칙을 체계적으로 논하였다. 이영호는 '서석화의 『경설유편』과 중용학'에서 『중용』 관련 경설을 『청석집』과 대비 분석하여 퇴계학파 중용학의 특징과 서석화의 독자적 해석을 밝혔으며, 김방울은 '조선 후기 퇴계학파의 경학 주석서 편찬 개관 : 『경설유편』에 이르는 길'에서 18세기부터 20세기 초까지 퇴계학파의 경학 주석서 계보를 총체적으로 정리하고 『경설유편』이 그 전통의 집대성임을 논증하였다.

『경설유편』 연구는 수많은 기탁자분들이 소중한 선조들의 기록 유산을 한국국학진흥원에 기탁하여 연구에 활용할 수 있도록 허락해주셨기 때문에 시작될 수 있었다. 한국국학진흥원에서는 기탁 자료에 대한 기초조사사업과 함께 국역사업, 데이터베이스 구축사업을 진행하여 인문학 연구의 토대를 마련해왔으며, 이러한 본원의 사업은 이 연구의 기초로 활용되었다. 무엇보다도 이 연구가 가능했던 것은 참여한 연구자들이 각자의 전문 분야에서 많은 노력을 기울인 덕분이다. 문학, 사학, 철학, 고문헌학 등 각기 다른 분야에서 활동하는 전문 연구자들이 심층연구라는 형식으로 함께 모여 토론하는 가운데 새로운 관점에서 퇴계학파 경학 전통의 실상을 입체적으로 복원할 수 있는 성과를 낼 수 있었다.

『경설유편』은 단순한 경전 주석서가 아니라 구한말과 일제강점기라는 민족적 위기 속에서 조선 성리학 전통을 지키고 계승하려는 선현들의 치열한 학문적 노력의 결정체였다. 퇴계 이황으로부터 시작된 퇴계학파의 경학 전통이 류치명에 이르기까지 어떻게 계승되고 심화되었는지, 그리고 그것이 20세기 초 서석화에 의해 어떻게 집대성되었는지를 이해하는 것은 조선시대 성리학과 경학 연구에 있어 중요한 의미를 지닌다.

앞으로도 기탁된 여러 자료에 대한 심도 깊은 연구를 통해 전통시대 지식인들의 학문 세계와 실천 정신의 모습을 이끌어낼 수 있도록 최선의 노력을 기울이도록 하겠다.

2025년 11월
한국국학진흥원 인문융합본부

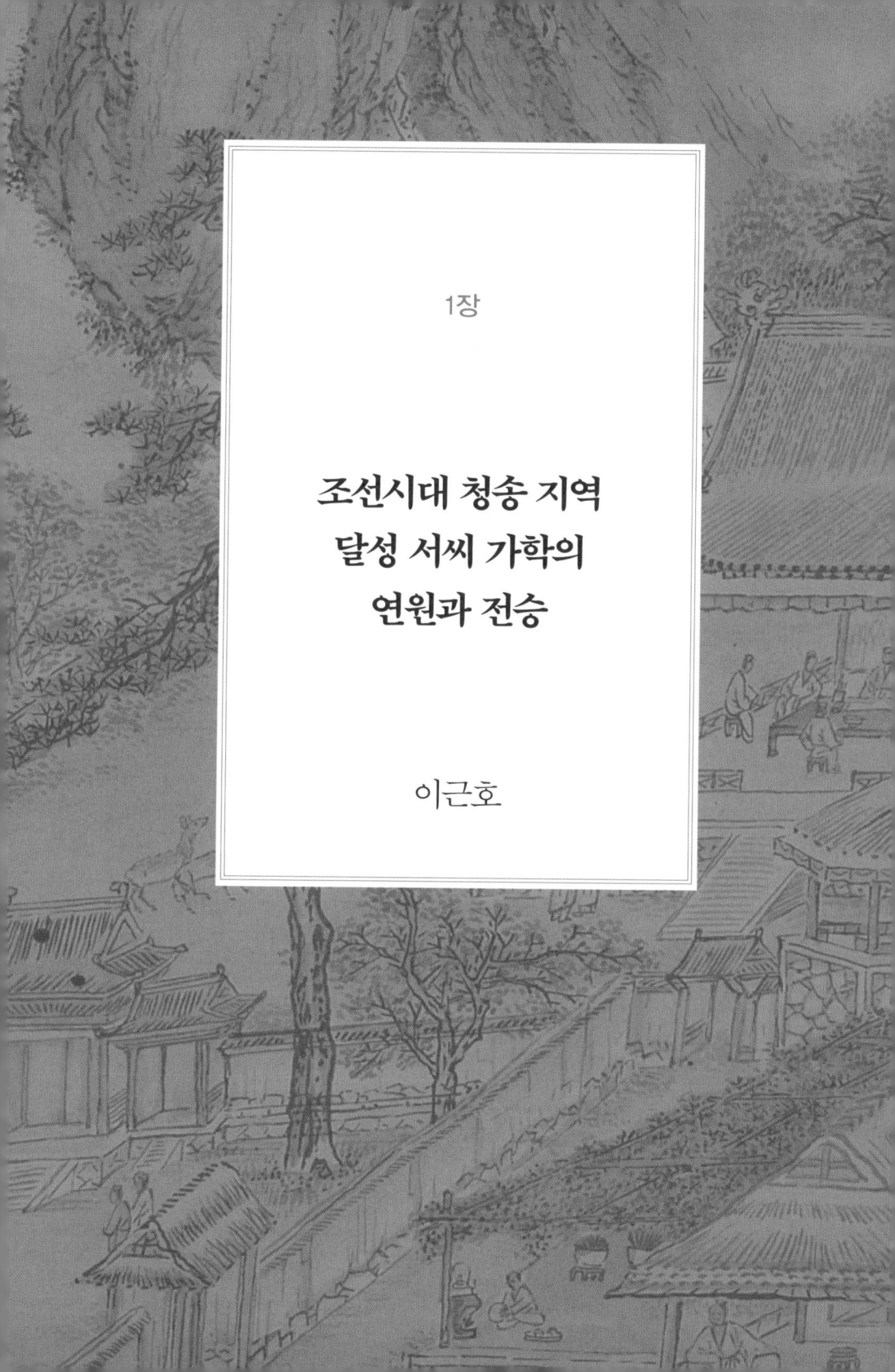

1장

조선시대 청송 지역 달성 서씨 가학의 연원과 전승

이근호

머리말

이 글은『경설유편經說類編』의 이해를 위한 일환으로, 찬자인 서석화徐錫華(1860~1924)의 학문적 배경을 살펴보기 위해 작성되었다.『경설유편』은 이황李滉·이현일李玄逸·이상정李象靖·류치명柳致明의 사서삼경과 관련된 경설을 유편類編한 것이다. 그렇다면 서석화는 왜『경설유편』을 편찬한 것일까? 또, 무슨 내용을 유편하였을까?『경설유편』의 이해에 다수의 궁금증이 생긴다.『경설유편』의 편찬에는 서석화 본인의 학문적 축적이 주요한 배경이 되었을 것이지만, 동시에 서석화의 학문적 배경도 중요하게 영향을 미쳤을 것으로 판단된다. 이 글은 그런 차원에서 서석화가 속한 청송 지역 달성 서씨가의 가학이 형성, 전승되는 과정을 추적하기 위한 것이다. 아울러, 서석화를 포함한 청송[1] 지역의 학풍 내지는 학문적 성향의 일부를 규명하기 위한 것이기도 하다.

조선시대 청송 지역 그리고 달성 서씨의 학풍이나 학문적 동향에 대해서는, 그동안 지방자치단체인 청송군이나 청송문화원을 중심으로 자료 집성 등이 진행되었다.[2] 또한, 설석규는 청송 지역(청송과 진보) 사림의 학문적 경향과 사회적 동향을 추적한 연구를 제출하였다.[3] 설석규는 1937년에 편찬된 읍지인 『청기지靑己誌』[4]의 분석을 통해 청송 지역에서 활동한 사림의 성씨를 추출하고, 이들 사림의 학문적 경향과 학맥의 추이를 분석하였다. 이를 통해 청송 지역 학맥 형성 과정과 17세기 퇴계학파 내의 계파 분화, 18세기 청송 심씨를 중심으로 한 율곡학파의 존재에 대한 이해를 높이게 되었다.

다만, 이 글에서 주목한 달성 서씨와 관련해서는 부분적인 서술에 그쳐, 전반적인 상황을 이해하기에는 한계가 있다. 후술하겠지만, 달성 서씨는 16세기 초 청송 지역에 입향한 뒤 주변의 사족들과 혼인 등으로 인적 관계망을 형성하는 가운데 퇴계학파에 편입되어 가학을 형성하였다. 따라서 달성 서씨가의 가학 형성 과정에 대한 고찰은, 달성 서씨가에 대한 이해를 넘어 청송 지역 학풍의 일단을 해명하는 주제라 할 수 있다. 이 글에서는 선행 연구 성과를 참고하면서, 달성 서씨가 청송 지역에 입향한 뒤, 인적 관계망을 확대하는 과정 및 가학의 형성과 전승되는 과정을 살펴보고자 한다.

달성 서씨의 청송 정착과
퇴계학파와 인적 관계망 구축

청송 지역에 세거한 달성 서씨는 학유공파學諭公派의 일원이다. 서도徐渡를 파조로 하는 달성 서씨 학유공파는 당초 영천永川 일대에서 세거하다가 9세 서윤徐尹(1477~1526) 대에 청송의 안덕 일대로 이거하였다. 서윤의 청송 이거는 밀양 박씨 박수손朴秀孫 딸과의 혼인이 계기가 되었을 것으로 추정되며,[5] 시기적으로 1519년(중종 14) 기묘사화己卯士禍 이후인 것으로 여겨진다.[6] 서윤은 안덕의 고산 아래에 세한정歲寒亭을 짓고 장수藏修하는 곳으로 삼았으며,[7] 권벌權橃(1478~1548), 박하담朴河淡(1479~1560), 이언적李彦迪(1491~1553) 등과 교유하였다.[8] 청송에 정착한 달성 서씨 학유공파의 일원은 청송을 포함해 인근 지역 사족과 학문적 교류와 척연戚緣을 맺으며 지역의 대표적인 사족으로 성장하였다.

달성 서씨 서윤이 청송에 이거하기 이전 몇몇 성씨가 청송에 정착하였다. 청송 지역의 경우 고려 말~조선 초까지 재지적 기반을 갖춘 몇몇 토성土姓이 지역사회를 주도하였으나, 이후에도 토성 중 청송 심씨가 지역의 유력 사족으로 활동하였다. 청송의 읍지 중 하나인 『청기지』를 분석한 연구에 따르면, 『청기지』에 등재된 인물이 36개 성씨에 833명인데, 그중 청송 심씨가 138명 확인된 것에서도 알 수 있다. 특히, 훈신조勳臣條에 14명이 수록되어 있는데, 그중 청송 심씨가 10명이라는 점은 청송 심씨의 위상을 짐작하게 한다.[9] 조선 후기에 작성된 각

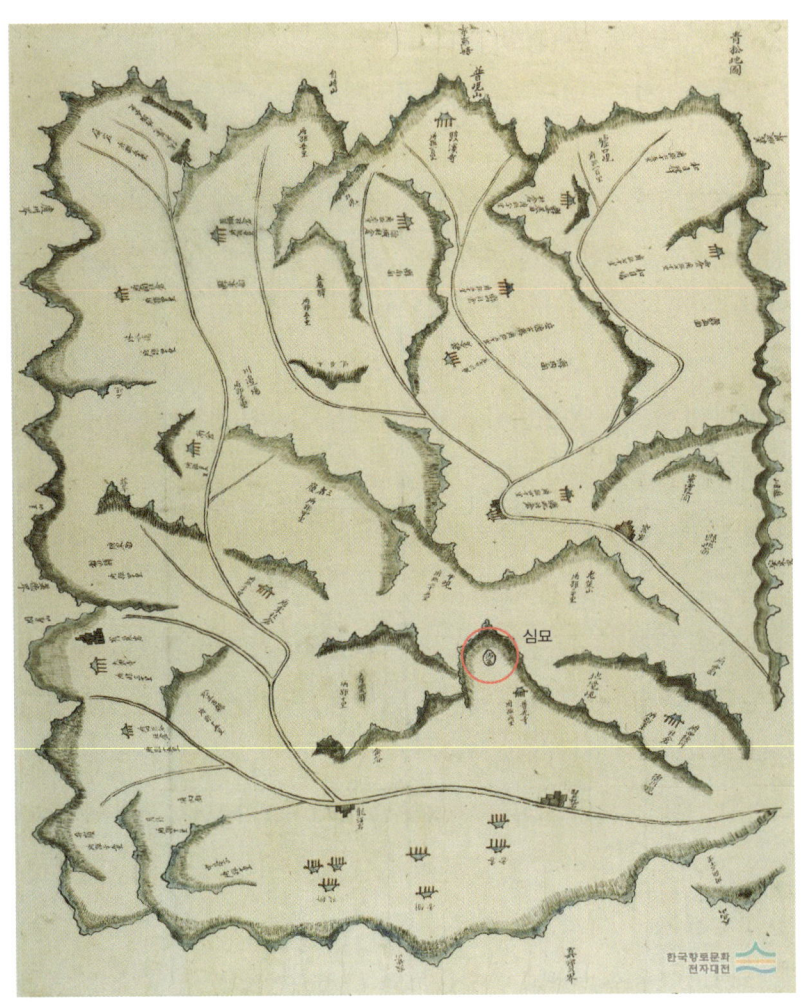

심묘

[그림 1] 「경상도지도」(1872) 규장각한국학연구원 소장

종 청송 지도에 별도로 청송 심씨의 묘소를 칭하는 '심묘沈墓'가 표시된 것이 이를 상징적으로 드러낸다.

한편, 조선 초를 전후하여 새로운 성씨가 청송으로 이거하면서 지역사회의 판도가 변화하였다. 조선 건국을 전후한 시기에 청송으로 이거한 성씨 중 주목되는 성씨는 안동 권씨로, 권명리權明利[10]가 안동부 동문 밖 용흥리龍興里에서 거주하다가[11] 청송의 안덕으로 이거하였다.[12] 청송에 이거한 안동 권씨는 이후 지역 내 다른 성씨들이 이거하는 기반이 되었다.

권명리의 사위 중 한 명인 경주 이씨 이형李衡은 함창현감을 역임한 인물로, 권명리의 딸과의 혼인을 계기로 청송으로 입향하였고, 아들 이종윤李從允이 처가인 경주로 이거하기도 하였으나, 이후 후손들이 청송에 세거하는 계기가 되었다. 이형의 아들 이종윤은 마을 입구에 병사丙舍를 개설하고 향촌의 사우士友들과 독서하였다.[13] 권명리의 사위 중 또 다른 한 명인 경주 손씨 손사성孫士晟의 경우도, 권명리 딸과의 혼인을 계기로 부친 손등孫登까지 세거하던 상주를 떠나 청송의 안덕 일대로 이거하였다.[14] 경주 손씨의 중흥조로 평가되는 손사성의 아들 손소孫昭도 청송에서 태어났으나, 손소는 이후 본향인 경주의 양동마을로 옮겨갔다.[15] 한편, 청송에 정착한 경주 손씨는 사위인 여흥 민씨 민흥閔興(1440~1496)이 청송으로 이거하는 계기를 제공하였다.[16] 이처럼 고려 말~조선 초 시기에 청송의 일부 지역에는 기존의 토성과 함께 새로운 성씨들이 정착하며 지역사회가 재편되었다.

청송에 정착한 달성 서씨는 지역 내 여타 성씨들과 결합하며 성장하였다.

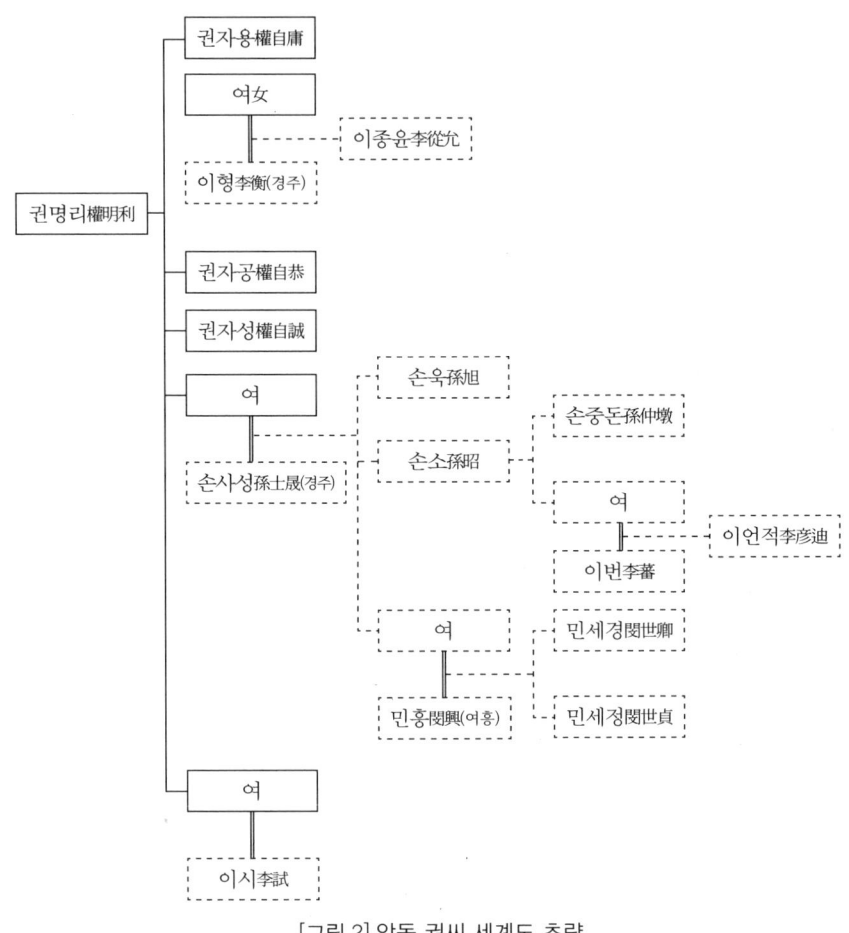

[그림 2] 안동 권씨 세계도 초략

달성 서씨의 청송 입향조인 서윤의 아들 서기종徐起宗은

본관은 달성이다. 송오松塢 윤尹의 아들로, 자는 자광子光으로 통사랑通仕
郞이다. 일찍이 가정의 가르침을 이어 덕을 숨기고 벼슬길에 나가지 않았
다. 행의行誼로 형제가 모두 천거되어 형은 재서랑齋署郞에 제수되었고,

아우는 능서랑陵署郎에 제수되어 세상에서 행실이 있는 집안으로 칭찬하였다. 습독習讀 권회權恢와 효렴孝廉 민세정閔世貞과 사이가 좋아서 의논하여 학사學舍를 짓고 명지서당明智書堂이라 하고, 공을 장長으로 추대하고 규약을 정하여 후학들에게 강학하니 유풍儒風이 비로소 진작되었다.[17]

라 하여, 민세정·권회 등과 교류하며, 지역에 명지서당을 세우고 장을 맡아 규약을 정하고, 후학을 교육하였다. "유풍이 비로소 진작되었다"라는 표현을 통해서, 당시 청송에 끼친 학문적 분위기의 형성을 짐작할 수 있다. 서기종과 교유했던, 민세정은 '기묘사림己卯士林'으로 분류되는 인물로,[18] 1495년(연산군 1) 증광 생원시에 입격하였고, 1502년(연산군 8)에는 큰 뱀을 잡아서 찜과 회를 만들어 형 민세경閔世卿의 병을 치유했다고 하여 정문旌門이 세워지고 복호復戶를 받았다.[19] 민세정은 생원시에 입격한 뒤에 청송에서 생활하며 향약鄕約을 조직하였고, 유일遺逸로 천거되어서 벼슬에 보임되었으며, 여러 차례 전임되어서 언양현감으로 나갔고, 뒤에는 함경도사에 제수되었으며,[20] 1519년(중종 14) 현량과에서 급제하였다. 민세정의 형인 민세경은 조광조趙光祖, 이자李耔, 김안국金安國 등과 도의道義로 교류하였으며, 동생인 민세정과 함께 학문에 종사하였다.[21]

서기종과 교류한 인물 중 한 명인 권회는 습독관 출신이다. 권회의 사위 중 한 명이 함안 조씨 조지趙址(1541~1599)다. 조지가 속한 함안 조씨는 청송의 대표적인 사족으로,[22] 조지의 조부 조연趙淵이 1525년(중종 25) 청송의 진사 창녕 조씨 조치당曹致唐의 딸과 혼인하면서 청송에 거주하였다. 단, 조연은 청송에 일시적으로 거주하다가 본향인 함안으

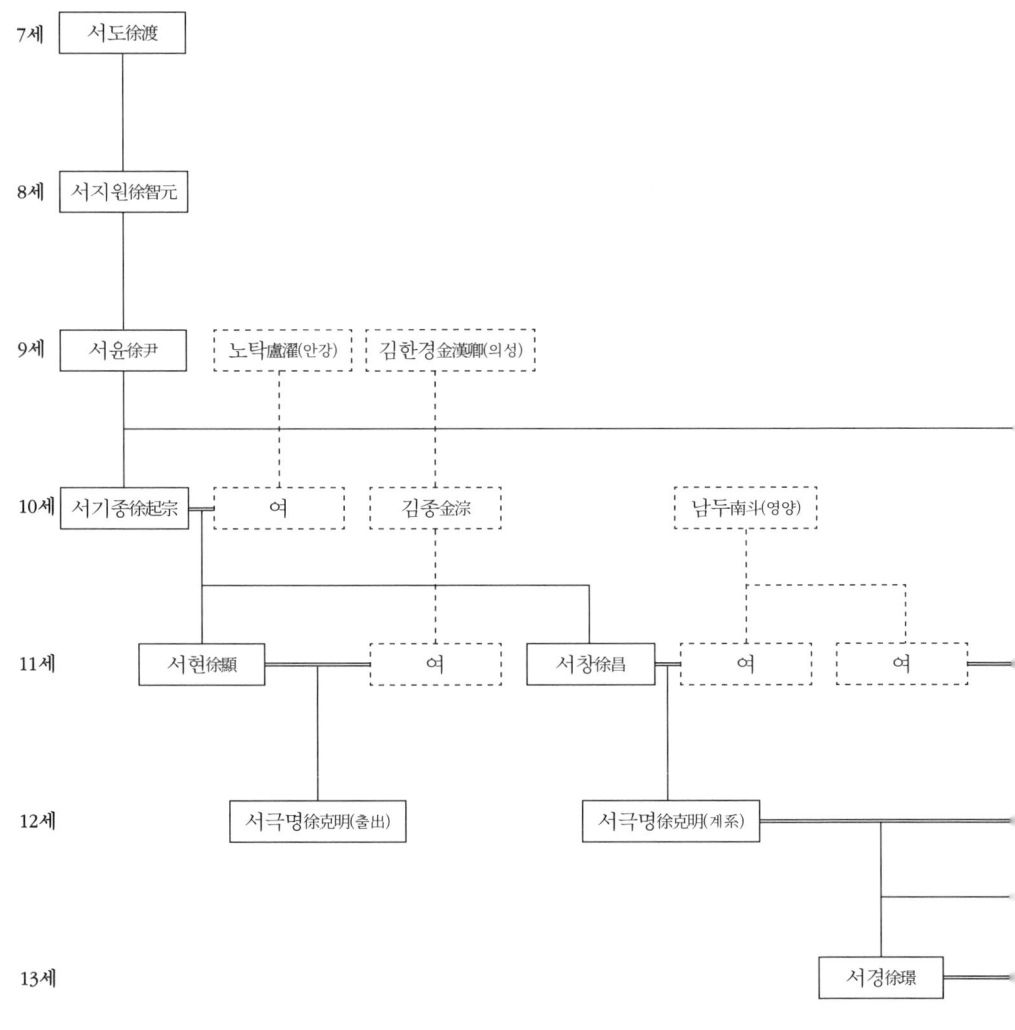

[그림 3] 달성 서씨 세계도 초략(9~14세)[23]

18

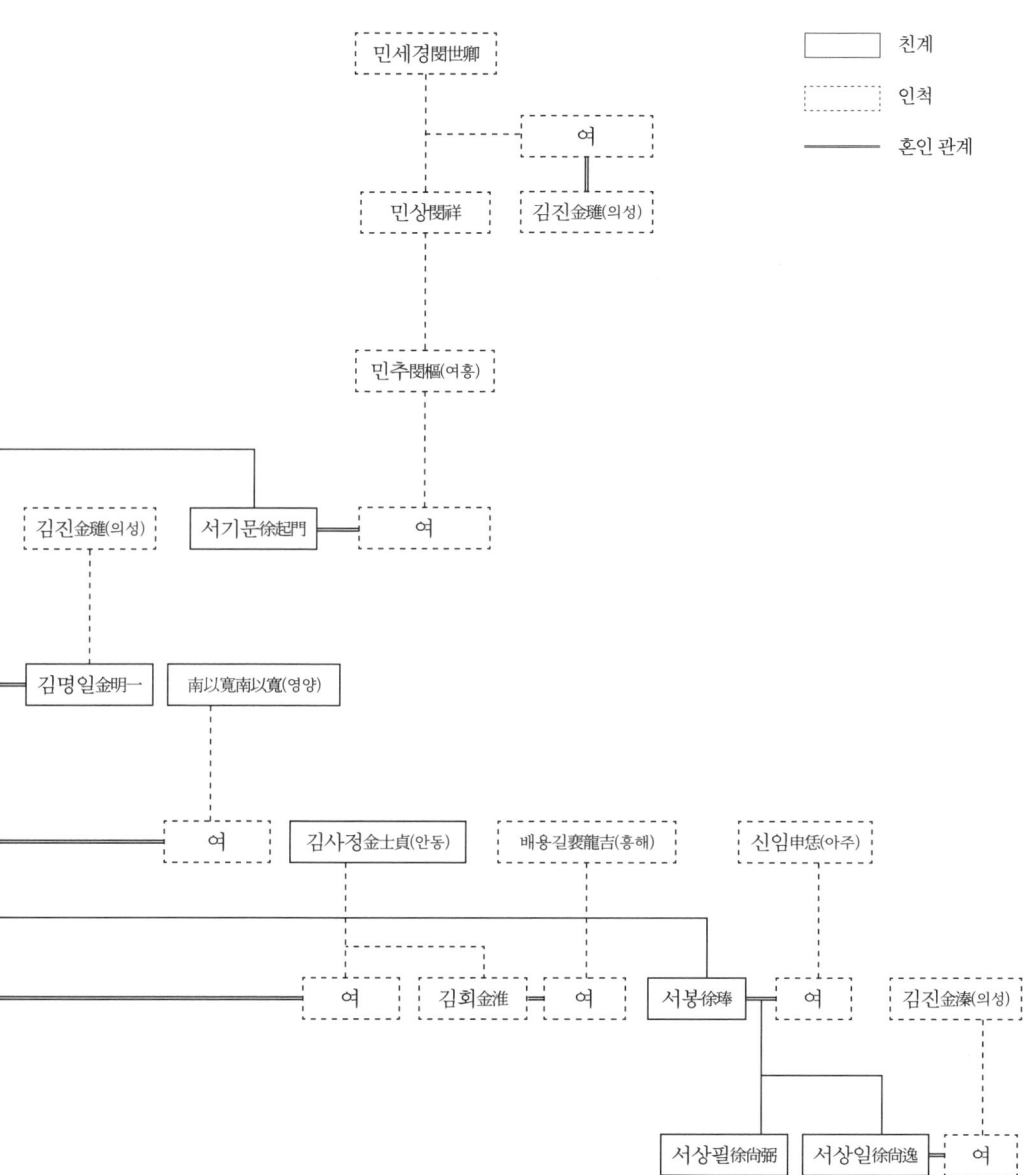

로 이거하였고, 후일 조지가 조부의 명을 받아 청송 안덕에 정착하였다.[24] 조지는 거주지의 남쪽에 망운정望雲亭을 세웠고, 1568년(선조1)에는 쌍계서숙雙溪書塾을 이건하여 생도를 모아놓고 정읍례庭揖禮를 행한 바 있다. 정읍례는 상읍례相揖禮라고도 하는데, 거재나 강회, 통독시에 스승이나 원임에게 인사를 올린 뒤 제생諸生이 서로 인사하며 읍양揖讓의 예를 행하는 절차를 말한다.[25] 또한, 조지는 봄과 가을에는 향음주례와 향사례를 설행하기도 하였다.

서기종의 처가는 안강 노씨 노탁盧濯이고, 서기문의 처가는 여흥 민씨 민추閔樞다. 이들 중 민추는 앞서 언급한 여흥 민씨 민홍의 증손으로, 의성 김씨 김진金璡(1500~1580)에게는 처남이기도 하다. 김진의 경우, 청송에 거주하던 권간權幹으로부터 시례詩禮의 학문을 전수받아 청송과 인연을 맺었다.[26] 권간은 앞서 언급한 안동 권씨 권명리의 증손이다. 김진의 아들로는 잘 알려진 김극일金克一·김수일金守一·김명일金明一·김성일金誠一·김복일金復一 등이 있는데, 달성 서씨는 처가인 여흥 민씨를 통해서 이들 의성 김씨와 관계성을 맺게 되었다. 민추는 서기종과 함께 청송에 명지서당을 세우는 데 주도적인 역할을 한 인물로, 김성일과 신지제申之悌와 교류하였으며, 문하에서 조형도趙亨道·신즙申楫·권익權翊·이준성李俊成 등을 배출하며 청송의 학계를 주도하였다.[27]

이상에서 15세기 후반~16세기 달성 서씨의 혈연관계 및 사회적 관계망을 추적하였다. 일부 지역에 국한되는 것이어서 제한적이기는 하지만, 대개 조광조를 중심으로 한 '기묘사림' 계열과 그뒤를 잇는 이언적·권벌 등과의 교류를 통해 지역의 학풍을 형성해 나갔다. 점차 시간이 경과하면서 정구·김성일 등과의 관계망을 통해 퇴계학파로 편입되었다.

퇴계 사후 퇴계의 고제를 중심으로 분파가 형성되는 상황에서 청송의 달성 서씨도 여러 문인들과 관계를 맺으며 학문을 이어 나갔다. 달성 서씨 11세 서현徐顯의 처는 의성 김씨 김종金淙의 딸로, 김한경金漢卿의 손녀다. 서창徐昌(1526~1608)의 처는 영양 남씨 남두南斗의 딸이다. 김한경은 의성 김씨의 청송 입향조로, 중종반정에 참여하여 후에 정국원종공신靖國原從功臣에 녹훈되었으며 제용감정에 제수되었으나 나아가지 않고 청송의 보도곡補道谷으로 낙향하였다.[28] 김한경의 장수처藏修處는 청송의 도곡정道谷亭이고,[29] 강학처는 집실서당執實書堂이었다.[30] 서창의 처가인 영양 남씨는 안동 임하에서 세거하던 성씨로, 의성 김씨 김명일은 서창과는 동서지간이다. 서창의 처부인 영양 남씨 남두는 안동에 "심히 넉넉한[甚饒]" 경제적 기반을 보유하였고, 서창에게 전민田民 등을 지급한 바 있다.[31]

서현徐顯은 정구·김성일과 교유하고, 지역 내 민추·신지제·조지 등과 막역한 관계를 유지하며 강론하였다.[32] 정구는 서현 사후 만사를 찬술한 바 있다.

동호의 가을 물은 쪽빛보다 푸른데	東湖秋水碧於藍
유자의 고풍을 찾을 길 없네	儒子高風不可探
나중에 남창에 돌아가는 길에	他日南昌歸去路
누구에게 백운암에 간다고 이야기할꼬	爲誰說向白雲庵[33]

서현의 경우는, 현재 확인되지는 않지만『인도요의人道要義』를 저술하기도 하였다.

서창徐昌은 향리에서 수분守分의 생활을 하면서 "의가 아니면 행동하지 않고 힘쓰지 않으면 먹지 않았다"라고 했다. 서창은 퇴계 문인인 의성 김씨 김명일 그리고 김명일의 형제인 김성일, 김복일 등을 비롯해 권춘란權春蘭, 류중엄柳仲淹, 이봉춘李逢春, 황응청黃應淸 등과도 교류하였다.[34] 권춘란은 어려서는 부친 권석충權錫忠에게서『효경』을 배우기 시작하여, 구봉령具鳳齡과 퇴계의 문하에서 공부하였다. 권춘란은 간간이 류성룡 등과 만나 의의疑義를 강구하거나, 정구가 안동부사 재직 시에는 서로 조용히 담론을 나누었다고 한다.[35] 풍산 류씨 류중엄은 어려서 류운룡柳雲龍·류성룡과 함께 학업을 하였고, 약관의 나이에는 함께 퇴계의 문하로 나아갔으며, 오건吳健·정구 등과 주서朱書를 강한 바 있다.[36] 이봉춘은 퇴계의 족증손으로, 어려서부터 퇴계에게 나아가 수학하였으며, 김성일·우성전禹性傳 등과 강론하였다.[37] 이봉춘은 의성 김씨 김진의 사위다. 황대해는『춘추』와『중용』에 가장 공력을 기울인 인물로, 퇴계의 강석講席에는 한 번도 참여하지 못했으나, 조목趙穆·박성朴惺 등과 교류하였다. 서창은 김성일·김명일 등과 도의로 교류하면서, 매년 사찰의 횡당黌堂에 모여서 독서하고 글을 나누었다.[38]

달성 서씨 학유공파의 가학은 12세 서극명徐克明(1564~1602)을 거쳐 이후 그의 아들인 13세 서경徐璟과 서봉徐琒 등으로 이어졌다. 서경의 처부는 안동 김씨 김사정金士貞으로, 의성에 세거하던 성씨다. 김사정에 대해 후일 정종로鄭宗魯는 다음과 같은 표현으로 행장을 시작하였다.

퇴도退陶 노선생老先生의 문하에서 당시의 여러 현인들이 모두 경서를 잡고 공부하면서 받들어 스승으로 섬겼다. 오직 후송재後松齋 김공金公만 총각머리를 한 아이였기 때문에 급문及門 제자가 되어 배우고자 하는 정성을 이루지 못하였다. (…) 대개 평소 퇴계 선생의 풍도를 듣고 흠모하고 상상하던 끝에 감동하여 우러르고 분발함이 스스로 남들과 구별되었다.[39]

즉, 어린 나이에 퇴계에게 나아갔으나, 어려서 급문 제자까지는 이르지 못했다는 것이다. 김사정은 "장성함에 이르러 경서와 역사서를 두루 섭렵"하였고, "성리학에 더욱 뜻을 두었던" 인물이다. 김사정은 이준李埈, 신지제, 이윤우李潤雨 등과 도의지교道義之交를 맺었다. 특히, 김사정은 임진왜란 때 형인 김사형金士亨과 함께 곽재우郭再祐의 의진義陣에 참여, 곽재우와 "화왕산에서 생사를 함께할 의리"를 다짐하기도 하였다.[40] 서경과 교류한 인물은 주로 상주와 의성 지역에 세거하던 인물들로, 대개는 서애문파西厓門派에 속한 인물이다.

서봉은 의성 김씨 김용金涌의 문하에서 수학하였으며, 김용의 아들인 김시주金是柱와 조카인 김시온金是榲을 비롯해 유인배柳仁培 등과는 비학서재飛鶴書齋에서 독서하였다. 비학서재는 김용이 광해군 때 관직을 버리고 비학산에 들어가 세운 백운서재白雲書齋다.[41] 유인배는 장흥효張興孝에게 수학하다가 이후 김용의 문하로 들어갔다. 서봉은 선생 김용이 세상을 떠나자 심상心喪 3년을 지냈고, 성묘를 위해 동문들과 계를 조직하였다. 서경은 인조반정 뒤 예빈시 참봉에 제수되었고, 만년에는 주방산周房山 동남쪽에 매헌梅軒을 짓고 소요하였다.[42] 서봉은

동문 24명과 함께 선생이 세운 비학서재에서 독서하고『비학산동서록
飛鶴山同棲錄』을 만들기도 하였다.[43]

이상에서와 같이 달성 서씨 학유공파의 일원은 15세기 말 16세기
초인 9세 서윤 대에 청송 지역에 정착하였다. 정착 후에는 인근 지역
내 사족과 학문적 교류나 척연을 맺으며 성장하였다. 학유공파가 정착
한 후에는 청송 사족인 여흥 민씨나 안동 권씨 일원과 관계를 맺으며,
이들을 통해 함안 조씨나 의성 김씨 일원과 관계성을 맺었다. 그리고
이 과정에서 퇴계 문하의 한강 정구나 학봉 김성일 등 여러 유파와 관
계를 맺으며 가학을 만들어 갔다.

18~19세기 전반 가문의 보족保族 활동과 심학의 경향성

청송 입향 이후 인적 관계망을 구축한 달성 서씨가는 정치적으로
는 남인의 당색으로 활동하였다. 일례로, 1724년(경종 4) 6월 서한규徐
漢奎는, 이덕표李德標가 소두疏頭가 되어 제출한 상소에 연명한 바 있
다. 앞서 이덕표는 영남 유생과 이삼령李三齡 등이 1701년(숙종 27) 옥
사와 관련해서 희빈 장씨의 추보追報와 신원을 요청하는 상소를 제출
하였는데, 승정원에서 이를 막은 일이 있었다.[44] 이에 이덕표 등은 다
시 1724년 상소를 제출해, 이삼령 등의 상소를 봉입하지 않고 임의로
퇴각한 승정원 승지의 처벌과 함께, 1706년(숙종 32) 노론 세력을 비난
한 상소를 올려 국문을 받다가 사망한 이잠李潛(이익李瀷의 중형)의 신원,
1701년 희빈 장씨의 처벌을 요구한 상소를 올린 임창任敞의 처벌 등을

요청하였다. 이덕표 등이 제출한 상소에는 3,600여 명이 연명한 바 있는데, 서한규도 여기에 연명하였다.

이덕표와 서한규 등의 상소 제출은 당시 정국 상황의 변화 속에서 가능했다. 주지하듯이, 1722년 이른바 삼수옥三手獄을 계기로 노론이 주도하는 정국에서 김일경金一鏡 등 소론이 주도하는 정국으로 전환되었다. 정국을 주도하게 된 소론 세력은 각자의 정치적 입장에 따라, 일부는 남인 세력과 연대를 모색하였다. 김일경 등은 심단沈檀을 불러들였다. 이렇게 정치적 상황이, 남인이 정국에 참여할 수 있는 계기가 마련된 것이다. 이덕표는 이런 상황에서 상소를 제출한 것이다. 서한규 등이 연명한 상소는 받아들여지지 않았고, 영조 즉위 후인 1725년 소수 이덕표의 정배定配가 결정되었다.[45]

또한, 서한규의 종질인 서치중徐致中은 1736년(영조 12) 3월 생원 이인지李麟至 등 4천여 명이 양송兩宋의 문묘종사를 요청한 홍봉한洪鳳漢 등의 상소를 비난하는 상소에 연명하였다.[46] 숙종 말 이후 노론은 송준길과 송시열의 문묘종사를 추진하였다. 특히 1735년(영조 11) 원자가 탄생하고, 이를 계기로 대사면이 이루어지는 가운데 노론 측에 유리한 정국 상황이 조성되면서 그 요구는 더욱 거세졌다. 1735년 8월 관학 유생 홍봉한 등이 올린 연명 상소는 이러한 상황에서 제출되었다.[47] 이듬해인 3월 이인지 등 4천여 명이 연명한 상소가 제출되었는데, 서치중은 여기에 연명하며 정치적 의사 표시를 하였다. 서치중이 연명한 상소는 국왕 영조가 바로 환급하였으며, 소두 이인지는 원배遠配의 처벌을 받았다.[48]

서치중의 뒤를 이어 손자 서활徐活(1761~1838)은 1792년(정조 16) 윤

13세	14세	15세	16세	17세	18세	19세

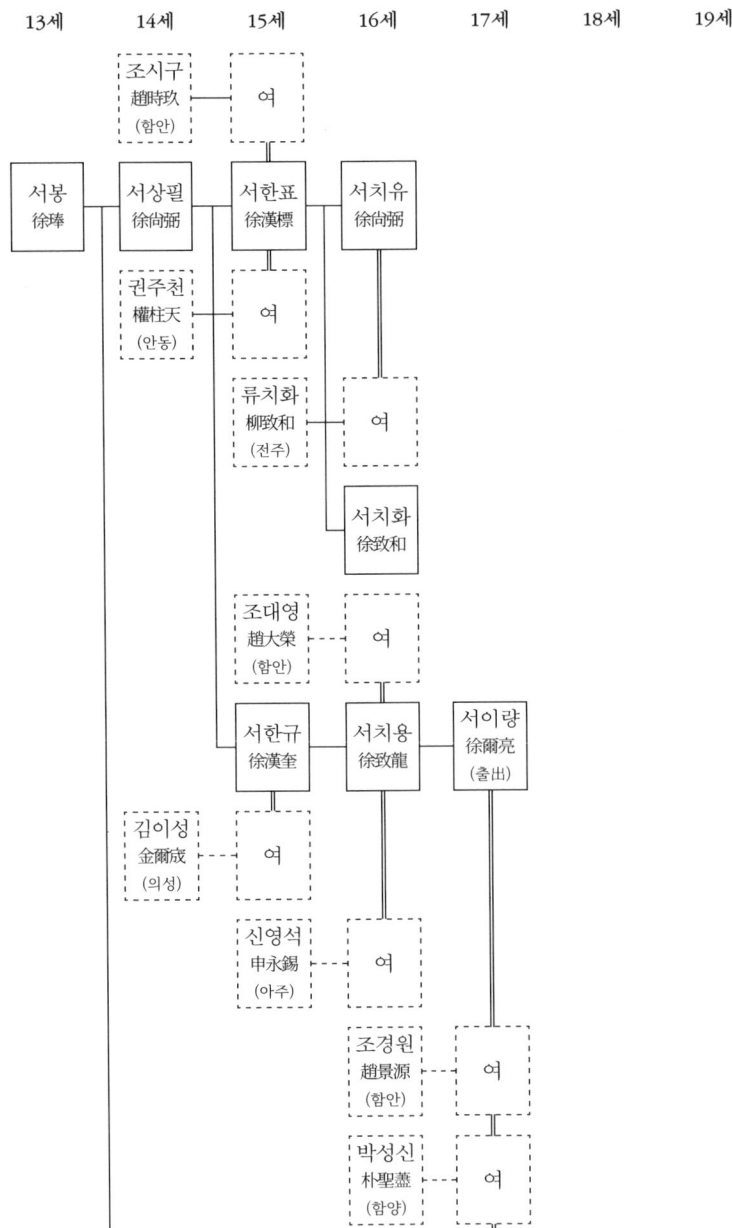

[그림 4] 달성 서씨 세계도 초략(14～18세)

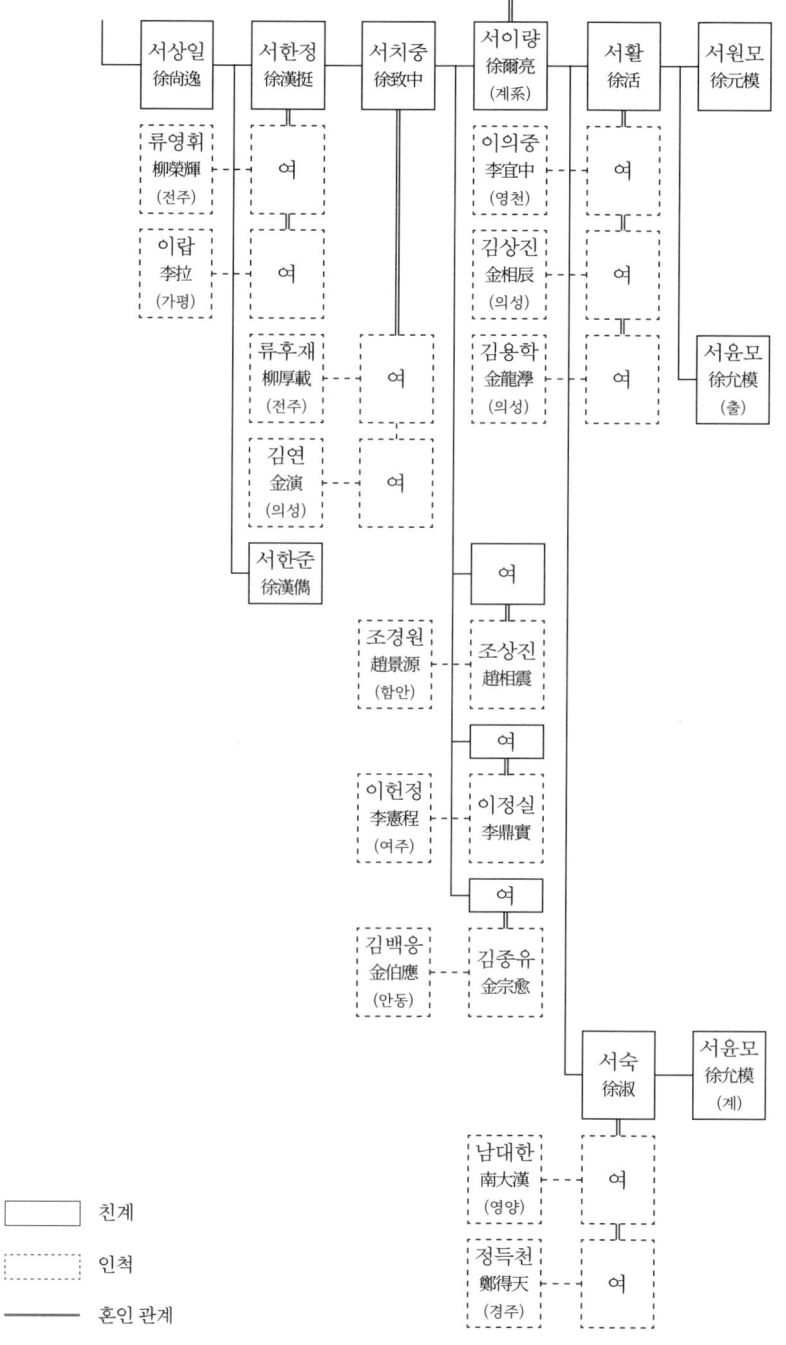

4월 이우李瑀(1739~1810)를 소두로 하여 제출한 상소에 연명하였다. 이 상소는 만인소로도 알려진 것인데 모두 1만 57인이 연명한 상소로, 사도세자의 신원을 청한 바 있다.[49] 상소가 제출되기에 앞선 1792년 4월 18일 유성한의 상소가 제출되었는데, 해당 상소에서는 정조가 경연을 개최하지 않음을 비판하고 광대가 대가大駕 앞에 외람되게 접근한다는 등의 소문까지 거론하였다. 정조가 경연을 개최하지 않은 것은 사도세자 경연 과정에서 모함을 받아 죽음에 이르렀다고 판단하였기 때문이다. 이후 장령 류숙을 시작으로 유성한을 탄핵하는 상소가 답지하였는데, 같은 해 윤4월 이우를 소두로 한 만인소를 제출한 것이다.

이우 등의 만인소는 사도세자와 영조의 원만한 관계를 언급하면서 간악한 벽파僻派 무리에 의해 억울하게 죽었으니 그 역도逆徒를 처벌할 것과 사도세자의 억울함을 직간하는 것 등을 내용으로 하였다. 이 상소를 기회로 정조는 사도세자에 대한 임오의리壬午義理를 절대 의리로 인정하면서, 이듬해인 1793년 8월 금등金縢을 공개하여 "영조와 사도세자 모두에게 허물이 없음"을 대내외에 표방하였다.[50] 이 상소로, 이우는 이조참판 김희金憙의 요청으로 의릉참봉에 제수하였다.[51] 서활과 이우 등은 다음 달인 5월에 1만 368인이 같은 내용을 다시 상소하였다.[52] 이후 순조가 즉위한 뒤 정세가 변동하면서 이우는 1806년(순조 6) 1월 강진의 고금도로 유배형이 내려졌다.

서활은 이우가 고금도로 유배 가기 직전인 1806년 1월 14일 소호蘇湖에 갔다가 이우에게 유배형이 내려졌다는 소식을 듣고 여러 친구들과 그를 찾아가서는 위로하였다. 서활은 송나라 이사중李師中이 유배 갈 때의 시구인 "천 년의 고아한 명성은 태산보다 무거우리[高名千載重

於山]"를 들고 "천지간에 의리는 사라져 얻을 수 없고, 오늘날에도 오래 돌아오지 않을 것입니다. 당신의 고상한 명성은 산처럼 무거우시니 이번의 행차를 점쳐볼 수 있습니다. 이로써 전별의 선물로 삼으시오"라고 하였다. 이에 대해 이우는 "그대의 끌어다 붙이는 것이 너무 심하오. 죽음이 드리워진 칠십의 나이에 살고 죽는 것이 뭐가 가련하겠는가. 다만 가묘家廟를 고손孤孫에게 맡기게 되니 그 성취가 신경 쓰이지 않는 것은 아니나 조정의 처분이 떨어진 마당에 어찌 감히 구구한 사사로운 정리를 끌어와 슬픈 마음을 짓겠는가. 조만간 풀려나 돌아오는 것을 가필할 수 없더라도 각자 힘써 부지해 가는 것이 이 적료寂寥한 단서에 바라는 것이오"라며 답변하였다. 서활과 이우는 다음 날 15일까지 대화를 나누었다.[53] 서활은 1807년(순조7)에는 정구鄭逑와 장현광張顯光의 문묘종사를 요청하는 상소에 연명한 바 있다.[54] 소두는 이광리李光理로 800여 명이 연명하였다. 이처럼 달성 서씨가는 18세기 이후 자신이 속한 남인 공론을 드러내는 데 참여하였다. 이는 달성 서씨가 영남 지역에 일정 정도의 정치적 위상을 갖고 있었음을 보여 준다.

한편, 이 시기 달성 서씨가는 가문사를 정리하거나 선영의 관리를 위한 위전位田을 마련하였다. 서한준徐漢儁(1668~1748)은 형인 서한표徐漢標와 함께 가문 구성원들과 미곡을 모아 위전을 설치하고 경영하였다. 또한, 선대의 사적을 정리하는 작업을 진행하였다. 서한준은 특히 조부 매헌梅軒 서봉의 사적을 징험할 수 없음을 한탄하며, 남은 서봉의 유집遺什을 수습하는 한편 다른 선대 기록에서 척실기사摭實紀事를 모아 후손에게 전달하였다.[55] 서한준의 뒤를 이어 서활 역시 선대의 사적을 정리하였다. 서활은 「서선조정평공학암선생유록후書先祖貞平公鶴

巖先生遺錄後」를 작성하여 선조인 학암鶴巖 서균형徐鈞衡은, 정몽주鄭夢周와 동갑 친구로 입조立朝를 같이했음을 강조하였다. 또한, 서균형은 언관으로서 공민왕 때 한때 중용되었던 신돈辛旽을 제멋대로 행동하며 정치와 인륜을 어지럽혔다고 하면서 주살誅殺을 청한 사실 등을 수록하였다.[56] 이를 통해, 서활은 서균형이 고려 말 충의忠義의 인물임을 드러냈다.

이밖에도 서활은 다음과 같은 내용으로 선대의 가문사를 정리하는 글을 발표하였다.

서활은 선조인 서균형을 고려 말 충의 인물로 정리한 뒤 서침徐沈에 대해 "선생의 성리지학과 충효의 행동"[57]은 세상에서 추앙한다고 적고 있다. 이어 7대조 서창徐昌은 "성현의 서적을 취하여 고요한 중에 연구하며 침식寢食을 잊는 데까지 이르렀다"라고 하여 학문에 침잠한 모습을 드러냈다.[58] 고조 서상일에 대해서는, 아버지와 어머니 상을 당하여 한결같이 가례에 입각해 의절에 맞게 처리했고, 향리의 사람들과 유유자적하게 지내면서 치심治心·과욕寡欲·수기修己·돈행敦行 등으로 집안의 아랫사람을 면려하고 경계했다고 한다.[59] 이밖에도 증조인 서한규, 종증조인 서한준-조부인 서치중-부친 서이량, 서이량의 처 함양 박씨, 서이량의 처 함안 조씨 등으로 이어지는 선대의 사적을 정리하였다.

서한준은 청송부 마평馬坪(현재의 청송군 부동면 일대)에 구암서당龜巖書堂의 창건을 주도한 바 있다. 1706년(숙종 32) 당시 마평의 노소가 모여 "우리 동洞에 학사學舍가 없어서 배우려는 자가 없으며, 배우려는 자가 없으므로 세상에 이름난 사람이 없다"라고 하며 서숙을 만드는 것에

〈표 1〉 서활의 가문사 정리

편제목	대상 인물	출전
족보서族譜序	달성 서씨	『매야집邁埜集』 권4
선조제처사구계선생행강 先祖制處使龜溪先生行狀	서침徐沈	『매야집』 권5
칠대조고첨지중추부사부군유사 七代祖考僉知中樞府事府君遺事	서창徐昌	『매야집』 권6
고조고처사부군유사 高祖考處士府君遺事	서상일徐尙逸	『매야집』 권6
경서증조고탁창헌시후 敬書曾祖考灌滄軒詩後	서한규徐漢奎	『매야집』 권5
본생증왕고탁창헌부군가장 本生曾王考灌滄軒府君家狀	서한규徐漢奎	『매야집』 권5
종증조고구암공가장 從曾祖考九巖公家狀	서한준徐漢儁	『매야집』 권5
조고처사부군유사 祖考處士府君遺事	서치중徐致中	『매야집』 권6
선고처사부군가장 先考處士府君家狀	서이량徐爾亮	『매야집』 권5
선비유인함양박씨묘지 先妣孺人咸陽朴氏墓誌	서이량徐爾亮 처 함양 박씨咸陽朴氏	『매야집』 권5
선비유인함안조씨행록 先妣孺人咸安趙氏行錄	서이량徐爾亮 처 함안 조씨咸安趙氏	『매야집』 권6
숙제처사군묘지 叔弟處士君墓誌	서형徐瀅	『매야집』 권5
중제처사군행록 仲弟處士君行錄	서숙徐淑	『매야집』 권6
망실유인영천이씨행록 亡室孺人永川李氏行錄	서활徐活 처 영천 이씨永川李氏	『매야집』 권6

모두 동의하고 재력을 모아 몇 년이 지나서 포사庖舍를 경영하였으나
풍수지리에 길흉으로 좋지 않다고 하여 끝내 성사를 이루지 못하였다.

그로부터 10여 년이 지난 1742년(영조 18) 다시 재목 등을 모아 마평의 남록에 서당을 세웠다.[60] 구암서당의 기문을 찬술한 권렴은 서한규을 가리켜 동주洞主라 칭하였다.[61]

이 시기 달성 서씨가는 학문적으로도 이현일-이재로 이어지는 학맥과 접점이 확인된다. 서치롱의 아들로, 후일 종백숙부인 서치중의 양자로 들어간 17세 서이량徐爾亮(1733~1789)은 1749년(영조 25) 후암厚庵 권렴權濂(1701~1781)의 문하로 들어갔다. 권렴은

> 선진先進, 즉 제산霽山 김성탁金聖鐸, 훈수壎叟 정만양鄭萬陽, 지수篪叟 정규양鄭葵陽 등과 같은 여러 공이 모두 칭찬하고 허여하며 기대하였다. 28세에 부친의 명에 따라, 스승으로 섬기는 예를 갖추고서 밀암密庵 이재李栽의 문하에 입문하여 『소학小學』의 의심나는 뜻을 질문하였으니, 대개 『대학大學』에 종사從事하면서도 『소학』을 기본 바탕으로 여겼기 때문이다.[62]

라며, 김성탁이나 정만양, 정규양 등과 함께 밀암 이재에게 나아가 학문에 종사하였다. 권렴은 만년에는 이상정李象靖과 학문을 논하기도 하였다. 그의 아들 권이복權以復은 이상정의 문하에서 수학하였다.[63]

서이량이 권렴의 문하에 들어감으로써, 이재, 권렴 그리고 대산 이상정의 학통으로 편입되었다. 서이량은 1776년 권렴이 마평으로 이주하면서 본격적으로 문하에 들어갔으며, 1777년에는 류장원柳長源이 청송의 월막月幕(현재의 청송군 청송읍 일대)에 우거하자 왕래하였다. 서이량과 인척간인 조상진趙相震도 권렴의 문하에서 수학하였다.[64] 권렴 사후에는 그의 아들인 권이복과 조석으로 권렴의 유문을 수정修整하

였고,[65] 서이량이 주도하여 문집 간행을 위한 비용을 마련해 두었다. 서이량이 아들과 조카들에게 문집 판각을 발의함에 따라 그의 재종 조카 서속徐涑이 나서 이주국李樹國 등 후암의 문인 30여 명과 힘을 합쳐 판각을 시작해 1812년(순조 12)에 완성했다.[66]

서이량의 아들인 서활도 어려서는 권렴의 문하에서 수학하였다.[67] 권렴의 만년 저술인 『명성집람明誠集覽』을 편찬하면서 사후에 이를 서활에게 부탁하자, 동문들과 함께 계획을 세우고 잘 정리하여 후대에 전할 수 있도록 하였으며, 대산 이상정도 교정에 참여하였다.[68] 서활은 1791년 대산 이상정의 적전인 천사川沙 김종덕金宗德에게로 나아갔다. 김종덕의 본관은 안동으로, 의성에서 세거하던 인물이다. 김종덕은 이종수李宗洙, 류장원柳長源과 함께 호문삼로湖門三老로 칭해지던 이상정의 적전으로, 이상정 사후에는 선생의 문집인 『대산집』 편찬을 위한 노력을 경주하였고, 선생이 생전에 주력하였던 퇴계의 『심경강록간보心經講錄刊補』를 완성하였으며, 이상정의 고산정사 향사를 위한 청원운동에 앞장섰다.[69]

서활은 김종덕에게 입문하면서 대산 이상정의 학맥에 편입되었다. 서활이 김종덕에게 나아갔을 때 『대학』 1부를 받고 이를 진수進修의 기초로 삼아 통독하면서 침잠하였다. 김종덕 사후에 서활은 심상心喪 3년을 지냈다. 서활은 또한 이웃에 살던 류낙문柳洛文과는 도의지교를 맺고, 왕래하며 하루종일 토론하였다. 류낙문은 류장원의 문하에서 수학하였으며, 어려서 천연두가 돌자 청송으로 피하였다가 1792년에는 부친과 함께 아예 청송으로 이거하였다. 류낙문은 어려서 천연두를 피해 청송에 갔다가 권렴에게서 기주朞註·기형璣衡의 설을 배웠고,

류장원의 문하로 들어가서는 평소에도 이상정이 편찬한『제양록制養錄』,『약중편約中篇』과 김종덕이 편찬한『성학정로聖學正路』3가지 책을 안상案上에 올려놓고 복습하였다. 류낙문은 특히『소학』을 강조하였다.[70] 서활의 스승인 권렴은 사서四書를 중시하였으며,[71] 서활도 이를 이어서 사서, 특히『대학』을 중시하였다. 서활은 "부동남유망負東南儒望"[72]이라고 한다.

서활은 또한 1819년 2월에는 청송향교의 도유사로서 심휴언沈休彦·권동규權東奎 등과 함께『심경』간행 사업을 진행하고 있는 안동의 도산서원에 통문을 발송한 바 있다.[73]『심경』에 대해, 서활은 서산 진덕수 이후 오직 우리 선생, 즉 퇴계만이 이 책의 맛을 탐색하고 알았다고 하면서, 다만 이 책이 근래 전주에 1본이 있으나 오류가 많고 흠이 많아 뜻이 있는 자가 이를 개탄스럽게 여기는 차에 도산서원에서 이를 구취鳩聚한다는 소식을 들었다"라고 하였다. 당시 보낸 통문에서 도유사는 서활이 맡았고, 재임으로 심휴언沈休彦, 권동규權東奎가, 회원으로 심원문沈元文·김용철金龍澈·권준미權駿美·권형權衡, 민종혁閔宗爀·신사영申思永·조기정趙基定·조기진趙基晋·이상협李祥恊·남희조南熙祚·신홍좌申弘佐·서예모徐禮模 등이 있었다. 서활은 또한 이상정의 유집 발간에도 참여하였다. 재원을 여러 읍에 분담하기로 했는데, 본 읍은 재력이 넉넉하지 못하니 여타의 행사들을 멈추고 더욱 중요한 유집 간행에 주력하는 것이 타당할 것이라고 했다.[74]

서활은 1815년경에 옥계玉溪를, 1818년에 백운동을 유람하였다. 1815년경에 유람한 옥계는 경주慶州에서 흘러오는 물과 청송에서 온 물이 합류하여 못을 이루는 곳으로, 이병원李秉遠, 류회문柳晦文, 이인행李仁行 등을 비롯해 30여 명이 동행하였다. 3월 26일에는 덕동德洞 경암景巖—고천령高川嶺—고천高川 주막을, 3월 27일에는 양잠촌陽岑村—토암兎巖—옥련암玉蓮菴을, 3월 28일에는 구남연九男淵—자봉대紫鳳臺—탁영암濯纓潭—팔각산八角山—향로봉香爐峰—광풍대光風臺—구룡담九龍潭—인갑담鱗甲潭—옥계정玉溪亭—월학암月鶴巖—사기점沙器店—분암墳巖을, 3월 29일에는 성묘省墓를 하고 목피동木皮洞—운수동雲水洞—취운봉翠雲峯—자하봉紫霞峯을 둘러보는 코스로 유람하였다. 이 유람에서 주목되는 것은, 서활은 토암을 지나면서 선사인 이상정을 기억하는 곳을 찾았다는 점이다.[75] 1769년(영조 45) 대산 이상정도 사우師友들과 함께 옥계를 유람한 바 있다.[76]

한편, 이 시기 달성 서씨가의 혼맥은 점차 안동권역 학봉문파로 집중되어 갔다. 인척간으로 14세 서상일徐尙逸(1628~1698)의 처부는 의성 김씨 김주金湊의 딸이고,[77] 15세 서한규徐漢奎(1667~1738)의 처부는 의성 김씨 김이성金爾晟의 딸이며, 16세 서치중徐致中(1709~1756)의 부인 중 한 명이 의성 김씨 김연金演의 딸이다. 이들 중 김이성의 경우, 부친은 김근金近이고, 어머니는 안동 권씨 권위權暐의 딸이다. 김이성의 외조 권위는 조목과 김성일의 문하에서 수학하였으며, 김해金垓, 권우權宇 등과 도의지교의 벗으로 교류하였다.[78] 김이성은 퇴계를 학문적 연원으로 하면서 이유장李惟樟, 남몽뢰南夢賚, 김도金燾 등과 교류하였다.[79]

또한, 전주 류씨와의 혼맥도 주목된다. 15세 서한정徐漢挺(1665~1720)의 처는 류영휘柳榮輝의 딸이고, 16세 서치유徐致裕(1677~1720)의 처는 류치화柳致和의 딸이며, 서치중徐致中(1709~1756)의 처는 류후재

[그림 5] 「청구도」규장각한국학연구원 소장

柳厚載의 딸이다. 함안 조씨와도 세교를 계속 이어갔다. 15세 서한표
徐漢標(1659~1704)의 처는 조시구趙時玖의 딸이고, 16세 서치용徐致龍
(1693~1733)의 처는 조대영趙大榮의 딸이며, 17세 서이량徐爾亮의 처는
조경원의 딸이며, 또한 사위로 조경원의 아들인 조상진趙相震을 맞이
하였다.

19세기 중반 족적 결속의 강화와 서석화의 퇴계학 집성

19세 서원모徐元模는 류범휴柳範休와 권이복의 문하에서 수학을 시작한 뒤 1802년(순조 2) 안동 소산素山(류치명)에서 부인을 맞이하였고, 안동부사가 영호루에서 실시한 백일장에 참여하여 우수한 성적으로 합격해『심경강록心經講錄』을 받았다. 1806년에는 호곡 류범휴에게 집지하면서『대학』과『심경』등의 책을 받기도 하였다. 서원모는 류정문柳鼎文과 도의지교를 맺었고, 신홍원申弘遠, 류치구柳致球 등과는 평생지기로 교류하였다.[80]

서원모는 1850년(철종 1)에는 달성 서씨의 시조인 서영徐穎을 대구의 옥계서원에 제향하는 논의가 제기되었을 때, 족질 국오공菊塢公과 함께 논의에 참여하였고, 하빈에 설단한 뒤 배를 타고 서사원徐思遠을 제향하는 이강서원伊江書院을 방문해서는 서사원과 장현광 등이 함께한「선유록도船遊錄圖」를 보고 갱화賡和 1첩을 남겼다. 서원모는 1857년에는 생부군의 문집인『매야집邁埜集』을 덕양재德陽齋에서 간행하였다. 덕양재는 달성 서씨 학유공파로 청송에 처음 입향한 입향조인 서윤徐尹과 손자 서창徐昌, 고손인 서봉徐琫을 제향하는 재실이다. 서원모는『달성지미록達城趾美錄』과『주왕지周王志』(주왕산지라고도 함)를 편찬하였다.[81]

아래는 류치명이 찬술한 서원모의『달성지미록』에 대한 서문의 일부다.

이것이 바로 달성 사람 서군 원모徐君元模께서 뜻을 두신 바다. 그가 선조인 노남(櫓南—서영徐穎, 필자), 학암(鶴巖—서균형徐鈞衡), 구계(龜溪—서침徐沈) 삼대의 유적을 모으고, 간혹 후손들이 공적인 목적에서 지은 글도 함께 덧붙여 하나의 책으로 엮어, 『달성지미록達城趾美錄』이라 이름 붙이고 나에게 보여 주었다. 나는 책의 내용을 검토하고, 서문을 써 달라는 요청을 받았다. 옛날 기준으로 보자면 너무 꾸밈이 많을지도 모르나, 이것 역시 효자와 자애로운 손자의 뜻이니 그 마음은 충분히 헤아릴 만하다. 다만 아쉬운 점은 전부 다른 사람들이 쓴 기록이라, 당시에 본인이 직접 남긴 정신이나 말 한마디, 기침 하나에 담긴 기백 같은 것은 전혀 증명할 수 없다는 것이다. 그러나 바로 그 글들을 통해서도 그 인물의 면모는 알 수 있으니, 어찌 반드시 음성이나 운율이 전해져야만 알 수 있겠는가? 예컨대, 노남의 인재를 장려함이나, 학암의 곧은 자세로 임금을 섬긴 일, 구계의 사사로운 은혜를 베풀지 않았던 일 등은 모두 훌륭하여 후세의 본보기가 될 만한 것이다. 그들의 훌륭한 명성은 자신에게서 비롯되어 퍼져 나간 것이니, 어찌 단지 문장이나 말솜씨로 그쳤겠는가? 그러므로 모두 높은 벼슬에 오르고, 사당에 배향되어 백세토록 제사를 받게 되었으며, 그 후손들에게까지도 넉넉히 혜택이 미쳤다. 이것이 바로 그들의 위대한 점이다.[82]

위에서 류치명은 『달성지미록』의 편찬 배경을 설명하면서, 이를 통해 달성 서씨가의 선대 인물인 서영徐穎의 인재를 장려함이나, 서균형徐鈞衡의 곧은 자세로 임금을 섬긴 일, 서침徐沈의 사사로운 은혜를 베풀지 않았던 일 등은 모두 훌륭하여 후세의 본보기가 될 만한 것이라고 강조하였다. 서문원의 『달성지미록』은 이처럼 달성 서씨가 선대 인물들에 대한 현양을 목적으로 작성한 것이었다.

서윤모徐允模(1796~1834)는 형 서원모를 대신해서 가무家務를 주관하였다. 서윤모는 형과 함께 류범휴의 문하에서 수업을 시작하였고,[83] 성장해서는 권렴의 아들 권이복의 문하로 들어갔다. 또한, 서윤모는 호곡 류범휴柳範休에게 서신을 보내 질문하였고, 류치명과는 세교를 이어갔다.[84] 후일 서윤모가 편찬한『고시록顧諟錄』에 대해서 손자 서효원徐孝源이 평가하기를, "고인지학에 뜻을 두었고, 경전의 절실지훈을 강구하였으며, 성현의 천리지어를 모은 것"이라고 평가하였다.『고시록』은 요순堯舜에서 시작하여 조선의 퇴도退陶와 고산高山 사우의 강학을 실었다고 한다.[85]

서윤모는『주왕산지』를 편간한 바 있다. 서윤모는 발문에서, "분잡한 것에 이르러서는 백거이와 향산 고사와 소식의 미산 승적에 대해 감히 빗대어 논의할 수 없으나, 정부자程夫子의 승산 십 일의 유람과 주자朱子의 여산 서림사의 백년 약속은 실로 유가의 경계 중에 무한한 것이다"라고 하면서, "도량으로 말한다면 저 향산과 미산은 곧 쭉정이와 찌꺼기에 불과한 뿐이다"라고 하였다.

20세 서문희徐汶熙(1820~1878)와 21세 서효원徐孝源(1839~1897)은 정재 류치명 문하로 들어갔다. 서효원은 1857년(철종 8) 수곡水谷 동암정東巖亭에서 증조부 서활의 문집인『매야집』을 교정하는 데 참여하였고, 이후 간행에도 관여하였다. 1858년 이웃으로 이거한 류치엄柳致儼에게 수학하였고, 1874년(고종 11)에는 족숙과 부친을 도와 이상정, 김종덕, 류치명의 학덕과 정신을 이어받고자 당약계堂約稧를 결성하였다.[86]

당약계는 서효원을 비롯해 족숙인 서병화徐炳華, 서병수徐炳秀, 서병

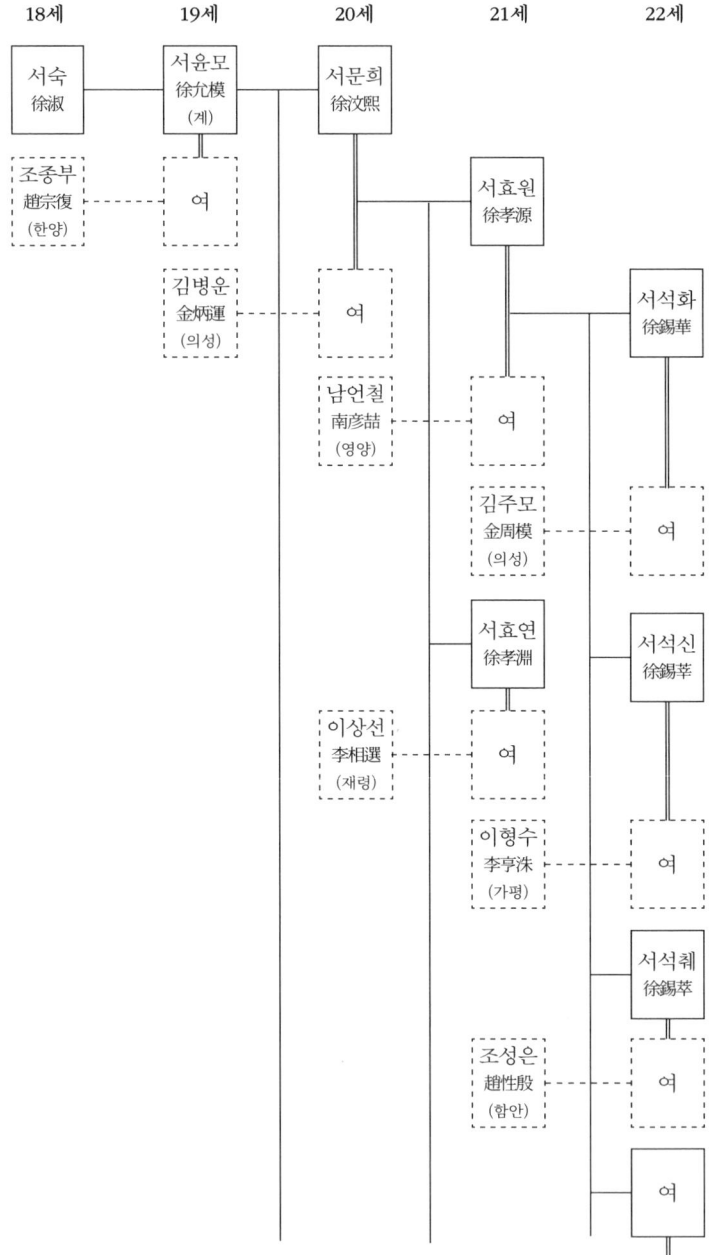

〈그림 4〉 달성 서씨 세계도 초략(19~22세)

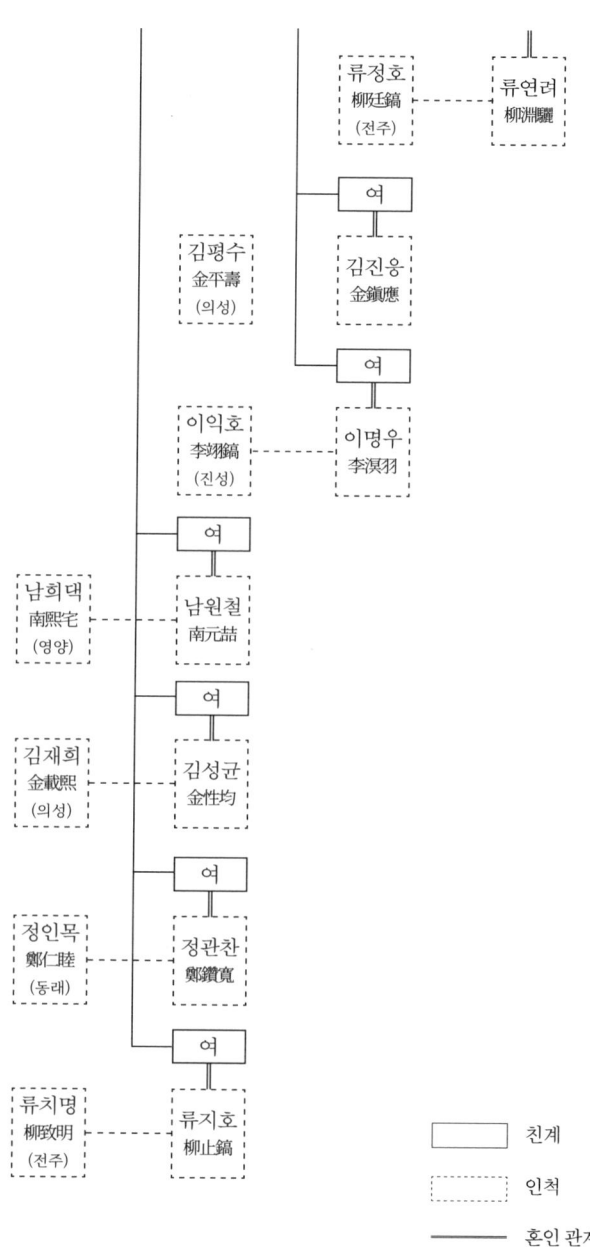

류정호
柳廷鎬
(전주)

류연려
柳淵麗

김평수
金平壽
(의성)

여

김진응
金鎭應

이익호
李翊鎬
(진성)

여

이명우
李溟羽

여

남희댁
南熙宅
(영양)

남원철
南元喆

여

김재희
金載熙
(의성)

김성균
金性均

여

정인목
鄭仁睦
(동래)

정관찬
鄭鑽寬

여

류치명
柳致明
(전주)

류지호
柳止鎬

	친계
	인척
——	혼인 관계

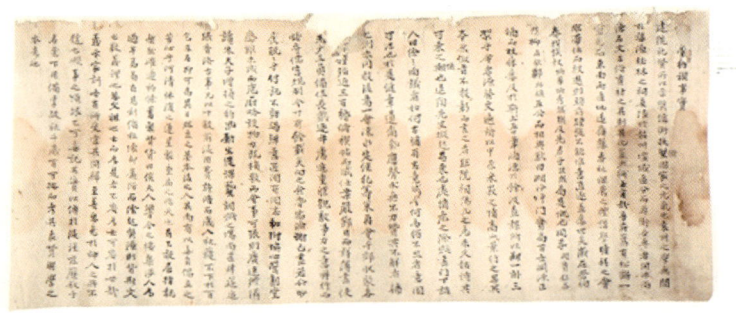

[그림 7] 「당약계사실」 한국국학진흥원 소장—의성김씨 지촌종택 기탁자료, 1661

희徐誠熙와 부친 서문희徐汶熙와 이태영李泰榮, 유재흠柳在欽, 정호진鄭祜鎭 등이 흥학을 목적으로 계를 결성한 것이다. 이들이 자금을 모으고, 담당자 등을 정하여 계를 결성하였다.

이에 선비 집안의 후손들이 그 뜻에 호응하여, 기운이 소리에 응하듯 요청이 있자 모두 힘껏 찬성하였다. 뜻을 잘 이해하지 못한 사람에게는 일깨워 주었더니, 역시 감히 뒤처지는 이가 없었다. 한 차례 숙수涑水에서 모여 운영 방안과 계획을 정하고, 다시 정오 무렵 교외에서 회합하여 각 문중에서 자금을 모았는데, 거의 삼백 민緡에 이르렀다. 이에 제사 문서를 갖추고, 담당자 명단을 정했으며, 엄격하게 절차를 세우고 문서와 장부도 자세히 정리하였다. 노소 세 사람을 장과 부장으로 두어 직책을 맡기고, 매년 교대로 제사를 주관하게 하였으며, 인품을 중히 여기고 성실하게 일에 힘쓰는 전통도 함께 시행하였다. 그러면서도 유교 사당의 규범을 엄격히 지켜 지금까지 20여 년이 흘렀다. 이전의 모든 원로들은 이미 세상을 떠났습니다. 이런 나약하고 보잘것없는 제가, 중대한 일을 맡고도 제대로 해내지 못할까 두렵습니다. 그러나 저는 온 정성과 지혜를 다 바쳐 노력하고 있습니다. 때때로 뜻을 함께하는 이들이 저를 도와 마음을 모아 계획을 세우고 있습니다.[87]

당약계는 절목 6개조로 구성되었다. 해당 조목을 보면, 당약계를 제정한 이유가 분명하게 드러난다.

절목 ① 이번 수계修禊의 뜻은 실제로 깊은 뜻이 담겨 있으며, 그 일의 중요성과 엄숙함도 매우 크다. 이를 널리 알리는 글에서는 그 뜻을 감히 노골적으로 밝힐 수는 없지만, 우리 모두 이 일에 함께 뜻을 모은 사람들은 반드시 서로 이해하고, 서로 맹세하지 않을 수 없는 것이다. 대개 우리 고장 유궁儒宮으로 예전부터 학사鶴祠라는 곳이 하나 있었지만, 그 위치가 양쪽 지역에서 모두 너무 멀리 떨어져 있어, 매년 봄가을의 제례와 학문을 강론하고 스승을 뵙는 모임을 할 때마다 뜻을 충분히 펼치기 어렵다는 어려움이 있었다. 그래서 예전 어른들께서도 별도로 사당을 세워 존경과 수호의 뜻을 실현하고자 하셨지만, 이루지 못하신 것은 단지 재력이 없어서만이 아니라, 그럴 만한 기회가 없었기 때문이다. 그뒤 무진戊辰 이후 영갑令甲에 이르러, 그 하나뿐인 학사마저도 재앙을 피하지 못하게 되니, 우리 유림들은 의지할 곳이 전혀 없어 매우 슬펐다. 그러나 세상의 운행은 돌고 도는 것이고, 덮인 그릇에도 언젠가는 빛이 비추는 날이 오게 마련이다. 만일 지금이야말로, 앞선 분들의 뜻을 되새기고 다시 이어받아, 밭 한 마지기에 사당을 세우고 단정히 꾸미는 때라면, 그것은 곧 공자와 맹자를 존숭하고 제사하는 정신이 온 천하에 널리 퍼지는 그 흐름에 따르는 것이며, 지역이 다르고 방법이 달라 각기 따로 숭배한다고 해서 무슨 제약이 있을 것인가? 이 논의를 처음 제안한 본래의 뜻은 바로 여기에 있었던 것이니, 모두가 한마음으로 정성을 다하여, 반드시 이 일을 이루기를 바란다.[88]

이에 따르면, 당약계 결성 이전 청송에는 유일하게 학사鶴祠가 있었다고 한다. 학사는 송학서원松鶴書院을 지칭하는 것으로 보이는데, "양쪽 지역에서 모두 너무 멀리 떨어져 있어, 매년 봄가을의 제례와 학문을 강론하고 스승을 뵙는 모임을 할 때마다 뜻을 충분히 펼치기 어렵다는 어려움"이 있었다고 한다. 그런데 1868년(고종 5) 서원훼철령으로 하나뿐인 서원마저 훼철됨으로써 "유림들은 의지할 곳이 전혀 없어"지게 되었다고 하였다.

② 서원을 세우고 선현을 숭배하는 일은 아직 뚜렷하게 언제 이루어진다고 단정할 수는 없지만, 형편이 닿는 대로 먼저 몇 칸의 서사書社를 마련하여, 해를 거듭하면서 점차 그 기틀을 잡아 나갈 계획이다. 그리고 유학儒學을 지키고 선양하며, 후학을 권장하고 인재를 양성하는 모든 논의는 반드시 이곳에 모이고 이곳에서 시작되게 하여, 마침내 이곳이 이 지역의 유림들이 모이는 중심지가 되도록 하려 한다. 이리하여 마침내 학문의 기풍이 일어나고, 유교 정신이 되살아나게 되기를 바란다.[89]

2조에서는 이에 대한 대책의 모색 내용이 보이는데, 먼저 서원으로 세우는 것은 쉽지 않기에 "몇 칸의 서사書社를 마련하여, 해를 거듭하면서 점차 그 기틀을 잡아 나갈 계획"이라고 하였다. 이렇게 만든 것이 부강서당鳧江書堂이었다. 즉 먼저 서당으로 만들어 운영하다가 서원으로 승원陞院으로 하려고 하였고, 이곳을 통해서 유림의 중심지로 삼아 학문의 기풍을 일으키고자 하였다.

③ 이 일을 완성하는 데에는 재정적 여건과 무관하다고는 할 수 없지만, 각 문중이 뜻을 모아 거의 삼백 금金을 모았으니, 이를 두고도 이루었다고 할 만하다. 다만 이것은 일반적인 재산을 불리는 방식과는 다른 것으로, 해마다 직책을 교대로 맡을 때마다, 노성한 어른 한 명을 추천하여 전체를 총괄하게 하고, 젊은이 두 사람은 감독하고 실제로 운영을 맡아 힘쓰게 하였다. 이는 인품을 중시하고, 일을 성실히 감당하게 하려는 뜻을 중히 여겨, 그러한 정신이 이 일의 운영 전반에 함께 실현되도록 한 것이다.[90]

④ 세상이 점점 쇠퇴하고 재정도 궁핍해지면서, 돈을 걷고 쓰는 일이 가장 어렵고 중요한 문제가 되었다. 그러므로 해마다 직책을 맡는 사람은 반드시 이를 경계하며 마음을 다잡아야 한다. 만약 이 약속에 참여한 구성원 중에 누군가가 기금을 잘못 사용하거나 기한을 어기는 등의 잘못을 저지른다면, 이는 단지 그 개인만을 처벌하는 데 그치지 않고, 그 사람이 속한 문중이 직접 감독하고 책임져서 부족한 금액을 대신 납부하여, 어떠한 손실도 생기지 않도록 해야 한다.[91]

⑤ 부록으로 사후에 추가하여 기록하는 일은 어쩔 수 없이 생기게 마련이다. 그러나 함부로 이것저것 뒤섞이게 되면, 규범과 기강이 무너지기

쉬우며, 개인적인 청탁을 받아들이다 보면 청렴한 운영이 무너지기 쉬워진다. 이 모든 것을 신중하게 시작한 본래의 뜻에 비추어 보건대, 아득한 거리에 그치지 않는다. 그러므로 전체의 공적인 합의가 아닌 한, 함부로 허락하고 시행해서는 결코 안 된다. 그리고 설령 공론이 이루어진 경우라 해도, 그로 인해 받아들여지는 물품이나 인원 등에 대해서는, 초기에 이를 기록하고 처리하는 일에 더욱 세심한 주의를 기울여야 한다.[92]

⑥ 이 모든 약속은 같은 집안 식구처럼 한마음으로 뜻을 함께하자는 데 그 의의가 있으니, 결코 지나치게 계산적일 걱정은 없다. 그러나 이 일은 각 문중의 여러 사람의 힘으로 이루어지는 것이므로, 반드시 사전에 경계할 점이 없을 수 없다. 예컨대, 매년 직책을 맡는 사람이 추천과 기록을 늦추면 청렴과 위엄을 중시하지 않는 이들로부터 의심과 불만이 생길 우려가 있고, 학문을 강론하거나 모임을 자주 열게 되면, 외부에서 글만 쓰는 이들로부터 시기와 혐오의 감정이 생길 수 있다. 유생 간에 예를 다하는 데 비용이 많이 들게 되면, 분별없는 사람이 재산을 축내고 뒤늦게 반발하며 일을 어지럽힐 우려가 있으며, 자금이 풍족해져 자산이 불어나게 되면, 이익을 보고 사사로이 움직이려는 사람이 내부에서 농간을 부릴 위험도 있다. 이와 같은 몇 가지 일들로 인해 혹여 분쟁이 생겨 파문이 일고, 충돌과 소란이 빚어진다면, 어찌 이 뜻깊은 일을 파괴하는 좀 벌레가 되고, 공적인 논의를 갉아먹는 해충이 아니겠는가? 그렇게 된다면, 성대한 제도를 세우고 후세에 모범을 남기려는 뜻에 부합하지 않음이 분명하다. 이러한 행위는 곧 선비 정신을 저버리고, 의리義理를 무너뜨리는 것으로 간주하여, 모두가 한목소리로 배척하고 제거하여 그 싹을 영원히 끊어야 할 것이다. 비록 그러한 사람이 친족이나 가까운 일가라 하더라도,

편의를 봐주거나 감싸는 일이 있어서는 안 되며, 용서를 바라며 억지로 감싸려는 일도 절대로 있어서는 안 된다.[93]

③조는 각 문중을 통해 자금을 모으며, 자금 운영을 위해 경험 많고 노성한 어른 한 명을 추천하여 전체를 총괄하게 하고, 젊은이 두 사람은 감독하고 실제로 운영을 맡아 힘쓰게 하였다. ④조는 자금을 잘못 사용한 경우는 그 책임은 개인에게 한정되지 않고 그가 속한 문중에게도 책임을 물린다는 것이다. 문중에게 관리의 책임을 부과한 것이다. ⑤조는 공적인 합의로 운영하되, 이를 초기에 기록하고 처리한다는 것이다. ⑥조는 분쟁 조정에 대한 것이다. 예를 들어, 직책을 맡은 자가 계를 운영하는 과정에서 분쟁이 있을 수 있음을 지적하면서, 의리를 무너뜨리는 문제를 제기한 자는 철저하게 배척하라고 하였다. 가까운 친족이나 일가도 편의를 봐주어서도 안 된다고 하였다.

서효원은 1883년 안동 용담사龍潭寺에서 류치명의 문집인 『정재집』을 간행하는 데 참여하여 중론을 모았다. 류치명 사후 문인 이돈우李敦禹가 지은 「문집고성문文集告成文」에 따르면, 『정재집』은 저자가 사망한 뒤 책상자에 보관되어 있던 유문遺文을 여러 문인이 몇 차례 교정을 하였으나 정고본定稿本을 완성하지는 못하다가, 1881년에 이르러 문인들이 다시 교정과 산삭하여 정고본을 완성하고 1883년 안동 용담사에서 교정을 보고 목판으로 원집原集을 완성하였다. 용담사에서 『정재집』을 간행하였을 때 기록으로 『간역시수창록刊役時酬唱錄』[94]이 있으며, 해당 기록에 수록된 차운시에서 서효원의 명단이 확인된다.[95] 1886년에 서효원은 주왕산에서 지인들과 문회文會를 갖고 백화암白蓮

庵, 가학루, 자하성紫霞城 등을 둘러보았다.

한편, 서효원은 청송 의병을 주도하고 있어 주목된다. 서효원을 포함한 정재학파 등 경상 북부 지역 유림들은 외세에 의한 국권침탈이 구체화되자 위정척사론에 바탕을 둔 강력한 저항의 일환으로 의병운동에 나섰다.[96] 각 지역에서 창의와 의병 항쟁이 진행되던 1896년 3월 (음력 정월) 청송에서 창의를 모색하였다.[97] 창의를 모색하기 위한 향회에는 100여 명의 유생들이 모였는데, 이때 서효원은 각 면에 효유문을 발하여 "위로는 대의에 부끄러움이 없을 것이고, 아래로는 고을을 안정시킬 수 있을 것"이라 역설하며 창의를 호소하였다. 즉 국가에 대한 '위국거의爲國擧義'와 고을에 대한 '자수지계自守之計'를 강조하였다.

1896년 3월 12일 향회에 참석한 회원들이 의병소를 창의하고, 심성지沈誠之를 대장으로 삼고, 제장諸將을 선임하였으며 참모와 서기 등을 뽑았다. 서효원은 당초 대장에 추대되었으나, 본인이 고사하고 의영도지휘사義營都指揮使로 참여하였다. 의진 구성에는 정재학파 다수가 참여하였는데, 서효원 이외에도 조규진趙奎震, 조성태趙性台, 서효신徐孝信, 서효격徐孝格, 서효달徐孝達, 김숭진金崧鎭, 오세로吳世魯 등이 있었다. 이런 이유로, 이 시기 청송 의병이 정재학파가 주도한 것으로 평가하기도 한다.[98] 의진 구성 중 청송 심씨 심성지가 대장에 선임된 것은 주목되는 점이다. 심성지를 포함한 청송 심씨는 남인 세력이 득세한 청송 지역에서 율곡학을 계승하며, 정치적으로는 서인－노론 계열의 입장에 서 있던 사족으로, 19세기 중반에도 대부분 이 같은 학문적·정치적 입장을 유지했다. 그 가운데 일부가 정재학파에 편입된 경우가 있기는 하였다. 심성지가 대장으로 추대된 것은 "청송 사림이 학파적

이질성을 극복하고 위정척사의 대의명분을 매개로 독자적인 의진 구성에 공감대를 형성했음을 반영"[99]하는 것이었다.

서효원 등이 구성한 청송의진은 주변의 안동의진, 진보의진 등과 격문이나 통문을 수발하는 등 밀접한 관계 속에서 활동하였고, 송천도회松川都會와 풍산도회豊山都會에 참여하였다. 5월에는 의성의진과 김하락이 주도하는 이천의진 등과 연합하여 5월 14일에 청송의 안덕면 감은리에서 관군을 상대로 전투를 벌였다. 또한, 경주나 영덕 지역 의진과도 제휴하여 흥해출진소와 영덕출진소를 설치하였고, 경주성전투에 참여하여 전투의병으로서 활약상을 보인다. 7월에는 이천의진과 연합하여 청송 마평의 화전등에서 관군과 전투를 벌였는데, 패퇴한 뒤 해산하였다. 단, 해산 이후에도 흥해출진소와 영덕출진소를 통해 주변 지역과 연합하였다.

서석화徐錫華(1860~1924)는 어려서 『태극도』와 『서명』 등을 학습하였고, 17세 때인 1876년에는 안동의 금계에 가서 서산西山 김흥락金興洛에게 제자의 예를 표하며 문하에 들어갔다.[100] 그는 1879년에는 『주서절요朱書節要』에서 초학자들에게 필요한 구절을 발췌하고 더하여 다른 책에서 지의旨義를 가져와 『초학일용初學日用』을 편찬하였다. 이로부터 『근사록』과 『심경』을 비롯해 『대학』과 『중용』 등에 더욱 정진하였다. 그는 생애 후반부에는 부강서당鳧江書堂에서 이상정의 『약중편約中篇』, 김종덕의 『성학정로聖學正路』, 류치명의 『주서휘요朱書彙要』 등을 간행하였다.

서석화는 가학으로 계승된 퇴계학의 경학을 정리한 『경설유편』을 편찬하였다. 기존에는 주로 주자주朱子註를 중심으로 회집이 이루어진

데 비해『경설유편』은 경문에 관한 주석을 중심에 두고서 선대의 경설을 회집하였다는 것이 다르다. 이밖에도 인용의 빈도수를 보면 퇴계에 이어 대산 이상정을 퇴계학파 경학의 적전으로 평가하였다는 점이다. 그리고 퇴계학파에 속하는 경학자들의 주석만 회집함으로써 20세기에 들어와 퇴계에게서 발원된 경학을 정리한 것도 주목할 만하다. 더하여, 퇴계학의 경학을 회집하면서 율곡학파의 경설經說을 비판한 점도『경설유편』이 퇴계학에서 점하는 위치를 알 수 있게 한다.[101]

맺음말

이상에서 청송 지역에 세거한 달성 서씨가의 학문과 인적망 등을 정리하였다. 달성 서씨 학유공파 일원은 15세기 말~16세기 초인 9세 서윤 대에 청송 지역에 정착하였다. 정착 후에는 인근 지역 내 사족과 학문적 교류나 척연을 맺으며 성장하였다. 학유공파가 정착 후에는 청송 사족인 여흥 민씨나 안동 권씨 일원과 관계를 맺으며, 이들을 통해 함안 조씨나 의성 김씨 일원과 관계성을 맺었다. 그리고 이 과정에서 퇴계 문하의 한강 정구나 학봉 김성일 등 여러 유파와 관계를 맺으며 가학을 만들어 갔다.

18세기 이후 달성 서씨 학유공파의 일원은 정치적으로는 남인으로 활동하며, 남인계 공론을 제출하는 데 참여하였다. 대표적으로 1792년(정조 16) 이우를 소두로 하는 만인소에 연명한 것을 예로 지적할 수 있다. 이들은 지역 사회 내에서는 이른바 보족의 차원에서 선영의 관리를 위한 위전을 설치하였고, 선대의 사적을 정리하는 작업을 진행하였다. 특히 서활의 활동이 주목되는데, 그는 선대의 서침을 위시하여 서창 및 서한규, 서한준, 서이량, 서형, 서숙 등에 대한 사적을 정리하였다. 서이량, 서활 등으로 이어지는 달성 서씨가는 권렴, 이상정, 김종덕의 문하에서 학업을 이어갔다. 특히, 서활은 선사인 이상정의 유집 간행에도 참여하였다.

19세기 중반 이후 서원모와 서윤모 등은 앞 시기를 이어서 선대의 사적을 정리하는 작업을 진행하였다. 아울러,『주왕산지』나『고시록』 등을 통해서 퇴계 이후 이상정 등의 계승성을 분명히 하였다. 서효원 때에는 부강서당을 세우고, 당약계를 결성하면서 청송 지역의 유풍을 확산시키는 데 주도적인 역할을 수행하였다. 그리고 이를 바탕으로 을미의병에 참여하여 국난의 위기 극복에도 동참하였다. 서석화는『경설유편』을 편찬하여, 퇴계학파의 경설을 총집하여 자파 경설의 축적을 시도하였다.

참고문헌

『燕山君日記』,『景宗實錄』,『영조실록』,『정조실록』,『승정원일기』

『葛庵集』(이현일),『廣瀨集』(이야순),『龜窩集』(김굉),『己卯錄補遺』(안로),『訥隱集』(이광정),『大山集』(이상정),『立齋集』(정종로),『邁埜集』(서활),『方壺集』(조준도),『石澗集』(서효원),『松窩集』(이종윤),『雨皐集』(김도행),『定齋集』(류치명),『拓菴集』(김도화),『川沙集』(김종덕),『淸石集』(서석화),『淸陰集』(김상헌),『霞溪集』(이가순),『鶴峯集』(김성일),『壺谷集』(류범휴),『厚庵集』(권렴)

『永嘉誌』,『咸安趙氏文獻錄』,『陶山及門諸賢錄』,『청송군지』(1937),『靑己誌』(1937),『달성서씨학유공파보』(1983 간),『經說類編』

『고문서집성 32-경주 경주손씨편-』, 한국정신문화연구원, 1997.

당약계사실(한국국학진흥원 소장, 46610).

청송군,『청송입향지』, 1995.

_____,『靑松入鄕誌』, 1998.

청송문화원,『국역 청송군지』, 2022.

_____,『청송누정록』, 2000.

한국국학진흥원,『한국국학진흥원 소장 문집해제 10-안동』, 2008.

권대웅,「1896년 靑松義陣의 조직과 활동」,『한국근현대사연구』9, 1998.

김자운,「조선 서원의 강학 의례와 교육적 의미」,『민족문화논총』76, 2020.

김종석,「한말 영남 유학계의 동향과 지역별 특징」,『국학연구』4, 2004.

김지은, 「천사 김종덕의 학문적 관계망과 그 위상」, 『국학연구』 43, 2020.

김학수, 「葛庵 李玄逸의 學問과 經世論 연구-영남학파의 결집과 경세론을 중심으로-」, 『청계사학』 19, 2004.

서정문, 「『退溪集』의 初刊과 月川·西厓是非」, 『북악사론』 3, 1993.

설석규, 「朝鮮後期 嶺南士林의 學風과 靑松士林의 學派」, 『안동사학』 8, 2003.

안동대학교 안동문화연구소, 『경북독립운동사 I, 의병항쟁』, 경상북도, 2012.

우진웅, 「『정재집』의 간행과 간행 활동 참여자」, 『국학연구』 52, 2023.

이근호, 「18세기 전반 宋時烈 文廟 從祀 논란의 정치적 의의」, 『韓國史學報』 62, 2016.

이영호, 「해제」, 『퇴계학파 경학의 총결산, 경설유편』 1권, 한국국학진흥원, 2017.

이욱, 「사도세자 관련 만인소의 정치적 의미」, 『남도문화연구』 35, 2018.

정구복·안승준, 「경주 양동의 경주손씨가와 그들의 고문서」, 『고문서집성32-경주 경주손씨편』, 1997.

한국고전종합DB(https://db.itkc.or.kr)

한국국학진흥원(https://doc.ugyo.net)

한국역대인물종합정보시스템(http://people.aks.ac.kr)

주

1 이 글에서 지칭하는 청송은 조선시대 청송도호부를 대상으로 함을 밝혀둔다. 현재의 청송군은 1914년 청송도호부와 진보현이 통합된 것으로, 1937년에 편찬된『청송군지』는 통합 지역을 대상으로 하지만, 이 글에서는 두 지역이 통합되기 이전에 대한 설명이므로 청송과 진보를 분리해서 설명한다.

2 예를 들어, 청송군,『청송입향지』, 1995; 청송문화원,『청송누정록』, 2000.

3 설석규,「朝鮮後期 嶺南士林의 學風과 靑松士林의 學派」,『안동사학』8, 2003.

4 『靑己誌』는 1937년에 편찬된『청송군지』와는 다른 청송군을 대상으로 한 읍지로, 1936년 趙廣奎, 沈相台, 沈相光, 趙鏞禹 등이 편찬하였고, 柳淵龜가 서문을 썼다.『청기지』는『청송군지』와 내용이 다소 상이하다.『청기지』의 권1은 慶尙北道地理總說, 建置沿革, 新舊屬縣, 郡名, 疆域, 地勢, 面名, 山川, 名所, 土産, 耕地, 風俗, 姓氏, 壇祠, 文廟, 院祠, 樓亭, 佛宇, 烽燧, 堤堰, 橋梁, 古蹟, 官職, 公廨, 倉庫, 市場, 驛院, 進貢, 俸廩, 권2는 先正, 儒賢, 學行, 儒行, 文行, 行誼, 筆苑, 권3은 勳臣, 忠義, 孝行, 孝婦, 貞烈, 列傳, 寓居, 권4는 宦案, 文科, 司馬, 武科, 仕宦, 壽職, 贈職, 塚墓, 學校, 官公署 순으로 구성되어 있다.

5 서윤의 처부는 밀양 박씨 박수손朴秀孫이다. 박수손은 1483년(성종 14) 식년시 생원시에 입격한 인물로(한국역대인물종합정보시스템, http://people.aks.ac.kr), 그가『청송군지』권4 과환조科宦條에 입전立傳된 것으로 본다면(청송문화원,『국역 청송군지』, 2022) 청송 지역 세거 인물로 보인다.

6 『국역 청송군지』권3 학행조.

7 『국역 청송군지』권1, 누정조.

8 서윤의 교유 인물에 대해서는 李野淳,『廣瀨集』권9, 上樑文,「德陽別祠上樑文」과『달성서씨 학유공파보』(1983),『국역 청송군지』(2022) 등에 의거하였다.

9 설석규, 위의 논문, 2003.

10 기록에 따라 권명리權明利, 권명리權明理 등으로 등장하는데, 이 글에서는『청송군지』에 따라 권명리權明利로 표기한다.

11 『永嘉誌』권7, 見行. "權明利條."

12 權濂,『厚庵集』권7, 銘,「貞夫人權氏墓碣銘」, "高麗太師諱幸之後 國初有諱明利 始居靑松之安德."

13 李從允,『松窩集』(국립중앙도서관 古3648-62-49), 附錄 下.

14 예를 들어 권명리의 사위 중 한 명인 경주 손씨 손사성孫士晟의 경우도 당초 상주에서 거주하다가 청송 안덕으로 이거하였는데, 손사성이 청송으로 이거하게 된 것은 권명리가 사위에게 제공한 경제력이 기반이 되었음을 추정해 볼 수 있다. 권명리가 자식 8남매에 노비를 분재한「1436~43년 權明利 分給文記」(『고문서집성 32-경주 경주손씨편-』, 한국정신문화연구원, 1997) 기록을 통해 추정이 가능하다.

15 정구복·안승준,「경주 양동의 경주손씨가와 그들의 고문서」,『고문서집성 32-경주 경주손씨편』, 1997.

16 청송군,『靑松入鄕誌』, 1998, 97~106쪽.

17 청송문화원, 앞의 책, 2022, 120쪽, 234쪽(『국역 청송군지』는 1937년 간행『청송군지』를 번

역한 것이다).

18 安璐, 『己卯錄補遺』, 閔世貞傳.

19 『燕山君日記』 권42, 연산군 8년 1월 29일(임인), "靑松居閔世貞兄世卿得病 幾至死域 六十七 歲孀母 傷心亦病 醫云, 服烏蛇 或蒸或膾則愈 世貞自獲大蛇 作蒸與膾先嘗 下淚勸之 病兄感 而食之 病立愈 母子遂安 始明 世貞依大典勸獎 命旌門復戶."

20 『己卯錄補遺』 追錄, 閔世貞傳.

21 청송문화원, 앞의 책, 2022, 232쪽.

22 『靑己誌』에 수록된 청송 지역에서 활동한 사림의 성씨를 집계한 연구에 따르면, 약 36성씨 이 확인되며, 그중 청송 심씨가 138명, 함안 조씨가 175명으로 수위를 차지하였다(설석규, 앞의 논문, 2003, 25쪽).

23 『達城徐氏學諭公派世譜』(1983 간행).

24 이하 조지에 대해서는 趙遵道, 『方壺集』 권4, 「本生考贈判書望雲亭府君墓誌」 및 『咸安趙氏 文獻錄』 「望雲鼎公址」, 鴻文齋印刷所, 1933을 참고하였다.

25 김자운, 「조선 서원의 강학 의례와 교육적 의미」, 『민족문화논총』 76, 2020, 313~316쪽.

26 金誠一, 『鶴峯集』 권7, 行狀, 「先考成均生員府君行狀」, "始從伯姑壻靑鼈權公幹 受詩禮之學."

27 『靑松郡誌』 권3, 學行, 閔樞條, "玆鄕文獻 實基於是矣"라 하여 민추로부터 청송 지역 사도사 도가 일어났음을 기록하였다.

28 李野淳, 『廣瀨集』 권11, 行狀, 「靖國功臣道谷金公行狀」.

29 청송문화원, 위의 책, 2022, 120쪽; 柳致明, 『定齋集』 續集 권9, 記, 「道谷亭記」, "靑鼈之補道 谷 有所謂道谷亭者 中廟靖國功臣濟用監正聞韶金公嘉遯之墟 而後孫某某重建者也 公以布衣 參盟會 錄原從勳 其事壯矣 紀功而官監正 酬勳微矣 旣而退擧六七百里 退居於靑 而有是亭 其 跡隱矣."

30 청송문화원, 위의 책, 2022, 123쪽.

31 徐活, 『遯埜集』 권6, 「七代祖考僉知中樞府事府君遺事」, "外舅南公 家甚饒 旣優給田民 厚壤 壯丁 多在安東 而亦不屑收拾焉."

32 『달성서씨학유공파보』(1983).

33 『국역 청송군지』 권3, 人物, 徐顯條.

34 金垈, 『龜窩集』 續集 권5, 墓碣銘, 「南山徐公墓碣銘」, "公與雲巖金公明一爲友壻 一時從遊鶴 峰南嶽晦谷柳巴山李鶴川黃大海諸先輩 皆公道義交也 逐年讀書會文於蕭寺饔堂之間 有當 日同樓錄可攷也."

35 金尙憲, 『淸陰集』 권35, 墓誌銘, 「司憲府執義晦谷權公墓誌銘」.

36 李光庭, 『訥隱集』 권13, 墓碣銘, 「巴山柳先生墓碣銘 幷序」.

37 『陶山及門諸賢錄』 권4, 이봉춘조.

38 金垈, 『龜窩集』 續集 권5, 墓碣銘, 「南山徐公墓碣銘」.

39 金士貞에 대해서는, 鄭宗魯, 『立齋集』 권45, 行狀, 「後松齋金公行狀」, "退陶老先生之門 一時 羣賢 皆執經而宗師之 獨後松齋金公 以童丱未得及門 以遂願學之誠 (…) 蓋平日聞風欽想之 餘 其激仰感奮 不啻其自別."

40 鄭宗魯, 『立齋集』 권45, 行狀, 「後松齋金公行狀」.

41 李家淳, 『霞溪集』 권8, 「書徐氏家藏飛鶴山同樓錄後」.

42 서봉에 대해서는 金道行, 『雨皐集』 권6, 行狀, 「禮賓寺參奉梅軒徐公行狀」를 참고하였다.

43 李家淳, 『霞溪集』 권8, 「書徐氏家藏飛鶴山同樓錄後」.

44 『景宗實錄』권9, 경종 2년 9월 11일(계사).

45 『승정원일기』589책, 영조 1년 3월 26일(갑자).

46 『승정원일기』821책, 영조 12년 3월 12일(병오).

47 이근호, 「18세기 전반 宋時烈 文廟 從祀 논란의 정치적 의의」, 『韓國史學報』62, 2016 참고.

48 『영조실록』권41, 영조 12년 3월 12일(병오).

49 『정조실록』권34, 정조 16년 윤4월 27일(을미).

50 이욱, 「사도세자 관련 만인소의 정치적 의미」, 『남도문화연구』35, 2018, 178~182쪽.

51 『정조실록』권35, 정조 16년 5월 2일(기해).

52 『정조실록』권35, 정조 16년 5월 7일(갑진).

53 徐活, 『邁埜集』권4, 記, 「記蘇湖行」, "丙寅正月十四日 往沙村 聞湖上俛庵李丈島配之 □奇 與 沙上諸友 往拜之李丈 方留在書齋 寒暄訖 因進曰 七耋衰暮之年 至有此行 顧念義理 非罪伊榮 而但冒寒遠役 奉甚仰慮 李丈曰 萬事 已有前定 只可付之而已 [是日初昏 羅史 自京來到]厥明 又進曰 古人詩云 高名千載重於山 夫天地間 義理殄滅不得 今天 亦將不久還 夫子 高名山重 可卜於今日之行 以是 爲臨別之贐 李丈曰 君之援引太過 顧七十垂死之年 死生 固不恤 但家廟 依託孤孫 成就非不關念 而朝家處分之下 何敢以區區私情 有所牽引 作戚戚懷耶."

54 『승정원일기』1924책, 순조 7년 3월 29일(신미).

55 徐活, 『邁埜集』권5, 行狀, 「從曾祖考九巖公家狀」, "王考梅軒公事蹟無徵 公收拾遺什 其他先 世巾衍之藏 多所裒粹撫實紀事 以貽于後."

56 徐活, 『邁埜集』권5, 跋, 「書先祖貞平公鶴巖先生遺錄後」, "先祖鶴巖先生 卽圃隱鄭先生同年友 也 立朝顚末 大略相等 禑昌之廢也 圃老同 而吾祖亦同 恭讓之立也 圃老從 而吾祖亦從 及至 竹橋殉節也 則吾祖歿 已三年矣 世之論麗末忠義者 未始不以圃老 爲之首 然方僧肫橫恣黷亂 之日未聞諸公有敢言之者 而吾祖以妙歲 [時年二十七] 言官直言請誅."

57 徐活, 『邁埜集』권5, 行狀, 「先祖制處使龜溪先生行狀」, "於乎 先生性理之學 忠孝之行 爲世所 推."

58 徐活, 『邁埜集』권6, 遺事, 「七代祖考僉知中樞府事府君遺事」, "嘗取古聖賢書 靜處研究 至忘 寢食 又交當世名德 以資麗澤 公負才未展 隱居南山."

59 徐活, 『邁埜集』권6, 遺事, 「高祖考處士府君遺事」, "己酉丁外艱 癸丑遭內憂 送終之節 一遵家 禮 服闋無意進就 養閒林下 日以經籍自娛 兄弟日夕團欒 以供怡愉之樂 姊妹貧窶無賴者 皆迎 置護養 所居松生 卽周房山下 殊勝處也 與村叟野老 嘯咏自適 嘗以治心寡欲修己敦行等語 勉 戒子孫與族子."

60 權溥, 『厚庵集』권6, 「龜巖書堂記」, "明陵丙戌春 坪之長少相與謀曰 凡吾洞無學舍故無學子 無學子故無閒人 盍爲置一書塾於是 醵資合力 不數年先營庖舍 於新遷靑烏家以吉凶撓之 時 亦屢屈 迄十餘歲未克 置講堂矣 上之壬戌始貿瓦甌鳩棟材 先暨書堂於坪之南麓 且將移新遷 之庵而就之."

61 權溥, 『厚菴集』권1, 詩, 「龜巖書堂謹次洞主徐丈[漢儁]韻仍示諸勝以寅相勉之意[乙丑]」.

62 鄭宗魯, 『立齋集』권35, 碣銘, 「成均生員厚庵權公碣銘」, "先進若金鷲山鄭塤叟簇叟諸公 皆 稱許而期待之 二十八以親命執贄于李密庵門 質問小學疑義 盖從事於大學 而以是爲基本地 也."

63 柳致明, 『定齋集』續集 권12, 行狀, 「成均生員晚洲權公行狀」.

64 徐活, 『邁埜集』권5, 行狀, 「成均進士玉井趙公行狀」.

65 徐活, 『邁埜集』권5, 行狀, 「先考處士府君家狀」, "辛丑 厚庵先生病篤 執手與訣曰 勉進後輩 是

吾志也 而今已矣 君須善課督 必使從遊好師友 可也 府君承命隕泣 日與先生之子晩洲丈 以復朝夕對討 修整遺文."

66　權濂, 『厚庵集』 跋, "昔歲丙申夏 先子挈不肖身僑居于晩坪 以祖墳之密邇也 後六年辛丑 不肖遭失怙天旣葬而祥也 斯文徐爾亮氏語 其子若姪曰 師門謦咳之在世間者 誕其我貴將欲不朽 莫如有備其再從子 徐涷甫起而對曰 唯命卽以是意 詢諸所嘗同業者 李君樹國甫首肯之曰 吾意也 次次慕義而願附者 至三四十員 積數紀餘所保之 物可支數百板 剞劂之費 時所拾文字附狀碣輓章及家庭拾遺合四卷八編 壬申七月始刊季冬而訖惜哉."

67　서활에 대해서는, 『邁埜集』 권6, 부록, 「行狀」(李秉運 續)과 「墓碣銘」(柳致明 撰)을 활용하였다.

68　李象靖, 『大山集』 권8, 書, 「答權希元 甲午」, "明誠卷子 累日披閱 仰窺老境用心處 令人起敬 編輯有序 規模不紊 果能深玩而體行之 希顏之功 可卽此而有得焉 俯索虛勘訂 不敢虛厚意 略有別紙獻疑 聊以備賤臆耳 何足以居執事之意外耶."

69　김종덕에 대해서는, 김지은, 「천사 김종덕의 학문적 관계망과 그 위상」, 『국학연구』 43, 2020을 참고하였다.

70　柳範休, 『壺谷集』 권12, 행장, 「方谷柳君行狀」.

71　한국국학진흥원, 『한국국학진흥원 소장 문집해제 10-안동』, 2008, 32쪽.

72　徐石華, 『淸石集』 권13, 「祖考處士府君遺事」.

73　「通文0075」(한국국학진흥원 https://doc.ugyo.net). 해당 통문은 서활, 『邁埜集』 권1, 書, 「與陶山書院會(中代本邑校院作)」로 수록되었다. "蓋西山以後 惟我先生爲深知此書之味矣 然而此書板本 罕有於世 近有全州一本 而訛誤甚多 欠了精潔 有志者之所尋常慨然者雅矣 近聞貴鄕僉君子 首發鄭重之論 鳩板就緒 將欲登刊於貴院 實盛擧也."

74　徐活, 『邁埜集』 권1, 書, 「與司馬所會中」, "任湖上李先生遺集 將營剞劂 而編袠浩穰 財力不贍 此固遠近士論之 □ 所嘗慨歎者也 今於沙上祥祭之席 道論齊發 以爲列邑排定之計 此意甚鄭重 而第念吾鄕校院事勢 無可以優助 則各門分排在所不已抑 有一事樂一齋逐年收捧 不過爲春秋試士之費而已 與其護費 於時文末藝曷 若致力於吾黨尊衛事耶."

75　徐活, 『邁埜集』 권4, 記, 「遊玉溪記」.

76　金宗德, 『川沙集』 권17, 記, 「玉溪遊山錄」.

77　徐活, 『邁埜集』 권6, 遺事, 「高祖考處士府君遺事」.

78　李玄逸, 『葛庵集』 권24, 묘갈, 「禮曹正郞野翁權公墓碣銘」.

79　金道和, 『拓菴集』 권29, 墓碣銘, 「從八代祖四休居士金公墓碣銘」.

80　徐錫華, 『淸石集』 권13, 「伯曾祖周南公家狀」.

81　徐錫華, 『淸石集』 권13, 「伯曾祖周南公家狀」.

82　柳致明, 『定齋集』 續集, 卷9, 序, 「達城趾美錄序」, "此達城徐君元模之所用意也 袞粹其先祖檜南鶴巖龜溪三世遺蹟 間亦附以後人凡爲公而作之文 爲一冊 名之曰達城趾美錄 以示余 考亥豕 且請弁其卷 古爲彌力 然亦孝子慈孫之志也 獨恨夫盡是他人記述 凡當日精神咳唾之所寓莫之徵也 然卽是其文可知 豈必以聲響韻折之可傳哉 若檜南公之奬進人才 鶴巖公之直道事君 龜溪公之不私恩賚 卓卓然可以爲法於後人 令聞之施於身 奚啻文辭而已乎 故皆登崇峻秩 廟食百世 以裕後昆 此其大者."

83　徐錫華, 『淸石集』 권13, 「祖考處士府君遺事」.

84　柳致明, 『定齋集』 권30, 묘표, 「秀士徐君墓表」.

85　徐孝源, 『石澗集』 권6, 跋, 「敬書顧諟錄後 戊午」, "錄吾王考南窩大人所集也 大人益嘗有志於

古人之學 講究經傳切實之訓 採摭聖賢踐履之語 裒裒成一沓冊子 爲日省之資 卽所謂顧諟錄也 顧迺常目在之之謂則可見慥慥不已之意也 是以其錄之也 自堯舜禹湯傳授之旨訣 下及我東退陶高山師友之講學 莫不載焉 直可謂言言切切句句申申者也 不肖生晩未及見當日 而摩挲感慨 有惕然興起 者 嗚呼 是亦餘敎之及也 吾祖之顔範 雖不得見於斯世 而吾祖之工業 盡載於玆錄 今乃常常顧諟 不負錄中所訓則又何異於提耳命面耶 謹識于卷端 以寓羹墻之慕."

86 徐孝源, 『石澗集』 권6, 記, 「記堂約稧事實 丁酉」.

87 위와 같음, "於是縫章遺裔 氣應聲求 無不力贊 其不解者牖之則亦罔敢後焉 一會涑水 定經紀籌策 再會午郊 收聚各門排錢 殆近三百緡 修稧帖而成任案 嚴節目而詳簿書 使老少三員備位長貳 逐年薦遞 重體貌敦事力之意幷行 而恪守儒宮規制 今卄有餘載矣 向之僉耆宿淪謝已盡若爾眇孱兢兢乎付託不效 竭殫意匠 間有同志和附 協心營劃."

88 徐孝源, 『石澗集』 권6, 記, 「記堂約稧事實 丁酉」, "今此修稧 意實有在 而事係重嚴 通諭之文雖不敢彰而言之 然凡我同約之人 有不得不相悉而相誓者 蓋吾鄕儒宮 舊有鶴祠一所 而顧此兩面限於地遠 春秋祼薦之禮 講學瞻拜之會 每患其不能惟意直遂 所以先父老之有意於別設尊衛而未就者 豈惟坐無力而已 亦以無其機也 向自戊辰令甲以後 一鶴祠亦不免於陽九 哀我襟紳 無所依歸 然循環之運 無往不復 覆盆之照 終當有日 苟於是時 遹追先進之意 刱立一畝之宮而賁飾莊修 則其於尊祀孔孟 遍于天下 壇域區分而崇奉各專之道 何嘗有拘哉 倡論本意 惟在於是 各自協心殫誠 期於有成事."

89 위와 같음, "建院崇奉 雖未可居然指期 隨其勢力所至 先設書社幾架 待到經年就緖之計 而凡係尊衛斯文奬進後生之議 必聚於斯倡於斯 儼然爲一方儒林所 而庶幾有風勵興起事."

90 위와 같음, "竣事之道 未必無關於物力 而各門湊合 幾至三百金 尙可謂成 所抑非尋常財殖之例 逐年遞任之際 抄薦老成一位統攝條約 少年兩員檢司拮据 重體貌敦事力之意 幷行於其中事."

91 위와 같음, "世降而財竆 斂散一路 寔所艱關 每年任司固宜惕念 而約中僉員苟有犯用愆期之弊則是不惟當人有施罰之擧 自其門督捧備納 保無遺失事."

92 위와 같음, "附案追錄 勢所不免 然濫雜之弊起而法綱難嚴 顔私之請行而廉防易壞 揆以鄭重倡設之本意 不啻遼粵 自非大同公議則固未可輕輕許施 而雖於公議所在處 捧入之物 亦當加意於始抄事."

93 위와 같음, "凡此約中誼在同室一心 何嘗有過計之憂 而事係各門衆力 不容無先幾之戒 任司薦錄遲回則不尙廉威者慮有猜憾 講接勝會頻設則自外文詞者慮有忌厭 儒林應酬煩費則蔑識退産者或有追後橫拂之慮 物力便殖至夥則見利循私者又有從中舞弄之慮 由玆三數件事 苟起鬧端 釀成衝波駭機 則豈不爲勝事之蟊賊而公議之蠹食乎 其於圖盛儀貽後謨之道 不足與計明矣若是者當以背斯文斁義理之科 齊聲削黜 永絶其萌 雖在族親戚屬之地 不敢引嫌而顧避 冀恕而曲護事."

94 해당 문서는 안동 한국국학진흥원(정재문중 기증) 에 소장되어 있다.

95 『정재집』 간행 참여자에 대해서는 우진웅, 「『정재집』의 간행과 간행 활동 참여자」, 『국학연구』 52, 2023을 참고하였다.

96 김종석, 「한말 영남 유학계의 동향과 지역별 특징」, 『국학연구』 4, 2004, 41쪽.

97 이하 청송 의병에 대해서는, 권대웅, 「1896년 靑松義陣의 조직과 활동」, 『한국근현대사연구』 9, 1998; 안동대학교 안동문화연구소, 『경북독립운동사 Ⅰ, 의병항쟁』, 경상북도, 2012를 참고하였음을 밝혀 둔다.

98 설석규, 앞의 논문, 2003, 32쪽.

99 설석규, 앞의 논문, 37쪽.
100 서석화에 대해서는 서석화, 『靑石集』에 수록된 행장(權相圭 찬), 묘지명(金梄 찬), 유사(徐基潤 찬); 이영호, 「해제」, 『퇴계학파 경학의 총결산, 경설유편』 1권, 한국국학진흥원, 2017을 참고하였음을 밝혀 둔다.
101 『경설유편』의 내용에 대해서는 이영호, 위의 책, 2017을 참고하였다.

『경설유편』 「대학」 편의
편찬 방식과 의의

박준철

머리말

　조선의 19세기 말~20세기 초의 살풍경을 보고 있노라면 장탄식과 함께 깊은 상념에 빠지게 된다. 밖으로는 조선을 침탈하기 위해 일본, 중국, 러시아 등이 각축을 벌이고 있었고, 안으로는 무능한 왕과 조정의 대신, 지방의 탐관오리들의 횡포와 학정이 벌어지고 있었다. 조정에서는 대원군과 민비의 권력투쟁으로 인해 국정의 방향을 잡지 못하고, 지방에는 중앙과 결탁하여 자신의 탐욕을 채우기 위한 탐학이 자행되고 있었다. 혼란과 절망 속에서 조선인들은 어떻게 살았을까? 혼란과 절망 앞에서도 조선인들은 시대의 좌절과 모순을 결코 보고만 있지 않았다. 외세의 침탈과 내부의 횡포라는 소용돌이 속에서 서학과 동학의 도로써 집단을 결성하여 저항하는 백성들과, 백성들과는 다른 결로 외세에 저항하고 내부의 무능을 일깨우고자 했던 양반 중심의 의병義兵 집단이 있었다.

생존도, 실존도 가능하지 않았을 것 같은 시대에도 결국 인간은 삶을 살아간다. 그것이 나 자신만을 위한 생존의 삶일지, 나라와 민족을 위한 실존적 삶일지는 자각에 따른 실존적 결단에 달렸을 뿐이다.

이 글에서 다룰 『경설유편經說類編』의 저자 청석淸石 서석화徐錫華(1860~1924)는 경북 청송군 부동면 상평리 달성 서씨 집성촌에서 태어나 청송군에서 삶을 마감한 인물이다.

청석의 아버지인 석간石澗 서효원徐孝源(1839~1897)은 학봉鶴峯 김성일金誠一의 학맥을 이은 정재定齋 류치명柳致明의 제자로서, 정재 사후 류치엄柳致儼에게서 수학하였다. 서효원은 1874년에 청송에서 부강서당鳧江書堂을 건립하여 대산大山 이상정李象靖, 천사川沙 김종덕金宗德, 정재 류치명을 향사하였고, 이를 통해 청송 지역의 퇴계학맥을 충실히 이어 나간 인물이다. 이후 청석 서석화는 1909년에 부강서당에서 대산과 정재의 학문을 투철하게 전승하기 위해 대산의 『약중편約中篇』, 천사의 『성학정로聖學正路』, 정재의 『주절휘요朱節彙要』를 간행하였다. 이러한 사실은 청석 서석화의 학문의 연원이 아버지인 서효원을 거쳐 정재 류치명, 대산 이상정까지 연원함을 짐작할 수 있다.

청석은 1919년 그의 나이 60세에 『경설유편』을 저술하였다.[1] 이 책은 퇴계 이황, 갈암 이현일, 대산 이상정, 정재 류치명까지 퇴계학파 내 학봉 김성일의 학맥으로 이어지는 네 선생의 경설經說을 회집會集한 주석서다. 『경설유편』은 기력이 쇠해졌을 것으로 짐작되는 사망하기 5년 전, 육체적으로는 노쇠했으나 학문적으로는 노성해졌을 나이인 60세에 편찬했다. 서석화는 왜 여기에 자신의 입론立論이 아닌 앞선 시대의 네 선생의 경설만 편집하였을까? 최초의 질문은 여기서 생겨난다. 청석은 왜, 어떻게 『경설유편』을 저술했을까? 청석이 스스로 이에 대한 쓴 후서後序가 있다.

사서와 육경의 본뜻은 자양 부자紫陽夫子에게 이르러 확정되었다. 주석에 천착했던 자는 소통되어 얼음 녹듯 의문이 풀렸고 노불老佛에 빠졌던 자는 은택이 바르게 되어 평탄한 길로 가게 되었다. 이로써 지나간 성현을 잇고 영재를 길러냈으니, 분서갱유 이후로 문명이 크게 다스려진 때였다. 그러나 성인의 말씀은 의리가 무궁하고 사람의 지식은 수준이 서로 달라서 그 책을 읽고도 뜻을 알지 못하는 이가 있고, 뜻은 알아도 그 말을 통해 성인의 마음을 얻은 자는 드물다. 양자운이 후세의 양자운을 기다린다고 한 까닭이다.

국조의 명종·선조 대에 우리 퇴도退陶 선생이 교남嶠南 지역에서 사문斯文을 흥기시키는 것을 자신의 임무로 삼아 경전의 본지를 발휘하여 한결같이 자양 선생의 본의를 높여 일세의 인재를 길러냈다. (…) 이는 또 우리 동방의 문명이 한 번 다스려진 때였다. 두 번 전하여 갈암葛庵 선생이, 세 번 전하여 대산大山 선생이 시운을 타고 차례로 흥기하여 삼가 퇴계 선생의 법문을 지킨 것이 퇴계 선생께서 자양 부자를 대한 것과 같았다. 그래서 경전의 뜻을 분석한 것이 상세할수록 더욱 의미가 깊고 오래될수록 더욱 흠이 없어서, 덕과 재주를 이룬 자들이 무성하게 숲처럼 늘어섰다.

근세 정재 선생이 또 명맥이 끊어질 즈음에 떨쳐 일어나, 전해 오던 학문의 단서를 고찰하고 논증하여 그 말을 통해 그 마음을 얻었으니, 시대를 뛰어넘는 하나의 도가 지금까지 이르게 되었다. 경전을 담론하고 학문을 계승하는 문도들이 아직도 패도覇道를 물리치고 왕도王道를 존숭하며, 주자와 퇴계를 연원하여 공자를 종宗으로 여길 줄 알아, 이목이 미치는 바에 감흥이 더욱 깊었으니 차례로 연원의 적전을 전수한 것이 또한 아름답지 아니한가.

무릇 세대 간의 거리가 채 백 년이 되기 전에 담화曇華가 번번이 출현하였으니, 도가 무너지려 하여 땅에 실추되기 전에 해와 별이 다시 빛나 천운이 순환하여 인문이 밝아졌으니, 누가 그렇게 만든 것인가. 교남의 한 고을을 해동의 추로鄒魯라고 칭하게 된 것은 과연 이 누구의 힘인가.

나는 후대에 태어난 말학으로서 삼가 일찍이 몇 년 동안 글을 배웠으나, 실로 전체를 꿰뚫어 이해하기가 어려웠다. 이에 감히 네 선생님의 문집을 취하여 경전의 뜻을 논변한 것을 채집하여 각 부문별로 목을 세우고, 또 각기 유형별로 모아 모두 13권을 얻었다.[2]

이 글은 주희로 시작해서 류치명으로 끝이 난다. 사서四書와 육경六經의 뜻을 주자가 확정하여 형곡硎谷의 화, 즉 진시황의 분서갱유 이후 문명을 크게 일으켰다. 그러나 성인聖人인 주자의 뜻은 알기가 어려웠으나 조선의 퇴계가 유학의 도, 즉 사문을 진작시키는 임무를 맡아 인재를 길러 갈암과 대산이 나오게 되었다. 퇴계의 도통을 이은 갈암과 대산이 경전의 뜻을 더욱 치밀하게 하자 후에 정재가 나와 패도를 물리치고 왕도를 존숭할 줄 알게 되었다고 하였다. 이에 뒤에 태어난 청석 본인은 네 선생의 경설을 공부하였으나 총관회통하기가 어려워 네 선생의 설을 모았다고 하였다.

주자부터 류치명까지 마치 도통道統의 계보를 설명하는 듯한 이 글은 당唐(618~907)의 한유韓愈(768~824)가 쓴 「원도原道」를 떠올리게 한다.[3] 한유는 이 글에서 요순의 도가 전해져 맹자까지 전해졌다고 하였다. 청석은 후서에 쓰기를 맹자 이후의 도통은 주자에게 전해졌고, 주자의 도는 동방의 퇴계에게로 전해졌고, 동방의 퇴계는 영남의 후학들에게 도를 전했다고 하였다. 한유가 맹자까지 도통의 계보를 저술하여 자신이 그 이후의 도를 잇는 것임을 자임한 것처럼, 청석 역시 그러한 의도였을까? 20세기 퇴계학파의 마지막 적전嫡傳 제자가 청석 스스로임을 자임했던 것일까? 그것이 아니면 청석 스스로 말하고 있는 것처럼 이 책을 저술한 의도가 자신의 부족한 공부를 위해서였을까? 청석이 후서에서 밝힌 대로『경설유편』의 저술 의도는 그러한 것인가?

학문이 노숙한 시기라고 볼 수 있는 60세에 자신의 부족한 공부를 위해 네 선생의 경설을 모았음을 우리는 쉽게 납득하기 어렵다.『경설유편』의 편찬 방식과 저술의 의의를 살펴보기 위해『경설유편』에 담긴 내용이 어떠한 것인지 알아보겠다.

질문에 대한 해답을 찾기 위해『경설유편』전체를 모두 보아야겠지만 필자와 지면의 한계를 들어『경설유편』권1부터 권3까지 실려 있는「대학」편에 관한 내용을 위주로 살펴보도록 하겠다.

『경설유편』「대학」편에 대한 편찬 방식과 편찬의 의의를 알려면 청석 본인의『대학장구』에 관한 문제의식과 질문 또 그에 대한 자신의 견해를 읽어내야 하는데, 그러려면 청석이 스스로 정리한『청석집』[4]을 보지 않을 수 없다. 청석의 문집 권9 잡저의「학용의의변學庸疑意辨」이 눈에 띈다.[5] 이 글 어딘가에『경설유편』을 회집할 때의 선정 기준과 편찬 방식에 대한 단서가 보이진 않을까.「학용의의변」과『경설유편』「대학」편은 어떻게 연결되고 있는가.

「학용의의변」

『경설유편』「대학」편에 보이는 네 선생의 경설을 어떠한 의도로 절록하고 배치하였는지를 알아보기 위해『청석문집』에 보이는『대학장구』에 관한 논의를 살펴보겠다.『청석집』에 보이는『대학장구』에 대한 내용 중 가장 눈에 띄는 것은 잡저에 실린「학용의의변學庸疑意辨」이다. 이 글은 조병호趙秉鎬가 경상도관찰사로 부임하여 제생諸生에게 질문하고 이에 대해 본인의 견해를 덧붙인 것이다.[6] 여기에서는 청석 스스로가 작성하고 답했던 23개의 조목을 정리·분석 하고,『경설유편』권1부터 권3에 걸친「대학」편에 실린 내용들이 어떻게 선택되었는지에 대한 연결고리를 살펴보고자 한다.[7]

그런데「학용의의변」의 내용을 살펴보기에 앞서,「학용의의변」을 저술하게 한 계기를 만들어 준 조병호(1847~1910)에 대해 알아봐야 한다. 조병호가 보통 인물이 아님을 직감한 것이, 어떤 인물 하나가 관찰사로 부임했다는 이유만으로『대학』과『중용』에 관해 문답한 내용을 장문의 문목問目으로 작성하여 문집에 넣지는 않았을 것이기 때문이다. 조병호는 어떤 인물이기에 이러한 저술이 가능했던 것일까? 경상도관찰사로 부임한 조병호에 대해 알아보자.

조병호

조병호趙秉鎬의 본관은 임천으로 충청도 목천군木川郡 세성면細城面 용산龍山 출신이다. 자는 덕경德卿, 시호는 문헌文獻이다. 참의參議를 지낸 조기진趙基晋(1814~1886)의 아들로, 형인 조경호趙慶鎬(1839~1914)는 흥선대원군의 장녀와 혼인한 대원군의 사위였다. 조경호는 대원군의 사위면서 고종의 매부로 형조판서와 예조판서 그리고 한성판윤과 판의금부사 등을 역임하였다. 조기진의 삼남인 조병호는 경상감사와 공조·이조·예조·형조의 판서 그리고 한성판윤을 역임한 홍우길洪祐吉의 딸과 혼인했다. 홍우길의 손자가 순국열사인 홍범식洪範植[8]이고 증손자가 소설가 벽초碧初 홍명희洪命憙다. 조병호는 1866년(고종 3) 정시 문과에 병과로 급제한 후에 홍문관 관원으로 벼슬을 시작하여 22세 때 서장관으로 청국을 다녀왔다. 그리고 1881년 30대 초반에 수신사로 일본에 다녀왔으며, 1882년 임오군란 당시에는 영접관으로 청국군의 서울 진주를 주선하였다. 1883년에는 안동부사로 나가는데 이때 안핵사로 동래와 성주에서 일어난 민란을 수습했다고 한다. 1884년에는 도성 방위에 중요한 강화유수에 임명되어 다음해 예조판서로 발탁될 때까지 강화영江華營을 책임지기도 하였다.[9] 조병호는 당시 집권자인 대원군의 사돈이면서도 그의 처가는 대원군의 집정 아래에서 의병을 보호하고 독립운동을 한 가문이었다. 조병호는 이렇듯 위로는 왕실의 사돈으로서의 권세와, 일제의 침탈에 저항하는 명분이 있는 가문이어서 정치적 입지가 매우 단단하고 영향력 있는 인물이었다.

대단한 가문의 배경으로 요직을 두루 거치면서 긴요한 국정을 다뤘던 조병호는 1893년 3월에 충청감사로 부임한다. 어떤 일로 지방으로 내려가게 된 것일까? 당시 조선에서는 전국적으로 동학운동이 일어나던 시기였고, 충청도 역시 예외는 아니었다. 충청도 보은군報恩郡 장내리墻內里에 동학도 수만 명이 집결해서 벌인 시위가 있었다. 조선 조정에서 동학도들을 통제할 수 없는 상황에서 대원군의 신임을 얻고 있던 조병호는 감사로 부임하여 고종高宗이 지시한 양면책을 실시하여 시위를 해산시킬 수 있었다.[10]

이 시기는 충청도뿐 아니라 전국적인 동학 조직의 활동으로 여러 지역이 소용돌이 상태로 빠져들던 때였고, 이러한 상황은 경상도 역시 마찬가지로, 이때는 이미 많은 농민들이 동학 조직에 들어가 여러 군현에서 관아가 동학도들을 통제할 수 없는 상황이었다.[11] 이러한 상황에서 충청감사에 부임한 지 1년 남짓 된 1894년 4월 25일에 경상감사로 부임하게 된다.

그렇다면 「학용의의변」의 문답이 이루어지던 1894년, 제생諸生 중의 일원이었던 청석이 발 딛고 있던 경상도의 현실은 어땠을까? 청석이 목도했던 당시의 현실이 우리의 머릿속에 조금이라도 그려진다면 그 시절 청석이 조병호에게 했던 대답과 그 밖의 저작에 대해 좀 더 깊이 있게 이해할 수 있지 않을까?

경상도에 새로 부임한 조병호가 당장 해결해야 할 현안은 농민항쟁의 수습이었다. 조병호는 항쟁의 원인을 조사하여 부정한 관리를 처벌하였다. 가장 큰 원인은 전 감사 이용직李容直의 탐오와 학정이었다. 당시 연이은 흉년으로 인해 많은 농민들이 기근에 시달리는 데다가 이용직의 학정으로 견딜 수 없는 지경에 이르렀던 것이다. 당시 12월에 경상도 지역의 동학농민군 진압과 수습의 책임을 맡고 순회하던 위무사 이중하李重夏가 조사하여 보고한 수탈의 상황은 매우 심각하였다.

방금 영남 위무사 이중하의 장계를 보니, 관리들의 정사의 잘잘못을 열

70

거하였습니다. 전 경상감사 이용직은 순전히 백성을 괴롭히는 것만 일삼아서 그 해독이 만백성에게 미쳤는데 탐오한 돈이 47만 6,356냥 6전 9푼이고, 전전 통제사 민형식閔炯植은 탐욕스럽고 포악하여 재물을 약탈하는 것이 세 도에 미쳤는데 탐오한 돈이 72만 1,277냥입니다.[12]

경상도에서 벌어진 농민항쟁은 자연재해 속에서도 농민들을 수탈하는 지방관에 대한 항거로 나타났다. 동학 조직이 무장을 하고 군현의 읍내와 관아를 점거할 기세였다. 이와 함께 경상도에 들어온 일본군을 대처해야 하는 일이 시급하였다. 경상도 71개 군현 중에서 60여 군현에서 민요民擾가 일어났다고 하니 관치 질서가 완전히 무너진 사실을 보여 준다. 이러한 동학도들의 농민항쟁에 대해 관官과 양반을 중심으로 민보군民堡軍이 결성되어 동학도들을 진압하는 데에 일조하였다. 경상도에서는 처음으로 예천의 향리들과 유생 70여 명이 객관에 모여 관아의 무기를 지급받아 민보군을 결성하였다.[13]

한편, 경상도는 임란 이후 일본의 재침을 막기 위해 병영과 수영 그리고 산성이 포진한 곳이었지만 갑오년에는 상륙하는 일본군 앞에서 속수무책이었다. 경복궁을 기습 점령하고 동맹조약을 강제로 체결한 일본이 청과의 전쟁을 위해 부산에 제5사단을 상륙시켜서 북상해 왔다.[14] 경상도 여러 지역에 일본군 병참부와 군용전신소가 설치되었고, 동학 조직이 일본군에게 적대하기 시작하였다. 감사로서 이 문제는 갑작스런 현안이 되었다. 경상감사 조병호는 탐관오리의 징치나 농민항쟁 수습 등 내정에는 감사의 권한을 행사할 수 있었지만 일본군과 관련된 문제에는 대책이 없었다.[15]

1894년 청석이 경상감사 조병호를 만나던 겨울의 경상도 상황은 이러했다. 수탈을 빙자한 전선 설치로 밀려들어오는 일본, 이에 대항하는 동학농민의 저항, 또 이들을 좌시할 수 없었던 향리와 유생들의 민보군 결성으로 경상도의 정세는 너무나도 복잡했다. 퇴계학맥의 적전을 계승하고 있다고 자부했던 청석의 선택은 무엇이었을까? 그의 부친 서효원은 1895년 을미사변이 일어나자 이듬해인 병신년에 청송에서 의병을 일으켜 의영도지휘사義營都指揮使로 활약하였다. 일본의 낭인들에 의해 야만적인 민비 시해가 자행되자 조선의 유림들은 각자의 방식으로 환란에 저항하면서 국난을 극복하기 위해 치열한 투쟁을 벌이고 있었다.[16] 안동 지역에서는 퇴계학을 종주로 삼은 유림을 중심으로 여러 노선의 투쟁을 진행하고 있었다.[17] 그중에서도 국권상실에 대한 강력하고 지속적인 투쟁은 정재 류치명의 재전 제자들을 중심으로 나타났다. 서효원과 함께 정재를 스승으로 모셨던 정재의 제자들 역시 의병 활동에 여러 방식으로 참여하였다. 정재학파와 의병운동, 이 두 축이 청석의 학문과 삶을 형성하는 데 주요한 배경이었음을 짐작할 수 있다.

「학용의의변」과 『경설유편』 「대학」 편의 내용

『경설유편』 그중에서도 「대학」 편의 저술 의도와 이 책의 의의에 대해 알아보기 위해 『청석집』에 실린 「학용의의변」의 내용을 살펴보고자 한다. 「학용의의변」의 문답이 이루어진 시기[18]는 1894년으로 이때 청석의 나이는 35세다. 이 시기에 있었던 『대학장구』와 『중용장구』에 관련된 문답의 경험과 경학적 입장이,[19] 『경설유편』을 지을 60세까지 이어졌을까? 퇴계를 종주로 하는 영남학파, 그 안에서도 학봉학파로 이어지는 학통을 계승한 것으로 알려져 있는 청석임을 생각할 때, 큰 변화가 있었다기보다 아무래도 장년기로 접어든 나이의 학문적 입장을 고수하면서 이를 더 공고히 하는 방향으로 나아가지 않았을까? 가설하여, 그때의 생각과 질문이 25년간 이어졌다면 이는『경설유편』의 네 선생의 경설을 선정 및 절록하게 된 배경이 될 수 있을 것이다. 이에 대한 연결고리를 살펴보기 위해「학용의의변」(이하「학용」으로 약칭함)에 제시된 23개의 문답과『경설유편』(이하『유편』으로 약칭함)에 실린 관련 내용을 중심으로 함께 열거하여 비교한 후 검토해 보도록 한다.[20]

먼저 23개 문답의 범위를 살펴보면 1번과 2번 문목은『대학장구』서문에 해당하는 내용이고, 나머지 21개는『대학장구』의 경經 1장과 전傳 10장에 대한 문목이다. 내용적으로 살펴보면 나머지 21개 조목부터 『대학장구』에 대한 경학적經學的 질문이라 할 수 있다. 그중에서 서문에 대한 답변인 1번과 2번을 빼고 나머지 21개 질문에 대한 청석의 답변을 살펴볼 것인데, 21개 질문에 대한 청석의 답변은『유편』「대학」편에서 중복적으로 보인다.[21]

「학용學庸」3번[22]

문 경經 1장의 명덕은 어떤 것인가? 누군가는 심성을 합한 명칭이라고 하는데 그렇다면 심성이 함께 명덕에 갖추어져 있는 것인가? 지각이 명덕이라고 하는데, 그렇다면 이理를 말한 것인가 기氣를 말한 것인가. 명덕은 어떠한 물건이고 어떠한 양태인지 명확하게 말할 수 있을까?

답 명덕은 전적으로 심을 말한 것도, 성을 말한 것도, 지각을 말한 것도 아니다. 또 그렇다고 심성 이외의 별개의 것도 아니다. 이른바 명덕이라는 것은 옛날 성인이 도리를 분명히 보고 심이라고도 성이라고도 말하였으니 각각 하나의 측면에 나아가 설명한 것이다.

심에 갖추어져 혼연하게 그 안에 있는 것을 가리켜 성이라고 하였으니 성은 곧 이다. 일신을 주재하고 만사의 변화에 응수하는 것을 가리켜 심이라 하였으니 심은 이기를 합하여 말한 것이다. 대학은 또 기가 맑고 이가 드러나 광명하여 통철한 측면에 주목하여 제목하기를 명덕이라 하였으니 갖추어져 있는 것은 성의 이고 밝히는 것은 심의 영명함이다. 그러나 성은 순선하여 무위하는 것이지만 명덕은 곧 허령하여 광명한 것을 말하는 것이니 전적으로 성이라고 할 수 없다. 심은 일신을 주재하는 것이지만 명덕은 능지능각이라는 명칭이 아니니 전적으로 심이라고만 말할 수 없다. 선유가 이른바 "심성의 의사를 보아야지 먼저 심성이라고 간주해서는 안 된다[就他見心性意思則可先將心性做這箇看則不可者]"[23]는 것이 바로 이것이다.[24]

『유편類編』

명덕은 심의 본체가 광명한 것을 가지고 말한 것이다. 심은 이와 기를 합한 것이고 명덕도 역시 이기를 합한 것인데, 심이라 한 것은 진실하고 망령되며 사특하고 바른 것을 모두 든 것이니, 명덕이라고 한 것은 심의 도리가 광명하고 투명한 것을 말한 것이다. 이는 모두 이와 기를 합한 것 가운데 이를 주로 하는 것이다. 이름을 붙일 때 또한 뜻이 같지 않은 곳이 있다. (『독서쇄어讀書瑣語』)

명덕은 분명 심성의 다른 이름이다. 광명하고 통철한 의미가 있다고 하면 성의 모습이 아니고, 신명불측한 물건이 아니라면 심의 정상이 아니다. 그래서 이것은 또 다른 하나의 명목일 것이라 의심한 것이다. 여기에서 <u>심성의 의미를 보는 것은 괜찮지만 곧바로 심성이라고 풀이하는 것은 불가하다.</u> (최진사崔進士)

「학용」4번

문 '지어지선'은 명덕과 신민의 일에 불과한데 또 어찌해서 특별히 하나의 재在 자를 더하여 삼강령으로 세운 것인가?

답 명덕과 신민 두 가지 일은 대학의 수기치인의 본말로서 이미 지어지선에 갖추어져 있는 것이다. 다만 이는 명덕 신민의 극처를 말한 것이니 별도의 일이 있는 것이 아니다. 그런데도 특별히 <u>삼강령으로 세운 것은 배우는 이로 하여금 이를 목표로 삼아서 반드시 그 도리를 다하게 하고자 한 것이니</u> 이것이 바로 옛사람들이 사람을 위해 긴요하게 한 부분이다.[25]

『유편』

지어지선은 다시 명덕과 신민에서 그 도리를 다하는 것에 불과하니, 다른 명목이 있는 것이 아니다. (…) 이것이 아니면 이른바 '명덕과 신민'이란 것이 작은 성취에 안주하고 가까운 이익에 익숙한 것에 불과하여 헛된 말이 됨을 면할 수 없다. 그래서 <u>반드시 아울러 열거하여 삼강령으로 삼았으니, 명덕과 신민이 헛된 말이 아님을 보고 목표를 세워 나갈 수 있게 한 것이다.</u> (김순약金純若)[26]

「학용」7번

문 '앎을 다하고 싶다면 먼저 그 물을 격하라'라고 말하지 않고 '치지재격물致知在格物'이라고 말한 이유는 무엇인가?

답 성의·정심과 제가·치국 등은 모두 두 개의 일이다. 차례와 등급이 크게 있기 때문에 이 일을 하고자 한다면 필히 먼저 저 일을 마친 뒤에 이 일을 할 수 있다. 그러나 격물치지의 경우는 혼연히 하나의 일이다. 격물 말고는 다른 치지의 방도가 있을 수 없다. 격물이 곧 치지하는 일이기 때문에 굳이 재在 자로 바꿀 수밖에 없으니 그 앞의 여러 조목과 같은 예다. 만약 경문에서 '앎을 다하고 싶다면 먼저 그 물을 격하라'라고 말했다면 이는 격물 이후의 치지 공부가 갖추어지지 않은 것으로 간주해야 하니 경솔한 것이 아니겠는가.[27]

『유편』

치지와 격물의 경우는 애초에 두 가지 일이 아니다. 사물과 내가 하나의 이치이니 막 저것에 밝으면 즉시 이것에 밝게 된다. 사물이 이미 궁구되었는데 앎이 아직 이르지 않은 것은 아니다. 그래서 '선先' 자를 '재在' 자로 바꾼 것이다. 만약 '먼저 그 사물을 궁리한다'고 하면 이것은 물격 이후에 바야흐로 앎이 이르도록 강구하는 것이니 옳겠는가? (「중용대학의의변」)[28]

「학용」11번

문 신수가제라고 하지 않고 굳이 수신제가라고 말하고, 격물치지라 하지 않고 굳이 물격지지자라고 하는 것이 또한 정밀한 의미가 있는 것인가? 이를 장구에서 반드시 공효의 아래에 둔 까닭은 무엇인가?

답 수신修身 이상 제가齊家 이하는 위 단락에서 말한 공부의 조목으로 인하여 해설한 것이니, 첫 단락의 명명덕明明德과 신민新民이다. 물격지지物格知至·의성意誠 이하라는 것은 이 단락에서 말한 공효의 조목으로 인해

<u>해설한 것이니</u> 두 번째 단락의 지지능득知止能得이다. 장구의 차서가 진실로 마땅히 여기에 있다.[29]

『유편』

정재 선생이 말하였다. "<u>격물 이후 지지 이하는 순차적으로 미루어 가는 공효를 말한 것이다.</u> 그러나 또한 전적으로 공효설로 말할 수 없다. 그래서 『장구』에서 '지식이 이미 다하면 뜻이 진실해질 수 있음을 말한 것이다."(「독서쇄어」)[30]

「학용」14번

문 신민은 다만 고무하는 한 가지 일만 있다는 것은 무슨 의미인가?

답 전傳에 있는 세 신新 자는 모두 경문의 본뜻이 아니다. 반명에서는 스스로 새로워지는 것을 말하였고, 강고에서는 백성이 스스로 새로워지는 것을 가리켰고, 문왕은 천명이 새로워짐을 말하였다. 편 내에서 오로지 하나의 작作 자만이 신민의 본뜻이 된다. 장구에서 작作 자를 해석하면서 고무한다고 하였으니 노래보익,[31] 완화하고 진덕하는 뜻임을 볼 수 있다.[32]

『유편』

정재 선생이 말하였다. "임금이 고무시킴에 있어서 진실로 스스로 새로워지는 이를 따로 골라서 베풀지는 않는다. 이것이 『혹문』의 뜻이지만 거기에 응하는 백성은 반드시 스스로 새로워진 뒤라야 고무될 수 있는 것이다. 이것이 『장구』의 뜻이니 그것을 서로 밝혀 준다고 하면 되지만 서로 어긋난다고 하면 안 된다." (김달민金達民)[33]

「학용」15번

문 내면이 진실하다면 밖으로 드러난다는 것[34]은 선악을 겸하여 가리킨 것이 아닌가?

답 선유(대산 이상정)가 매번 의심하시기를 악은 진실로 성이라고 말할 수 없다. 그러므로 소인이 한가로이 거처한다는 구절 아래 '성어중형어외誠於中形於外' 다음에 선악을 겸한 설이라고 한 것이다. 그러나 성이란 진실함을 이르는 것이니 소인이 악을 행하려는 마음이 진실하게 마음에 있다면 성이라고 하는 것 또한 불가하다. 주자가 "천리의 관점에서 본다면 선을 행하는 데에 성은 빠져 있지만 사적인 관점에서 보면 실제로 악을 행하니 어찌 성이라고 하지 못하겠는가" 하였다. 이로써 본다면 선악을 겸하였다고 말한 것[35]은 본문의 바른 뜻이 아닐 것이다.[36]

『유편』

성은 다만 진실한 마음이니, 소인이 비록 선을 행할 수는 없다 하더라도 악을 행할 마음이 참으로 마음에 있다면 성을 어떻게 하겠는가. 다만 천리의 자연스러운 성이 아닐 뿐이다. 그렇기 때문에 주자가 말하기를 "대저 천리로부터 본다면 선을 행한다는 것은 참으로 헛된 것이다. 그 사사로운 분수로부터 본다면 실로 악이 되므로 어찌 성이라고 하지 않겠는가" 하였다. 쌍봉 요씨는 이 '성' 자를 가지고 선과 악을 겸하는 것으로 설명하였으니, 본문의 바른 뜻을 잃어버린 것이다. (『중용대학의의변』)[37]

「학용」16번

문 사유四有와 오벽五辟[38]은 모두 정인데 수신제가에 분속되는 것은 어째서인가?

답 『혹문』에 사유는 심이 물에 응하는 것이고 오벽은 몸이 일에 접하는 것이라 하였는데, 내가 『장구』를 살펴보니 사유의 경우 '하나라도 있으면 살피지 못한다면'이라 하였고, 오벽의 경우는 '오직 그 향하는 바에 따라 더 살피지 않는다면'이라고 하였다. 이는 결국 사유와 오벽이 모두 심의 용이라는 것이다. 그러나 수신에 분속된 이유는 <u>사유의 경우 심의 존주처에서 평상심을 잃은 것을 가리키고 오벽의 경우는 심의 접물처에서 마땅함을 잃은 것을 가리키기 때문</u>이니, 이것이 다른 까닭일 것이다.[39]

『유편』

정재 선생이 말하였다. "사유와 오벽은 모두 마음의 병이지만 <u>사유는 이 마음이 주인을 보존하는 곳에서 그 평정을 잃은 것이고, 오벽은 이 마음의 외물에 응접하는 곳에서 그 마땅함을 잃은 것</u>이다. 여기서 나누어져서 정심과 수신의 두 일이 된다."(「독서쇄어」)[40]

「학용」17번

문 성의 정심 전문에만 유독 장 아래 장구가 있는 것은 어째서인가?[41]

답 전문의 여러 장은 모두 <u>두 조목을 이어놓았는데[연철連綴]</u> 성의 정심 두 조목은 학문하는 대강이기 때문에 실제로 공부하는 데에 있어 긴요한 곳이다. 그러므로 전을 지은 이가 <u>특별히 전을 지은[특전特傳] 뜻이 심오한 것</u>이다. 주자가 또 배우는 이들이 그저 그런 줄만 알고 위 단락을 함께 살피지 않는다면 힘을 쓰는 처음과 끝을 모를 것이라 염려하였다. 그러므로 성의장이 다시 치지와 이어지고 정심 장을 다시 성의와 연결시켜서 순서나 공효에 있어서 혼란스럽거나 빠뜨릴 수 없다. 그 뜻이 매우 긴절하다.[42]

『유편』

정재 선생이 말하였다. "팔조목이 모두 서로 물을 대듯 연결되어 있지만, 성의와 정심 두 장만은 각기 스스로 독립하여 위 장에 이어지지 않으니, 이른바 '특별이 전을 만들었다'는 것이다. 그렇기 때문에 장 아래에 다시 연결하여 혹 '특전特傳'이라 하기도 하고 혹은 '연철連綴'이라고도 하지만 각각의 의미가 있다." (『독서쇄어』)[43]

「학용」 19번

문 '위에서 집이 가지런해지면 아래에서 교화가 이루어진다'[44]는 것은 교화인가 미루어 나간 것인가?

답 아래에서 교화가 이루어진다는 것은 동화動化를 말하는 것도 추화推化를 말하는 것[45]도 아니다. 그러나 장의 첫 단락에서 동화의 뜻에 대해서는 아직 말하지 않았으나 장구에서 말하는 것은 아래의 두 단락을 포함하여 합쳐서 말한 것이다. 누군가 말하길 전문에 나라에서 교화가 이루어진다는 것이 동화를 이르는 것이 아닌가? 대답하길 그렇지 않다. 이는 나라를 교화하는 도리가 집안에서 이루어짐을 볼 수 있다는 말이다. 대체로 전문에서 하는 말은 앞으로 나아갈수록 뒤로 후퇴한다. 그러므로 7장에서 정심正心을 역언하였고 8장에서 수신을, 이 장에서 제가齊家를 힘써 말한 것이 같은 방식이라 할 수 있다. 또 집안을 교화하지 않고서 남을 교화할 수 없다는 것은 더욱더 깊이 수신으로 돌아가게 하는 것이니 그런 뒤에야 집안과 나라가 서로 필요하다는 형세를 총언하고서 말하길 군자는 집안을 나서지 않고서도 나라를 교화시키는 도가 이미 이루어지는 것이라 말한 것이다. 집에서 효제자를 행하는 것이 곧 나라에서 임금

을 섬기고 윗사람을 섬기며 백성을 부리는 도리라고 하였으니 어찌 동화
를 말한 적이 있었던가. 아래의 글에 흥인 흥양에 이르러서야 동화에 대
해 설명하고 아래에서 교화가 이루어진다는 것이다.[46]

『유편』

정재 선생이 말하였다. "(…) 이 장은 동화動化를 주제로 말한 것이니 오직
근본에 힘이 없을까 걱정하였지 미루어 나가지 못할 것은 걱정하지 않았
다. 그러므로 더욱 후퇴하여 말하였으니 제1절에서 '그 집안을 교화하지
못하고'라고 말한 것은 제가齊家에 근본이 있다는 것을 밝힌 것이고, '집
밖으로 나가지 않고도 나라에서 교화가 이루어진다'라고 한 것도 제가의
일을 말한 것이니, 치국治國에도 이 근본이 있음을 밝힌 것이다."(막내 외
숙)[47]

정재 선생이 말하였다. "9장은 동화動化를 말하였으니, '동動'이란 참으로
타자를 움직일 수 있다는 것이다. 10장은 추화推化를 말하였으니 '추推'란
자신을 미루어 남에게까지 미치는 것이다. (「독서쇄어」)[48]

「학용」21번

문 혈구絜矩는 마땅히 구矩로써 헤아리는 것으로 보아야 하는가? 아니면
헤아려 구矩하는 것으로 보아야 하는가?

답 주자가 강덕공에게 보낸 답장[49]에서 '사물을 헤아려 방정함을 얻는
것이다'라고 말하였다. 그러므로 선배들이 대체로 헤아려 방정하게 하는
것이라고 해석하였다. 이는 고르고 방정하다는 글자를 구矩의 면모에 붙
인 것이다. 그러나 장구에서 '구는 방'이라 하지 않고 방정하게 만드는 것
이라고 하였으니, '소이위所以爲'라는 것은 방정하게 만드는 도구이지 자

신이 방정하다는 명칭은 아니다. 구로써 헤아린다고 보는 견해를 바꿀 수는 없을 듯하다. 아래의 글에 '균제방정均齊方正'이라고 한 것은 혈구를 이미 적용하고 난 뒤에 효험이 이와 같다는 말을 특별히 한 것일 뿐이다.[50]

『유편』

대산 선생이 말하였다. "혈구는 서恕의 다른 이름일 뿐이니 대개 마음에 주장하는 것이 있으면 그것을 가지고 사물을 헤아리는 것입니다. (…) 유독 「강덕공에게 답함」 한 편에서만 헤아려 바르게 한다는 말이 있으나, 어찌 이 하나의 설을 붙잡고서 다른 여러 설이 모두 틀렸다고 전적으로 의심할 수 있단 말입니까." (『중용대학의의변』)[51]

정재 선생이 말하였다. "(…) 이것은 '구를 가지고 헤아린' 뒤에 그 효과를 봄이 이와 같다고 말한 것일 뿐인 것 같다. 그 '구 자'를 풀이하기를 '그로써 네모를 만드는 도구다' 했으니, 그렇다면 이는 대게 네모를 만드는 도구이지 이미 만들어진 네모를 이르는 것이 아니다. 혈구라는 것은 곧 천하를 평정하는 방법이지 천하가 이미 평정된 것에 대한 이름이 아니다. 또 이는 '서恕'의 다른 이름이다." (『독서쇄어』)[52]

「학용」23번

문 10장에는 왜 결어가 없는가?

답 나라와 천하는 비록 원근의 광협의 차이가 있긴 해도 치도에 있어서는 매한가지다. 그러므로 2장은 통용하여 글을 썼으니 이 장이 혈구는 곧 전장의 서恕이다. 전장에서 가제국치의 도를 중언하여 매듭지었고 이 장은 다시 호오好惡, 의리義利의 양단을 가지고 순환하여 입설하였으니 분량이 굉대하고 사업이 광활하니 말이 남고 뜻은 무궁하여 절로 결어가 없는 것이다. 전 3장도 마찬가지이니 포함함이 끝이 없는 곳은 특별히 이 예시를 따른 것이다.[53]

『유편』

정재 선생이 말하였다. "10장에 결어가 없는 것은 아마도 9장과 연결하여 글을 지었기 때문인 듯하다. 대개 9장에서 집안을 가지런히 하여 나라가 다스려지는 도를 말하여 머리와 꼬리가 딱 떨어지게 거듭 말하여 마무리하였다. 천하 또한 나라이니 애초에 다른 도리가 없다. 10장에 이르러서 혈구의 도리를 말하고 호오, 의리의 두 단서를 가지고 서로 잇기를 그치지 않고 번복을 거듭하다 끝맺는다. 이 때문에 그 문장은 가지를 더 무성하게 뻗는 것을 위주로 하여 말에는 다함이 있으나 의미는 다함이 없으니, 전의 다른 장들과도 그 저술 의도가 본래 다르다. (「독서쇄어」)[54]

  이상으로 「학용의의변」과 『경설유편』의 내용 비교를 위해 「학용」 중 11개 문답과 『유편』에 있는 관련 내용을 나란히 열거해 보았다. 지면의 한계로 인해 1번, 2번 문목을 제외한 21개 절목 중에 절반만 열거한 것인데, 열거한 11개의 문답과 『경설유편』의 비교에서 보이는 특징은 다음과 같다.

  첫 번째 특징은 「학용의의변」과 『경설유편』의 내용이 중복적으로 보이는 데서 알 수 있듯이 두 편이 매우 긴밀하게 연결되어 있다는 점이다. 이는 조병호와 나눈 문답의 내용이 그대로 『경설유편』으로 이어진다는 의미로서, 조병호의 질문에 대한 답변이 『유편』에 실린 네 선생의 설을 근거로 하고 있기 때문이다. 『대학장구』에서 논란이 될 만한 경학적인 내용에 대해 문답하는 과정에서 모든 답변의 근거를 퇴계학파의 적전으로 일컬어지는 대산과 정재의 설을 근거로 했다는 점이다.

두 번째 특징은 위에서 비교 열거한『유편』의 내용 중에 대산의 경설이 3개, 정재의 경설이 11개로 정재의 경설이 압도적으로 많이 실렸다는 점이다. 물론 이는「학용」에 보이는 답변과『유편』의 내용 가운데서 가장 유사한 경설 중에서 정재의 설이 가장 많다는 의미이지,『유편』자체에 정재의 설이 가장 많다는 의미는 아니다.[55] 그런데 이러한 사실은 해제에서 밝혀 놓은 사실과 어긋나 보인다. 해제에서 이영호가 밝혀 놓았듯『경설유편』「대학」의 인용 경설의 수는 퇴계가 101개, 갈암이 27개, 대산이 169개, 정재가 81개로 되어 있다.[56] 정재는 퇴계와 대산보다 훨씬 적은 경설이 실려 있는 것으로 되어 있으나「학용」에 보이는 답변은 대부분 정재의 경설과 흡사하다. 이는 대체 무엇을 의미하는 것일까? 아마도 이는 정재의 경설에서「학용」에 대한 답변을 찾고 이후에 대산과 갈암, 퇴계를 거슬러 올라가 선하先河 또는 원류源流를 찾아가는 방식이었을 것이다. 마치 도통의 계보를 정재로부터 대산을 거쳐 갈암, 퇴계까지 다시 세우는 것처럼「학용」의 답변을 가까운 정재 선생에게서 구하고, 내용적 결은 조금 다를지라도 비슷한 주제를 다루는 내용을 소급해서 찾아가는 방식으로『유편』을 구성했을 것이다.

셋째【붙임 1】에서 보이듯이「학용」23개의 문답의 내용은『유편』권1부터 권3까지 실린「대학」편의 내용 전체를 포괄하고 있다는 점이다. 위에서 비교 열거한 11조목을 살펴보면『유편』권1부터 권2까지의 내용을 모두 아우르고 있음을 볼 수 있다.[57] 저술의 시점을 떠나 생각해 본다면「학용」23개의 문답은『유편』「대학」편의 요약본이라고 해

도 무방할 정도다.[58]

이상으로 「학용의의변」과 『경설유편』 「대학」 편을 비교 분석하고 그 특징을 살펴보았다. 이제 『경설유편』 「대학」 편의 편찬 방식과 그 의의에 대해 살펴보자.

『경설유편』 「대학」 편의 편찬 방식과 의의

원점으로 돌아와 다시 질문을 던져 보자. 사망하기 5년 전, 육체적으로는 노쇠했을 것이나 학문적으로 노성해졌을 나이인 60세에 편찬한 저서 『경설유편』, 왜 여기에 자신의 입론立論이 아닌 앞선 시대 네 선생의 경설만 편집하였을까? 청석은 왜 『경설유편』을 지었을까?

어쩌면 편찬의 의도는 뚜렷하다. 이에 대해선 이미 선행 연구에서 밝혀진 바 있다.

> 『경설유편』을 저술한 것은 단순한 학문에 대한 현학적 관심에 따른 것이 아니라 국권을 상실한 민족적 위기 상황에서 이황·이현일·이상정·류치명으로 이어지는 퇴계학파 학맥의 정체성을 확보하여 국권회복을 목표로 한 민족해방운동民族解放運動의 결속을 도모하기 위한 목적이 담겨 있음을 알 수 있다. (…) 나아가 퇴계학파 학봉계를 연원으로 하는 정재학파가 퇴계학파의 적통이라는 사실을 강조하고자 하는 의도도 작용하고 있었다고 보아야 할 것이다.[59]

청석이 하필 1919년에 완성한 것이 의도한 것인지 알 수 없지만, 삼일독립만세운동으로 확산된 거국적 독립의 바람과도 무관하지 않을 것이다. 왜냐하면 창칼을 들 수 없는 상황에서 학자의 양심으로 표출할 수 있는 가장 좋은 방법이기 때문이다. (…) 이것은 바로 학자·선비의 자세이자 역할이고, 실천적 모습이다.

청석의 삶은 한마디로 말해 퇴계학파 전통의 가학의 가르침을 바탕으로 삼아 위기지학에 전념한 전형적인 학자의 삶이었다. 따라서 자신이 처한 시대적 상황에서 자신이 할 수 있는 자신만의 방법으로 퇴계학파의 경학사상과 그 정체성 및 시대정신을 구현하여 일제의 패도를 극복하고 조선(대한제국)의 왕도를 회복하고자 했던 것이었다. 자신이 할 수 있는 자신만의 방법이 바로 『경설유편』을 통해 퇴계학파의 정체성을 찾고자 한 것이다.[60]

두 연구자의 견해 모두 청석이 속한 시대 상황 속에서 자신의 학파적 정체성에 기인하여 『경설유편』을 저술했다는 것으로, 이견의 여지가 없는 부분이다. 두 번째 견해 역시 청석이 처한 국권침탈의 시대에 학자 스스로의 양심의 발로에 따른 실존적 대응방식으로 『경설유편』을 저술하였다고 밝혔다. 이 역시 전적으로 동의할 수밖에 없는 시각이라 생각된다.

다만 필자는 여기에 조병호와 「학용의의변」이라는 두 개의 키워드를 제시함으로써 『경설유편』 「대학」의 편찬 방식과 저술 동기에 대한 좀 더 구체적인 내용을 추가함으로써 소박한 하나의 견해를 덧붙이고자 한다. 전술하였듯 조병호의 형 조경호는 대원군의 사위였다. 조병호는 대원군과 사돈이 되는 집안으로 대원군을 지지하는 온건개혁파에 속하는 인물이었다. 그러한 막강한 배경을 가진 조정의 실세가 경상도로 부임하여『대학』과『중용』에 대해 질문을 던졌다. 조병호를 마주한 청석은 어떤 생각을 했을까? 정재학파의 재전 제자에 속하는 청석은 여타의 재전 제자와는 달리 퇴계학파의 도를 지키려는 보수주의적인 의병운동을 전개한 서효원의 아들이었다. 청석은 분명 조병호의 질문을 그냥 흘려듣지 않았을 것이다. 아마도 개혁파이자 조정의 막강한 실세의 질문에 대해 퇴계학 그중에서 학봉을 적통으로 하는 대산 이상정의 정맥인 정재 류치명의 경설을 천명해야겠다고 생각했을 것이다. 이것이 바로「학용의의변」의 저술로 이어졌을 것이고, 이는『경설유편』을 저술하는 시발점 내지는 초석이 되지 않았을까?『경설유편』의 최초의 편찬 의도는 여기에서 시작되었을 것이라 짐작된다.

또 하나의 키워드는「학용의의변」이다. 문답이 이루어지던 시점은 1894년이고『경설유편』을 지은 시기는 1919년으로 25년의 시간적 차이가 있다. 이 시간적 차이를 우리는 어떻게 이해해야 할까? 조병호와 문답이 이루어진 시점은 1894년인데, 저술 시점은 그때가 아닐 것으로 추정된다. 주 18에서 다룬 것처럼,『청석집』에 실린 여러 글과「행장行狀」및「유사遺事」를 살펴보면 특이하게도 1893년과 1894년에 어떤 기록도 남아 있는 것이 없다. 청석의 문집 권1부터 권3에 실려 있는 시는 연도 별로 실려 있는데, 1892년에 지은「만김장挽金丈」과 1895년에 지은「소은집간소운小隱集刊所韻」사이에 어떤 시도 없어서 1893년과 1894년에 시가 남겨져 있지 않음을 확인할 수 있다. 왜 이 시기에 어떤 기록도, 활동도 없을까? 여러 가지로 추측할 수 있겠으나 을미사변이 있고 난 후 이듬해인 1896년에 부친 석간공이 의병으로 활약할 때이니만큼 부친을 따라 의병 조직을 지원하고 있었을 가능성이 있다. 그것이 아니라면 동학농민운동이 활발해져 어딘가 피신하고 있었을 가능성도 있어 보인다. 다만 어떤 이유에서든 1894년에 「학용의의변」이 저술되었을 것이라고 생각하기는 어렵다. 조병호와의 문답 자체는 이때 있었다고 하더라도 「학용의의변」의 저술 자체는 후일에 이루어졌을 가능성이 매우 크다고 생각된다. 그렇다면 후일이라고 하면 어느 시점일까? 문집을 살펴보면 수재修齋 류정호柳廷鎬(1837~1907)와 『대학장구』에 관련한 내용에 대해 주고받은 서신이 총 4편이 있다. 『청석집』에 실려 있는 류정호와의 왕복 서신의 시기는 1895년부터 1906년까지다. 류정호는 부친 석간공이 교유하였던 주자학으로 명망이 있던 인물이다. 이때 수재에게 『대학장구』의 내용에 대해 질의한 것으로 보이는데, 서신 왕복이 끝나는 이 시기가 「학용의의변」의 저술 시점이 아닐까?

그렇다면 이 시기를 기점으로 『경설유편』을 저술하기 시작했을 것이다. 저술의 출발이 「학용의의변」이라면 그 출발의 계기는 조병호가 던져 준 것이고, 출발의 계기가 가능했던 이유는 조병호가 개화파이자 동학농민을 진압하러 경상도에 왔다는 사실이었다. 선행 연구가 밝히고 있듯, 『경설유편』은 정재를 기준으로 대산, 갈암을 거쳐 퇴계까지 이어지는 퇴계학파의 정체성 확립을 위한 저술이고, 이는 청석 본인의 시대정신의 발로인 것은 아무리 강조해도 지나치지 않을 것이다. 그런데 어쩌면 청석 본인에게 그보다 더 중요한 의도는 외세, 서학, 동학, 개화파에 대해 던지고 싶은 자신들의 메시지가 아닐까? 혼란한 시대를 구원하고 이에 맞설 수 있는 사상은 제국주의를 앞세운 이적夷狄의 도는 물론이고 동학도, 서학도, 동도서기를 주장하는 개화파도 아닌 주자학의 적통을 가져와 소중화를 가능하게 한 자신 영남의 퇴계학파에 있다고 울부짖고 있었던 것은 아닐까. 따라서 『경설유편』은 소극적이고 보수적인 태도에서 나온 저작이 아니라, 조선 성리학의 학파 내에서도 퇴계학맥의 투철한 계승자인 대산과 정재 그리고 그 적통을 잇는 석간 서효원, 청석 서석화 부자 자신들이야말로 도道의 수호자라는 자부심을 천명하고 전선을 분명히 구획하고자 했던 치열한 사상 투쟁의 결과물일 것이다.

「학용의의변」 문답

문답	내용
1	**문** 『대학장구』서문의 '계천입극繼天立極'의 묘함에 대해 자세히 말해 보겠는가?[61]
	답 천도는 원형이정으로 조화하고 발육하여 소리도 냄새도 언어도 없어 스스로 하려고 해도 할 수 없다. 그러므로 성인이 그것을 이어서 재성보상[62]한다. 계繼는 중용의 '뜻을 잇는다'와 같은 잇는다는 뜻이다. 천운에는 사시가 있어 성인이 농사짓고 거둬들이는 교화를 펴고, 천서에는 오전五典이 있어 성인이 친의별서신의 교화[63]를 펴시니 어찌 하늘을 잇는다는 것이 분명한 것이 아니겠는가. 입극立極은 홍범에서 말하는 건극[64]이니 대체로 성인이 가르침을 설파할 때에 사람에게 표준을 세우면 마치 북극성이 있으면 여러 별이 향하는 것과 같고 옥극屋極에 서까래가 모이는 것처럼 사람이 절로 귀의하고 우러러보는 것과 같다.[65]
2	**문** 『대학장구』서문의 '채이집지采而輯之'는 무엇을 가리켜 한 말인가? 또 '보기궐략補其闕略'은 무엇을 가리켜 한 말인가?[66]
	답 전문의 '증경曾經'[67]은 정자가 옳지만 오히려 미진한 부분이 있다. 이 장의 글은 종종 뒷장에 잘못 기재되어 있었다. 채집이라는 것은 저것에서 뽑아서 여기에 모은 것이니, 예컨대 '기오淇澳'과 '열문烈文' 두 절은 '지선 장'에서 채집하였고, '청송' 한 절을 채집하여 '본말 장'으로 삼은 것이 이러한 것이다. '보기궐'은 지격치 장을 가리킨 것이니, '궐'이란 본래 있었으나 망실된 것을 말한다. '보기략'은 성의 정심 2장의 장하주이니, '략'이란 현재 있긴 하지만 간략한 것을 말한다.[68]
3	**문** 경 1장의 명덕은 어떤 것인가? 누군가는 심성을 합한 명칭이라고 하는데 그렇다면 심성이 함께 명덕에 갖추어져 있는 것인가? 지각이 명덕이라고 하는데, 그렇다면 이를 말한 것인가 기를 말한 것인가. 명덕은 어떠한 물건이고 어떠한 양태인지 명확하게 말할 수 있을까?[69]
	답 명덕은 전적으로 심을 말한 것도, 성을 말한 것도, 지각을 말한 것도 아니다. 또 그렇다고 심성 이외의 별개의 것도 아니다. 이른바 명덕이라는 것은 옛날 성인이 도리를 분명히 보고 심이라고도 성이라고도 말하였으니 각각 하나의 측면에 나아가 설명한 것이다. 심에 갖추어져 혼연하게 그 안에 있는 것을 가리켜 성이라고 하였으니 성은 곧 이다. 일신을 주재하고 만사의 변화에 응수하는 것을 가리켜 심이라 하였으니 심은 이기를 합하여 말한 것이다. 대학은 또 기가 맑고 이가 드러나 광명하여 통철한 측면에 주목하여 제목하기를 명덕이라 하였으니 갖추어져 있는 것은 성의 이고 밝히는 것은 심의 영명함이다. 그러나 성은 순선하여 무위하는 것이지만 명덕은 곧 허령하여 광명한 것을 말하는 것이니 전적으로 성이라고 할 수 없다. 심은 일신을 주재하는 것이지만 명덕은 능지능각이라는 명칭이 아니니 전적으로 심이라고만 말할 수 없다. 선유가 이른바 '심성의 의사를 보아야지 먼저 심성이라고 간주해서는 안 된다'는 것이 바로 이것이다.[70]

4	**문** '지어지선'은 명덕과 신민의 일에 불과한데 또 어찌해서 특별히 하나의 재在 자를 더하여 삼강령으로 세운 것인가?[71]
	답 명덕과 신민 두 가지 일은 대학의 수기치인의 본말로서 이미 지어지선에 갖추어져 있는 것이다. 다만 이는 명덕 신민의 극처를 말한 것이니 별도의 일이 있는 것이 아니다. 그런데도 특별히 삼강령으로 세운 것은 배우는 이로 하여금 이를 목표로 삼아서 반드시 그 도리를 다하게 하고자 한 것이니 이것이 바로 옛사람들이 사람을 위해 긴요하게 한 부분이다.[72]
5	**문** 허령虛靈 두 글자는 이기로 나누어서 보아야 하지 않겠는가?[73]
	답 퇴도 선생께서 정문봉(정유일鄭惟一)에게 답한 편지에서 "이理와 기氣 두 자를 허虛 자와 영靈 자 밑에 나누어 해석하는 것은 과연 참으로 온당치 않으니, 그 이유는 영靈은 진실로 기이기 때문이다. 그러나 기가 어찌 능히 스스로 영할 수 있겠는가. 이와 합치되기 때문에 영할 수 있는 것이다. 기명언이 나누어서 해석하는 것은 옳지 않다고 강조하였으니 그 말이 옳다"[74]라고 하셨으니, 이것이 내가 배운 바다.[75]
6	**문** 구具와 응應은 능能과 소所의 구분이 있는데, 이를 자세하게 구분할 수 있는가?[76]
	답 구와 여를 능과 소로 나누어 보는 데에 타당하지 않은 점이 있을 듯하다. 굳이 나누고자 한다면 구중리는 소에, 응만사는 능에 해당한다.[77]
7	**문** '앎을 다하고 싶다면 먼저 그 물을 격하라'라고 말하지 않고 '치지재격물'이라고 말한 이유는 무엇인가?[78]
	답 성의·정심과 제가·치국 등은 모두 두 개의 일이다. 차례와 등급이 크게 있기 때문에 이 일을 하고자 한다면 필히 먼저 저 일을 마친 뒤에 이 일을 할 수 있다. 그러나 격물치지의 경우는 혼연히 하나의 일이다. 격물 말고는 다른 치지의 방도가 있을 수 없다. 격물이 곧 치지하는 일이기 때문에 굳이 재 자로 바꿀 수밖에 없으니 그 앞의 여러 조목과 같은 예다. 만약 경문에서 '앎을 다하고 싶다면 먼저 그 물을 격하라'라고 말했다면 이는 격물 이후의 치지 공부가 갖추어지지 않은 것으로 간주해야 하니 경솔한 것이 아니겠는가.[79]
8	**문** 성정性情이라 말하지 않고 성의誠意라고 말한 이유는 무엇인가? 정의情意를 상세하게 구별할 수 있겠는가?[80]
	답 성이 발하여 정이 되고 심이 발하여 의가 되니, 정은 이발의 총체적인 명칭이고 의는 계산하고 헤아리는 행위가 있다. 이 장을 가지고 말해 보자면 호오는 정이지만, 호오 상에 나아가 마땅히 좋아하고 싫어하는 바를 계교하는 것은 의다. 여기에서 마땅히 그 기미를 살피고 힘을 기울여야 하니, 성의라고 하는 것이 또한 더욱 절실하지 않겠는가.[81]

9	**문** 팔조목에 대해 장구에서 단지 성의와 격치만을 해석한 것은 어떤 의미인가?[82] **답** 팔조목은 정심 이상으로는 해석에 어려운 점이 없으나, 오직 격물치지와 성의 공부를 해야 하는 처음 자리인데 자의가 분명하지 않고 문리도 심오하여 배우는 이가 쉽게 이해하기 어려운 점이 있습니다. 사마온공 같은 큰 학자도 격물을 이해한 것이 투철하지 못하였기 때문에 성인의 뜻을 제대로 이해하지 못하고 말하여 다른 방향으로 흐르고 말았습니다. 이 때문에 장구에서 세 단락으로 해석하여 자세하게 하기를 붓을 놓는 날까지 그치지 않았으니 이 부분이 주자께서 매우 자세하게 훈고하고 힘쓴 부분이다.[83]
10	**문** 대학 경문의 정심과 전문의 정심 사이에 혹 체용의 구분이 있는 것인가? 아니면 체용을 겸해서 말한 것인가? 대학의 정심과 중용의 계구는 같은가, 다른가?[84] **답** 경문의 정심은 진실로 체용을 겸한 것이라 말할 수 있습니다. 전문의 경우 심의 용처에 나아가 착수하여 힘을 쓰는 방도에 대해 다 말한 것입니다. 사유소[85]는 편중이 있어 평정을 잃을까 하는 병통을 염려한 것이고, 삼부재[86]는 잊어서 주체를 잃을까 하는 병통을 염려한 것입니다. 여기에서 살펴서 잃지 않는다면 '거울처럼 비어 있고 저울처럼 공평하다'는 진체인지라 치우침이 없게 되니 이것이 정심 공부의 지극히 엄밀한 부분이다. 중용의 계구는 이것과는 조금 다르니 계구는 동정을 통괄하는 설이고, 대학은 전적으로 동처에 대해서 말한 것이다.[87]
11	**문** 신수가제라고 하지 않고 굳이 수신제가라고 말하고, 격물치지라 하지 않고 굳이 물격지지자라고 하는 것이 또한 정밀한 의미가 있는 것인가? 이를 장구에서 반드시 공효의 아래에 둔 까닭은 무엇인가?[88] **답** 수신 이상 제가 이하는 위 단락에서 말한 공부의 조목으로 인하여 해설한 것이니, 첫 단락의 명명덕과 신민이다. 물격지지·의성 이하라는 것은 이 단락에서 말한 공효의 조목으로 인해 해설한 것이니 두 번째 단락의 지지능득이다. 장구의 차서가 진실로 마땅히 여기에 있다.[89]
12	**문** 경 1장에 보이는 대학의 체용에 대한 간가(짜임새)와 지행의 경위에 대해 상세히 설명할 수 있는가?[90] **답** 경 1장의 문자는 간이하여 쉽지만 천하의 모든 도리를 포괄하고 있다. 첫 장에서 삼강령인 명덕과 신민의 체용을 병립하여 말하면서도 지지능득으로 이어받고 다시 본말과 시종을 들어서 매듭지었다. 다음으로 팔조목의 분명한 지행의 선후에 대해 말하면서도 공효로 이어받고 다시 수신을 들어 한마디 말로 상하를 포괄하여 매듭지었다. 그 간가와 배치 경위와 추뉴를 볼 때 성인이 아니고서는 할 수가 없는 것이다.[91]

13	**문** 대학에서 명덕을 해석할 때는 전적으로 사람에 대해 말하고, 중용에서 성도性道를 해석할 때는 사물을 겸하여 말한 것은 어째서인가?[92]
	답 중용은 조화발육의 일원처에서 설명했기 때문에 천명지성으로 단서를 삼은 것이니, 중용의 해석은 마땅히 사람과 사물을 겸하여 나란히 말하게 된 것이다. 대학에서는 수위修爲의 방법에 대해 논하였기 때문에 명명덕으로 단서를 삼았으니 이것이 바로 사람이 하늘에서 얻어서 일신을 주재하며 만사에 응하는 것이다. 대학의 해석이 어찌 전적으로 사람을 위주로 하지 않을 수 있겠는가. 주자가 경전을 해석하는 방법이 글에 따라 해석함이 친절하고 적당하니 바꿀 수 없음이 이와 같다.[93]
14	**문** 신민은 다만 고무하는 한 가지 일만 있다는 것은 무슨 의미인가?[94]
	답 전傳에 있는 세 신新 자는 모두 경문의 본뜻이 아니다. 반명에서는 스스로 새로워지는 것을 말하였고, 강고에서는 백성이 스스로 새로워지는 것을 가리켰고, 문왕은 천명이 새로워짐을 말하였다. 편 내에서 오로지 하나의 작作 자만이 신민의 본뜻이 된다. 장구에서 작作 자를 해석하면서 고무한다고 하였으니 노래보익, 완화하고 진덕하는 뜻임을 볼 수 있다.[95]
15	**문** 내면이 진실하다면 밖으로 드러난다는 것[96]은 선악을 겸하여 가리킨 것이 아닌가?[97]
	답 선유(대산 이상정)가 매번 의심하시기를 악은 진실로 성이라고 말할 수 없다. 그러므로 소인이 한가로이 거처한다는 구절 아래 '성어중형어외' 다음에 선악을 겸한 설이라고 한 것이다. 그러나 성이란 진실함을 이르는 것이니 소인이 악을 행하려는 마음이 진실하게 마음에 있다면 성이라고 하는 것 또한 불가하다. 주자가 '천리의 관점에서 본다면 선을 행하는 데에 성은 빠져 있지만 사적인 관점에서 보면 실제로 악을 행하니 어찌 성이라고 하지 못하겠는가' 하였다. 이로써 본다면 선악을 겸하였다고 말한 것은 본문의 바른 뜻이 아닐 것이다.[98]
16	**문** 사유와 오벽은[99] 모두 정인데 수신제가에 분속되는 것은 어째서인가?[100]
	답 『혹문』에 사유는 심이 물에 응하는 것이고 오벽은 몸이 일에 접하는 것이라 하였는데, 내가 『장구』를 살펴보니 사유의 경우 '하나라도 있으면 살피지 못한다면'이라 하였고, 오벽의 경우는 '오직 그 향하는 바에 따라 더 살피지 않는다면'이라고 하였다. 이는 결국 사유와 오벽이 모두 심의 용이라는 것이다. 그러나 수신에 분속된 이유는 사유의 경우 심의 존주처에서 평상심을 잃은 것을 가리키고 오벽의 경우는 심의 접물처에서 마땅함을 잃은 것을 가리키기 때문이니, 이것이 다른 까닭일 것이다.[101]

	문 성의 정심 전문에만 유독 장하주가 있는 것은 어째서인가?[102]
17	**답** 전문의 여러 장은 모두 두 조목을 이어놓았는데[연철連綴] 성의 정심 두 조목은 학문하는 대강이기 때문에 실제로 공부하는 데에 있어 긴요한 곳이다. 그러므로 전을 지은 이가 특별히 전을 지은[특전特傳] 뜻이 심오한 것이다. 주자가 또 배우는 이들이 그저 그런 줄만 알고 위 단락을 함께 살피지 않는다면 힘을 쓰는 처음과 끝을 모를 것이라 염려하였다. 그러므로 성의장이 다시 치지와 이어지고 정심 장을 다시 성의와 연결시켜서 순서나 공효에 있어서 혼란스럽거나 빠뜨릴 수 없다. 그 뜻이 매우 긴절하다.[103]
18	**문** 칠장의 주에 '하나라도 있는데도 살피지 않는다면'의 '살피다[찰察]',[104] '반드시 여기에서 살핀다'[105]의 '살핀다[察]', '꼼꼼히 살피지 못한다'[106]의 '살피다[察]', 8장 주의 '더 살피지 않는다'[107]의 '살피다[察]'는 모두 정밀한 의미가 있는가? '경하여 곧게 하다[경이직지敬以直之]'[108]의 네 글자에 혹 정밀한 의미가 있지 않은가?[109]
18	**답** 네 개의 찰자가 가리키는 바가 다르니 혹은 이 마음의 편중을, 혹은 마음의 존부를, 혹은 그 편향을 살피는 것이니 처한 상황에 따라 공부해야 하는 정밀함을 볼 수 있다. 경이직지의 경우 주자가 1장 끝에서 또 전문에서 말하지 못한 것을 특별히 발명하여 용공의 요체를 총괄하여 논하였으니, 삼부재의 병통을 구제하였을 뿐 아니라 아울러 사유도 마땅히 통간해야 하며, 정심의 요체만 위한 것이 아니라 격물치지 수신제가가 모두 여기에 바탕을 두지 않음이 없는 것이다. 또 팔조목만 그런 것이 아니니 실제로 한 편의 핵심이 되는 것이다. 배우는 이에게 정존동찰靜存動察의 방법이 이보다 좋은 것이 없다.[110]
19	**문** '위에서 집이 가지런해지고 아래에서 교화가 이루어진다'[111]는 것은 교화인가 미루어 나간 것인가?[112]
19	**답** 아래에서 교화가 이루어진다는 것은 동화를 말하는 것도 추화를 말하는 것도 아니다. 그러나 장의 첫 단락에서 동화의 뜻에 대해서는 아직 말하지 않았으나 장구에서 말하는 것은 아래의 두 단락을 포함하여 합쳐서 말한 것이다. 누군가 말하길 전문에 나라에서 교화가 이루어진다는 것이 동화를 이르는 것이 아닌가? 대답하길 그렇지 않다. 이는 그 나라를 교화하는 도리가 집안에서 이루어짐을 볼 수 있다는 말이다. 대체로 전문에서 하는 말은 앞으로 나아갈수록 뒤로 후퇴한다. 그러므로 7장에서 정심을 역언하였고 8장에서 수신을, 이 장에서 제가를 힘써 말한 것이 같은 방식이라 할 수 있다. 또 집안을 교화하지 않고서 남을 교화할 수 없다는 것은 더욱더 깊이 수신으로 돌아가게 하는 것이니 그런 뒤에야 집안과 나라가 서로 필요하다는 형세를 총언하고서 말하길 군자는 집안을 나서지 않고서도 나라를 교화시키는 도가 이미 이루어지는 것이라 말한 것이다. 집에서 효제자를 행하는 것이 곧 나라에서 임금을 섬기고 윗사람을 섬기며 백성을 부리는 도리라고 하였으니 어찌 동화를 말한 적이 있었던가. 아래의 글에 흥인 홍양에 이르러서야 동화에 대해 설명하고 아래에서 교화가 이루어진다는 것이다.[113]

20	**문** 이미 위에서 효제자孝弟慈 세 가지 일을 인용하고서 여기에서는 단지 자慈 하나의 일만 말한 것[114]은 어째서인가?[115] **답** 이른바 한 모퉁이를 들어서 세 모퉁이를 안다는 것이니 자애라는 것은 인심의 양능인지라 성을 구하는 단서이니 효제보다 더욱 깊은 뜻이 있다. 그러므로 특별히 자애만 말했을 것이다.[116]
21	**문** 혈구는 마땅히 구로써 혈하는 것으로 보아야 하는가? 아니면 혈하여 구하는 것으로 보아야 하는가?[117] **답** 주자가 강덕공에게 보낸 답장[118]에서 '사물을 헤아려 방정함을 얻는 것이다'라고 말하였다. 그러므로 선배들이 대체로 헤아려 방정하게 하는 것이라고 해석하였다. 이는 고르고 방정하다는 글자를 구의 면모에 붙인 것이다. 그러나 장구에서 '구는 방'이라 하지 않고 방정하게 만드는 것이라고 하였으니, '소이위'라는 것은 방정하게 만드는 도구이지 자신이 방정하다는 명칭은 아니다. 구矩로써 헤아린다고 보는 견해를 바꿀 수는 없을 듯하다. 아래의 글에 '균제방정'이라고 한 것은 혈구를 이미 적용하고 난 뒤에 효험이 이와 같다는 말을 특별히 한 것일 뿐이다.
22	**문** 평천하 장은 몇 구절로 나누어 보아야 하는가?[119] **답** 이 장의 첫 단락은 효제자로 집안을 닦아서 나라에 교화를 베푸는 것이니 사람 마음이 다 같음을 알 수 있다. 혈구의 도리가 근본에 말미암은 것으로 다음 단락에서 혈구의 방법에 대해 말하고 반복해서 말하더라도 번거롭지 않은 것이다. 이 두 단락은 곧 이 장의 핵심처다. 세 번째 단락은 호오로써 혈구를 추명하였고, 네 번째 단락은 재용으로써, 다섯 번째 단락은 강고의 말은 다시 끌어서 도입부에서 선악의 득실을 말하고 진서의 말로 아래에서 다시 호오의 혈구를 말하였다. 여섯 번째 단락은 다시 군자의 대도로써 도입부를 일으키고 충신교태의 득실을 말하였고 생재로써 다시 아래에서 재용의 혈구를 말하였으니 문자와 맥락이 번갈아 층위를 드러내어서 질서가 없는 듯하지만, 간곡하게 반복하는 뜻은 더욱 간절하다.[120]
23	**문** 10장에는 왜 결어가 없는가?[121] **답** 나라와 천하는 비록 원근의 광협의 차이가 있긴 해도 치도에 있어서는 매한가지다. 그러므로 2장은 통용하여 글을 썼으니 이 장이 혈구는 곧 전장의 서이다. 전장에서 제가 치국의 도를 중언하여 매듭지었고 이 장은 다시 호악, 의리의 양단을 가지고 순환하여 입설하였으니 분량이 광대하고 사업이 광활하니 말이 남고 뜻이 무궁하여 절로 결어가 없는 것이다. 전 3장도 마찬가지이니 포함함이 끝이 없는 곳은 특별히 이 예시를 따른 것이다.[122]

참고문헌

『경설유편』, 한국유학자료 국역총서 4, 한국국학진흥원, 2017.

『청석문집』

『대학장구』

강지은, 「柳健休『東儒論語解集評』에 나타난 조선유학사의 특징」, 『공자학』 47, 2022.

권오영, 『조선 후기 유림의 사상과 활동』, 돌베개, 2003.

_____, 『근대 이행기의 유림』, 돌베개, 2012.

권진호, 『19세기 영남학파의 종장 정재 류치명의 삶과 학문』, 한국국학진흥원, 2008.

김지은, 『조선 후기 류치명의 시대인식과 문인집단』, 경인문화사, 2022.

노대환, 『위정척사』, 한국학중앙연구원출판부, 2023.

도널드 킨, 『메이지라는 시대』, 서커스출판상회, 2017.

류영수, 「퇴계학파의 정체성과 청석 서석화의 학문과 사상」, 지역 정체성인 호국정

　　신의 의병정신과 퇴계학파 경학의 총결산 경설유편 학술회의 발표 논문집, 2018,

　　54~58쪽.

박원재, 「후기 정재학파의 유교개혁론 연구」, 『국학연구』 10, 2007.

설석규 해제, 『經說類編』, 한국국학진흥원 소장자료 영인총서 3, 한국국학진흥원, 2004. 2.

_____, 「정재학파定齋學派 위정척사론의 대두와 성격」, 『국학연구』 4, 2004.

신영우, 「충청감사와 갑오년의 충청도 상황」, 『동학학보』 34, 2015.

_____, 「경상감사 조병호와 갑오년의 경상도 상황」, 『동학학보』 35, 2015.

황태연, 『갑오왜란과 아관망명』, 청계, 2017.

1 서석화에 대한 인물 정보와『경설유편』에 대한 서지 사항은『경설유편』해제에 자세히 기술되어 있다. 서석화, 권진호·김명균·정의우·김우동·남재주·황동권 옮김,『경설유편』, 한국유학자료 국역총서 4, 한국국학진흥원, 2017.

2 『經說類編』「四先生經說類編後序」"四子六經之旨, 至紫陽夫子而大定. 鑿於傳會者, 疏通而氷釋, 淫於老佛者, 澤正而履坦, 以之繼往聖, 以之育英才, 蓋硏灰以來, 文明一治之會也. 然聖言之義理無窮, 人智之明暗爾殊. 故讀其書而不得於辭者有之, 得於辭矣而鮮有因其語而得其心, 揚子雲所以有待乎來世子雲也. 國朝明宣之際, 我退陶先生, 作於嶠南, 以興起斯文爲己任, 發揮經旨, 壹遵紫陽本意, 陶鑄一世人材. 凡麗于朝, 而龍矯鳳褰, 郜于野, 而珠媚玉輝, 莫不惟先生之敎是訓是式. 此又吾東方文明一治之會也. 再傳而葛庵先生, 三傳而大山先生, 乘運迭起, 謹守先生法門, 猶先生之於紫陽. 所以辨析經旨者, 愈詳而愈有味, 愈久而愈無弊, 成德達才, 菀然林立. 近世定齋先生, 又振起於垂絶之際, 考論乎相傳之緖, 因其語而得其心, 曠世一揆, 式至于今日. 譚經承學之徒, 尙知黜覇而尊王, 溯朱退而宗孔氏, 耳目所逮, 興感更深, 迭次傳受之的, 不亦懿哉. 夫世之相距也, 間不百年, 而曇華輒現, 道之將廢也. 未墜於地, 而日星復耀, 天運之循環, 人文之宣朗, 是孰使之然. 而嶠南一省, 稱爲海東鄒魯者, 果伊誰之力歟. 錫華晩生末學, 竊嘗受讀有年, 實難於總貫會通. 乃敢取四先生集, 采撫經旨論辨者, 分門立目, 各以類從, 凡得十三卷." 국역『경설유편』의 해제에 있는 번역을 참고하되 부분적으로 수정하였다.

3 한유의「원도」중의 일부다. "요堯는 이 도를 순舜에게 전하시고, 순은 우禹에게, 우는 탕湯에게, 탕은 문왕文王, 무왕武王, 주공周公에게 전하시고, 문왕, 무왕, 주공은 이것을 공자에게 전하시고, 공자는 맹자에게 전하시니, 맹자가 별세함에 그 전함을 얻지 못하였다. 주공으로부터 위로는 군주가 되었기 때문에 그 일이 행해졌고, 주공으로부터 이하는 아래로 신하가 되었기 때문에 그 말이 길어진 것이다."

4 서석화 스스로 평소에 저술하여 14권 7책을 엮었다. 권1~권3은 370여 수의 시가 실려 있고, 권4~권8은 서간이다. 권9~권11은 잡저雜著로서 여기에「학용의의변」이 실려 있다. 나머지 권에는 명銘, 전傳, 부록附祿 등이다.

5 이 밖에 수재修齋 류정호柳廷鎬(1837~1907)와『대학장구』에 관련한 내용에 대해 주고받은 서신이 있다. 내용은 대체로『경설유편』내에 실린 대산과 정재의 설이 주를 이룬다.『청석집』에 실려 있는 류정호와 서신을 주고받은 시기는 1895년부터 1906년까지다.

6 「學庸疑意辨」, "『대학』과『중용』에서의 의문과 의의에 대해 논변함[學庸疑義辨]-갑오년 (1894) 겨울 조병호趙秉鎬 공이 경상도관찰사로 부임하였을 때에 여러 학생들에게 질문한 내용이다[甲午冬趙公秉鎬按嶺臬發問諸生]-."

7 「학용의의변」의 문답이 이루어진 시점은 1894년으로『경설유편』이 지어진 1919년과는 시간적 차이가 꽤 있다. 그럼에도「학용의의변」의 문답이 이루어지던 시기의 학용에 대한 견해와『경설유편』에 실린 내용을 종합적으로 고찰해 본다면 둘 사이의 고리를 엿볼 수 있으리라 생각된다.

8 홍범식은 소앙素昻 조용은趙鏞殷(1887~1958)이 1933년 5월 15일에 남경에서 출판한 독

립운동가들의 열전인『유방집遺芳集』의 열전 7권에 나온다.

9 이상 조병호趙秉鎬 관련 서술은 신영우,「충청감사와 갑오년의 충청도 상황」,『동학학보』
   34, 2015를 참조하였다.

10 고종은 신임 인사를 하기 전날 시원임대신과 만나 동학도 해산을 위해 어사를 보내 위무하
   는 한편 군사를 동원하는 양면책을 지시하였다. 신영우, 위의 논문.

11 1894년 1월 10일 전라도 고부 농민항쟁, 1월 16일 경상도 사천에서 격렬한 농민항쟁이 일어
   났다. 도널드 킨,『메이지라는 시대』, 서커스출판상회, 2017.

12 『고종실록』1894년 12월 27일.

13 「甲午斥邪錄」1894년 7월 24일.

14 황태연,『갑오왜란과 아관망명』, 청계, 2017.

15 이상 경상도 지역의 동학도들의 상황에 대해서는 신영우, 위의 글을 참조하였다.

16 도널드 킨, 위의 책, 2017.

17 박원재,「후기 정재학파의 유교개혁론 연구」,『국학연구』10, 2007.

18 '「학용의의변」 저술이 이루어진 시점'이라고 하지 않고 「학용의의변」의 문답이 이루어진 시
   기'라고 한 이유가 있다.『청석집』에 실린 여러 글과「행장行狀」및「유사遺事」를 살펴보면
   특이하게도 1893년과 1894년에 어떤 기록도 남아 있는 것이 없다. 청석은 문집을 스스로 정
   리했기 때문에 권1부터 권3에 실려 있는 시는 연도별로 실려 있는데, 여기에도 1892년「만
   금장挽金丈」을 끝으로 1895년「소은집간소小隱集刊所韻」으로 시작하고 있어, 1893년과
   1894년에 시가 남겨져 있지 않음을 확인할 수 있다. 따라서 1894년에「학용의의변」이 저술
   되었을 것이라고 생각하기 어렵다. 조병호와의 문답 자체는 이때 있었다고 하더라도「학용
   의의변」의 저술 자체는 후일에 이루어졌을 가능성이 매우 크다고 생각된다. 그리고 이 점은
   또 하나의 시사점이다.

19 갑오년(1894) 겨울 조병호가 경상도관찰사로 부임하고 있을 때 여러 학생에게 질문하고 자
   신이 답변하였던 내용을 바탕으로「학용의의변」을 지었다.

20 23개 전체 문답의 내용에 대해서는【붙임 1】을 참조할 것.

21 중복의 정도가 심하여 심지어「학용」전체의 내용이 마치「유편」「대학」편의 초고가 아닐까
   하는 의구심마저 들 정도다. 지나친 중복과 기시감은 중요한 시사점이 될 수 있지 않을까?
   이에 대해선 뒤에서 후술하겠다.

22 「학용」에 실린 세 번째 문목이라는 의미다. 이하도 같다.

23 정재 류치명의『정재집』「答崔進士 象龍 別紙」에는 "就此見心性意思則可而直以心性爲訓則
   不可"로 되어 있고, 정재의 문인 근암 유치덕의『近菴文集』「師門記聞」에는 "就他見心性意思
   則可而將心性做這箇看則不可"라고 되어 있다.

24 「학용」, "明德不是專言心, 不是專言性, 不是言知覺, 又不是於心性之外別有一個. 所謂明德也,
   蓋古昔聖人觀見道理, 說心說性, 各就其地頭立說, 指其其於心而渾然在中者, 曰性, 性卽理也.
   指其主宰一身酬酌萬變者, 曰心, 心合理氣也. 大學又就其氣淸理顯, 光明洞徹底立箇題目, 曰
   明德, 其所具者, 性之理也, 所明者, 心之靈也. 然性是純善無爲者而明德乃虛靈光明之謂, 則不
   可以專言性也. 心是一身主宰者而明德非能知能覺之名, 則不可以專言心也. 先儒所謂就他見
   心性意思則, 先將心性做這箇看則不可者, 是之謂耳."

25 「학용」, "誠意正心與齊家治國等俱是兩件事, 煞有次第等級. 故欲爲此, 事 必先爲彼了得彼事,
   然後方做此事而乃若格物致知, 則渾同是一事, 格物之外無他致知之方. 格物卽所以致知. 故必
   易以在字自不得, 與已上諸條同例矣. 若曰欲致其知先格其物, 則是格物以後方看致知之工不

具, 慢乎哉!"

26　『유편』권1, 111쪽.

27　「학용」, "修身以上齊家以下云者, 因上節所言工夫條目而貼解了, 首節明新者也. 物格知至意誠以下云者, 因此節所言功效條目而貼解了, 第二節知止能得者也. 其章句次序固宜在此."

28　『유편』권1, 139쪽.

29　요堯 임금이 신하에게 백성을 다스리는 일을 말하면서 "수고로운 사람을 위로하며, 오는 사람을 이르게 하며, 사특한 사람을 바르게 하며, 굽은 사람을 곧게 하며, 도우며 부추겨 스스로 본분을 얻게 하고, 또 따라서 진작하여 덕을 베풀도록 하라[勞之來之, 匡之直之, 輔之翼之, 使自得之, 又從而振德之]"라고 하였다. 『孟子』滕文公上.

30　「학용」, "新民傳三新字, 皆非經文本意, 盤銘指己之自新也. 康誥指民之自新也, 文王指天命之新也, 篇內惟一作字爲新民本意, 而章句解作鼓之舞之便可見, 勞來輔翼, 緩和振德底意."

31　『유편』권2, 152쪽.

32　『대학장구』전傳 6장 "소인이 한가로이 거할 때에 불선하게 행동하면서 못하는 짓이 없다가, 군자를 본 뒤에는 겸연쩍게 그 불선함을 가리고 선함을 드러낸다. 남들이 자기 보기를 그 폐부肺腑를 보듯이 할 것이니, 그렇다면 무슨 유익함이 있겠는가. 이것을 '안에서 성실하면 외면에 나타난다'라고 이르는 것이다. 그러므로 군자는 반드시 홀로 있을 때를 삼간다[小人閒居, 爲不善, 無所不至, 見君子而后, 厭然揜其不善而著其善. 人之視己, 如見其肺肝然, 則何益矣? 此謂誠於中形於外, 故君子必愼其獨也]."

33　『大學章句』傳6章 소주小注에 있는 남송 때의 경학가 요로饒魯(1194~1264)의 주석이다. 요로는 "한가로이 거처할 때 불선한 짓을 하는 것은 스스로를 속이는 것[自欺]이고, 슬쩍 감춘다는 것은 스스로 떳떳치 못해 불선한 것을 가리고 선함을 꾸미는 것이니 남을 속이는 것[欺人]이다. 스스로를 속이는 것과 남을 속이는 것은 서로 순환이 되니, 스스로를 속이는 것은 결국 남을 속이는 데에 이른다. 이것이 '내면에 성실하면 겉으로 드러난다'라는 것이니, 이때의 '성' 자는 선악을 겸하여 말한 것이다[此謂誠於中形於外, 此誠字是兼善惡說]"하였다.

34　「학용」, "先儒每疑惡不可以誠言. 故小人閑居下誠於中, 謂之兼善惡說. 然誠者是眞實之謂, 小人爲惡之心, 眞實於中則謂之誠亦無不可. 朱子曰 自夫天理而觀之, 其爲善誠虛矣. 自其私分而觀之則實爲是惡, 安得不謂之誠哉! 由此言之, 兼善惡云者, 亦非本文正義矣."

35　『유편』권2, 188쪽.

36　사유四有는 전 7장의 분치忿懥, 공구恐懼, 호요好樂, 우환憂患이고, 오벽五辟은 전 8장의 "인간이 친애하는 사람에 대해서는 치우치고, 미워하는 사람에 대해서는 치우치고, 외경하는 사람에 대해서는 치우치고, 애긍하는 사람에 대해서는 치우치고, 그 게으른 사람에 대해서 치우친다[人之其所親愛而辟焉, 之其所賤惡而辟焉, 之其所畏敬而辟焉, 之其所哀矜而辟焉, 之其所傲惰而辟焉]"라고 한 다섯 가지 치우침을 말한다.

37　「학용」, "或問以四有爲心之應物, 五辟爲身之接於事而竊詳章句論四有, 則曰一有之而不能察, 論五辟則曰 惟其所向而不加察云, 是則二者畢竟俱是心之用也. 然其所以分屬修齊者, 四有指此心存主處失其平也, 五辟指此心接物處失其宜也. 此其所以不同也歟!"

38　『유편』권2, 216쪽.

39　대학 전문에서 8조목을 설명할 때는 맨 마지막 절에 '此謂~'로 결론을 맺는데, 이는 조목 간의 연계성을 부각시키려는 서술 방식이다. 그러나 전 6장의 성과 전 7장의 정심은 이것이 결락되어 있기 때문에 주자가 이에 대한 장 아래 장구를 추가하였다는 것이다.

40 「학용」, "傳文諸章, 皆連綴兩目而誠意正心二者, 爲學之大頭段也. 實爲工夫要切處, 故傳者特立爲傳其意深矣. 朱子又恐學者徒知然而不知承上通考, 則無以見用力之始終, 故誠意章復連綴致知, 正心章復連綴誠意, 以明序不可亂功不可闕底意, 其意更切矣."

41 『유편』권2, 194쪽.

42 전9장 1절 註 : 身修則家可敎矣. 孝弟慈, 所以修身而敎於家者也. 然而國之所以事君事長使衆之道, 不外乎此, 此所以家齊於上而敎成於下也.

43 『대학장구』전 9장 '여보적자如保赤子'의 소주小註에 "여기서는 우선 동화動化가 근본이 되는 것만을 말하였고, 미루어 나가는 것에 대해서는 아직 말하지 않았다. 전 10장에 가서야 완전히 미루어 나가는 것을 설하였다[此且只說動化爲本, 未說到推上, 後方全是說推]"라는 주희의 말을 가리킨다.

44 「학용」, "敎成於下, 不是說動化, 不是說推化. 然此章首節未嘗說及動化底意而章句云爾者, 包了下文二節而幷言之也. 或曰 傳文成敎於國, 豈非謂動化者耶? 曰 不然. 此言敎於國之道理, 見成於自家之裏也. 蓋傳文立言愈向前愈退後. 故七章力言正心, 八章力言修身, 此章之力言齊家, 其例固也. 且云其家不可敎而能敎人者無之, 則又更深一節繳反修身者也. 然後總言齊國相須之勢而 曰君子不出於家而敎國之道已成, 行於家之孝弟慈, 這便是敎於國之事君事長使衆之道也云爾, 則何嘗有說及動化者哉! 到那下文興仁興讓, 方是說動化方是說敎成於下."

45 『유편』권2, 228쪽.

46 『유편』권2, 243쪽.

47 강덕공은 주희朱熹의 제자 강묵江黙으로, 덕공은 그의 자다. 「강덕공에게 답한 편지」는 『회암집晦菴集』권44에 실려 있는데, 여기에서는 '혈구絜矩'를 '구矩로써 헤아린다'의 뜻이 아니라, '헤아려서 구矩를 얻는다'의 뜻으로 보고 있다. 이 편지에 이르기를, "혈구絜矩란 물건을 헤아려서 그 방정함을 얻는 것이니, 아래의 글에서 뜻을 찾아보면 알 수 있다. 지금 '구矩로써 물건을 헤아린다'라고 말하려면 '구혈矩絜'이라고 해야만 그 뜻에 맞을 것이다[絜矩者, 度物而得其方也, 以下文求之可見. 今日度物以矩, 則當爲矩絜, 乃得其義矣]"라고 하였다.

48 「학용」, "朱子答江德功書, 有度物而得其方之云. 故前輩多解作絜而矩之. 蓋以均齊方正字, 貼矩字面貌也. 然章句不曰矩方也, 而曰所以爲方也, 所以爲者, 乃是爲方之具非己方之名也, 看作絜之以矩, 似不可易下文均齊方正之云, 特言絜矩已施後效驗有如此也."

49 『유편』권2, 250쪽.

50 『유편』권2, 251쪽.

51 「학용」, "國與天下, 雖有遠近廣狹之殊, 其治道則一. 故二章通融爲文, 此章絜矩卽前章之恕也. 前章言家齊國治之道重言, 以結之矣. 此章復以好惡義利兩端, 循環立說, 分量極宏, 事業極潤, 言有餘而意無窮, 自不得有結語也. 傳三章亦然, 蓋其包含不盡處, 特用此例也."

52 『유편』권2, 256쪽.

53 『유편』을 보면 퇴계부터 갈암, 대산, 정재의 경설을 골고루 인용하고 있으나, 「학용」의 문답과 내용적으로 가장 가까운 경설을 연결해서 보면 단연 정재의 설이 많다.

54 『경설유편』 해제 29쪽 참조.

55 권3은 『대학혹문』으로 이는 『대학장구』에 관해 부연한 내용이기 때문에 이 범주에서 빼도 무방할 것이다. 『대학혹문』은 주희朱熹가 『대학장구』 초고를 42세(1171)에 집필한 후 『대학』의 '차위지본此謂知本'이 한 구가 제5장 궐문의 나머지 글임을 확정하고 이에 대한 「보

전보傳」을 지었으며, 아울러 이때에 『대학혹문』도 함께 썼다.

56 「학용」의 문목 5번의 경우를 예로 들어보면, 문목 5번에서 '허령虛靈'에 관한 질문에 대해 퇴계의 설을 가지고 답변을 하였는데, 『유편』「대학」 편에는 퇴계의 설은 인용하지 않고 대산의 설만 2개 인용해 두고 있다. 이런 부분이 매우 흥미로운 것은 「학용」에 퇴계의 설을 인용해 놓았기 때문에 『유편』「대학」 편에는 인용하지 않은 듯한 인상을 주기 때문이다. 마치 「학용」과 『유편』「대학」 편을 함께 놓고 편집한 것이 아닐까 하는 궁금증이 일어나는 대목이다. 따라서 「학용」의 저술 시점은 아마도 1894년이 아닌 후일의 기록일 가능성이 크다.

57 설석규, 해제, 『經說類編』 한국국학진흥원 소장자료 영인총서 3, 한국국학진흥원, 2004. 2.

58 류영수, 「퇴계학파의 정체성과 청석 서석화의 학문과 사상」, 지역 정체성인 호국정신의 의병정신과 퇴계학파 경학의 총결산 경설유편 학술회의 발표 논문집, 2018, 54~58쪽.

59 1897년에 부친상을 당하였고, 1899년에 스승인 서산 김흥락의 상이 있었다. 아마도 이 시기가 지나고 수재에게 『대학장구』에 대해 질의를 통해 내용을 확정하는 과정에서 「학용의의변」을 짓게 되지 않았을까?

60 류영수, 「퇴계학파의 정체성과 청석 서석화의 학문과 사상」, 54~58쪽, 지역 정체성인 호국정신의 의병정신과 퇴계학파 경학의 총결산 경설유편 학술회의 발표 논문집, 2018.

61 「학용」, "大學序繼天立極之妙, 可以詳言歟?"

62 『주역』「태괘泰卦 상象」에 "천지가 사귀는 것이 태이니, 임금은 이것을 본떠 천지의 도를 재성하며 천지의 의를 보상하여 백성을 인도한다[天地交泰, 后以財成天地之道, 輔相天地之宜, 以左右民]"라고 한 데에서 나왔다. 주희朱熹는 『주역본의周易本義』에서 "재성은 지나침을 제재하고, 보상은 부족함을 돕는 것이다"라고 하였다.

63 순 임금이 설契에게 "너를 사도로 삼으니 공경히 다섯 가지 가르침을 펴되 너그러움이 있게 하라"라고 하였는데, 채침蔡沈은 주에서 '다섯 가르침'을 부자유친父子有親, 군신유의君臣有義, 부부유별夫婦有別, 장유유서長幼有序, 붕우유신朋友有信, 즉 오륜五倫이라 하였다. 『書經集傳 舜典』.

64 「홍범」에 "황극皇極은 임금이 극極을 세움이다"라고 하였는데, 채침의 주註에 "극이란 북극의 극과 같으니 지극하다는 뜻이요, 표준이라는 명칭이니, 나라 중앙에 세워져 사방의 표준이 되는 것이다"라고 하였다.

65 「학용」, 天道以元亨利貞, 造化發育而無聲臭無言語, 自做不得. 故聖人繼之爲之, 財成輔相. 繼, 如中庸繼志之繼也. 天運有四時而聖人施耕耘收藏之敎, 天序有五典而聖人敷親義別序信之敎化, 豈非繼天之明證乎? 立極, 猶洪範之言建極, 蓋聖人說敎表準於人而人自歸仰之, 如北極爲衆星之所拱, 屋極爲橫桷之所湊也.

66 「학용」, "采而輯之者, 指何言? 補其闕略者, 指何言歟?"

67 『장구』「序文」의 "三千之徒, 蓋莫不聞其說, 而曾氏之傳, 獨得其宗." 부분을 가리키는 듯하다.

68 「학용」, "傳文曾經, 程子是正而猶有未盡處. 此章之文, 往往錯在後章, 采輯云者, 采諸彼而輯於此也. 如淇澳烈文二節, 采輯于至善章, 聽訟一節采輯爲本末之類, 是也. 補其闕指格致章, 闕者本有而亡失之謂也. 補其略指誠正二章章下註, 略者, 見在而簡略之謂也."

69 「학용」, "經一章明德是何物耶? 有曰 合心性之名則是心性且於明德耶? 有曰知覺是明德則謂其理歟氣歟? 明德之何物何樣? 可明言歟?"

70 「학용」, "明德新民兩個事, 大學修己治人之本末已具, 止至善只是言明新之用其極, 非別有事在也. 然而特立爲三綱領者, 欲令學者, 以是爲準的而必盡其道, 此是古人喫緊爲人處."

101

71 「학용」, "止至善不外乎明新之事, 又何特加一在字立爲三綱領也?"

72 원문은 주 27 참조.

73 「학용」, "虛靈二字, 當分理氣看否?"

74 『퇴계선생문집』 권25 「與鄭子中別紙」, "蓋以理氣二字, 分註虛靈二字之下, 果似未安, 何者? 靈固氣也, 然氣安能自靈, 緣與理合, 所以能靈, 此明彦所以力言其不可分註, 其說得之."

75 「학용」, "退陶先生答鄭文峯書曰 '理氣二字分註虛靈, 果似未安, 何者? 靈固氣也, 然氣安能自靈, 緣與理合, 所以能靈, 明彦力言其不可分註, 其說得之云云.' 愚有所受之矣."

76 「학용」, "其應有能所之分, 此可精詳而細分耶?"

77 「학용」, "以具與應分看能所或無未安否! 必欲分之, 具衆理屬之所, 應萬事屬之能耶!"

78 「학용」, "不曰 欲致其知, 先格其物而曰 致知在格物, 何也?"

79 원문은 주 25 참조.

80 「학용」, "不曰性情而 曰誠意何歟? 情意之別, 可詳言歟?"

81 「학용」, "性之發爲情, 心之發爲意, 情者, 已發之總名, 意者, 有揣量謀慮之爲, 以此章言之好惡者, 情也, 就好惡上計較, 其當好當惡者意也. 於此政宜審察其機實用其力也, 謂之誠意, 不亦更切乎!"

82 「학용」, "八條目章句 只釋誠意與格致, 何意?"

83 「학용」, "八條目 正心以上訓詁無難解者, 惟格致誠意, 爲下手用工最初地頭, 而字義不明, 文理深奧, 學者有未易曉解, 如司馬公大儒也, 看得格物字不透. 故其爲說不得聖人之旨, 而却向別處却, 是以章句解釋三段, 特致丁寧以至絶筆之日, 猶不住修改, 此朱子訓詁十分用意處."

84 「학용」, "經文正心傳文正心, 或有體用之分歟? 抑兼體用言歟? 正心與中庸戒懼同歟異歟?"

85 『대학장구』 전전 7장에 마음을 올바르게 하는데 해가 되는 네 가지를 말한다. 즉 마음에 분노하는 것이 있으면 거기에 빠져 올바르게 될 수 없고[身有所忿懥則不得其正], 두려워하는 것이 있으면 거기에 빠져 올바르게 될 수 없고[有所恐懼則不得其正], 좋아하고 즐기는 것이 있으면 거기에 빠져 올바르게 될 수 없고[有所好樂則不得其正], 걱정하는 것이 있으면 거기에 빠져 올바르게 될 수 없다[有所憂患則不得其正]는 뜻이다.

86 『대학장구』 전전 7장에 "마음이 있지 않으면 보아도 보이지 않으며, 들어도 들리지 않으며, 먹어도 그 맛을 알지 못한다[心不在焉, 視而不見, 聽而不聞, 食而不知其味]"라고 하였다.

87 「학용」, "經文正心固當曰 兼體用, 傳文則就心之用處, 說盡下手著力之方, 四有所, 慮其有偏重而失其平之病也, 三不在, 慮其有忘念而失其主之病也. 察乎此而無失焉, 則鑑空衡平之眞體, 無有偏倚, 此是正心工夫, 至嚴密處, 中庸戒懼, 則與此小異, 戒懼是通動靜說, 大學專就動處說."

88 「학용」, "不曰 身修家齊而必曰修身齊家, 不曰格物致知而必曰物格知至者, 亦有精義歟? 此章句之必置功效之下, 何也?"

89 원문은 주 27 참조.

90 「학용」, "大學之體用間用架知行經緯於經一章, 可以詳言歟?"

91 「학용」, "經一章文字簡易易知, 而包括盡天下道理, 首言三綱領明新之體用竝立, 而承之以知止能得, 復舉本末終始以結之, 次言八條目知行之先後燦然, 而承之以功效, 復舉修身一言包上該下以結之, 其間架鋪排經緯機軸. 除非聖人不能及也."

92 「학용」, "此篇釋明德則專言人, 中庸釋性道則兼言物何歟?

93 「학용」, "中庸說造化發育一原處說下來. 故發端以天命之性, 章句解釋自當兼人物而竝言, 此篇論大學修爲之方. 故發端以明明德, 乃人之所得乎天而主一身應萬事者也. 章句解釋安得不專以人言乎? 朱子釋經之法, 隨文貼解親切的當, 不可移易有如此者."

94 「학용」, "新民只有鼓之舞之之一事, 何也?"

95 원문은 주 29 참조.

96 주 33과 같음.

97 「학용」, "誠於中形於外, 非兼指善與惡者耶?"

98 원문은 주 34 참조.

99 주 36과 같음.

100 「학용」, "四有五辟均是情也, 分屬修齊, 何也?"

101 원문은 주 37 참조.

102 「학용」, "誠意正心兩傳, 獨有章下章句, 何也?"

103 원문은 주 40 참조.

104 전 7장 1절 註 : <u>一有之而不能察</u>, 則欲動情勝, 而其用之所行, 或不能不失其正矣.

105 전 7장 2절 註 : 心有不存, 則無以檢其身. 是以, 君子<u>必察乎此</u>,* 而敬以直之, 然後此心常存, 而身無不修也.

106 전 7장 3절 註 : 蓋意誠, 則眞無惡而實有善矣, 所以能存是心以檢其身. 然或但知誠意, 而<u>不能密察</u>此心之存否, 則又無以直內而修身也.

107 전 8장 1절 註 : 五者在人, 本有當然之則. 然常人之情, 惟其所向而<u>不加察焉</u>, 則必陷於一偏, 而身不修矣.

108 전 7장 2절 註 : 心有不存, 則無以檢其身. 是以君子必察乎此, 而<u>敬以直之</u>, 然後此心常存, 而身無不修也.

109 「학용」, "七章註一有之而不能察之察, 必察乎此之察, 不能密察之察, 八章註不加察之察, 皆有精義歟? 敬以直之四字, 或無精義耶?"

110 「학용」, "四察字所指不同, 或察此心之偏重, 或察其存否, 或察其偏向, 隨處用工之密可見, 至若敬以直之, 朱子於一章之末, 又特發傳文所不言, 總說用工之要, 非特救三不在之病, 幷四有所當通看, 非獨爲正心之要, 格致修齊, 莫不賴此以爲地, 又非獨八條爲然, 實爲一篇之樞紐, 學者靜存動察之方, 無以加矣."

111 주 42과 같음.

112 「학용」, "家齊於上而敎成於下者, 是化耶? 推耶?"

113 원문은 주 44 참조.

114 『대학장구』 전 9장의 "효는 군주를 섬기는 덕목이고, 제는 어른을 섬기는 덕목이고, 자는 민중을 부릴 수 있는 덕목이다[孝者, 所以事君也, 弟者, 所以事長也, 慈者, 所以使衆也]"라는 내용을 말한다.

115 「학용」, "上旣引孝弟慈三事 而此只言慈一事, 何也?"

116 「학용」, "所謂擧一隅而三隅反者, 慈者人心之良能而誠求之端, 尤有深於孝弟者. 故特言之也歟!"

117 「학용」, "絜矩當以絜之以矩看耶? 抑以絜而矩之看耶?"

118 주 47과 같음.

119 「학용」, "平天下章, 當分幾節看?"

120 「학용」, "此章首節孝弟慈, 修之家而敎於國者也. 人心所同可見, 絜矩之道所由本. 故次節遂言

絜矩之方反覆解說, 不厭煩複, 此二節卽一章之總腦也. 第三節以好惡推明絜矩, 第四節以財用推言絜矩, 第五節復引康誥起頭言善惡之得失, 而秦誓以下申言好惡之絜矩, 第六節復以君子大道起頭言忠信驕泰之得失, 而生財以下申言財用之絜矩. 文字語脈迭見層出若無統緒, 然其丁寧反復之意益深且切矣."

121 「학용」, "傳十章無結語, 何也?"
122 원문은 주 51 참조.

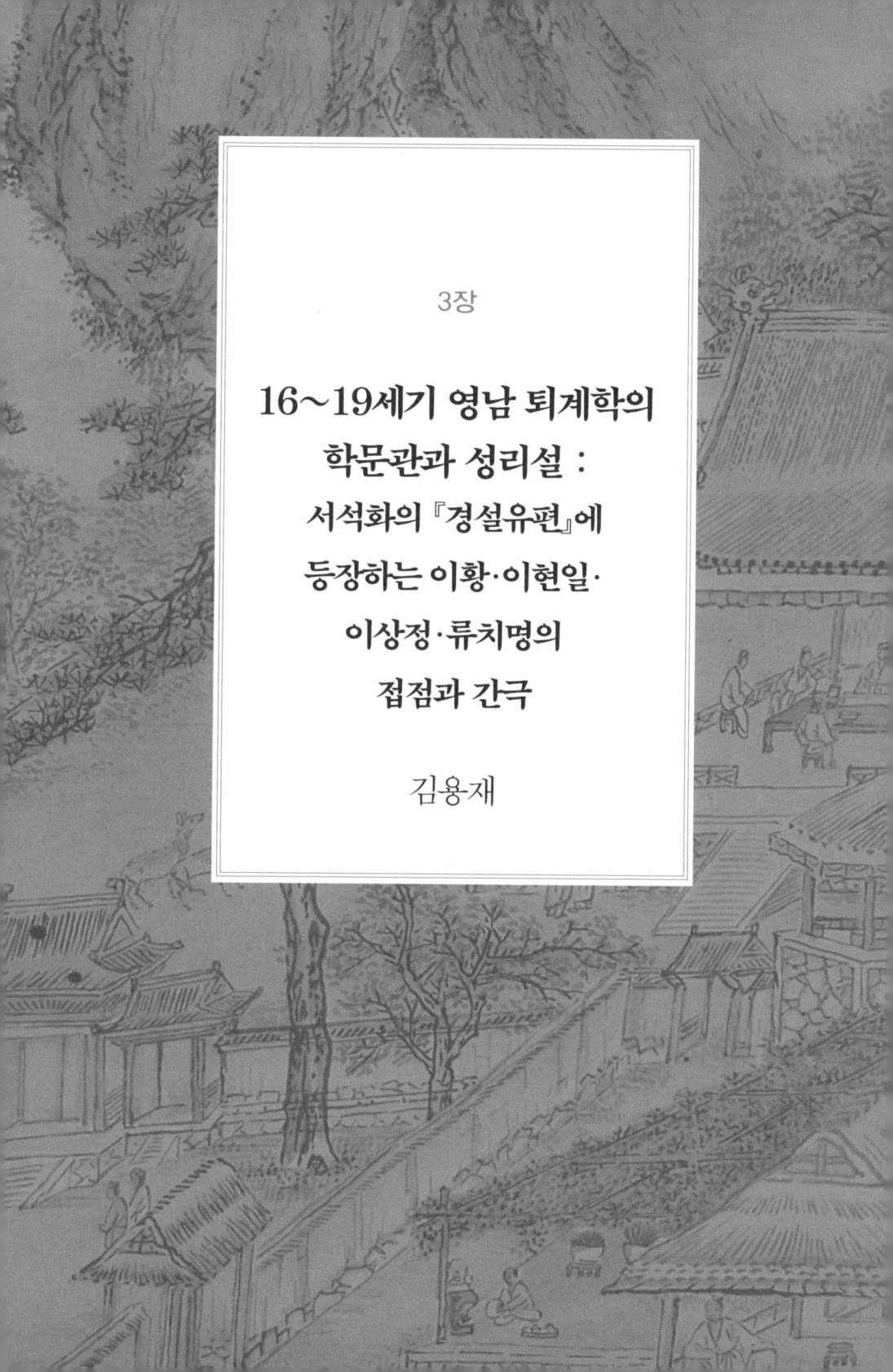

3장

16~19세기 영남 퇴계학의
학문관과 성리설 :
서석화의 『경설유편』에
등장하는 이황·이현일·
이상정·류치명의
접점과 간극

김용재

머리말

영남 유자 4인의 학문관을 연구하는 의미

서석화(1860~1924)는 19세기 말~20세기 초 경상북도 청송 지역의 유자다. 그가 활동하던 시기는 일제강점기로, 민족적 위기가 팽배하던 국권 상실의 시기였다. 그는 쓰러져 가는 조선을 살리기 위하여 새로운 구심점이 필요하다고 생각했다. 그것은 곧 500여 년 동안 수많은 외침에도 조선이 꿋꿋이 버틸 수 있었던 유학의 실천정신이라 여겼다. 이러한 실천 유학의 본질은 곧 영남 퇴계학이 자리하고 있었기 때문에 가능했고, 그 퇴계학의 학문정신을 후대에 남기는 것이야말로 자신의 소임이라고 자인했다.

제아무리 제국주의와 식민정책이 활개를 치더라도 올곧은 학문관만 보존할 수 있다면, 구국의 실천정신으로 모든 것을 제자리로 돌이킬 수 있으리라는 신념이 있었다. 그래서 서석화는 영남 퇴계학의 정수精髓를 퇴계 이황을 비롯하여 이현일, 이상정, 류치명의 4인으로 지정했고, 이들이 남긴 칠서七書(삼경·사서) 주석을 모아『경설유편經說類編』을 편찬하였다. 공교롭게도 이현일-이상정-류치명으로 이어지는 계보는 약 100년 단위의 시간차를 유지하고 있다. 서석화 역시 학봉학파의 일원이어서인지 몰라도, 그는 퇴계학의 계보가 학봉 계열로 계승 발전되어 왔다고 생각했고, 학봉학파에 대한 학문적 자부심 또한 컸던 것으로 보인다.

그러면 서석화가 어떤 방법으로『경설유편』을 만들었는지에 대하여 살펴보겠다. 여기서 한 가지 밝히고 넘어갈 부분이 있다.『경설유편』의 저자는 서석화이지만, 이 책 안의 내용—칠서에 대한 주석—은 모두 이황·이현일·이상정·류치명의 설이다. 따라서 서석화는 이 4인방의 삼경사서 주석 중 의미 있는 것만을 정선하여『경설유편』을 편집한 '편저자編著者'라 말하는 것이 정확하다.

서석화는 그의 나이 60세가 되던 해인 1919년『경설유편』을 편찬했다. 총 13권 7책이다.[1]『경설유편』은 퇴계 이황, 갈암 이현일, 대산 이상정, 정재 류치명이 남긴 삼경三經·사서四書의 주석을 모두 수집收集·정선精選하여 경서별로 집론해 놓은 책이다. 그래서 혹자는 이 책을『사선생경설유편四先生經說類編』이라 부르기도 한다.[2]

이『경설유편』을 보면『칠서대전七書大典』, 즉 조선 세조 때 명나라로부터 수입되어 조선 유자들의 과거시험 텍스트가 되었던『영락대전본永樂大全本』을 저본으로 삼았음을 알 수 있다.[3]

그런데 전술한 바와 같이『경설유편』은 서석화가 정선·편집했을 뿐, 본인의 주장과 논지가 없다는 점이 참으로 아쉽다. 20세기에 그가 생각하고, 그가 판단했던 영남 퇴계학 정신의 계승양상과 특징을 찾기 힘들기 때문이다. 또한『경설유편』을 편집한 의도조차 불분명하다. 다만, 서석화라는 한 인물의 관조觀照에 따라 영남 지역에서의 퇴계학 이론이 시대에 따라 어떻게 변모했는지를 확인할 수 있다는 점에 의미를 부여할 뿐이다. 그나마 영남 지역에서 100년 주기로 등장했던 유자 4인의 주석을 자신의 관점에 따라 선별·발췌했다는 점에서, 그가 중요하게 생각했던 것이 무엇인지를 직간접적으로 추론해 본다는 것도 유의미한 일이기 때문이다.

한편, 서석화가 엄선하여 발췌한『경설유편』을 한국국학진흥원에서 영인본으로 발간했고(2004), 또 2017년에는『국역 경설유편』의 완역본을 출간함[4]으로써, 연구자들에게 영남 지역 퇴계학의 논거를 찾아볼 수 있도록 일조해 주었다는 점은 참으로 다행스러운 일이다. 물론 여기에서 언급한 '퇴계 후학'은 거의 '학봉 김성일'의 학맥으로 한정해도 무방하다. 다음은 퇴계와 학봉 계열의 대표 인물을 나열해 본 것이다.

이황 → 김성일 → 장흥효 → 이시명 → 이현일 → 이재 → 이상정 → 남한조 → 류치명 → 김흥락 → 서석화
(*음영 부분의 인물은 경설유편 주석에 등장하는 실제 저작자라 할 수 있다.)

위 학봉학파의 몇몇 인물과 사상에 관한 연구는 일정 정도 진행되고 있으나, 삼경·사서에 관한 주석 등 '경설經說'의 특징에 관한 총괄적인 연구는 아직 답보 상태다. 이러한 점에서 볼 때, 서석화가 편집한『경설

유편』은 영남 지역의 경학 연구를 위한 소중한 자료임에는 분명하다.

그가『경설유편』을 편집한 의도는「후서」[5]에 더 명확히 쓰여 있다.

사자四子·육경六經의 주지主旨가 '자양紫陽 부자夫子'[주자][6]에 이르러 크게 정리되자, 견강부회하며 천착했던 사람들은 얼음 녹듯 환하게 풀리고, 도교와 불교에 빠진 자들은 평탄한 길을 밟듯 바르게 되었다. 이로써 과거의 성인을 계승하고, 이로써 영재를 교육하니, 갱유분서 이후 문명이 한 번 다스려진 때였다. 그러나 성인의 말씀은 진리가 매우 무궁하고, 사람의 지혜는 밝고 어두운 정도가 각기 다르기 때문에, (남겨 주신) 책을 읽어도 내용을 이해하지 못하는 경우가 있고, (설사) 내용은 이해했더라도 그 말을 통해 자신의 마음을 이해하는 경우는 드물었다. 그래서 '양자운'[7]이 후세의 '양자운'을 기다렸다고 했나 보다.

조선의 명종·선조 연간에 우리 퇴도[이황] 선생이 교남[영남嶺南]에서 태어나 사문을 일으키는 것을 소임으로 삼고 경전의 주지를 충분히 드러내되 한결같이 '자양 부자'의 본의를 따르며 한 시대의 인재를 길러냈다. 무릇 조정에 나아가서는 용과 봉황처럼 날아올랐고, 초야에 은거해서는 구슬과 옥처럼 반짝반짝 빛나서, 오직 퇴계 선생의 가르침을 교훈과 법도로 삼지 않음이 없었으니, 이는 또 우리 동방의 문명이 한 번 다스려진 때였다.

두 번 전하여 갈암 선생[이현일]과 세 번 전하여 대산 선생[이상정]이 시운을 타고 차례로 흥기하여 삼가 퇴계 선생의 법문을 수호하였으니, 퇴계 선생이 '자양 부자[주자]'를 따랐던 것과 같았다. 그래서 경전의 뜻을 분석한 것이 자세할수록 더욱 의미가 있고, 오래될수록 폐단은 더욱 없어져서, 덕과 재주를 이룬 자들이 숲처럼 무성하게 배출되었다. 근세 정재 선생[류치명]이 명맥이 끊어질 즈음에 다시 떨쳐 일어나, 전해 오던 학문의 단서를 고찰하고 논증하여 그 말씀을 통해 그 마음을 터득했으니, 시대를 뛰어넘는[공전절후空前絶後] 하나의 본보기가 되었다.[8]

여기까지 「후서」의 요지는 첫째, 흡사 도학이 전해 온 '도통관道統觀'을 서술하고 있다. 주자의 궤적은 서적 출간과 인재 양성에 있었던 바, 조선의 이황 역시 주자학의 적통을 자임하며, 관직에 있을 때나 처사로서의 삶을 살아갈 때의 군자의 모습을 찬양한다. 그리고 이러한 퇴계의 학문은 후학으로 전해 오면서 이현일과 이상정 그리고 류치명에 이르러 조선[해동海東] 유학의 법도이자 귀감이 되었음을 선언한다. 이는 서석화가 영남 유학은 곧 '퇴계학'이라는 단상을 표출한 것이며, 그만이 가지고 있는 영남 유학에 대한 케리그마라 할 수 있다.

오늘에 이르기까지 경전을 담론하고 학문을 계승하는 문도들이 아직도 패도霸道를 물리치고 왕도王道를 존숭하며, 주자와 퇴계에 연원을 두고 공자를 종주로 여길 줄 알아서, 이목이 미치는 바에 감흥을 일으킴이 더욱 깊었으니, 차례로 학문의 정통을 전수한 것이 또한 아름답지 않은가? 무릇 세월이 채 백 년도 지나기 전에 담화曇華[9][이단]가 문득 출현하여 도道가 장차 무너지려 하였다. 그러나 도가 땅에 떨어지기 전에 해와 별이 다시 빛나 하늘의 운수가 순환하고 사람의 문명이 밝아졌으니, 누가 그렇게 만든 것인가? 교남[영남嶺南]의 한 고을을 '해동추로海東鄒魯'라 칭하게 된 것은 과연 누구의 힘이겠는가? 나는[서석화] 늦게 태어나 후학으로 삼가 몇 년 동안 글을 읽어보았지만, 사실 전체를 꿰뚫어 훤히 알기가 어려웠다. 이에 감히 네 선생의 문집에서 경전의 뜻을 논변한 것을 채집하여 문門을 나누고 목目을 세워 각기 유형별로 모았으니, 모두 13권이다.[10]

한편, 이「후서」의 두 번째 요지는 '이단관異端觀'이다. 서석화는 퇴계 이황이야말로 공맹 유학을 온전히 지킨 유자라 칭한다. 그리고 불가에서 말하는 상상 속의 꽃 '담화'에 빗대어 세상의 진리가 붕괴할 수도 있었음을 우려한다. 그러나 조선이 이토록 공맹 유학의 본지를 안전하게 사수할 수 있었던 동력원은 여전히 퇴계학에 있었음을 자부한다. 그래서 퇴계의 학문을 계승한 대표적인 위인 3인의 경설을 채집하여 집론한 경위를 밝혀 놓고 있다.

사실,『경설유편』내에 소개되고 있는 4인방의 경서에 대한 관점은 이러하다. 퇴계 이황은『역경』이 중요한 서적임을 강조하면서도『사서』의 '필요성'에 더 큰 방점을 두었다고 한다.[11]『소학』은 집터를 다지는 책이고,『대학』은 그 집터에 본격적으로 모양을 설계하는 도구이며,『논어』·『맹자』·『중용』·『시경』·『서경』은 집을 장식하는 서적으로 비유한다.[12]

이현일은『사서』가 (인간에게 있어) 매우 절실한 서적임을 전제하면서, 인간이『사서』를 학습하는 올바른 방법이 무엇이냐고 묻는다면, 그는 당연히『집주』·『장구』·『혹문』을 정독精讀해야 한다고 주장하고 있다.[13]

이상정 역시 사서를 하나의 건축 과정으로 비유하고 있다.『대학』은 기둥을 세우고 칸을 정하는 책이고,『논어』와『맹자』는 칸의 사이사

이를 꾸미는 서적이며, 『중용』은 들보를 올리는 일을 도맡는다고 분석했다.[14] 이상정의 문인인 '안찬여'는 『용庸·학學』은 순서가 있고, 『논·맹』은 일시적인 기록물이기 때문에 이렇다 할 순서는 없다. 하지만 『논·맹』이야말로 마음으로 체득하며 몸으로 실천해야 하는 서적이라고 정의하고 있음에서, '사서'의 중요성을 매우 긴요하게 바라보고 있다.

류치명은 자신의 문인이었던 '김달여'에게 "경전을 읽을 때 훈고訓詁의 중요성을 간과해서는 안 된다. 제자백가의 학문은 개구리와 지렁이의 소견에 불과하다. 『대학』은 근엄함을, 『중용』은 심순深醇함을, 『논어』는 간역簡易함을, 『맹자』는 준일峻逸함을 보여 주는 유가 경서라 칭하였다.

이 글은 『경설유편』에 관한 이러한 기초적 이해에 기반하여, 서석화가 채집한 4인의 '논어집론'을 집중적으로 분석, 영남 유자들이 견지했던 '학문관'은 무엇이고, 또 제일의 경계로 삼았던 '이단'에 대한 관점이 어떠했는지를 조망해 보고자 한다.

영남 유자 4인의 성리설性理說 연구 취지

선진유학先秦儒學에서의 '예'와 '악', 맹자의 '성선'과 순자의 '성악', 『논어』에 나오는 '양지養志'와 '양구체養口體'라는 효의 실천 방법, 『중용』에서의 '존덕성'과 '도문학', 『예기』에서의 '교敎'와 '학學', 『주역』의 '음'과 '양' 등은 서로 '상반'되거나 '상대'되는 개념인가?

도·불의 영향을 받아 새롭게 탄생한 이른바 신유학(성리학)에는 유가 경전에서나 다뤄졌던 범범한 학설—예禮·악樂(『논어』), 성선·성악

(『맹자』), 존덕성·도문학(『중용』), 교·학(『예기』), 음·양(『주역』) 등——을 새로운 철학적 용어로 무장하여 등장한다. 이른바 '무극'과 '태극', '이理'와 '기氣', '심心'과 '성性', '본연지성本然之性'과 '기질지성氣質之性', '동動'과 '정靜', '미발未發'과 '이발已發', '존양存養'과 '성찰省察', '인심人心'과 '도심道心', '체體'와 '용用', '성誠'과 '경敬', '천리天理'와 '인욕人慾' 등이다.

공맹유학으로부터 성리학에 이르기까지 그리고 이를 수용한 조선 성리학자들은 이러한 용어를 어떠한 맥락에서 받아들였을까? 과연 2개씩 매치업되는 이들은 서로 각기 다른 대척점의 좌표에 놓여 있는 것일까?[15]

이미 성리학을 연구해 온 선행 결과에서 밝혀졌듯이, 이러한 개념들은 상반도 아니고, 상대도 아니며, 대척점은 더더욱 아닌 것으로서, '대대待對'의 관계라고 정의하고 있다. '대대'를 자의字義대로 풀이하면 '마주하며 기다린다'는 뜻이다. 다소 모순에 가까운 풀이일 수 있겠으나, 이 대대 관계에 놓인 것들은 서로 대립하는 것처럼 보이면서도 서로 의존하고 감응하며 발전할 수 있다. 즉 상반·상대적으로 보이는 두 존재가 적대적이지 않고, 상호 의존적 관계에 입각하여 서로를 비추어 주기도 하고 서로의 존재 가치를 확보해 주면서 생성·변화·발전한다는 의미다.[16]

그렇다면 성리학 용어들은 이분법적 흑백논리로 해석되는 것이 아니라, 서로의 존재 의미[所以然]와 가치[所當然]를 인정하면서, 서로 갈마드는 형식의 상생 정신을 잉태하고 있다고 봐야 한다. 이처럼 성리학——이학의 범주에서 주자학이든 양명학이든 간에——은 본래 세상을 대립각에 서서 멈춰진 만물을 관조하는 철학이 아니라, 모든 삼라만상을 변화의 틀에서 부단하게 운동 발전해 나가는 존재로 바라보는 사상이다. 그래서 성리학적 관점에서 보면 인간사는 궁하면 통하게 되고, 위기는 기회의 또 다른 발판으로 받아들이면서 고난과 역경을 극복하는 삶의 원동력이 되어 주었다.

이러한 의미에서 볼 때, 영남 지역은 이황 사후, 그의 유택遺澤에 힘입어 영준英俊한 유자들이 부지기수로 출현하였다. 그러나 누가 과연 이황의 수제자인지를 거론하기란 여전히 어렵다.[17]

```
          ┌ 류성룡
이황→김성일→장흥효[18]→이현일→이재→이상정→류치명→이원조→이진상→곽종석
          └ 정 구→장현광[19]
```

이황의 후학 가운데에서 이황으로부터 가장 오랫동안 수학한 사람은 '조목'[20]과 '이덕홍'이다. 한편 사문의 문도가 가장 많았던 사람은 '정구'고, 후대에 이르기까지 가문의 세력이 가장 왕성한 인물은 '류성룡'과 '김성일'이다. 일반적으로 이황의 대표 제자 다섯 사람을 뽑으라고 하면, 이들 5인방을 거론할 수 있다.

그런데 참으로 흥미로운 점이 하나 있다. 이황의 대표 제자라 할 5인방 모두 '이기理氣' 및 '사단칠정四端七情'과 관련된 문헌이 많지 않다는 사실이다. 다만, 재전제자나 문인들에 의해 영남 유학의 성리설이 확대·재생산된 것으로 보인다.

이황의 성리설 — 이기론·사단칠정론 — 이 다시 왕성하게 거론된 배

경은 이이를 비롯한 근기近畿 서인들의 사단칠정론에 대한 이설異說이 등장했기 때문이다. 사실, 이황이 생존했을 당시, 그의 '사단칠정'설에 대하여 영남 유자들은 특별하게 문제 삼지 않았다. 이는 스승의 학설을 정론으로 삼았다는 차원에서 볼 때 당연한 일이다. 그러나 이이가 이황의 사칠론에 반대의견을 제시했던 기대승의 논리를 옹호하면서, 근기 서인 계열의 유자들은 이이의 성리설—이기·인심도심人心道心·사단칠정—을 당론으로 삼아 이황의 여러 학설을 반박하기 시작했다. 이에 영남 유자 중 남인 쪽 사람들은 이황의 성리설을 맹렬하게 변론하지 않을 수 없었다.

그러면 영남 유자들 가운데, 이황의 사단칠정론을 변론하기 시작한 사람은 누구인가? 바로 이휘일과 이현일 형제다.[21] 사실, 이휘일은 사단칠정론에 대해 상세한 기술을 많이 남기지 않았다. 따라서 이황의 성리설을 본격적으로 강력하게 옹호하고 변론한 사람은 이현일로 보는 것이 타당하다.

그런데 19세기 말 청송 지역의 유자였던 서석화는 퇴계학을 종지로 삼으면서 퇴계의 성리학을 가장 적통으로 계승한 사람을 이현일, 이상정, 류치명이라 거론하고, 이들의 경서주석을 선집選集하여 『경설유편經說類編』을 편찬했다. 물론 『경설유편』에는 이황의 '경설'도 포함되어 있으며, 이 책의 저자는 이황·이현일·이상정·류치명의 4인이라 할 수 있다.

이 논고는 서석화가 거론한 이황 이후의 3인—17세기 이현일, 18세기 이상정, 19세기 류치명—의 사서 경설을 다루기에 앞서, 이들이 기본적으로 견지한 학문관學問觀이 어떠했는지를 파악하고자, 이들의 성리설의 같고 다름을 대략적으로나마 살펴볼 필요가 있어 집필하고자 한다.

이들이 주장하는 성리설의 본질적인 측면은 이황의 성리설을 옹호함과 동시에 율곡 계열의 학설을 비판하는 데에 있다. 그리고 그 출발점은 '이기'·'사단'·'칠정'에 대한 정의와 관계를 여하히 판단하느냐에 있다고 볼 수 있다.

학문관의 동이同異

『경설유편 논어집론』의 형식적 특징

앞에서 서술한 바와 같이 『경설유편』은 영남 지역 성리학의 근간과 계승 양상을 4인—퇴계 이황, 갈암 이현일, 대산 이상정, 정재 류치명—의 발췌된 주석에 따라 집약한 서적이다. 서석화가 『경설유편』을 엮은 순서의 형식적 특징을 분석하면 다음과 같다.

첫째, 집론의 순서가 주희의 『중용장구집주』 「서」에서 기술된 바와 같이, 대학 → 논어 → 맹자 → 중용 순으로 정선해 놓았다는 점이다.

둘째, '권1~권2'는 「대학집론」을 엮었으되, 사서·삼경[칠서]에 관한 '총론總論'을 포함하고 있다.

셋째, '권3'은 별도로 『대학혹문』에 관한 집론을 부연하여 모아 놓았다. 〈표 1〉을 통해 확인할 수 있겠지만, '권10' 역시 『중용혹문』과 관련한 집론을 추가로 묶어 놓았다. 서석화가 『경설유편』을 수집·정선할 때, 「중용집론」과 「대학집론」의 분량이 가장 많았을 뿐 아니라, 『중

용혹문』·『대학혹문』을 추가하여 붙인 이유는 공맹유학으로부터 주
자-성리학의 근간이『대학장구집주』와『중용장구집주』에서 비롯되
었기 때문이었을 것이다.[22] 따라서 조선 건국과 함께 지배 이데올로기
로 자리 잡은 주자-성리학은 조선의 유자들마다 자신의 입론立論 근
거로『사서집주』에 기반을 두며 등장했기 때문에,『논어』와『맹자』보
다는『대학』과『중용』에 관한 자신들의 주해가 많았던 것은 당연하다.
『경설유편』의 분량을 실제로 나누어 보면,『대학』과『중용』에 인용된
경설이 압도적으로 많다.『경설유편』에 인용된 4인의 경설 빈도수를
살펴보면,『중용』이 424회이고『대학』이 378회로『용庸·학學』경설은
모두 '802회'에 이른다. 이는『경설유편』에 인용된 경설이 총 1,453회
임을 감안할 때,『경설유편』총 분량 중 절반을 훌쩍 상회하는 57.5퍼
센트에 해당한다.

　넷째, 그다음으로 사서집론의 빈도가 가장 많은 것은『논어』로
'284회'에 이른다. 이는『경설유편』분량 중 약 20.3퍼센트에 해당한
다. 이외 사서집론 가운데『맹자』주석에 관한 분량이 '184회'로 가장
낮다.

　다섯째, 삼경집론 중『역경』에 관한 주석 모음이 '92회'로 가장 많으
며,『시경』과『서경』의 주석 모음은 그다지 많지 않다. 지금까지『경설
유편』의 '형식적' 특징을 정리하면 다음과 같다.

- '집론'의 분량이 많은 순서 → 중용 > 대학 > 논어 > 맹자 > 역
  경 > 서경 > 시경 순

<표 1> 『경설유편』에 채록된 4인의 경설 인용지수[23]

권수	책명	이황	이현일	이상정	류치명	인용 횟수
권 1~2, 3[24]	『경설유편·대학』	101	27	169	81	378
권 4~5	『경설유편·논어』	68	15	164	37	284[25]
권 6	『경설유편·맹자』	60	13	62	49	184
권 7~9, 10[26]	『경설유편·중용』	108	15	218	83	424
권 11	『경설유편·시경』	9	2	1	2	14
권 12	『경설유편·서경』	7	11	0	0	18
권 13	『경설유편·역경』	28	59	61	3	151

총 13권	총 인용지수	381	142	675	255	1,453

- '집론' 중 주석 분량이 압도적으로 많은 순서 → 중용집론 : 424개 > 대학집론 : 378개
- 영남 4인의 주석 중 '인용 빈도'가 가장 많은 순서 → 이상정 > 이황 > 류치명 > 이현일
- 기타 『사서혹문』에 대한 제설諸說은 『대학혹문』과 『중용혹문』만 붙여 놓았음.
- 기타 「서序」는 『경설유편』에 없고, 『청석문집』의 다른 곳에 있음.

위와 같은 특징은 서석화가 영남 유학을 『사서집주』를 중심축에 놓고자 했다는 점 그리고 '소퇴계小退溪'라 불리는 이상정을 영남 유학의 종장宗匠으로 삼았음을 시사한다. 그렇다고는 하나, 퇴계학이 학봉 학맥으로 이어지면서 이상정을 적통으로 계승하고 인정하였는지의

여부에 대해서는 좀 더 고찰할 필요가 있어 보인다. 아무튼, 서석화의 『경설유편·사서집론』의 형식적 특징을 살펴볼 때, 자신의 주관이 농후하게 반영되었다는 것에는 반론의 여지가 없어 보인다.

　다음으로 『경설유편』의 내용적 특징을 분석하면 다음과 같다. 서석화는 4인방의 경설 인용 양상을 묶으면서 네 가지 틀로 구분해 놓았다. 첫째는 경문 자체에 관한 주석, 둘째는 주자집주에 관한 주석 모음, 셋째는 4인방의 독자적 주석들, 끝으로 넷째 소주小注에 관한 4인방의 주석 모음이라는 특징을 가지고 있다. 물론 『주자집주』를 극렬 옹호하는 주석 외에 집주를 비판하는 집론도 있으며, '소주'를 옹호하거나 비판하는 주석도 사서집론에 걸쳐 다양하게 묶어 놓았다. 이 부분에 대해서는 『경설유편』의 「해제」를 작성한 이영호의 글을 참조하기 바란다.[27]

　그러나 이 논고는 『경설유편·논어집론』 편에 천착하므로, 영남 유자 4인의 '논어집론' 내용만을 좀 더 구체적으로 분류하면 〈표 2〉와 같다.

　결과적으로 『경설유편·논어』 편의 인용 빈도수는 대산 이상정의 경설이 163회로서 압도적으로 많았고, 퇴계 이황이 67회, 정재 류치명이 37회, 끝으로 갈암 이현일이 15회 순이었다.[28]

　편별에 따른 경설 빈도수를 정산하면, 「학이」 편이 37회로 가장 많으며, 「안연」 편이 32회, 「옹야」 편 27, 「자한」 편이 21회 등의 순서로 뒤를 이었다. 한편 「양화」 편은 1회, 「자장」 편은 2회, 「향당」·「미자」 편에는 인용된 경설이 각각 3회씩에 불과하며, 「요왈」 편은 인용된 경설이 아예 없었다. 한편, 『논어』의 동일한 경문에 4인의 경설이 모두 인용된 경우도 전혀 없었다.

〈표 2〉『경설유편·논어집론』에 나타난
영남 유자 4인의 『논어』 편별 인용 횟수

	편제	퇴계 이황 (1501~1570)	갈암 이현일 (1627~1704)	대산 이상정 (1711~1781)	정재 류치명 (1777~1861)	계
『경설유편』 권4	논어총론	3	1	4	2	10
	학이 제1	6	·	26	5	37
	위정 제2	4	2	9	3	18
	팔일 제3	1	1	9	3	14
	이인 제4	3	1	11	3	18
	공야장 제5	5	1	10	2	18
	옹야 제6	14	2	9	2	27
『경설유편』 권5	술이 제7	5	·	13	·	18
	태백 제8	4	·	12	1	17
	자한 제9	3	·	16	2	21
	향당 제10	2	·	1	·	3
	선진 제11	2	1	6	·	9
	안연 제12	5	1	22	4	32
	자로 제13	1	·	1	2	5
	헌문 제14	2	2	3	5	12
	위령공 제15	3	1	3	2	9
	계씨 제16	2	1	4	1	8
	양화 제17	·	·	1	·	1
	미자 제18	1	·	2	·	3
	자장 제19	1	·	1	·	2
	요왈 제20	·	·	·	·	·
계		67	15	163	37	282

필자가 조사한 『경설유편·논어』에 인용된 경설의 빈도수는 이영호가 『경설유편』의 삼경·사서를 종합적으로 정산했던 수치와 다소 다르지만, 그 종합적인 판단에서는 필자와 궤를 같이한다.[29] 첫째, 『용·학』 경설이 가장 많고, 『논·맹』 경설이 뒤를 이었으며, 『시경』·『서경』·『역경』의 삼경에 대한 경설 수치가 상대적으로 낮은 것으로 보아, 서석화는 퇴계를 중심으로 하는 영남 성리학의 정수를 파악할 때 사서에 집중한 것으로 보인다. 둘째, 서석화가 4인의 『논어』 경설을 채록한 빈도수를 살펴보면, 이상정이 가장 많았고 퇴계 이황이 뒤를 이었으며 류치명과 이현일 순이었다. 이로 볼 때, '퇴계학'의 발원이 당연히 퇴계 이황임을 감안한다면, 영남 지역에서 퇴계학의 종장은 역시 18세기에 활동했던 대산 이상정으로 파악하고 있다는 점이다.[30]

'학學'(배움)의 정의

『경설유편·논어집론』에서 '배움[學]'에 대해 직접 해설을 붙인 경우는 5개의 경문에 해당하나, 「헌문」 편에 인용된 경설이 2개이므로 총 6회다.[31] 퇴계 이황의 경설이 2회 인용되었고, 갈암 이현일의 경설이 1회, 대산 이상정의 경설이 3회 인용되었다. 해당 경문을 정리하면 〈표 3〉과 같다.

가) 학이시습지學而時習之[32]

○ 경문 : 배우고 때때로 익힌다.

● 집론(이상정) : 물었다. "시습時習에 대한 설에서 주자의 설을 바른 풀이

<표 3> 『경설유편·논어집론』에서 '학學'을 언급한 부분

순	편명	경문(표제어)	경설 인용자
①	학이	學而時習之	이상정
②	위정	學而不思則罔, 思而不學則殆	이황
③	공야장	必有忠信, 不如丘之好學	이상정
④	태백	學如不及, 猶恐失之	이상정
⑤	헌문	古之學者爲己, 今之學者爲人	이황·이현일

[正解]로 삼고, 정자程子와 사씨謝氏의 설은 나머지 뜻[餘意]으로 봅니까?"
대산 선생이 말하였다. "정자와 주자의 설은 실로 다른 게 없고, 사씨의
설도 실행의 측면에서 하나의 법을 세워 그 나머지 뜻을 예시했을 뿐입
니다.[33]

　기본적으로 주자는 '시습'을 "배우기를 멈추지 않는다는 것은 마치
새가 날갯짓을 자주 하며 하늘을 날 수 있는 것과 같다"라 하였다. 이
에 앞서 정자는 "습習이란 거듭 익히는 것이니, 때때로 반복하여 생각
을 풀어내어 가슴속에 젖어들게 함"이라 하였다. 그리고 『집주』 말미
에 기술된 사씨의 주석을 보면, "시습이란 익히지 않을 때가 없음이니,
앉을 때는 시동尸童처럼 앉음은 앉을 때의 익힘이고, 서 있을 때는 재
계再啓하듯 서 있음이 서 있을 때의 익힘이다"라 되어 있다. 그리고 이
러한 집주에 대하여 이상정은 '주자'·'정자'·'사씨'의 설이 대동소이
하다고 경설을 붙였다.

정자와 주자의 관계는 거론하지 않아도 이미 고유명사처럼 굳어진 '정주학' 학명만으로도 더 이상의 언급이 필요 없다. 그런데 필자는 '사씨'라는 인물과 '사씨의 주석'에 대해서는 반드시 짚고 넘어가야 할 부분이 있다고 생각한다.

사씨는 본래 하남성 상채 출신으로 성명은 사량좌謝良佐이며 자는 현도顯道이고 북송 때 사람이다. 아마 그가 하남성 상채上蔡 출신이었기 때문에 훗날 사람들은 그를 사상채謝上蔡 선생이라 불렀던 것으로 보인다. 또한 그는 이정자二程子의 고족제자高足弟子로 당시 '상채학파'까지 결성할 정도로 학문적 권위 또한 갖췄던 인물로 평가받는다.[34]

첫째, 사량좌라는 인물과 그의 사상에 대해 알려진 바에 따르면, 그는 일단 선학적 기풍을 유학에 합치시킨 사람이다. 이른바 "불가의 견성見性이 성리학의 궁리窮理와 같다"[35]고 주장한 것만 보아도, 성인군자에 이르는 방법을 동일선상으로 간주한다. 자신의 본성을 깨달아 성인(부처)이 될 수 있다는 '견성성불'과 사물의 이치를 깊이 반복 연구하여 성인군자가 될 수 있다는 '즉물궁리'가 같다는 논리는 참으로 어색하다. 바로 이러한 논리 비약으로 인해 중국철학 쪽에서는 심학을 개창한 육구연이 사량좌의 사상을 대성하였다고까지 평가하고 있다.[36]

둘째, 사씨의 주에 대한 이상정의 경설이다. 아마도 『경설유편·논어』의 「학이」 첫 경설을 살펴보면, 이상정에게 질의한 사람은 "주자의 설만을 옳다고 생각했고, 정자와 사씨의 설은 그저 참고하여 알아둘 만한 주석에 불과하지 않겠느냐?"는 뉘앙스였다. 그러나 이상정의 관점은 사뭇 다르다. '시습'에 대한 정자·주자의 설이 오히려 같고, 사씨의 말은 '어떤 상황에 처하였느냐(좌시습坐時習, 입시습立時習)에 따라 어떤 행동을 보여야 하는지'에 대한 예시 정도로 간주했다.

그렇다면 사씨의 '시습'은 정주와 차이가 있다고 봐야 한다. 다시 한 번 정주의 주석을 상기시키면 '시습'이란 "새가 푸른 하늘을 나르려는 목적성을 갖고, 반복하여 날갯짓을 익히는 행위와 같다"라고 하였다. 심지어 '시습'이란 반복적으로 익히다 보면 마음속에 어떠한 단서가 풀어지는 것 같아서, 마음속에 젖어들어 기쁨으로 승화된다고 하였다. 결국 정주의 '시습'은 '선각자들로부터 깨달은 바를 본받기[學] 위한 무한 반복일 뿐이다. 그러나 사씨가 말한 '앉을 때의 익힘과 서 있을 때의 익힘'은 정주가 말한 '수시로'·'때때로'의 반복적 의미[鳥數飛也]가 아니다. 사씨의 말에 따르면 '시습'은 오히려 '처한 상황[時]에 맞추어 익혀야 함[習]'을 의미한다. 어찌 보면 이러한 해석은 황간皇侃의 주석에 가깝다. 황간은 '시습'을 주석하면서 신중시身中時·연중시年中時·일중시日中時라 하여 구분해 놓았다.[37] 즉 배우는 자는 자신의 몸 상태에 따라 익힘이 다르고[身中時], 그 해 계절이 변함에 따라 익힘이 다르며[年中時], 하루 중에도 아침·낮·저녁 등 시간에 따라 익힘이 다르다[日中時]는 것이다.

따라서 이상정은 '시습'에 관한 정자·주자·사씨의 3인 학설을 모두 '행위'라는 관점에서만 해석했음을 알 수 있다. 다만, 경설 끝부분에 '하나의 법'을 세워 예시했을 뿐이라고 언급한 것이 바로 '습'에 대한 풀이다. 오히려 '시時'에 관한 구체적 주석은 소략한 점이 없지 않다. 그러나 유자로서의 학문이 당시에 처한 상황을 반영하고, 시대사조의 현실적 흐름을 직시하고 비판할 줄 알아야 한다면, '지금, 현재(여기)'

에 필요한 시의성時宜性 있는 세계관을 어떻게 직시해야 할지에 대한 비중도 고려해 봐야 하지 않을까? 이러한 점에서 볼 때, 이상정의 경설은 다소 모호하고 아쉽다.

나) 학이불사즉망學而不思則罔, 사이불학즉태思而不學則殆[38]

○ 경문 : 배우되 생각하지 않으면 얻는 게 없고, 생각하되 배우지 않으면 위태롭다.
● 집론(이황) : 퇴계 선생이 말하였다. "배운다는 것은 그 일을 익혀서 참으로 실천하는 것을 이르는 것입니다. 대개 <u>성인의 학문은 마음에 구하지 않으면</u> 어두워져 얻는 것이 없기 때문에 <u>반드시 생각하여 그 미묘한 이치에</u> 통해야 하고, 그 일을 익히지 않으면 위태하여 불안해지기 때문에 반드시 배워서 실천해야 합니다. 그래서 생각과 배움이 서로 밝히고 서로 돕도록 해야 합니다.[39]

위 이황의 경설은 배움[學]과 생각함[思]이 뫼비우스 띠처럼 늘 서로의 근거가 되고 보완될 때 바람직하다는 내용이다.[40] 즉 학사병진學思竝進의 부연이나 다름없다. 이는 집주의 견해와 동일하다. 그러나 이황의 경설이 보여 주는 특징은 배움[學]과 생각[思]이 병진해야 한다는 사실에 동의하면서도, 학學과 사思를 모두 '실천[行]' 범주로 인식한다는 점이다. 어찌 보면, '배움' 자체를 '실천'으로 간주하는 것은 마땅해 보이나, '생각함'마저도 '실천'으로 인지하는 것은 선뜻 수용하기 어려울지 모른다. 그러나 이황이 말하는 '생각'은 단순히 '사고하는 능력'이 아니다. '생각'이란 반드시 아웃풋, 즉 내 마음속에서 얻는 바가 있어야만 한다.

이황의 경설에 이미 서술된 바처럼, "(생각하던 것이) 이치[理]에 통해야 한다"라는 것은 기존에 배웠던 것이 내 마음속 이치와 합치될 때 비로소 성인의 학문 경지라는 것이다. 이황이 말하는 "생각함은 이치에 통해야 한다"라는 의미는 자신의 생각이 현실적·도덕적 이치에 부합할지의 여부를 뜻한다. 즉 배웠으되 그 배운 바가 내 마음속에서도 인정할 정도로 보편타당하며 현실성 있는 이치로서 전혀 손색이 없는지를 반드시 확인할 때, 그것을 곧 진정한 배움[學]이라고 보았다.

또한, 경설의 끝부분에 기술된 "생각과 배움이 서로 밝히고, 서로 돕도록 해야 한다"라는 것은 무슨 말일까? 배움은 사고로써 경계를 구분할 줄 알아야 한다는 것이다. 생각한다는 것은 배웠던 바를 반추하고 서로를 질서정연하게 심화시키는 과정이다. 그래서 배우기만 하고 사고력이 없으면 흐리멍텅해지며[罔] 맹목적인 혼란에 빠지기 쉬워진다. 배운 것을 사고력으로 정리하지 않는다면, 반복적인 소음이나 암기해야만 하는 지식에 불과할 것이다. 아마도 이황은 책상 앞에만 앉아서 배우는 탁상공론의 '이론' 공부를 경계하고 싶었던 것은 아니었을까? 학문[學]은 반드시 '실천[行]'으로 연계될 때만이 성인의 마음을 얻었다고 표현한 것은 이를 염두에 둔 것일지도 모른다.

다) 필유충신必有忠信, 불여구지호학不如丘之好學[41]

『경설유편·논어집론』에 따르면, '배움[學]'을 말할 때 한결같이 따라붙는 공통점은 '실천[行]'이다. 배움은 실천력을 수반할 때 비로소 그 가치를 인정한다. 이미 전술한 바와 같이, 이황 역시 '배움[學]'을 실천궁행과 연계시켜 경설을 첨언했다. 이상정의 논어경설 역시 이 범주로부터 크게 벗어나지 않는다.

다만, 아래의 경설을 보면 의미심장한 부분이 거론된다. 이미 배움[學]과 생각[思], 배움[學]과 실천[行]은 자주 등장했지만, 앎[知]과 실천[行]은 사뭇 그 결이 다르기 때문이다.

○ 경문 : 반드시 충성스럽고 믿음직한 사람은 있으나, 나처럼 배우기를 좋아하는 이는 없다.

● 집론(이상정) : 물었다. "성인이 '배우기를 좋아한다[好學]'라고 말한 것은 진실로 '지知'와 '행行'을 겸한 것입니다만, 또한 나오는 곳에 따라 융통성 있게 보아야 합니다. 이 장에서 말하는 '호학好學'이라는 글자는 아마도 '지知'를 위주로 말한 것 같습니다." 대산 선생이 (문인 이백유에게) 말하였다. "굳이 이렇게 볼 필요는 없으니, 모두 지知와 행行을 겸하여 말한 것입니다."

'학·사'와 '학·행'은 『논어』 경문에 출현하는 고전적 명제이자 표제어다. 그러나 '지·행'은 주자학과 양명학을 경계 지을 수 있는 분기점일 수 있기 때문에 다소 조심스럽다. 그러나 필자는 이상정의 위 경설에서 주자학과 양명학을 구분하려는 의도를 전혀 찾아볼 수 없다. 오히려 이상정은 문인 이백유에게 성인의 '호학'이 갖는 광활함을 깨우쳐 주는 듯한 뉘앙스를 풍긴다. 왜냐하면, 위 경문의 관건은 충직하고[忠] 신뢰[信]를 갖춘 자들은 호학의 경지에 절대 같지 않음을 전제하고 있기 때문이다. 진솔하고 신험 있는 자가 된다는 것은 참으로 어렵고 훌륭한 경지이지만, 그러한 노력만으로는 '인간 됨'이 완성되지 않다는 것을 강조한다. '진정한 배움'이란 충직과 신뢰의 울타리로부터 뛰어나와 새로운 이치[事理]를 습득할 때만이 비로소 인정될 수 있다.

『논어』(「공야장 27」) 경문에서도 "열 가호쯤 되는 조그마한 마을에도 반드시 나처럼 충직하고 신의 있는 사람은 있겠지만, 나만큼 배우기를 좋아하는 사람은 없을 것이다"라 했으니, 전자는 그저 그런 모범적인 지식인에 불과함을 의미하는 것이고, 후자는 지극한 도를 알고자 각고면려刻苦勉勵하는 모험적 호학정신을 뜻하는 것이리라.

『논어집주』에서도 공자는 '생이지지' 하신 분인데도, 아름다운 지식을 얻기 쉬움보다, 지극한 도를 얻기 어려움을 말해 줌으로써, 향원鄕愿에 머무르지 않기를 권고하는 의미라고 서술되어 있다.[42]

라) 학여불급學如不及, 유공실지猶恐失之[43]

『경설유편·논어집론』에서 '배움'에 대한 개념은 집요할 정도로 문답이 많다. 여기서는 학문의 경지가 '범위'인지, 아니면 '시기'가 관건인지를 구분하는 데에 있다. 이상정은 문인 류범휴의 질문에 배움이란 배우는 주체자의 마음에 달려 있을 뿐, 굳이 학문에 도달해야 하는 범위와 시기에 대해서는 구분할 필요가 없다고 단언한다.

○ 경문 : 배움은 따라가지 못할 듯이 하면서도 때를 잃을까 두려워해야 한다.

● 집론(이상정) : 물었다. "'배움은 도저히 따라가지 못할 듯이 한다'는 것

은 '일'에 대해서 말한 부분이 많은 것 같고, '배움의 때를 놓칠까 봐 두렵다'는 것은 '마음'에 대해서 말한 부분이 많은 것 같습니다." 대산 선생이 말하였다. "미루어 말한 바가 조금은 의미가 있습니다. 그러나 '따라가지 못할 듯이 한다'는 것은 결국 '마음'이고, '잃을까 두려워한다'라는 것은 어떤 것을 잃는 것으로 결국 '일'이니, 한가로이 힘을 써서 나누어 설명하는 것은 필요하지 않은 듯합니다."

사실 위 경문은 공자의 고백과 같다. "배움은 도저히 따라가지 못할 듯이 한다(學如不及)"에서 '급及'은 도망가는 도둑놈을 죽을 듯이 쫓아갔지만 잡지 못함을 뜻하는 글자다. 이처럼 '배움'·'학문'이란 배우는 자의 애타는 마음을 마치 송연悚然함으로 치환한다. 즉 배움·학문은 학습하는 주체자의 마음이 관건이지, 그 배움·학문의 범위가 중요하지 않다는 것이다. 류범휴는 오히려 배움·학문의 범위가 너무 광활하다는 쪽에 무게를 두고 해석하였지만, 이상정의 답은 명쾌할 정도로 뚜렷하다. 배움은 범위가 너무 많아 따라가지 못하는 것이 아니라, 그 경지가 심오하고 원대하여 학습하는 주체자의 절실함과 절박함이 없이는 도저히 따라가지 못함을 비유한다는 의미다.

또한 류범휴는 경문의 '유공실지猶恐失之'를 "배움의 때를 놓칠까 봐 두렵다"로 풀이함이 어떠냐고 문의했지만, 이상정은 "배움을 따라잡지 못하는 애타는 마음이 있으면서도, 마치 따라잡은 학문의 경지를 놓친 두려움처럼 여기는 것이야말로 배우는 자로서의 자격이 온전치 못함"을 비판하고 있다.

마) 고지학자위기古之學者爲己, 금지학자위인今之學者爲人[44]

『경설유편·논어집론』에서 '학문'에 대한 언급은 이 부분이 마지막이다. 사실, 유학에서 '자신을 위하는 학문'이라는 뜻의 '위기지학'과 '남을 위하는 학문'이라는 의미의 '위인지학'은 보편적 개념이면서 반드시 명심해야 할 문구다. 얼핏 보기에 '위인爲人'이 '남을 위한다'라는 뜻으로 착각하여 이타적 의미로 생각하는 자도 있으나, 여기에서 '위인'은 '(자신이) 남에게 보이기 위한 학문을 한다'라는 작위적 개념이 삽입되어 있기 때문이다.[45]

이 「헌문」 편의 경문은 공자 시대에서나 주자 시대에서나, 조선의 영남 퇴계학을 계승한 유자들에게 있어서나 모두 보편적으로 통용되는 개념이다. 그런데 이황과 이현일은 『논어집주』와 비견될 만한 유의미한 경설을 붙였다.

○ 경문 : 옛날 배우는 자들은 자신을 위한 학문을 하였는데 지금 배우는 자들은 남을 위한 학문을 한다.

● 집론(이황) : 자신을 위한 학문이란 '도리'는 우리가 당연히 알아야 할 바로 여기고, '덕행'은 우리들이 당연히 행해야 할 바로 여기며, 절실하고 가까운 곳에서 공부를 시작하고 마음에 얻기를 기약하여 몸소 행하는 것이다. 남을 위한 학문은 마음으로 얻는 것과 몸소 행하는 것에 힘쓰지 않고, 허황한 치장으로 밖을 드러내고 강조하여[主唱] 이름을 구하고 영예를 취하는 것이 이것이다.

● 집론(이현일) : 이른바 '학문'이라고 하는 것은 진위의 구분이 있습니다. 만약 성인의 말씀을 음미하여 진리를 찾고 일의 변화를 살펴서 득실을

알고, 엄숙하고 공손하며 공경하고 두려워함으로써 그 근본을 세우고, 삼가 반성하고 정밀하게 살핌으로써 그 쓰임에 통달하게 하면 '참된 학문'이 됩니다. 대충 건너뛰며 암기나 하는 것을 일삼고 과정을 서둘러 급히 내닫는 것을 부지런함으로 여기는 것은 단지 입에서 나오고 귀로 들어가는 자료가 될 뿐이며, 자신을 닦고 남을 다스리는 실상에 보탬이 없게 되니 '거짓된 학문'입니다.

이황은 '위기지학'을 '도리를 알고 덕행을 행하는 공부'라고 정의한다. 반면에 '위인지학'은 입신양명立身揚名이나 바라고 허장성세虛張聲勢를 일삼는 행위에 불과하다고 폄훼貶毀한다. 이현일 역시 학문에는 '참[眞]과 거짓[僞]'이 있게 마련인데, '참된 학문'이란 '위기지학'으로 "성인의 말씀에서 진리를 찾고, 그 진리를 암송하는 것에 그쳐서는 아니 되며, 엄숙·경건·공손함을 실천해야 비로소 참된 학문"이라 정의한다.[46]

따라서 이황과 이현일이 '위기지학'을 언급할 때 공통된 특징은 '내성'과 '성찰' 그리고 '실천궁행'에 있음을 알 수 있다. 이를 역설적으로 추론해 본다면, 공자는 자신이 활동하던 당시의 학문이 진정 나 자신을 위하는 공부가 아니라, 남에게 보여 주기 위한 태도였음을 자성하고 있기 때문에, 이황과 이현일 역시 '학문'에 관한 개념·정의보다는 학문하는 자세와 태도에서 그 진정성을 찾고자 했던 것이다.

이미 「옹야」편에서도 출현한 바 있는 '문질빈빈文質彬彬'에 입각하여 본다면, '질質'보다 '문文'이 상징하는 호사豪奢와 허례虛禮를 비판하는 것과 상통한다.

공자가 말하기를 "내적 본질이라 할 바탕이 이를 외적으로 표현하는 방식인 문을 압도하면 (본질의 모습이 제대로 드러나지 않았기 때문에) 투박한 모습이 되고, 반대로 (외적으로 드러내려는) 꾸밈[文]이 내적인 바탕[質]의 모습을 압도하면 겉만 번드레해진다. 따라서 외적으로 수식하는 것과 내적 본모습이 서로 잘 어우러져야 하니, 이런 후에야 그런 사람의 글 또는 그런 사람의 모습을 일컬어 군자라고 하였다.[47]

「헌문」편과 「옹야」편의 내용은 군자의 학문이 진정 갖추어야 할 모습이 무엇인지를 보여 준다. '위기지학'은 '질質'에 가깝고 '위인지학'은 '문文'에 해당하니, 학문에 임하는 사람은 당연히 '문'·'질'의 조화가 이뤄졌을 때 빈빈彬彬할 수 있다는 의미다. 즉 인간이 가지고 있는 덕[質]의 본질이라 할 '도리'와 그 덕성을 외적으로 표현할 수 있는 '예'는 뫼비우스 띠처럼 함께 어울려 있을 때 그 온전한 가치를 발할 수 있다.

이황은 이런 의미에서 볼 때 '자성'과 '성찰'을 강조한 '위기지학'과 겉치레에만 신경 쓰는 '위인지학'을 구분하여 주석을 붙였다. 한편, 이현일은 '위기지학'을 '참된 학문'이라 정의하며, 이 참된 학문은 반드시 성인의 말씀으로부터 내적 성찰이 수반되어야 함을 강조한다. 그러면서도 그는 '위인지학'이 가식적이고 위선적인 학문 태도라 치부하며, 암기나 일삼고 조급하게 입신의 수단으로만 삼으려는 자세를 일갈한다.

결국, 이황과 이현일의 경설은 당대 조선의 학풍에 대해서도 일침을 가하는 것으로 봐야 한다. 그도 그럴만한 이유는 이황·이현일이 활동하던 시대와도 무관하지 않기 때문이다. 대내적으로 볼 때, 이황은 살아생전에 이른바 조선의 4대 사화士禍를 모두 목도目睹하였다. 또한, 이현일은 왜란과 호란이라는 대외적 국난을 수년 동안 경험한 인물이다.[48] 이들의 눈에 비친 관료·학자·처사·향원의 모습은 진정 위정자나 지식인이라 볼 수 없었으며, 개인적인 영예나 당파적 이권을 좇는 소인배에 가까웠기 때문이다.

위의 이황 경설은 『퇴계선생언행록退溪先生言行錄』에서, 이현일의 경설은 「사면지평겸진오조소辭免持平兼陳五條疏」에서 발췌해 놓았는데, 세태를 비판하는 언조가 다분하다. 이는 역시 유자로서 '시의성'에 착안한 경설이라 할 수 있다. 즉 '배움'·'학문'이란, 공자 시대나 조선시대의 학자에게만 국한되는 개념이어서는 안 된다는 의미다.

'이단異端'에 대한 이견異見

『경설유편·논어집론』에 '이단'과 관련된 경설은 총 '2회'다. 첫 번째는 「위정」편의 "공자가 말하길, 오로지 이단을 공부하면 해로울 뿐이다"라는 '경문'에 대한 이상정의 경설이다. 또 하나는 바로 이 경문의 『논어집주』에 대한 퇴계의 부연敷衍이다. 즉 '이단'에 대한 경설은 이상정이 『논어』 경문에 기술된 '이단'에 대하여 경설을 붙였고, 이황은 해당 경문을 풀이하는 『논어집주』에서 '이단'에 관한 추가 설명을 덧붙인 곳에서 발견된다. 그런데 흥미로운 점은 이 두 가지의 이단 비판이 서로 결을 달리한다는 것이다. 먼저 이상정의 이단에 대한 경설부터 살펴본다.

○ 경문 : 공자가 말하길, 오로지 이단을 공부하면 해로울 뿐이다.[49]

● 집론(이상정) : 성인의 말씀은 박절하지 않지만, 그 속에 담긴 뜻은 지극하다. 그 뜻은 '전적으로 다스려서 정밀하게 하고자 하면 반드시 해롭다'라는 것이다. 그 경계함 또한 깊으니, 어찌 너그럽게 용서하는 것이라 의심하겠는가? 양주楊朱·묵적墨翟이 공자 시대에 이미 있었지만 그들의 설이 널리 퍼지지 않았고, 맹자 시대에 와서 그들의 학설을 익힌 자들이 많아 해로움이 더욱 심하였기 때문에 그들을 물리침이 매우 엄격하였다. 그러나 맹자가 '무부무군無父無君'이라 한 것은 양주·묵적의 근본적인 부분에 이런 병통이 있었기 때문이다. 양주는 자신의 몸만 아낄 줄 알고 머리털 하나 뽑아서도 천하를 이롭게 하려고 하지 않았으니 이는 '무군無君'이고, 묵적은 길 가는 사람을 부모처럼 사랑하려고 하였으니, 근본을 둘로 하여 차등이 없었으니 이는 '무부無父'다. 그러므로 맹자가 근본을 유추하여 극단적으로 말하였다. 후대에 그들의 설을 조목조목 서술하여 추가로 부연한 이후, 그 폐단이 이런 지경에 이르렀을 뿐만이 아니었다.

이상정은 공자가 이단을 언급하는 것이 주기적으로 반복·재생되지는 않았지만, 상당히 의미심장하다고 한다. 그리고 더 중요한 점은 양주·묵적이 공자와 같은 시대(춘추시대)에 존재했으나 과연 이들의 학설이 이단이라 칭할 만큼 상당했느냐에 대해서는 회의적으로 보고 있다. 다만 맹자가 활동하던 전국시대 때 양주의 '위아'와 묵적의 '겸애'가 극성하여 폐단이 속출했기 때문에, 전국시대에 와서야 양·묵을 이단이라 치부하였다는 것이다. 이상정의 이러한 주석은 매우 정확하다.

사실 이상정과 동시대를 살았던 정약용도 『논어』의 '공호이단' 경문에서 '이단'에 대한 『논어집주』는 오류가 있음을 지적하고 있다.

형병이 말하길 '이단'이란 제자백가의 글을 일컫고 있지만, 사실 이는 잘 못이다. 공자의 시대에는 노·장과 양·묵이 문호를 수립하지 못하였으니, (진서산이 이르길 "노담·양주·묵적은 모두 공자와 시대가 같으나, 다만 수사洙泗의 교학敎學이 바야흐로 밝혀지고 있었으므로 그들의 설은 (세상에) 알려질 수가 없었 다"라고 하였다.) 후세에 삼교가 정립하여 출노입주出奴入主하던 것과는 다 르다. 따라서 공자가 지적한 것은 지금의 양·묵·노·불을 말하는 것이 아 니다. (…) 육상산이 이르길 "공자 당시에는 불교가 중국에 아직 들어오지 도 않았고, 비록 노자가 있었으나 그의 말이 알려지지도 않았으니, 이단 이 어찌 노·불을 가리키는 말이겠는가?[50]

위와 같이 정약용이 양·묵을 이단으로 풀이하는 것에 부정하는 근 거는 공자 시대에 양주와 묵적 등 제자백가의 학문이 대단할 정도로 위세를 떨치지 못했고, 도가와 불가 같은 종교적 교리 역시 존재하지 않았기 때문이라고 한다. 심증적으로도 겸양과 겸사의 표본인 공자가 감히 자신을 '정통'으로 여기고, 자신 이외의 학설을 사이비와 같은 이 단으로 치부할 수도 없었을 것이다. 그래서 정약용은 혹자가 자신에게 이단이 무엇이냐고 묻는다면 "하나의 실마리 정도로 이해시킬 것이 며, 따라서 위 『논어』 경문의 이단이란 일종의 다른 단서를 뜻하는 것" 이라고 정의했다.[51]

흥미로운 점은 이상정 역시 공자가 말한 '이단'은 공자(춘추) 시대의 양·묵의 학설이 아니라, 맹자 시대의 제자백가 학설이라고 지적한 것 이다. 다만, 이때의 이단은 어디까지나 '수신·제가·치국·평천하'라는 대의적 관점에서 볼 때 '치국평천하'의 개념을 도외시한 양주는 '무군

無君'과 같고, '수신제가'를 모르는 묵적은 '무부無父'나 다름없기 때문에 이단으로 간주하였다는 완곡한 경설은 가능하다.

따라서 이상정은『논어집주』에서 공자가 말한 춘추시대의 '이단'을 200여 년이 지난 전국시대 때 제자백가로 치환하는 것은 온당치 못함을 완곡하게 설명한다. 그래서 이상정은 양·묵을 맹자 시대 때 해로움이 많았던 이단이라 부연했던 것이다.

한편,『경설유편·논어집론』에서 이단에 대한 이황의 설은 이상정과 결이 다르다. 이황은 조선시대의 건국이념에 비추어 볼 때 '배불론排佛論'의 견지에서 '불가'는 이단이며, 그 불가의 학설은 공자 시대의 '위아'나 '겸애'보다 그 폐해가 훨씬 더 극심하다고 비판한다.

○ 논어집주 : 불씨의 말은 양주楊朱·묵적墨翟에 비하면 더욱 근리하니, 이 때문에 그 해됨이 더욱 심하다. 배우는 이들은 마땅히 음탕한 음악과 아름다운 여색처럼 여겨 멀리해야 한다. 그렇지 않으면 차츰차츰 그 속으로 빠져들고 말 것이다.[52]

● 집론(이황) : "내가 불경佛經을 보고서 삿됨이 숨어 있는 곳을 알아보고자 하였는데, 마치 물을 건너는 것과 같아서 처음에는 물의 얕고 깊음을 시험하고자 하다가 끝내는 물에 빠져 버리는 염려가 있을까 두려웠다. 학자는 다만 성현의 글을 읽어서 끝까지 알아내고 그것을 믿어야 마땅하지, 이단의 문자 같은 것은 전혀 알지 못해도 무방하다."[53]

이황에 따르면 불가의 학설은 마치 세상의 이치를 그럴싸하게 포장해 놓은[近理] 것과 같아서 사람들이 혹세무민할 정도로 그 해로움이

가면 갈수록 더 심할 것이라 단정한다. 조선 성리학자들은 대부분 그러하듯, 주자학을 정통으로 여기고 도·불을 이단으로 배척하는 프레임이다. 이황이 '양주'와 '묵적'뿐만 아니라 '불가'까지 포함하여 이단이라 정의하는 것은 집주와 거의 궤를 같이하고 있다.

이상으로 살펴본『경설유편·논어집론』에서의 '이단'은 이황의 학설이 곧 주자학의 정통을 잇는 명제와 같았고, 따라서 영남 유자들에게 400여 년 동안 예외일 수 없었을 것이다. 그러나 16세기 이후, 18세기 이상정에 이르러 좀 더 치밀한 천착이 있었다는 점에 주목해야 한다. 성리학의 태생 자체가 도·불을 적대시하는 기반 위에 있었기 때문에, 주자는 공자가 말한 '이단'을 세간에 알려지지도 않았던 양·묵뿐만 아니라, 춘추시대 당시 들어오지도 않았던 불가마저 포함하여 주석을 붙였다. 이황 역시 마찬가지다. 이는 문헌에 대한 고증이나 천착이 이뤄지지 않은 상태에서, 선대의 명망 있는 학자의 설을 거리낌 없이 그대로 받아들이는 학풍에 대해 곱씹어 봐야 한다.

다만, 이상정이『논어집주』와 퇴계의 주석을 완곡하게 부연했다는 점에는 상당히 고민한 흔적이 엿보인다. 그의 자성과 내적 비판으로부터 나온 경설은 향후 모든 학문 영역에 종사하는 연구자들에게 필요해 보인다.[54] 또한, 현재의 관점에서 볼 때 간과해서는 안 될 부분이 있다.『논어』「위정」편에서 말하는 이단은 현재 우리네 시대에서 회자膾炙되는 '사이비'나 '이단'과는 다르다는 점이다.

본래 문헌에서 찾아볼 때,『춘추』주석에서는 '이단'을 '타기他技'라 풀이해 놓고 있다.[55] '타기'란 '다른 특별한 재능이나 기술'을 뜻하는 말이다. 따라서 '정통'과 '사이비'로 나누는 이분법적 개념이 아님을 알 수 있다. 따라서 이 경문에서의 이단을 종파적 개념으로 접근하는 것에는 무리가 따른다.

공자가 말한 '이단'은 그의 삶의 노정에서 볼 때, '출발점을 달리하는 지점' 정도로 가볍게 해석할 수도 있다. 본래 『논어』 경문의 '공호이단攻乎異端' 자체가 다양한 해석을 생산하고 있기 때문이다.[56] 앞서 언급하였지만, 『논어』 속의 공자는 늘 겸사로 일관한다. 따라서 자신의 학설만을 정통으로 여기고, 자신과 다른 이설을 배척하는 태도는 아니었으리라는 합리적 추론이 가능하기 때문이다.

자왈子曰 "공호이단사해야이攻乎異端斯害也已"가 "이단을 공부하면 해로울 뿐이다"인지, "이단을 공격하면 해가 그칠 것이다"인지, "이단을 공격하면 해로울 뿐이다"인지는 알 수 없다.[57]

공자는 「술이」 편에 서술되어 있듯이 요순으로부터 내려오던 옛것을 믿고 따랐을 뿐이다. 설령, 요순의 가르침이 아닌 것을 공부하면 해롭다는 의미일지도 아니면 요순의 가르침이 아니라고 하여 적대시하는 태도도 옳지 않다는 너그러움의 표현일지도 모른다. 다만 요즘처럼 각박하고 흑백논리가 분명할 때는 '나'와 '타자'가 서로 '다름'을 인정할 줄 아는 관용도 필요해 보인다.[58]

이런 의미로 볼 때, '이단을 공부하면 해롭다'로 풀이하는 것이 나은지, '이단을 공격하면 해롭다'로 해석하는 것이 옳은지는 여전히 의문으로 남는다. 나와 생각이나 신념이 다르다고 하여 공격하고 배척하는 것은 옹졸한 행위다. 나와 다른 학설은 우열의 차이가 아니라, 서로를 존중하고 인정해야 할 또 다른 '여집합'에 불과하기 때문이다.

성리설 비교를 통한 퇴계학과의 접점과 간극

'사단·칠정'과 退退·율栗 이론異論의 출발

사단은 『맹자』에 처음 보이는 용어다. 맹자는 '인간이 선천적으로 선하다'라는 명제를 내세울 때, 인간의 착한 본성[德性]에서 싹트는 4개의 단서[四端]가 있다고 했다. 그리고 이 네 개의 단서는 선천적인 도덕적 능력을 가지고 있다고 전제한다.

> 측은지심은 인의 단서요, 수오지심은 의의 단서요, 사양지심은 예의 단
> 서요, 시비지심은 지의 단서다.[59]

맹자는 이 사단지심을 확충함으로써 사덕四德[인의예지]을 실현할 수 있다고 여긴다. 따라서 성리학자들은 이 사단지심이 곧 '도덕 주체'임과 동시에 '도덕규범'으로서의 근거를 확보하는 데에 있어 중요한 근거로 삼았다.

칠정은 『예기』에서 유래한 용어로, 인간의 감정에는 일곱 가지—희喜·노怒·애哀·구懼·애愛·오惡·욕欲—가 있는데, 인간이 외부 사물·사건을 마주할 때마다 이 일곱 가지 감정이 표출되는 심리 현상을 말한다. 훗날 성리학자들은 인간이 올바른 삶을 지향하려면 이 일곱 가지의 감정[七情]을 여하히 잘 다스리느냐가 관건이라 생각했다.

> 인간의 감정이란 무엇인가? 희喜·노怒·애哀·구懼·애愛·오惡·욕欲이니,
> 이 칠정은 배우지 않고도 할 수 있다. (…) 고로 성인은 인간의 칠정을 다

스리며 열 가지의 올바른 길을 실천하고, 인간들이 서로 신뢰하고 화목하며, 사양하는 마음을 숭상케 하고, 다투고 빼앗은 일이 없도록 함에 있어서, 예를 버리고서 그 무엇으로 다스릴 수 있겠는가?[60]

이처럼 사단과 칠정은 전통 유가의 문헌에서 유래하였고, 애당초 각 경전에서는 개별적인 표제어에 불과했다. 그러나 한·당 대 '경학'에서 벗어나 송대 '성리학'이라는 철학 범주가 등장하면서, 인간의 본성과 수양·공부에 천착하는 학풍이 강세를 보이기 시작했다. 즉 "인간은 효제충신의 덕목을 잘 지키며 착하게 살아야 한다"라는 당위성에서 벗어나, "인간은 어떤 존재이기에 왜 착하게 살아야 하며, 또 착하게 살아갈 수 있는 수양 방법으로는 무엇이 있을까?"를 고민하게 되었다. 이 과정에서 『맹자』에 출현하는 '사단'과 『예기』에 비치는 '칠정'은 성리학에서 주요 화두로 떠오르게 되었다. 다만, 중국보다 조선의 유자들에게는 첨예한 논쟁으로 발전하였다.[61]

그런데 『예기』에서 '칠정'이 처음 출현하지만, 『중용』에도 인간의 감정[情]에 대한 언급이 있다.

희喜·노怒·애哀·락樂의 정情이 아직 드러나지 않은 것을 '중中'이라 하고, 이미 드러났으되 각기 (상황에 따라) 절도에 맞는 것을 '화和'라 한다.[62]

『예기』에서는 '7개의 감정'을 언급하고, 『중용』에서는 '4개의 감정'이라 표현하고 있다. 물론 이때 감정의 종류를 숫자[개수]로 표현한 것에는 별반 의미가 없다. 다만, 『예기』에서 말하는 '칠정'은 그 감정이

'선' 또는 '악'으로 흐를 개연성을 내포하고 있기 때문에, 이에 대한 적절한 차단장치, 즉 수양·공부가 필요하다는 학설이 제기될 수 있었다.

반면에 『중용』에서 말하는 네 개의 감정[희노애락]은 선악·시비가 아직 드러나기 이전의 마음이고, 이러한 감정은 인간의 심리상태를 대표하는 것이기 때문에, '희노애락'이라는 네 개의 감정이 굳이 악하거나 잘못된 것이라는 선입견으로부터 배제시켜야 했다.

정리하면, '칠정'은 두 가지로 정의할 수 있다. 첫째는 '선악으로 흐를 개연성'이 있다는 점이고, 둘째는 '선악을 판단할 수 없는 선악 미정未定'의 상태라고도 볼 수 있다는 것이다. 전자는 『예기』에 전거한 것이고, 후자는 『중용』에 바탕을 둔 개념이다.

이에 주희는 선천적으로 순수純粹·지선至善한 '본성[本然之性]'이 외부 사물과 접하여 감응하면서 '감정[情]'을 발산하는데, 인간의 본성에는 본연지성 외에 기질지성도 발산하기 때문에 '감정[情]'의 상태가 온전한 것인지 아니면 불온한 것인지를 파악하기가 어렵다고 보았다. 다만, 본래의 덕성[四德 : 仁義禮智]에서 그대로 직접 발산된 정情은 '사단'이고, 이 사단은 인간에게 있어 도덕규범이 될 수 있는 존재라고 인정하였다. 그러나 '칠정'은 본연지성과 기질지성이 혼재하여 발산된 것이기 때문에 사단과는 궤를 달리한다고 주장한다.

따라서 '칠정'이 불온한 것인지, 아니면 '칠정' 자체를 '온전하다거나 혹은 불온하다' 등의 가치판단이 불가한 것인지가 논란의 초점이 되었다. 이 사단과 칠정 간의 관계에 대한 대표적 논쟁이 바로 이황과 기대승, 이이와 성혼 그리고 훗날 영남 남인과 근기 유자들 간의 사단칠정 논쟁으로 발전한 것이다.[63]

이황을 비롯한 영남(남인) 유자들은 이황이 말한 '사단은 이理의 발發이고, 칠정은 기氣의 발發이다'를 일관된 정론으로 여겼다. 그러나 근기 유자들은 '사단은 칠정 가운데 선으로 쏠린 부분만[一邊倒] 해당하기에, 사단을 이발理發로, 칠정을 기발氣發로 대립시키는 것은 오류다'라는 '기대승'과 '이이'의 관점에 무게를 두었다. 더욱이 근기 유자들은 애당초 이와 기는 '불상잡不相雜'이면서도 '불상리不相離'이기 때문에, '이발'과 '기발'이라는 '대립 구도' 자체가 모순이라 여겼다. 이에 '이황'과 영남 유자들은 이기의 불상리를 인정하면서도, 본연지성과 기질지성이 혼재된 마음이 외부 사물에 감응할 때는 '무엇을 위주'로 하여 드러나느냐에 관건이 있다며, 사단과 칠정을 각각 분리하여 배정시키는 분속分屬의 논리를 더 강화하였다.

다시 논의의 출발점으로 돌아가 보면, 필자는 '이황'과 영남 유자의 학설이 『예기』의 '칠정' 개념에 충실했다면, '이이'와 근기 유자들은 『중용』에서 말하는 "선악이 아직 미정의 상태인 정情[희노애락]'의 정의에 천착한 주장이라고 판단된다. 차후, 좀 더 논의해 보아야겠지만, 기본적으로 '이황'은 칠정은 선악이 혼재되어 있는 '기'가 발동[發]한 것이기 때문에 단속해야 한다고 보았고, '이이'는 칠정 자체가 이와 기를 겸하고 있기 때문에 인간의 감정 중 선한 부분, 즉 『중용』에 따르면 '인간의 감정이 발동하여 절도에 맞은 감정[發而節和]'만을 강조했다고 생각한다.

이 논고에서는 '이황' 이후, 거의 100년 주기로 대표되었던 영남 유학의 3인방—이현일(17세기)·이상정(18세기)·류치명(19세기)—은 '이황'의 사단칠정 이론을 정론으로 수용하면서, 근기 율곡 계열의 이기론과 사단칠정 학설을 비판했는데, 이들 3인방은 '이황'의 학설을 수용하되 그 받아들이는 양상이 각양각색이었고, 또 이이의 학설을 비판하는 논리 역시 삼인삼색이라 할 만큼 다름이 있었음을 밝혀 보고자 한다.

이현일 (1627~1704)[64] : 주리主理와 주기主氣의 '이분법'적 논리

앞서 잠깐 서술했지만, '이황'의 학문은 '장흥효'를 거쳐 '이휘일'과 '이현일' 형제에게 전해졌다. 그런데 '장흥효'와 '이휘일'은 평생 산림처사山林處士로 생을 마감했지만, '이현일'은 이조판서까지 올랐으며, 360여 명의 문도를 배출하는 등 관료와 학자의 두 길을 걷기도 했다.

'이현일'이 활동했던 시기는 17세기 중후반으로, 이때는 대외적으로 병자호란(1636~1637)이 끝난 후 나라의 기강이 거의 무너졌을 때다. 그렇다고 하여 비분강개하는 선비 하나 찾아볼 수 없을 지경이었고, 이른바 체면과 부끄러움조차도 모르는 염치없는 사람들만 즐비했던 시기다.

하늘처럼 여겨왔던 명나라의 몰락, 열등하다고만 여겼던 청나라에 당한 치욕적인 굴욕, 무능력과 무기력 그리고 당쟁으로 점철되는 정국政局,[65] 이 모든 상황은 이현일의 가문이 경상도 오지奧地로 이주하게 만든 결정적인 요인이 되었다.[66] 사실 '관직'에서의 이현일을 '처사處士'의 삶으로 탈바꿈시킨 데에는 이러한 대내외적 여건이 있었다는 데에 이론의 여지가 없을 것이다. 당시 의로운 유자들은 나라를 어떻게 바로잡을 수 있을까?라는 고민과 연민을 계속하기도 했는데, '이현일'도 이에 포함된다.[67]

이후 낙향한 '이현일'은 영남 사림의 일원으로 명실공히 퇴계학의 구심점이라 해도 과언이 아닐 정도로 명실상부한 영남 유학을 대표하는 유자가 되었다. 혹자는 그가 많은 후학을 배출하였기에 '갈암학파'라는 칭호를 붙이기까지 한다.

'이황' 사후, 영남 유자들은 '위기지학爲己之學'에 몰두하며 주자 성리학을 순수 학문적 경지로 승화시켜 조선 성리학의 정체성을 살리려는 데에 주목했다. 그 중심에 '이현일'과 그의 아들 '이재'가 자리한다. 이현일은 영남 유자로서 퇴계학을 계승하려는 것을 제1 목표로 삼았다. 처사處士로서의 전형적인 학구적 자세다. 또한 그는 정치권력으로부터는 소외되어 갔지만, 백성의 현실적인 삶에 애증을 보이며 남인 계열의 종지宗旨를 견지하고 있었다. 이 글은 후자의 남인계 학자들의 입장보다, 전자에서 언급한 퇴계 성리설에 대한 이현일의 계승 양상쪽에 논의의 초점을 맞추려 한다.

학맥에 따른 당쟁의 시기에, 이현일은 '이황'이 진유眞儒이며 퇴계의 학문이 바로 정학正學의 표본임을 재차 강조하며 등장한다.[68] 그는 근기 서인이 주도하는 정치적·학술적·사회적 갈등 속에서 퇴계학의 복권復權을 염원했다. 유의미한 점은 복원復原이 아니라 복권이라는 점이다.[69]

이현일은 이황의 제자 학봉 김성일의 학맥을 잇는 유자로서 이황의 성리설을 변론해야만 한다는 책임감이 강했다.[70] 율곡학파로 이어지는 충청 지역의 김장생·김집·송시열 모두 이황의 '이기호발理氣互發'설을 부정했기 때문이다. 이현일은 이황이 사단칠정 논리를 이미 정론으로 만들어 놓았는데, 이황 사후 이이가 억지로 다른 학설을 펴냈다고 주장한다. 퇴계의 학문이 가뜩이나 비판과 위협을 받는 시기에, 퇴계학의 정체성을 밝히기 위해서라도 글을 쓰지 않을 수 없었다.

그래서 「율곡이씨론사단칠정서변栗谷李氏論四端七情書辨」이라는 글을 내놓았다. 글의 제목에서부터 알 수 있듯이, 호칭부터 비판 논조가 명확하다. 그는 '이황'을 '퇴도선생退陶先生', '이이'를 '이씨李氏'[71]라 표현했고, 율곡의 사단칠정의 논리가 명백하다고 평가한 '기대승'을 '기씨'라고 기술했다. 이현일이 이 「율곡이씨론사단칠정서변」을 작성한 시기는 그의 나이 62세(1688)로, 노론이 정국을 주도하던 때였으며, 노론은 영남 남인과는 미묘한 갈등 국면이었다. 어쩌면 이현일이 이 글을 작성하기 5~6년 전인 1682년부터 '이이' 문묘배향 여부를 두고 첨예하게 대립했던 사건도 한몫했을 것이다.[72]

다음은 이현일이 이이의 사칠설을 비판하기 위해 작성한 동기다.

> 퇴계 이선생과 고봉 기씨는 일찍이 사단칠정을 변론하였는데, 서신을 왕복하며 오래도록 논란한 끝에 마침내 결론을 보았다. 그 후 율곡 이씨가 나와서 퇴도退陶의 정론定論을 배척하고, 고봉이 일전에 내놓았던 학설을 모아 "고봉의 학설은 명백明白·직절直截하고 퇴계의 논리는 그 진리가 분명하지 못하다" 하면서 제멋대로 비방하는 데에 조금도 거리낌이 없었다. 혹 남의 말뜻을 다 알지도 못하면서 억지로 자기 설을 고수하고, 종횡으로 전도된 주장을 마구 쏟아내어 학문을 제대로 하지 못한 사람들을 현혹하고 있다. 하지만 도道를 아는 사람의 관점에서 본다면, 그의 이러한 주장이야말로 그가 도를 들은 적도 없음을 징험하는 것이기에 충분하다.[73]

'다카하시 도루'는 이현일에 대하여 "그가 말한 사단은 이가 발한 것이고 칠정은 기가 발한 것으로, 이 둘은 서로 교착하지 않는다는 것이 주요 논지인데, 이것은 이미 이황이 기대승에게 보냈던 두 번째 사칠논변을 수정한 것의 답습일 뿐이다"[74]라고 평하였다.

그러나 이현일의 성리설에 좀 더 천착하면, 간단명료하면서도 근기 유자들의 논리에 정곡을 찌르는 부분을 찾아볼 수 있다. 그의 논리에 따르면, '이와 기는 마땅히 두 가지로 각각 구분'하고, '사단과 칠정 역시 마찬가지로 두 가지로 나누어 설명'해야 한다는 것인데, 어찌 보면 이황의 '호발설互發說'을 옹호하기 위한 전제 조건의 부연으로 보인다. 왜냐하면 율곡 계열 쪽에서는 "기 떠나서 이를 말할 수 없다"라는 이기불상리理氣不相離만을 중심으로 이황의 호발설을 늘 비판해 왔기 때문에, 이현일은 이를 반박하기 위한 이와 기의 구분이 전제되어야 했다.

> 이와 기가 서로 혼재된 속에서, 기와 섞이지 않은 것을 '본연지성'이라 하고, 이와 기가 부여받은 속에서 기가 섞여 있는 것을 '기질지성'이라고 한다. 성性에는 이미 '본연'과 '기질'의 차이가 있으니, (어찌) 정情에 이르렀을 때 유독 '사단'과 '칠정'의 구분이 없겠는가?[75]

그런데 이 이현일의 주장은 이황이 기대승에게 답한 두 번째 서신을 반복한 내용과 거의 흡사하지만, 그는 사단과 칠정을 각각 '주리'와 '주기'의 논법으로 부연했다는 점이 특징이다. 그는 이황이 말한 "사단은 이발기수지理發氣隨之, 칠정은 기발리승지氣發理乘之" 명제를 다음과 같은 논리로 덧붙인다.

'칠정'은 사라져 분탕질 되기 쉬우니 '기'가 주로 하는 것이고, '사단'은 순수하여 올바르니 '이'가 주로 행하는 것이다. '기'가 주로 할 때 '이'가 타서 행하고, '이'가 주로 할 때 '기'가 타서 발한다. 그렇다면 이와 기는 과연 하나이고, 사단과 칠정은 과연 구분할 수 없다는 것인가?[76]

위의 논리는 곧 '사단 속에 기가 없는 것은 아니지만, (왜냐하면 이가 발동할 때 기가 따르고 있기 때문[四端理發氣隨之]') 이가 주로 관여하기 때문에 (사단은) 순수한 선으로 드러난다'라는 것이다. 한편, '칠정에도 이가 없는 것은 아니지만, (왜냐하면 기가 발할 때 이가 올라타고 있기 때문[七情氣發理乘之]) 기가 주로 관여하기 때문에 분탕해질 수 있다'라고 한다. 이러한 논리를 도식화시키면 다음과 같다.

사단四端 ≒ 주리主理 ≒ 이발理發 ≒ 선善
칠정七情 ≒ 주기主氣 ≒ 기발氣發 ≒ 불선不善

이 같은 논리는 율곡 계열에서 주장하는 '사단·칠정'의 개념 및 주리·주기의 논법과는 확연히 다르다. 이이를 비롯한 근기 서인들은 "사단을 주리로 말할 수는 있겠지만, 칠정을 주기로만 국한시키는 것은 잘못이다. 왜냐하면 칠정은 이와 기를 겸했기 때문에 주기만으로 말할 수는 없다"[77]를 전제하고 있기 때문이다.

그렇다면 이현일이 말하는 '이를 위주로 한다'는 '주리'와 '기를 위주로 한다'는 '주기'는 무슨 의미인가? 주자학이든 퇴계의 성리설이든 간에, 현실적으로 이와 기를 분리하여 설명하기는 어렵다. 이기가 혼재된 상태(상황)에서만 하나의 사물[一物]을 설명할 수 있기 때문이다. 인간의 '마음[心]' 역시 이러한 이기가 묘합妙合한 사물[一物] 가운데 하나다. 마음이 외물과 접했을 때 감응하여 움직이는데, 그것이 곧 사단과 칠정이다. 그런데 이현일은 사단은 이가 먼저 발동한 것이고, 칠정은 기가 먼저 발동한 것이기 때문에, 전자를 '주리'로 후자를 '주기'로 설명한다. 그리고 이가 먼저 발동했을 때 기는 관여할 여지가 없고, 기가 먼저 발동했을 때 이 역시 관여할 능력이 없다고 부연한다. 이것은 다음과 같은 이이의 논법과는 확연히 대치된다.

"사단[性]과 칠정[情]은 본래 이와 기가 서로 발동하였다"라는 이치[理氣互發說]는 없습니다. 무릇 성性이 발동하여 정情이 된다거나, 단지 기가 발동하면 이가 탄다[氣發理乘之] 등의 말은 제가 함부로 지어낸 것이 아니고, 바로 선유先儒의 뜻입니다. 다만 선유가 상세히 말씀하지 않았는데 제가 그 뜻을 부연할 뿐입니다. 이는 천지에 세워도 어긋나지 않고 후세에 성인이 다시 나오셔도 의혹하지 않으실 것이 틀림없습니다.

선유의 뜻을 어디에서 볼 수 있는지 살펴보겠습니다. 주자는 "기질지성은 다만 이 성性이 (이때의 성은 본연지성) 기질 가운데 서로 떨어져 있으므로 기질을 따라 따로 하나의 성이 (이때의 성은 기질지성) 되었다"라고 말하지 않았습니까? 정자는 "성이 곧 기이고 기가 곧 성이니, (서로를) 상생하는 것이다"라고 했습니다. 이로 본다면, 기질지성과 본연지성이 결코 두 개의 성이 아닙니다. 다만, 기질상에 나아가 이만을 가리킬 때는 본연지성이라 하고, 이와 기를 합하여 이름 지을 때는 기질지성이라고 말할 뿐입니다. 성이 이미 하나인데 정이 어찌 두 갈래의 근원을 가지고 있겠습니까?

오직 두 가지 성이 존재한 후에 두 가지 정이 있다는 것입니다.[78]

애당초 이이를 비롯한 근기 유자들은 '본연지성과 기질지성이 이기 묘합理氣妙合에 의해 만들어진 하나의 본성이니, 본성은 하나이기 때문에 이 본성이 외부 사물과 접했을 때 발동하는 마음—사단칠정—역시 하나의 근원에서 나올 수밖에 없다'라고 주장한다. 이황과 이현일처럼 "이가 발동한 것이 사단이고, 기가 발동한 것이 칠정"이라는 이분법적 해석을 다음과 같이 비판한다.

> 만약 퇴계의 말씀대로라면 본연지성은 동쪽에 있고 기질지성은 서쪽에 있는데, 동쪽으로부터 나오는 것을 도심이라 하고 서쪽으로부터 나오는 것을 인심이라고 한다면, 이것이 어찌 (올바른) 이치라 할 수 있겠습니까?[79]

근기 서인들은 이황의 성리설을 비판할 때마다 거론했던 논리가 "이가 발동할 때 기는 다른 한쪽에 있고, 기가 발동할 때 또 이는 다른 한쪽에 있다"라는 점이다. 즉 '이기의 불상리'를 인정하면서도, 외부 사물에 접할 때는 '이기의 불상잡'만을 강조하는 것은 모순이라 한다. 바로 이 부분에 대하여 이현일은 다음과 같이 일축한다. 사단과 칠정은 어디에서부터 나오는가? '소종래所從來'를 알아보자.

> 사단과 칠정은 각기 나오는 곳[所從來]부터가 각기 위주로 했던 바가 있다. (그래서) 그 근본으로부터 이미 그러한 점이 있었다는 것이다. 애당초

발동하기 전부터 하나의 노선[一途]으로 있다가, 이미 발동하고 난 후에 그 선한 측면만을 가려내어 사단이라고 하는 것은 애초부터 잘못이다.[80]

사단칠정의 근원지가 이미 둘로 나누어져 있다는 것은 인간의 마음을 도심과 인심으로 나누어 놓은 데서 출발했다는 논리다. 이현일은 주자가 이가 먼저이고 기가 나중인지의 그 '시간적 선후 문제'를 따지기에 앞서, 그것들이 마음으로 표출되어 나올 때 과연 어떠한 노선(과정)을 거치는지부터 추론해야 하는데, 당연히 이가 먼저임을 강조했다는 것이다. 다음은 주자의 설법이다.

> 이와 기는 선후로 말할 수는 없다. 그러나 반드시 그것이 (어디, 어떤 노선에서) 나오는 바를 추적해야 하는데, 즉 모름지기 이가 먼저라고 말할 수 있다.[81]

그렇다면 핵심 요지는 간단하다. 주자 → 이황 → 이현일로 이어지는 이들의 성리설 특징은 이기의 불상잡과 불상리를 인정하므로 이와 기의 선후는 없지만, 이기理氣가 혼륜한 마음[心]에서 발동할 때는 이가 기보다 우위를 점한다는 것이다. 오해해서는 아니 될 부분은 '이가 기보다 앞서 있다'라는 시간적 선후가 아니라, 인간의 본성이 본래 순선하다는 성선론의 관점에서 볼 때, 애당초 '도심'이 '인심'보다 우위에 있음을 재차 확인한 논리인 것이다.[82] 결론적으로 이현일은 이황의 성리설이 근기 서인들의 주장을 반박하려면 '이·기'와 '도심·인심'을 정의하는 출발선부터 바로잡아야 함을 강조한 것이라 하겠다.

이상정(1711~1781)[83] :

분개分開 · 혼륜渾淪과 주자主資 · 빈주賓主의 '절충' 논리

이상정이 활동하던 18세기는 병자호란이 끝나고 100여 년이 지난 시기였지만, 그러나 조선 사회는 여전히 극도로 혼란했고, 국가 기강 역시 문란한 시국이었다. 대외적으로는 청나라로부터 새로운 문물이 유입되며 우왕좌왕하면서도, 대내적으로는 율곡의 학문을 계승하던 근기 유자들이 정국을 주도하는 형국이었다. 당시 영조는 동서[黨爭] 타파를 위해 탕평책으로 환국을 시도하였고, 이 과정에서 영남 유자들은 정치적 입지가 점점 낮아지고 있었다. 이 시기, 이상정은 정주 성리학을 '우리 것'으로 만들기 위해 퇴계학의 정수精髓를 재정립하려는 시도를 도모했다. 그는 여러 유자와 교유하면서,[84] 강학과 다작을 내놓았다.[85]

논쟁의 화두는 단연 퇴계의 성리설과 이를 비판하는 근기 유자들과의 갈등 국면이다. 그 대처 방안은 역시 영남의 소퇴계라 불리는 이상정의 몫이었다. 이들은 스승[이황]의 성리설을 정론으로 인정하는 입장에서 출발하기 때문에, 이황의 학설과 대동소이한 내용으로 방어 논리를 세웠다.

이상정 역시 이 연장선상에 있는 인물이다. 서석화도『경설유편』을 통해 퇴계학의 계보를 '이현일'에서 '이상정'으로 연계시키고 있다.[86] 그러나 여기에서 간과해서는 안 될 인물이 하나 더 있는데, 바로 '우담 愚潭 정시한丁時翰(1623~1707)'이다.[87] 그는 근기 유자들이 내세웠던 이이의 성리설을 비판하기 위하여 '이현일'과 정교하고 치밀한 서신을 주고받은 유자다. 다만, 지금까지 정시한을 연구했던 선행 흔적은 많

지 않으나, 연구자들은 대부분 정시한을 다소 온건적 성향의 소유자로
파악하고 있다.

정시한은 "이황과 이이의 학설은 애당초 마치 '물과 불' 또는 '얼음
과 숯'과 같아서 양립하기 어렵다"라고[88] 주장한다. 그러나 '이현일'
과 서신을 주고받는 과정에서 정시한은 기존의 학설과 점점 결을 달리
하는 모습을 견지한다.

첫째, '정시한'은 '이이'에 대한 평가부터 이현일과 다르다. 이현일
은 이이를 '이씨'라고까지 기술할 정도로 하대했지만, '정시한'은 퇴
계학을 존숭하는 입장인데도 '이이'의 인품에 대해서는 상당히 우호
적이었다. 조연趙涎과의 문답을 살펴보면 정시한이 이이를 바라본 관
점은 명확하다.

> **문** 과연 (그를) 공격하고 배척하는 말대로라면 율곡은 존경할 만한 사람
> 이 아니므로 그의 사당[院宇]을 참배하는 것도 옳지 않은 일입니까?
> **답** 아니다. 어찌 그렇겠는가? 비록 율곡의 학문이 (처음) 출발점은 퇴계
> 와 같지 않지만, 그의 문장과 재주와 기량을 볼 때 그래도 (그는) 호걸다운
> 선비다. 게다가 율곡이 애당초 (가졌던) 본래의 뜻은 동서[붕당]를 타파하
> 고자 함에 있었다. 그러나 자신도 자각하지 못한 사이에 당쟁[色目]에 빠
> 져들었다. 만약 율곡이 이 세상에 (다시) 살아난다면 너는 필시 책을 겨드
> 랑이에 끼고 그의 문하에 가서 유학하면서 경배하지 않을 수 있겠는가?
> 또한 세상에서 사우祠宇를 세워가며 제기를 진설하고 제사를 올리는 자
> 들 모두 율곡보다 뛰어나다고 여겨서 그대는 그들에게 절을 올리고 있는
> 가?[89]

정시한의 이 기록에 따르면 이이는 성리학의 출발점 자체가 이황과 달랐을 뿐, 여타의 학문적 수준에서는 이미 선비의 모습을 지녔다고 호평한다. 또한 정시한은 이이가 자신의 학술적 큰 뜻[雄志]으로써 당시의 분당 정치를 깨뜨려 보고자 했다는 취지를 높게 샀다. 다만, 이이가 모친을 여읜 슬픔으로 인하여 한때 사찰 생활에 입적했음을 아쉬워하지만, 다시 유학으로 복귀한 그의 학문이라면 지금 사람들 모두 경배하지 않을 수 없을 것이라며 탄식한다.

필자는 정시한이 학술적 논적이었던 이이를 객관적으로 인정하였다는 점에 대하여, 이상정이 긍정적으로 수용하였다고 생각한다. 여현 장현광·활재 이구·갈암 이현일·밀암 이재 등은 율곡 후학들로부터 공격받는 퇴계학을 정학의 반열에 올리고자 근기 유학의 영수라 할 '이이'라는 인물 자체부터 폄하했지만, 정시한의 이러한 중립적·객관적인 접근 방법에 대해서는 이상정을 비롯한 18세기 유자들에게 신선한 반향을 일으켰을 것이다.

둘째, 이기理氣의 개념과 관계에 대해서도 17세기 '이현일'·'이재'와는 다소 거리가 있다. 일단 이상정은 "이理가 늘 주主이고 기氣는 늘 보조[輔]다"라 하여 '이주기보理主氣輔'를 주장한다.[90] 이러한 논조는 이를 기보다 근본적으로 여긴다는 차원에서 볼 때, 역시 퇴계학과 별반 차이가 없어 보인다. 하지만 이기를 심성의 영역으로 치환하여 설명하는 부분, 즉 "기질이 본성을 포함하고, 칠정은 사단을 포함한다"라는 이이의 학설을 인정하는 것은 기존 영남 유자들의 학설과 사뭇 다르다.[91] 정시한의 이러한 주장을 부정적으로 말하면 모순이자 회색지대라 할 수 있겠지만, 긍정적으로 표현하면 중층과 절충적 구조라고

도 볼 수 있다. 이 글에서는 정시한이 주장하는 성리설의 '중층' 또는 퇴계학과 율곡학의 '절충' 지점만은 간략하게 설명해 본다.

이상정에 따르면 마음이 겉으로 드러날 때 정情이 되는데, 이 정에는 이미 이가 발한 곳과 기가 발한 곳으로 나누어져서 나타난다고 보았다. 왜냐하면 마음 자체부터가 이와 기가 묘합한 곳인데, 본성과 감정으로 표출될 때는 둘 중 어느 하나를 위주로 하여 발동하기 때문이다. 즉 이를 위주로 하거나 기를 위주로 하는데, 주자는 "사단이 이의 발이고 칠정은 기의 발이다"라 말하였고, 이 명제에 이황이 "이발理發과 기발氣發을 덧붙였는데, 이발에는 기수氣隨를, 기발에는 이승理乘을 부연함으로써 주자의 이기·심성 논리를 더욱 명확히 했다"라고 보았다.[92]

이른바 "이가 발할 때는 기가 따르고[理發氣隨之], 기가 발할 때는 이가 그 위에 오른다[氣發理乘之]"는 '이기호발理氣互發'설이 이것이다. 그런데 율곡학 쪽에서는 이 이발과 기발을 각각 별개의 영역으로 나누고, 또 이발과 기발을 '시간적 선후'로 따지기 때문에, 두 학문 사이에 간극이 생겼다는 것이다.

즉 사단칠정이 겉으로 드러날 때를 보면 이와 기는 '불상리'의 '혼륜渾淪'과 '불상잡'의 '분개分開'가 동시에 적용될 수밖에 없다는 것이다. 필자는 단언컨대 정시한의 이러한 성리설—혼륜과 분개—은 떼려야 뗄 수 없는 뫼비우스 띠와 같은 것이라 명명한다.

> 이것은 진정코 (이기를) 분개하여도 혼륜에 해를 끼치지 않고, (이기를) 혼륜하여도 분개에는 해가 되지 않는다.[93]

정시한은 존재론적 관점에서 보면 '이와 기는 서로 떨어질 수 없다 [理氣不相離]'는 '일원론'이 옳으나, 지각론적 입장에서 보면 '이와 기는 분리되어야 마땅하다[理氣不相雜]'는 '이원론'이 맞다는 것이다. 즉 지각론의 입장에서 보면 '사단과 칠정', '도심과 인심'은 대립적인 것이 마땅하나, 존재론의 견지에서 접근하면 '이기'는 상대적·대립적인 것으로 볼 수 없으며, 사단은 칠정 안에, 도심은 인심 안에 포함되어 있다는 것이다.

이 같은 논리에 입각하여 그는 지각론 차원에서 볼 때 '이이'를 중국의 '왕수인'과 '나흠순'에 필적할 만한 사람이라며 이단으로 치부한다.[94] 하지만 '존재론'을 가미시켜 '지각론'에 천착할 경우 이기·사단·칠정·도심·인심의 정의가 다소 중층적이라고 주장하였는데, 이는 주목할 만하다. 퇴계학 혹은 율곡학 중 그 어느 쪽에도 경도된 이론이 아님을 시사하고 있기 때문이다. 이러한 정시한의 관점을 '대산 이상정'이 수용하였다는 점에서 유의미하다.

그렇다면 이상정이 바라본 이이의 학설에 대한 관점은 어떠했을까? 우선 이상정은 이현일의 외증손으로 어느 정도 가학家學의 영향이 있었다는 점을 배제할 수 없다.[95] 그러나 결론부터 말하자면, 17세기 외증조부 이현일과 18세기 외증손 이상정이 말하는 '성리설'은 그 노선에서 사뭇 색다른 점을 찾을 수 있다. 17세기 퇴계학을 표방했던 영남의 유자들—활재活齋 이구李榘(1613~1654), 갈암葛庵 이현일李玄逸(1627~1704), 밀암密庵 이재李栽(1657~1730 : 이현일과 이재는 부자 관계)—은 일방적으로 율곡학을 비판했으며, 퇴계학과 결코 양립할 수 없다는 것이 주된 논지였다. 그러나 18세기 접어들면서 그 비판 강도는 약해진다. 그리고 이 과정에서 더욱더 강조되는 표제어가 '분개'와 '혼륜'이다. 그러나 필자는 이상정이 내세운 '분개'와 '혼륜'이 퇴계학과 율곡학을 다시 접목시킬 수 있다고 평가한다. 이를 '접점'과 '간극' 또는 '절충'과 '중층'이라 해도 무방하다. 사실 '분개'과 '혼륜'은 '이기불상잡'과 '이기불상리'로 간주해도 관계없다. 전자는 "이기를 반드시 나누어 구분해야 한다"라는 '분개'이므로 '이원론'을 주장했던 퇴계 쪽(영남 유자) 계열이고, 후자는 "이기는 서로 떨어질 수 없다"는 '혼륜'으로 '일원론'을 강조했던 율곡 쪽 유자들이다.[96]

분개와 혼륜 : 이기의 중층·절충

이상정이 이황의 성리설을 어떤 양상으로 계승하고, 반면에 율곡학을 어떤 논리로 비판하였는지, 그 내막의 음영을 살펴보면 이상정의 계승과 비판에 무슨 까닭이 있었는지를 알 수 있을 것이다. 이를 살펴보는 것은 주로 남인계가 많았던 영남 유학의 단상을 살펴보는 데에 유의미한 부분이다.

그는 '이와 기의 관계'를 묻는 고전적인 문답법을 전제하고 퇴계와 율곡의 성리설에 접근한다.

문 이와 기는 하나입니까?

답 이전의 여러 전거를 살펴보면, (이기는) 하나이면서 둘이고 둘이면서 하나다. (그래서) 이기는 서로 섞여 있지만 조금도 차이가 없는 모습[渾然無間]을 띠고 있는데, 본래 서로 떨어질 수 없기 때문에, 두 개의 사물이라고 지적할 수는 없다. 그러므로 정자程子가 말하길 "기器 역시 도道이고 도

道 역시 기器이다"라고 했다. (기와 도도 마찬가지로) 비록 서로 떨어질 수 없는 관계이지만, 혼연히 섞여 있는 가운데에서도 실제로는 서로 섞여 있지 않기 때문에, 하나의 사물이라고 지적할 수 없다. 그래서 주자가 말하길 "이는 이이고 기는 기이기에, 서로 섞이지 않는다"라고 했다. 이 두 학설을 깊이 생각하여 음미해 보면, '이기지묘理氣之妙'를 가히 알 수 있을 것이다.[97]

이상정은 "이기가 불상잡과 불상리의 혼융混融 관계에 있다"라는 주자·퇴계의 전통적인 학설을 수용한다. 그런데 여기서 '혼융'이란 무엇인가? '서로 섞여서 융화됨'을 의미한다. 그러니까 이와 기는 서로 다른 것이지만, 현상계에 어떤 사물로 나타나거나, 또는 인간의 마음으로 표출될 때는 '혼융'의 경지가 된다는 것이다.

그래서 이황은 이기가 (드러난 세계에서 볼 때는) '혼융'이라 말할 수는 있어도 애당초 서로 섞일 수 없는 불상잡의 존재였기 때문에, 이는 이이고 기는 기라는 점을 반드시 전제해야 한다고 강조한 것이다. 이상정은 이황의 이러한 설명을 다음과 같이 부연한다.

이와 기는 애초에 하나이면서 둘이라는 '이이일二而一'이고, 혼융된 상태로 보면 하나가 된 듯하지만 각각 둘이라는 '일이이一而二'이다. 어떤 이가 묻기를 "이와 기는 하나인가, 아니면 둘인가?"라고 하여, (다음과 같이) 답하여 말해 주었다. "이전 사람들의 풀이를 상고하면 하나이면서 둘이고, 둘이면서 하나다. 이와 기는 혼연하여 간격이 없기에 원래 서로 떨어지지 않으니, 둘이라고 지목할 수 없다. 그러므로 정자가 말하기를 '기器

도 도이고, 도道 역시 기器이다'라고 하였다. 비록 서로 떨어지지 않지만, 혼연한 가운데 실로 서로 섞이지 않으니 하나라고 지목할 수 없다. 그러므로 주자가 말하기를 '이理는 이理이고, 기氣는 기氣이니, 서로 섞이지 않는다'라고 하였다. 두 가지 설을 합하여 깊이 생각해 보면 이와 기의 오묘함을 거의 알 수 있을 것이다.'98

이상정은 이 부분에서 퇴계의 학설을 명백하게 옹호한다. 그리고 그의 요지는 '혼륜'의 상태에서 '분개'를 볼 줄 알아야 한다고 역설한다. '하나이면서 둘'이라는 '일이이'는 주자·퇴계의 입장에서 보면 '불상잡'에 해당하고, 이상정은 이를 '분개'라 표현한다. 또, '둘이면서 하나'라는 '이이일'은 주자·퇴계의 성리설에서 보면 '불상리'에 해당하고, 이상정은 이를 '혼륜'이라 쓴다. 따라서 이황의 성리설을 따르는 이상정은 현상에서 드러난 세계, 만일 그것이 본성[性]이 발하여 마음[情]의 상태로 드러난 경지라 하더라도, 반드시 이기의 불상잡과 불상리처럼 '분개'와 '혼륜'의 경지를 모두 아울러서 바라봐야 한다고 주장한다.

내가 생각해 보건대 퇴계는 일찍이 이렇게 말씀하셨다. 이와 기는 서로를 따르니 분리되지 않아서, 상수를 본체로 여기고 상대를 작용으로 삼는다. 또 말씀하시길 "이가 없는 기는 없고, 역시 기가 없는 이도 없으니, 즉 이른바 둘이면서 하나[二而一]라 말할 수 있다." 또 말씀하시길 "같은 곳에 나아갔지만(이루었지만) 달라 보이니, 즉 섞여 있으나[渾淪] 서로 나뉘어 보인다[分開]라고 하셨다." 즉 이 말은 이른바 하나이면서 둘이라는

[一而二]라는 것인데, 율곡은 반드시 저쪽 한 편만 주장하고 이쪽을 배척하였으니, 이유는 무엇일까?[99]

위의 이상정이 인용한 퇴계의 말은 퇴계가 '기명언奇明彦'에게 답한 글에서 발췌한 것이다.[100] 이상정은 퇴계의 말을 인용하여 이기가 '존재론적 차원[體]'에서 본다면 반드시 이와 기를 각각 구분하여 정의할 수는 있으나, 우리 인간이 보고 느낄 수 있는, 이른바 '드러나는 세계[用]'에서 본다면 이기는 혼융의 경지로밖에 설명되지 않는다고 보고 있다. 즉 '분개'는 '이기불상잡'에 해당하고 또 존재론[본체] 차원에서 개념을 설명할 때는 옳은 이론이라 한다. 그리고 '혼륜'은 '이기불상리'를 말한 것이며 현상계[작용]를 설명할 때 필요하다고 인정한다.

그런데도 이이를 비롯한 율곡학 쪽 계열은 '이이일'의 '혼륜', 즉 이기의 불상리 쪽만을 고집할 뿐, '일이이'의 '분개', 즉 '이기불상잡'의 영역을 배제했다는 것이다. 정작 이이도 이기의 관계를 말할 때 전제로 내세웠던 '이기지묘'에서 "이와 기는 각각 둘로 나누어져 있지만 하나이고, 하나인 듯하나 각각 둘이다"[101]라는 '이이일과 '일이이'를 언급했는데도 말이다. 이것이야말로 이이를 비롯한 근기 유자들의 자가당착이라고 주장한다.

'주·자'와 '빈·주' : 퇴계학과의 접점과 간극

이상정은 이황의 '호발설'을 부연하기 위하여 자신만의 독특한 이기 개념과 관계를 설정한다. 바로 '이기'는 서로 간에 '주主'가 되기도 하고 '자資'가 될 수 있으며, 때로는 '주主'가 되고 '빈賓'이 된다는 것이다.

> 측은지심·수오지심·사양지심·시비지심의 '사단지심'은 '인의예지'라는 성性에서 발동하지만, 그 '소자所資'는 '기'다. 그러나 '소주所主'는 '이'에 있다.
> '칠정(喜怒哀懼愛惡慾)'은 형체[形]를 가지고 있는 기의 사사로움에서 발동하였지만, 그 형기를 타고[乘] 행동[行]으로 옮기게 하는 것은 이다. 그러나 '소주'는 기에 있다.[102]

'소주'는 '주인·주체가 된다' 정도로 번역할 수 있다. 그러나 필자는 이상정이 '이기'를 모두 '소주'가 될 수 있다고 정의한 것에는 이기 모두 '주재성'을 가질 수 있다는 개연성까지 포괄된 개념으로 바라봄이 바람직해 보인다. '주재主宰'란 '어떤 일이 전개될 때 (이기가 서로) 중심이 되어 그 일을 도맡아서 처리한다'라는 의미이기 때문이다.

그런데 관건은 '소자'를 어떻게 번역하느냐에 있다. 분명히 이상정은 기존의 '불상잡·불상리'와 다른 의미를 나타내고자 했을 터인데 말이다. 기존 주자·퇴계의 이기론을 보면,[103] '이'는 만물을 주재하는 형이상形而上으로 정의하고 '기'는 만물을 생성하는 질료적인 '형이하形而下'의 면모로 파악한다. 그러나 이상정은 이황의 '이기호발설'이 율곡학 계열로부터 공격받고 있었기 때문에, 그 방어 논리로써 '주·자'와 '빈·주'로 치환했던 것으로 추론해 본다.

'자資'는 『자전』에서 대략 30여 가지로 풀이되어 있다. 그중 이기론에서의 풀이에 가장 근접한 것을 찾기란 지난한 일이다. 필자는 이상정이 말한 '자'를 '돕다'·'기대다'·'의지하다'로 풀이한다. 그리고 이기의 '소자'는 곧 "이기가 주재성을 가질 때, 이기는 다시 서로를 '돕고 기대어 의지'하는 존재"로 해석한다. 여기서 논의의 초점이 될 만한 중요한 점이 또 하나 부각된다. 바로 "주재한다[主]"는 표현이다. 단순히 "이기가 발한다·발동한다"가 아니라 "이기가 발동함과 동시에, 이 발동 과정에서 이기 모두 그 움직이는 시스템을 주재할 수 있다"라는 점이다. 이것이 바로 이상정의 '주·자' 관계다. 그가 바라본 '이기'는 인간의 마음이 발동하는 과정에서 이가 주체적으로 활동할 때는 기가 이를 도와 서로 의지하고, 또 기가 주체적으로 움직일 때는 이 역시 기에 의지할 수 있다는 의미다.

여기까지가 이상정이 '주·자'를 통한 '혼륜'의 관계를 설명했다면, 관건은 '분개'다. 그는 이기를 '빈주'로 비유한다.

(생각해 보건대, 이가 기 안에 들어가[墮] 있으면서도 '성性'이라는 이름을 가진다는 것은) 이기가 (서로) 동動하고 정靜하는 과정에서도 또한 (이가) 기를 타고 유행하니 참으로 분리된 적이 없다. 하지만 이는 공적公的이고 기는 사적私的이며, 이는 형체가 없지만 기는 흔적이 있으며, 이는 늘 선善하지만 기는 악惡으로 쉽게 빠질 수도 있다. 그러므로 (이기가) 감응할 때는 올바름[正]과 사사로움[私]을 살펴야 하고, 발동할 때는 손님[賓]과 주인[主]이 있음을 찾아낼 수 있다면, 이 둘을 구분하지 않을 수가 없다.[104]

이상정은 왜 '객客'이 아니라 '빈賓'이라는 표현을 사용했을까? 이것은 이와 기가 일반적으로 말하는 '상대적' 개념이 아니라, 고상하고 특별한 의미의 '대대待對'[105] 관계임을 좀 더 강조하기 위한 기술로 봐야 한다. '객客'은[106] '주객主客'을 말할 때의 일반적인 표현이라면, '빈賓'은 상대에 대하여 상당한 격식과 존중의 의미를 내포하는 개념이다.[107] '객客'은 집 안[宀]에 개별적으로[各] 손님이 무턱대고(예고 없이) 찾아옴을 뜻하는 글자다. '빈賓' 역시 집 안[宀]에 손님이 방문함을 나타내는 글자지만, 적으나마[少] 보탬이[貝] 될 만한 것을 가져오는 손님을 말한다.[108] 즉 '빈'은 무엇인가 의도를 가진 존재다.

따라서 '상대성'을 나타내는 '객'과 '대대待對'의 철리적 의미를 상징하는 '빈'은 확연히 다름을 알 수 있다. 이상정은 '이기를 '주객主客'이라 쓰지 않고, '빈주賓主'라 표현한 것이 그 핵심이자 특징이다. 그것도 주主를 먼저 쓴 '주빈主賓'이 아니라, 빈을 먼저 거론한 '빈주'라는 점이다.

그가 보기에 이와 기가 서로[互] 발동[發]할 때는 '이기'에 '우열優劣이 없음'을 상징하는 것이다. 오히려 발동하는 주체보다 발동할 때 함께 '동승'하거나[四端理發而氣隨之] '따르는'[七情氣發而理乘之] '대대'의 존재를 더 존중한다는 의미다.

이와 같이 이상정은 이와 기는 명확하게 서로를 '존중'하고 '대대'하는 관계로 설정해야 함을 강조한다. 전통 주자학이나 이황의 학설에 따르면 이와 기는 엄연한 '층위'와 '우열'이 존재하는 개념이었다. 그러나 이상정은 이와 기의 관계를 상당히 완화시키고자 하였다. 그것은 '우열'을 가진 '차별'보다, '빈주'의 '대대' 관계를 내세워 '다름'을 인정하려는 시도였다. '대대'는 결코 상대적 개념이 아니다. '대대'는 어느 하나가 통과하면 다른 하나가 번갈아 갈마드는 것이다. 마치 뫼비우스의 띠를 연상케 한다. 어찌 보면, 이와 기는 서로와 서로를 기다리며 연계시키는 것 같지만, 그 출발과 도착 지점은 구분되어 있기 때문이다.

또한, 이상정이 이와 기를 '빈주'로 나눈 의도가 율곡학의 편향적인 관점을 설득하기 위한 것으로도 보인다.

> 퇴계께서 변론하신 문자를 한번 보도록 하게. 언제고 한쪽으로 치우쳐서 주장하거나 하나를 고집하여 둘을 폐한 적이 있던가? 저 문성文成의 무리들은(근기 율곡 계열) 오직 혼륜渾淪의 논의만을 주장하였으므로, 후대의 논의하는 자들로서는 그 치우침을 지적하고 그 오류를 정정하지 않을 수 없었으니, 증왕부曾王父께서 고심하고 진력하여 일생 동안 정력을 쏟을 수밖에 없었던 까닭이네.[109]

이이를 비롯한 율곡학 계열의 유자들은 어느 한쪽에 치우친 이론만 주장했다. 즉 기만 발동할 수 있다는 점이다. 근기 유자들은 "사단과 칠정은 모두 정情이고, 이 정이 발할 때 발하는 것은 기요, 발하게 하는 까닭[所以]이 이다"라고 한다. 즉 "기만 발동할 수 있고, 이때 이가 편승하여 기를 발동하게 만들어 준다"라는 '기발리승일도설氣發理乘一途說'을 주장한다. 이상정은 이것이 바로 '기' 위주의 편향된 사고라고 한다. 그러나 이황과 이상정은 인간이 가지고 있는 순수한 심성[善意志]이 발동할 수 있다는 '이발理發'의 주체성을 강조함으로써, '이'와 '기'의 역동성과 주체성을 모두 절충시키려는 정합적 구조로 파악하였다.

다만, 이 같은 논리에도 불구하고, 이상정은 이황의 호발설에 대해서는 기존 영남의 퇴계 후학들과 다소 결을 달리한다. 주지하다시피, 이황의 이기호발설은 율곡학 계열로부터 늘 공격의 대상이었던 명제다. 근기 유자들은 이황의 '이기호발설'을 비판할 때마다 '호발'의 시간적 선후를 나눈다고 지적해 왔다. 17세기 이현일 부자 등은 이에 대해 '근기 유자들은 이황의 본지를 곡해한 것이다'라며 일언이폐지하였다. 하지만 이상정이 이황의 호발설을 옹호하는 논리와 근기 유자들이 이를 비판하는 논리에 대하여 역비판의 논조는 상당히 유연하다.

앞서 서술한 바와 같이, 17세기 이현일 부자를 비롯한 몇몇 유자들은 근기 유자를 비판하는 언조가 매우 강력했다. 이에 반하여, 18세기에 접어들면서 이러한 학풍에 변모의 흐름이 감지된 이유는 무엇일까? 영남 남인은 학문적 대결 구도에서 벗어나 정치적으로 정계 진출을 모색했으나, 번번이 한계에 부딪혔다. 뿐만 아니라, 이때 노론은 남인계 유자들에게 이황의 성리설에 대한 문제점을 거론하는가 하면, 정치적 회유도 마다하지 않았다. 이러한 분위기는 영남 남인의 학문적 결속과 함께 정치적 동맹이 필요했고, 기존 영남 유자들이 주장했던 성리설과 색다른 이론異論이 필요했다. 이상정이 내놓은 '이주기자설理主氣資說' 역시 이러한 사상사적 배경이 요인이 되어 잉태된 명제는 아닐까 한다.

류치명(1777~1861)[110] :
주·종과 우·열의 논리를 '척사론斥邪論'으로 적용

서석화는 퇴계학을 잇는 영남 유학의 계보를 약 1세기(약 100년)에 따라 3인을 거론한다. 17세기의 이현일, 18세기의 이상정 그리고 19세기의 류치명이다. 류치명이 활동하던 시기는 정조대왕 시기에 해당하는데, 이때는 특이한 배경을 가지고 있다. 근기 남인과 영남 남인이 긴밀하게 정치적 제휴를 맺고 있었다는 사실이다.[111] 이익李瀷[112]의 후학인 안정복 등이 영남 남인과 교유·유대 관계를 형성하였다는 것이 이를 대변해 준다. 이들은 비록 지역을 달리하지만, 학통에서는 이황을 존숭하고 이단을 철저히 배격한다는 차원에서 '남인' 계열의 입지를 더욱 강화하는 쪽이었다.

정계와 학계 방면에서는 다소 긍정적인 배경이라 하겠으나, 대외적 분위기는 매우 혼란하고 심각했다. 우선 '서학'과 '천주교'의 유입은 전통 사상에 대한 전면적인 도전 양상으로 전개되고 있는 시기였다. 따라서 외세로부터 위협받는 전통 철학[성리학]이 이를 극복하려면 더욱 견고해져야만 했고, 이론적으로도 좀 더 강력한 대책이 필요했다.

류치명은 이에 따라 성리학적 소견으로 세상을 다스리려는 경세론이 필요했고, 이때 대두된 학설이 바로 이기의 '주종主從' 관계다. 결론부터 언급하자면 '이理'는 '주主'이고 '기氣'는 '종從'이기 때문에, 환언하면 이기는 '우열優劣'의 관계나 마찬가지다라는 점이다.

> 이는 동정(운동)의 법칙으로써 (기를) 주재[主]하는 것이고, 기는 동정(운동)의 도구로서 바탕이 되는 바다.[113]

류치명은 '이'가 사물을 움직이거나[動] 멈추게[靜] 하는 일련의 운동을 '주재'할 수 있는 인자로 파악한다. 즉 이는 만물의 변화를 이끄는 주재 능력을 소유한 존재로, '법칙·이치[理]'와 같다고 한다. 반면에 '기'는 그 움직임[動]과 멈추는[靜] 자체 행위에 불과한 미물이라 정의한다. 즉 이의 주재·명령·통제 없이는 기가 일체의 움직임[動]과 멈춤[靜]이 불가하다는 것이다. 이것이 바로 류치명이 말하는 이기의 '주종' 관계다. 여기에는 당연히 주자의 논리를 그 근거로 제시한다.

> 이기는 형체상으로는 상하의 구분이 있는데, 이는 무형이고 기는 흔적(자국)이 있다. 그러므로 기가 움직이고 멈춤에 (기의 흔적은) 쉽게 나타나고, 이가 움직이고 멈출 때는 (이를) 알아내기가 어렵다. 주자가 말하길 '이는 동정하므로 기도 동정한다. 만약 이가 동정하지 않는다면 기가 어떻게 스스로 동정할 수 있겠는가?'[114]

이는 형이상이자 관념적인 존재로서 현상계에서는 육안으로 파악할 수 없다. 하지만 기가 움직인 상태·상황으로 확인할 수 있다면, 이미 거기에는 이의 동정이 관여했음을 인정해야 한다는 것이다. 즉 기로써 이의 존재가치를 확인할 수 있다는 논법이다.

이 같은 논리는 근기 율곡 계열의 주장을 반박하는 것이다. 근기 유자들은 매번 "이에는 동정이 없고, 이와 기에는 선후가 없다"라고 주장했기 때문이다. 그러나 류치명은 '이기가 처음부터 불상리의 존재라 하여 이미 뒤섞여 있는 혼륜 상태가 아니라, 이미 분별의 위치에 있었음'을 보여 주기 위한 강력한 의도라 할 수 있다. 이기가 분개되어 있다는 전제는 당연히 기존의 이황이 말했던 '이발설'을 좀 더 견고하면서도, 또 수월하게 인정할 수밖에 없도록 만드는 작업이었다.

류치명은 이러한 '이가 움직일 수 있다'는 이발설을 현실사회로 이양시킨다. 즉 이의 능동성·운동성·자주성을 부각시킴으로써, 현실사회에서도 상하와 우열의 관계를 확고하게 만들기 위한 전초 작업이었던 셈이다.

> 만약 이가 동정이 (운동이) 없다면, 이것은 단지 죽은 재와 같이 감정이 없는 사물이 되니, 기도 곧 스스로 동정하는 바가 없다는 의미다. 무릇 이理는 살아 있는 것이어서 넓고 넓은 데에서 움직이며 가득 차 있기 때문에 (그 어느 곳에든) 존재하지 않는 곳이 없으니, 어찌 조용히 아무것도 하지 않는다고 말할 수 있겠는가?[115]

류치명이 정의한 이는 기존의 이현일이나 이상정이 말한 것과 다르다. 이 이는 세상 가득히 충만되어 있는 것으로, 모든 사물을 생성하고 사건을 움직이게 할 수 있는 살아 있는 활발한 존재물[活物]이다.

때문에, 인간의 본성이[선천적인 덕성德性 ≒ 성선性善] 외부 사물과 감응할 때 나타나는 사단칠정 역시 아예 '성性'과 '정情'으로 나누는 이분법적인 태도를 견지한다. 본성[性]은 이가 발현하는 사단만 해당하고, 감정[情]은 이가 발현하는 사단과 기가 발현하는 칠정으로 나누어 존재한다고 보았다.

> 본성[性]에는 사단만 있고 칠정이 없기 때문에 하나일 뿐이다. 그러나 정情에는 사단도 칠정도 있기 때문에 발하는 것은 둘이라는 것이다.[116]

홍미로운 점은 류치명의 이우기열理優氣劣—이는 우월하고 기는 열등하다—설을 현상계의 '가치론'에 접목시킴으로써, 외세에 대응하는 논리로 피력하였다는 것이다. 일단 서학과 천주교는 전통적인 화이관華夷觀으로 치환하여 '중화中華 대對 양이洋夷'의 우열 관계로 보았고, '정학正學과 이단異端'이라는 우열의 프레임으로 현실을 파악했다. 이러한 이론은 정치·외교 방면으로 전개되면서 '척사론斥邪論'으로 발전하였다. 또한 성리 논쟁에서는 이기의 주종과 우열을 '천리天理 대 인욕人慾'·'인간人間 대 금수禽獸'로 설정하고 전자의 우월적 존재가치로써 후자들이 일으킨 야만성의 위기를 극복해야 한다고 주장하였다.

맺음말

영남 유자 4인의 '학'과 '이단'에 대한 이견異見

이상으로 서석화가 편집한『경설유편·논어집론』을 중심으로 하여, 영남 유자 4인—이황·이현일·이상정·류치명—의 학문관을 살펴보았다. 필자는『경설유편·논어집론』에 나오는 4인의 '학'에 대한 경설을 전거로 삼아, 학에 대한 정의와 이단異端을 무엇으로 설정하느냐에 초점을 두고 진술하였다.

물론 19~20세기에 활동했던 서석화는 '퇴계학'의 정수精髓가 거의 100년을 주기로 나타났다고 인식했던 것으로 보인다. 그리고 그 인물은 이황(16세기), 이현일(17세기), 이상정(18세기), 류치명(19세기)에 국한하였다. 이들의 경학과 성리철학에 대한 논점은『경설유편·대학집

론』과『경설유편·중용집론』에 가장 많이 집약되어 있다.[117]

그런데도 필자는『경설유편』내 '논어집론'에서의 '학'과 '이단'에 대한 관점이 영남 유자들에게 어떠한 추이로 변모했는지에 집중해 보았다. 이들 4인의『경설유편·논어집론』에서의 학에 대한 관점 중 가장 두드러진 특징은 배움을 단순하게 이론 공부로 인식하지 않았다는 점이다. 배움·학문이란 '실천성'이 수반될 때 비로소 그 가치가 발현된다는 의미다.[118] 이러한 관점은 유학이 결코 주지주의主知主義가 아님의 방증傍證이다. 그렇다고 감성이나 정서를 위주로 하는 주정주의主情主義도 부정한다. 오직 수신으로부터 치국평천하를 위한 위기지학爲己之學에 기반한 자성自省이다. 이 자성 속에는 성찰이라는 자기반성적 자각과 실천이 내포되어 있다.

또한 영남 유자 4인의 이단관 역시 다소 차이가 있음을 알 수 있었다. 18세기 즈음의 이상정은『논어집주』의 '이단관異端觀'에 다소 회의적이다. 즉『논어』의 공자가 말한 '공호이단攻乎異端'에서 이단은 '양주'·'묵적'이 아닐 가능성이 크다는 것이다. 이러한 이상정의 '이단관'은 남인이었던 정약용과 그 궤를 같이한다는 점이 사뭇 독특하다.

한편, 이보다 앞선 시기의 이황은 이단을 배불론排佛論의 견지에 입각하여 도·불로 치부하였다. 그리고 불가의 학설은 공자 시대의 '위아'나 '겸애'보다 그 폐해가 훨씬 더 심각하다고 비판했다. 하지만 이상정은 이단을 도·불이라 여기기보다는, 여전히 '무군無君'을 주장하는 '양주'와 '무부無父'에 가까운 '묵적'이라 정의한다. 이러한 이단에 대한 관점은 훗날 류치명(19세기)은 척사위정斥邪衛正을 주장할 때, '이는 우월하고 기는 열등하다[理優氣劣]'라는 '주·종'과 '우·열'의 가치

론에 따라 '정학'과 '이단'의 프레임을 가져온다.[119]

서석화는 퇴계학의 진면목을 이황의 제자인 학봉 김성일 학파에서 찾고자 했다. 그래서 그는 『경설유편』을 직접 저술하기보다, 대표적인 4인의 경설을 수집하여 편집한 의도가 간접적으로 드러난다. 이 책은 아마도 퇴계 이황 이후 400여 년 동안 영남 지역의 유자들이 견지했던 '경학'과 '성리학'을 연구하는 데에 있어 소중한 자료의 역할을 해낼 것으로 보인다.

영남 유자 4인의 성리설 동이同異

이황의 성리설은 영남 유자들 3인방에게 있어 학맥이 전승되어 왔지만, 각자 처했던 시대 상황과 맞물려 조금씩 다르게 해석되었다.

17세기 이현일은 숙종 때 서인과 남인 간의 치열한 대립 속에서 근기 유자들이 주장했던 이이의 사칠론에 대하여 19개 조목을 낱낱이 거론하며 비판했다.[120] 그는 이이의 '이기혼륜설理氣渾淪說'을 비판하고, 사단칠정을 분별하는 이론만이 이理의 능동성을 살릴 수 있다고 보았으며, 이것이 곧 퇴계학의 정체성이자 조선 성리학의 특징이라고 강조했다.

18세기 이상정은 퇴계학을 수용하면서도 이기·사단·칠정 논쟁에서는 변화된 모습을 보였다. 가장 주된 특징은 기존의 영남 유자들이 이기 분별을 극렬 강조했지만, 이상정은 이와 기의 불상리를 결코 외면할 수 없다면서, '대대待對' 관계를 인정하며 양면성과 조화로운 상호관계를 제시했다. 혹자는 영·정조 대 탕평책의 효과로 미약하나마 남인들의 정계 복귀를 소망하면서, 이상정 역시 학술적으로도 근기 남인과의 포용적인 해석이 가능했으리라 추론하기도 한다.

끝으로 19세기는 세도정치와 서학 및 천주교의 유입으로 인하여 전통 사상[성리학]이 위협받는 시기였다는 점에서, 류치명으로 대표되는 영남 유자들은 이理의 우월적 지위를 확보하면서 '척사斥邪'를 외치며 사회질서를 유지하려는 현실 철학을 준비한 것으로 정리된다.[121]

참고문헌

『四書集註』, 성균관대학교 영인본.

『十三經注疏』, 북경대학출판사.

이황, 『退溪集』.

이현일, 『葛庵集』.

이상정, 『大山集』.

류치명, 『定齋集』.

서석화, 『靑石文集』.

김경호, 「존퇴양율; 퇴계학의 첨병으로서의 이구」, 『율곡사상연구』 6, 율곡학회, 2003.

_____, 「대산 이상정의 율곡 비판과 퇴계학의 옹호」, 『율곡사상연구』 16, 2008.

_____, 「갈암 이현일과 우담 정시한의 율곡 사칠론 비판」, 『율곡사상연구』 19, 2009.

김낙진, 「갈암 이현일 성리설과 경세론의 특색」, 『퇴계학』 20, 2011.

김동인·지정민·여영기 옮김, 『세주 완역 논어집주대전』, 한울, 2009.

김용옥, 『논어 한글 역주 (1), (2), (3)』, 통나무, 2008.

김용재, 「대학 교양수업에서의 '문화'를 매개로 하는 한자어 교육 : '낯섦'과 '다름'을 대하다」, 『한문고전연구』 46, 한문고전학회, 2023.

_____, 『論語入門』, 성신여자대학교출판부, 2014.

_____, 「『論語集解』와 『論語集註』의 주석 비교를 통해 본 『論語』 經文의 이해 [2] : 「爲政」을 중심으로」, 『한문교육연구』 제34호, 한국한문교육학회, 2010.

_____, 「『論語』 古注를 통해 본 『論語』 經文의 해석학적 이해」, 『동양철학연구』 제59집,

2009.

_____,「역사적 사례와 실증으로 살펴본 '선비정신' 探索 및 提高」,『동양철학연구』96,
2018.

_____,「韓國經學 硏究에 있어서의 體人知[Change] 體 : 정체성, 人 : 관계성, 知 : 창조적
지식-'있어 왔던' 경학 연구에서 '있어야 할' 경서 공부로-」,『유학연구』34, 2016.

_____,「畿湖 陽明學 연구의 현황과 향후 전망」,『유학연구』24, 2011.

김지은,「19세기 후반 국내외 정세변화와 호계서원의 대응」,『한국서원학보』17, 2023.

_____,「19세기 정재 류치명의 현실인식과 경세론」, 경북대 박사학위논문, 2017.

김학수,「갈암 이현일의 학문과 경세론 연구」,『청계사학』19, 2004.

_____,「갈암 이현일의 理學과 현실 인식」,『국학연구』9, 2006.

김호·김용재,「19~20세기 초, 조선 유학사상계의 表裏」,『양명학』64, 2022.

다카하시 도루, 이형성 옮김,『다카하시 도루의 조선유학사』, 예문서원, 2001.

류영수,「정재 류치명 경학 연구」, 경북대 박사학위논문, 2011.

_____,「정재 류치명 연구 (1)」,『동방한문학』44, 2010.

서석화 편저, 권진호·김명균·정의우·김우동·남재주·황동원 옮김,『經說類編 (1), (2),
(3), (4)』, 한국국학진흥원, 2017.

안병걸,「갈암 이현일 경세의 뜻을 춤은 큰 선비」,『국학연구』, 한국국학진흥원, 2007.

안유경,「갈암 이현일과 우담 정시한의 四端七情論 비교고찰」,『국학연구』36, 2018.

이영호,「해제」,『경설유편』, 한국국학진흥원, 2017.

임헌규,『3대 주석과 함께 읽는 논어 (1), (2), (3)』, 모시는사람들, 2020.

전병욱,「대산 이상정의 四端七情說에서 理活物의 의미」,『퇴계학논집』19, 2016.

전성건,「대산 이상정의 이주기자설과 그 사상사적 의미」,『퇴계학과 유교문화』58,
2016.

정약용, 이지형 역주,『論語古今註 (1), (2), (3), (4), (5)』, 사암, 2010.

최영갑·김용재·진성수,『四字論語 100選』, 풀빛, 2020.

한국고전번역원 DB www.itkc.or.kr(2025년 1월 31일 현재)

1 서석화의 저술로는 『경설유편』 외에도 『讀書纂要』(1926)와 『淸石文集』(14권 7책)이 있다.

2 이 책의 표지는 『경설유편』이나, 정선精選·편집編輯한 서석화의 「후서後序」와 '권두卷頭'를 보면 『四先生經說類編』이 본래 책명이라 할 수 있다.

3 서석화, 권진호 외 옮김, 『국역 경설유편』 '해제', 한국국학진흥원, 2017.

4 이 책을 국역한 사람은 권진호, 김명균, 정의우, 김우동, 남재주, 황동권이며, 이영호가 해제를 붙였다.

5 「후서」는 본래 『경설유편』 원본에는 없는 내용이다. 서석화의 문집(『청석문집』)에 있던 것이지만, 『경설유편』에 등장하는 4인방과 이 책을 편집하게 된 경위가 여기에 적시되어 있다.

6 주희의 부친인 주송朱松이 안휘성에 '자양서원'을 세웠고, 그래서 훗날 '자양'은 주자의 별호別號가 되었다. '자양'은 본래 산 이름이다.

7 '양자운'은 '양웅揚雄(기원전53~기원전18)'이다. '자운'은 '양웅'의 호다.

8 서석화, 『청석문집』, 「四先生經說類編後序」: 四子六經之旨, 至紫陽夫子而大定, 繫於傅會者, 疏通而氷釋, 淫於老佛者, 澤正而履坦. 以之繼往聖, 以之育英材, 蓋劂灰以來, 文明一治之會也. 然聖言之義理無窮, 人智之明暗爾殊, 故讀其書而不得於辭者有之, 得於辭矣, 而鮮有因其語而得其心. 揚子雲所以有待乎來世子雲也. 國朝明宣之際, 我退陶先生, 作於嶠南, 以興起斯文爲己任, 發揮經旨, 壹遵紫陽本意, 陶鑄一世人材. 凡屬于朝, 而龍矯鳳鶱, 蔀于野, 而珠媚玉輝, 莫不惟先生之敎是訓是式. 又吾東方文明一治之會也, 再傳而葛庵先生, 三傳而大山先生, 乘運迭起, 謹守先生法門, 猶先生之於紫陽. 所以辨析經旨者, 愈詳而愈有味, 愈久而愈無弊, 成德達才, 菀然林立, 近世定菴先生, 又振起於垂絶之際, 考論乎相傳之緖, 因其語而得其心, 曠世一揆. 여기에 기술한 '인용(번역)문'은 권진호 외 5인이 국역한 『경설유편』(한국국학진흥원, 2017)의 번역문을 수정하여 재인용한 것이다.

9 '담화'는 '천 년에 한 번 피는 꽃'이라는 뜻으로, 불가에서 말하는 '우담화優曇華'다. '우담화'는 3천 년 만에 꽃이 한 번 판다는 상상 속의 꽃인데, 이 꽃이 피면 전륜성왕轉輪聖王이 등장한다고 한다.

10 서석화, 『청석문집』, 「四先生經說類編後序」: 式至于今日, 譚經承學之徒, 尙知黜覇而尊王, 溯朱退而宗孔氏, 耳目所逮, 興感更深, 迭次傳受之的, 不亦懿哉. 夫世之相距也, 間不百年, 而曇華輒現, 道之將廢也. 未墜於地, 而日星復耀, 天運之循環, 人文之宣朗, 是孰使之然. 而嶠南一省, 稱爲海東鄒魯者, 果伊誰之力歟. 錫華晩生末學, 竊嘗受讀有年, 實難於總貫會通. 乃敢取四先生集, 采撫經旨論辨者, 分門立目, 各以類從, 凡得十三卷.

11 『경설유편』 '칠서총론': 易, 乃理數淵源之書, 誠不可不讀. 但不如語孟庸學之切於學者日用工夫. / 국역(퇴계가 정유일에게 말한 부분) → "주역은 바로 이치와 상수象數의 연원이 되는 책이므로 참으로 읽지 않을 수 없다. 그러나 논어 맹자·중용·대학이 (이를) 배우는 사람들에게 일상 공부만큼 절실한 것보다는 못하다.

12 『경설유편』 '칠서총론': 以作室比之, 小學如修正基址而備其材木也, 大學如大廈千萬間, 結構於基址也. 如論孟中庸及詩書諸書, 皆當塡之於大學規模, 而爲大廈千萬間, 修粧所入矣.

13 『경설유편』 '칠서총론': 葛庵先生曰 : "學者用工, 莫切於四書, 須並其集註章句或問, 熟讀詳

玩, 融會通貫. 使在我之權度旣定, 然後乃可評品人物, 辨別理義, 無所往而不得其當矣."

14 『경설유편』 '칠서총론' : 大山先生曰 : "大學, 是立柱定間架, 語孟, 是塡構他, 中庸, 是上樑."

15 성리학 용어는 표면적으로 볼 때 상당히 난해하고 '괴팍[乖愎]'하다. '괴乖'는 '괴상하다'·'이상야릇하다'는 '괴[怪]'와 뜻이 다르다. '팍[愎]'은 '한쪽으로 어그러진 것'을 의미한다. '팍[愎]'은 어긋나 있기 때문에 너그럽지 못하고 관용도 없으니, 상대방의 존재를 인정하려 하지 않으려 한다는 의미다. 이미 '나는 옳고 너는 틀렸다'라는 가치적 문제까지 내포된 개념이다. 그러니 성리학 용어를 말할 때, 그 범주는 '상반성' 내지는 '배타성'부터 떠올리는 건 당연하다.

16 '대대待對'는 ① 헤겔의 '정반합正反合'에서 유래하는 변증법적 논리와 유사하고, ② 동양의 고대 문헌에서 보자면『주역』의 음양 관계에 해당하는 용어며, ③ 우리 고전에서는 연암 박지원이 말한 '법고창신'에서 그 유사한 예화를 찾아볼 수 있다. '법고창신'은 본래『초정집』서문에서 유래된 말로, 연암에 따르면 '법고'는 '옛것을 본받아 쓰자'는 것이고, '창신'은 '새롭게 만들어 쓰자'는 것이라 한다. 정치적 입장에서 보면 전자는 보수에 가깝고, 후자는 진보에 접근해 보인다. 그러나 연암은 법고를 주장하는 사람은 그저 옛것을 모방하거나 답습하는 관습과 병폐가 있고, 창신하자는 쪽의 주장은 허황되거나 다소 경박해질 우려가 있다고 염려한다. 그래서 '법고창신'은 옛것의 전통을 지금에 맞게 창조적으로 계승하자고 말할 때 등장하게 된 용어다. (진실로 옛것을 본받되 변화를 알아야 하고, 새로운 것을 창조하되 옛날의 법도를 지킬 수만 있다면 지금의 인문주의도 옛날의 인문주의와 같다[苟能法古而知變, 創新而能典, 今知文, 猶古之文也].)

17 '이황'은 '황준량'에게 가장 큰 기대를 걸었던 것으로 보인다. 그러나 '황준량'은 스승 이황보다 일찍 사망했다. '황준량'은 마치 공자의 제자인 '안회' 그리고 주희의 제자인 '오필대吳必大'처럼 스승에게 애통함을 안겨 준 인물이다.

18 '장흥효'는 처음에 김성일에게 배우다가 김성일이 사망하자 류성룡에게 가서 학문하였다. 그는 이후에 다시 정구에게 나아가 가르침을 구했다. 따라서 '장흥효'는 이른바 퇴계 후학의 3대 거유巨儒에게 모두 수학한 인물이다.

19 '장현광'은 통상 '정구'의 문인으로 알려져 있으나, '장현광' 문중에서는 '정구'의 문인이라기보다 '뜻을 같이했던 동지同志' 정도로 인지한다. 이 논고에서는 밝히지 않겠으나, '장현광'의 성리설이 '이황'이나 '영남 유자들'의 생각과 달랐기 때문인 것으로 추정된다. 논란은 다소 있으나, '장현광'의 사단칠정론은 '이황'보다 '이이' 쪽에 근접하다는 것이 중론이다.

20 현재 '조목'은 도산서원에 배향되어 있다.

21 '장흥효'의 딸이 이시명에게 출가하여 '이휘일'과 '이현일' 두 아들을 두었고, '이현일'은 아들 '이재'를 낳았으니, 이들 초기 영남 유학은 어느 정도 가학家學으로 연결된 셈이다.

22 성리학은 공맹유학에 근원을 두며 12세기에 등장한 신유학으로, 인간이 지켜야 할 규범 윤리적 성격에 가까웠던 공맹사상을 철학적으로 규명한 학문이다.

23 이영호가『국역 경설유편』(29쪽)「해제」에서 밝힌 자료를 재인용하였다. 그러나 필자가 조사한『경설유편·논어집론』의 빈도수는 이영호의 집계와 다소 차이가 있다. 이에 〈표 1〉은 필자가 조사한 수치로 치환했으며, 나머지『대학』·『맹자』·『중용』·『시경』·『서경』·『역경』은 이영호의 집계를 그대로 따랐다.

24 '권3'은『대학혹문』이다.

25 참고로 이영호가 집계한『경설유편·논어집론』의 빈도수는 이황 67회, 이현일 15회, 이상정 165회, 류치명 41회로, 총 288회다.

26 '권10' 역시『중용혹문』에 해당한다.

27 서석화, 권진호 외 옮김, 앞의 책, 31~43쪽 참조.

28 『경설유편·논어집론』에서 이현일의 인용 수치가 '15회'로 가장 적으나,『경설유편·역경』에서는 이현일의 경설이 나머지 3인에 비해 훨씬 많다. 서석화가 4인의『사서』경설을 집론하는 과정에서 소장한 자료 분량과 나름대로의 기준에 따라 편집한 것일 뿐이다.

29 서석화, 권진호 외 옮김, 위의 책, 29~30쪽 참조.

30 이영호는 첫째,『경설유편·논어집론』의 유형을 대략 3~4개의 유형으로 분류하기도 했다. 첫째, 4인(이황·이현일·이상정·류치명)이『논어』경문에 직접 경설을 붙인 경우, 둘째, 주자의『논어집주』를 보완하거나 혹은 이설異說을 붙인 경우, 셋째, 소주小註를 옹호하거나 혹은 비판하는 유형 등이다.

31 서석화, 권진호 외 옮김, 위의 책, 2017, 35쪽, 70쪽, 113쪽, 164쪽, 224쪽 참조.

32 『논어』「학이」: 學而時習之.

33 『경설유편·논어집론』: 問, "時習說, 以朱子說爲正解, 程謝說以餘意看." 大山先生曰, "程朱說固無異, 謝氏說, 亦就行上立下一法, 以例(崔公普)."

34 '사량좌'는 여대림呂大臨·양시楊時·유초遊酢와 함께 '정문사선생程門四先生'으로 불렸다. '양시'와 '유작(또는 유초)'은 우리에게 잘 알려진 '정문입설程門立雪'이라는 고사성어의 주인공이기도 하다. '정문입설'은 '정자 선생의 문 앞에서 눈을 맞다'라는 뜻으로, 제자가 스승을 존경하여 간절히 배움을 청하는 자세를 비유할 때 쓰는 말이다. 황종희의『명유학안』에 따르면, 사량좌가 이정자의 제자 중 가장 뛰어났다고 평하였다.

35 사량좌,『상채어록』.

36 사량좌는 이정二程 철학에 참선의 오묘한 점[禪味]을 가하여 천인합일의 새로운 경지를 열었으며, 후대 심학心學에 지대한 영향을 끼쳤다(김용옥,『논어한글역주』1, 통나무, 2008, 257쪽).

37 『십삼경주소』,「논어주소」.

38 『논어』「위정」: 學而不思則罔, 思而不學則殆.

39 『경설유편·논어집론』: 退溪先生曰: "學也者, 習其事而眞踐履之謂也. 蓋聖門之學, 不求諸心, 則昏而無得, 故必思以通其微, 不習其事, 則危而不安, 故必學以踐其實. 思與學交相發而互相益也"(進聖學十圖箚).

40 이 경문에서 학과 사는 칸트의 순수이성비판 문구를 떠올리게 한다. 칸트는 "내용 없는 사고는 공허하고, 개념 없는 직관은 맹목적이다"라 했는데, 전자는 학이불사칙망學而不思則罔에 가깝고, 후자는 사이불학칙태思而不學則殆에 가깝다.

41 『논어』「공야장」: 必有忠信, 不如丘之好學.

42 『논어집주』「공야장」: 忠信如聖人, 生質之美者也. 夫子生知而未嘗不好學. 故, 言此以勉人. 言美質易得, 至道難聞, 學之至則可以爲聖人, 不學則不免爲鄕人而已, 可不勉哉.

43 『논어』「태백」: 學如不及, 猶恐失之.

44 『논어』「헌문」: 古之學者爲己, 今之學者爲人.

45 본래 유가 경전에서는 '나'와 '타인'을 '자我'와 '타他'로 쓰지 않고, '기己'와 '인人'으로 기술한다. '나'와 '네'가 아닌 불특정 다수의 제3자는 모두 '인人'이다.

46 필자는『국역 경설유편 (2)』『논어』편에서 갈암 이현일의 경설 번역문 중 '의리'를 '진리'라 고쳐 사용한다.

47 『논어』「옹야」: 子曰, 質勝文則野, 文勝質則史, 文質彬彬, 然後君子.

48 퇴계 이황이 활동하던 시기는 16세기 중반으로 사화士禍의 절정기라 할 수 있다. 사화는 사실 선비들이 입은 화[被禍]를 의미한다. 네 차례의 사화는 무오사화(1495년 연산군 4년)·갑자사화(1504년 연산군 10년)·기묘사화(1519년 중종 14년)·을사사화(1545년 명종 즉위년)다. 퇴계 이황(1501~1570)은 국내적으로 네 차례의 사화를 모두 경험했고, 갈암 이현일(1627~1704)은 대외적으로 볼 때 임진왜란(1592)과 병자호란(1636) 두 차례의 국난을 겪은 인물이다. 당시 선비들의 학문하는 자세와 학풍에 대한 비판적 일침은 당연한 처사였을지도 모른다.

49 『논어』「위정」: 子曰, 攻乎異端, 斯害也已.

50 『논어고금주』: 孔子之時. 老莊楊墨. 未立門戶. 眞西山云. 老聃, 楊朱, 墨翟. 皆與孔子同時. 特以洙泗之敎. 方明其說. 未得肆耳. 非如後世三敎鼎立. 出奴入主. 則孔子所指. 非謂是也. 若此異端, 爲今之所謂異端. (…) 陸象山云. 孔子時. 佛敎未入中國. 雖有老子. 其說未著. 異端何指佛老.

51 이미 17~18세기 청대 고증학자들의 견해에 따르면 '이단'이란 베틀에서 유래된 것으로, '직물을 짤 때 서로 다른[異 : 양쪽] 실마리'라고 정의했다. 대진戴震은 서로 다른 쪽에서 직물을 짜들어 가면 잘못 엉킬 수 있기 때문에, 「위정」편의 '공호이단'은 한 곳에서 공부를 시작해야 함을 비유한 것이라 풀이했다. 端, 頭也. 凡事有兩頭謂之異端. 言業精於專, 兼攻兩頭, 則爲害耳.

52 『논어집주』「위정」: 程子曰 佛氏之言 非之楊墨 尤爲近理 所以其害爲尤甚 學者 當如淫聲美色以遠之 不爾 則駸駸然入於其中矣.

53 『국역 경설유편·논어집론』: 退溪先生曰: "我欲看佛經, 以覈其邪遁, 而恐如涉水者, 初欲試其淺深, 而竟有沒溺之虞耳. 學者但當讀聖賢書, 知得盡信得及, 如異端文字, 全然不知, 亦不妨也."

54 김용재, 「한국 유교경전 정본화 사업의 의의」, 『유학연구』 제28집, 충남대 유학연구소, 2013. 6, '서론' 참조.

55 ①『春秋公羊傳注疏』: 문공 권14 : 而況乎我多有之, 惟一介斷斷焉, 無他技. 一介, 猶一槩. 斷斷, 猶專一也. 他技, 奇巧異端也. 孔子曰 : 「攻乎異端, 斯害也已.」(…) ○ 解雲 : 我, 謂秦伯也. 言況於秦伯之懷, 其善言無算, 故曰多有之. ○ 「惟一」至「他技」. ○ 解雲 : 秦伯之善, 雖曰無算, 若思念之, 皆是一槩專一之事, 更無奇巧異端之術, 言其醇粹其善無擇矣. ○ 注「斷斷」至「異端」. ○ 解雲 : 即鄭注《大學》云「斷斷, 誠一之貌也. 他技, 異端之技也」, 是與此合.
②『춘추곡량전주소』: 蓋九流分而微言降, 異端作而大義乖. (…)「異端起而大義乖」者, 謂同說儒家, 三傳各異, 俱述經旨, 而理味有殊也. 「微言絕, 大義乖」, 亦《藝文誌》文. 李奇云 : 「隱微不顯之言也.

56 김용재, 「『論語集解』와 『論語集註』의 주석 비교를 통해 본 『論語』 經文의 이해 [2] : 「爲政」을 중심으로」, 『한문교육연구』 제34호, 한국한문교육학회, 2010. 6, 413쪽.

57 김용재, 「『論語』古注를 통해 본 『論語』 經文의 해석학적 이해」, 『동양철학연구』 제59집, 2009.

58 이택후李澤厚는 공자가 말한 '공호이단'의 의미를 "같기를 추구하면서도 다른 것도 보존해두고 자기와 다르다고 해서 배척하지 않을 것"으로 봐야 한다고 재해석한 바 있다.

59 『孟子』, 「公孫丑上」: 惻隱之心仁之端也, 羞惡之心義之端也, 辭讓之心禮之端也, 是非之心智之端也.

60 『禮記』, 「禮運」: 何謂人情. 喜怒哀懼愛惡欲, 七者弗學而能. (…) 故聖人之所以治人七情, 修十義, 講信, 修睦, 尙辭讓, 去爭奪, 舍禮何以治之.

61 중국의 성리학은 주로 우주론·존재론적 의미에서 이기理氣에 대한 논쟁이 강했던 반면, 인간의 심성론 범주에 대해서는 상세한 논의가 없었다. 유독 조선 유자들이 인간의 심성 논쟁에 주력하면서, 본성[性]과 감정[情]에 대해 논쟁하다 보니, 사단·칠정은 매우 중요한 이슈로 변모했다. 특히 '이황'과 '기대승'의 사칠논쟁을 필두로 '성혼'과 '이이'를 거쳐 한말韓末에 이르기까지, 이른바 성리학 좀 공부했다는 유자들은 이 사단칠정에 대해 한 마디라도 하지 않은 학자가 없을 정도였다.

62 『中庸』, 首章 : 喜怒哀樂之未發謂之中, 發而皆中節謂之和.

63 사실, 사단칠정 논쟁의 서막은 정지운의 『천명도설』 가운데 "사단은 이에서 발하고, 칠정은 기에서 발한다[四端發於理, 七情發於氣]"는 구절을 이황이 '사단은 이의 발이고, 칠정은 기의 발[四端理之發, 七情氣之發]로 수정한 데서 시작되었다.

64 자는 익승翼昇, 호는 갈암葛庵, 시호는 문경文敬이다. 조선 후기 때 유자로, 사헌부장령, 이조참판, 대사헌 등을 역임한 문신이기도 하다. 1646년 초시에 합격했지만, 문과에는 응시하지 않았다. 영릉참봉, 공조좌랑, 사헌부지평 등에 제수되었으나 출사하지 않았다. 1689년 산림山林에게만 제수되는 사업과 좨주에 임명된 바 있다. 갑술환국 이후 함경도 홍원과 종성, 호남의 광양 등지로 유배되었다가, 1699년 해배解配되어 안동으로 귀향, 이후 강학에 전념하였다.

65 이때의 동서분당은 이러하다. '동인'은 1589년(선조22) '남인'과 '북인'으로 갈라지는데, '남인'은 주로 '이황'의 후학이, '북인'은 주로 '조식' 계열의 유자들이 속했다. '동인'은 '김효원'을 중심으로 하는 사람들로 이황과 조식의 문인이 많았고, '서인'은 '심의겸'을 중심으로 '이이'와 '성혼'의 문인들이었다. 1575년부터 1623년에 일어난 인조반정까지는 '동인'이 정권을 잡았고, '남인'이 정권을 담당했던 시기는 아주 짧았는데, 남북 분당 뒤부터 임진왜란이 끝날 때까지만 득세하였다. 임진왜란을 기점으로 '남인'은 실각하고, 오랫동안 복귀하지 못한다. 이후 인조반정까지는 북인이 정권을 장악했지만, 다시 그 이후부터는 서인의 정권이었다. 이현일이 살던 시대는 서인 천하의 사회였으므로, 남인 계열의 그가 출세하는 데는 많은 제약이 따랐을 것이다. 이현일이 과거를 보는 일에 열중하지 않았던 이유도 이런 상황과 무관하지 않았을 터다(한국학중앙연구원, 향토문화전자대전; 디지털안동문화대전).

66 안병걸, 「갈암 이현일 경세의 뜻을 품은 큰 선비」, 『국학연구』, 한국국학진흥원, 2007 참조.

67 당시 일부 관료와 학자는 주자 성리학을 더 강조하여 사회질서를 바로잡음으로써 난국을 수습하려고도 했는데, 그 슬로건으로 등장하는 것이 '예학'이라 주장하는 이도 있다.

68 사실, 퇴계학의 복권운동은 이현일보다 앞선 시기의 '활재 이구李榘(1613~1654)'였다(김경호, 「존퇴양зал ; 퇴계학의 첨병으로서의 이구」, 『율곡사상연구』6, 율곡학회, 2003 참조).

69 이현일이 근기近畿 지역의 유자로부터 집요한 공격을 받았던 이유는 그가 한때 남인 산림처사山林處士로서 활동했던 이력, 숙종 때 '조선은 존망存亡의 위기'라 외쳤던 일, 율곡 후학이 내놓은 '이기일원론'과 '인심도심론'을 사설邪說이라 비판했기 때문일 것이다.

70 당시 75세였던 이현일과 77세였던 정시한은 율곡의 사단칠정설 비판을 통해 퇴계학의 정체성 모색을 시도한 것이라 평가한다(김경호, 「갈암 이현일과 우담 정시한의 율곡 사칠론 비판」, 『율곡사상연구』, 2009, 123쪽).

71 개인적 성향의 차이겠으나, 퇴계학을 존숭하는 '우담 정시한'과 같은 유자들은 율곡 이이를 '이씨'라고까지 폄하貶下하지는 않았다.

72 결국 서인계 노론이 '이이'와 '성혼'을 문묘종사文廟從祀하기로 결정했다.

73 『갈암집』권18,「율곡이씨론사단칠정서변」: 陶李先生嘗與高峯奇氏有四端七情辨, 反復論難, 久乃歸一. 其後有栗谷李氏者出, 斥退陶之定論, 拾高峯之前說, 以爲高峯之說, 明白直截, 退溪之論, 義理不明, 肆加譏誚, 不少顧忌. 間或不能盡乎人言, 而勒加把持其說, 縱橫顚倒, 參錯重出, 足以眩夫未嘗學問之庸人, 而由知道者觀之, 適所以爲未嘗聞道之驗.

74 다카하시 도루는 이현일의 사단칠정 주장에 대하여 "이황이 기대승에게 답변한 두 번째 서신을 반복한 것에 불과하다"라며 이황의 학설을 변론한 것이라 단언한다(다카하시 도루, 이형성 옮김,『다카하시 도루의 조선유학사』, 예문서원, 2001. 208쪽).

75 『갈암집』권18,「雜著」: 辨曰. 就理氣相成之中. 而指其不雜於氣者而言之. 則日本然之性也. 就理氣賦與之中. 而指其渾於氣質者而言之. 則日氣質之性也. 性旣有本然氣質之異. 至於情. 獨無四端七情之別乎.

76 『갈암집』권18,「雜著」: 七者易熾而蕩. 氣爲之主也. 四者粹然而正. 理爲之主也. 氣爲之主而理乘而行. 理爲之主而氣隨而發. 然則理與氣. 果是一物. 而四與七. 果無分別乎.

77 『율곡전서』권10 : 端謂之主理. 可也. 七情謂之主氣則不可也. 七情包 理氣而言. 非主氣也. (人心道心. 可作主理主氣之說. 四端七情. 則不可如此說. 以四端在七情中. 而七情兼理氣故也.)

78 『율곡전서』권10,「書」: 性情本無理氣互發之理. 凡性發爲情. 只是氣發而理乘等之言. 非珥杜撰得出. 乃先儒之意也. 特未詳言之. 而珥但敷衍其旨耳. 建天地而不悖. 竢後聖而不惑者. 決然無疑. 何處見得先儒之意乎. 朱子不云乎. 氣質之性. 只是此性 此性字. 本然之性也. 墮在氣質之中. 故隨氣質而自爲一性. 此性字. 氣質之性 程子曰. 性卽氣. 氣卽性. 生之謂也. 以此觀之. 氣質之性. 本然之性. 決非二性. 特就氣質上. 單指其理曰. 本然之性. 合理氣而命之曰. 氣質之性耳. 性旣一則情豈二源乎. 除是. 有二性然後方有二情耳.

79 『율곡전서』권10,「書」: 若如退溪之說. 則本然之性在東. 氣質之性在西. 自東而出者. 謂之道心. 自西而出者. 謂之人心. 此豈理耶.

80 『갈암집』권18 : 蓋其所從來. 各有所主. 自其根本而已然. 初非發則一途. 而旣發之後. 擇善一邊而爲四端也.

81 『주자어류』권1 : "理與氣本無先後之可言, 然必欲推其所從來, 則須說先有是理."

82 이현일의 성리설에 대하여 태극太極·동정動靜·주재 主宰 등을 중심으로 살펴본 논문은 다음과 같으니, 참조 바란다. 김낙진,「갈암 이현일 성리설과 경세론의 특색」,『퇴계학』20, 2011; 안유경,「갈암 이현일과 우담 정시한의 사단칠정론 비교고찰」,『국학연구』36, 2018; 김형수,「갈암 이현일의 理學과 현실 인식-반계 유형원과의 관련 및 비교를 중심으로」,『국학연구』9집.

83 영남 유자로서 '퇴계 이황'을 존숭하여 그의 학설을 계승한 유자의 계보는 대략 다음과 같다. 학봉 김성일·서애 류성룡 → 경당 장흥효 → 석계 이시명 → 갈암 이현일 → 밀암 이재 → 대산 이상정 → 명재 류치명이다. 이현일의 아들 '이재'는『朱語要略』과『朱書講錄刊報』(1713)를 간행하였고, 이상정은『退溪書節要』(1741)와『朱子語要略』(1759)를 통해 정주·퇴계학의 본지를 밝히고자 하였다.

84 교유했던 대표적인 인물은 권구, 권만 김낙행, 김성탁, 김우한, 김종덕, 유도원, 유장원, 이광정, 이인훈, 최흥원 등이다.

85 주요 저작물로는 '퇴계와 문인들이 주고받았던 서신'을 모아놓은「退溪書節要」, '이와 기의 관계'를 정리해 놓은「理氣彙篇」, '혼륜설과 분개설'이 담긴「四端七情說」'칠정에 관한 여러 학설'을 모은「約中篇」등이 있고, 이외에도「冬至五箴」,『聖賢遺象卷序」,「自警銘」,「科擧私

議」,「晚修錄」,「率性之謂道說」,「制養錄」,「心動靜圖」,「一性具四德說」, '이와 기에는 동정動靜이 있다'는「理氣動靜說」,「敬齋箴集說」,「四禮常變通攷」,「心無出入說」,「朱子語節要」,「密庵先生年譜」,「心經講錄刊報」,「延平答問續錄」 등이 있다.

86 서석화, 권진호 외 옮김, 앞의 책, 2017, 이영호가 작성한「해제」참조.

87 정시한은 지금의 강원도 원주에서 생활했기 때문에 영남 유학의 경계에 진입할 수는 없었다.

88 『갈암집』,「부록」1권, '연보', '答丁愚潭' : 如氷炭水火之判.

89 『우담집』, 권10, 부록, 敍述(門人趙沆) : 問. 果如攻斥之言. 則栗谷非可尊尙之人. 參拜其院宇. 亦有所不可乎. 日否. 豈有是哉. 雖其學問所入處. 與退溪不同. 其文章才器. 自是豪傑之士. 且其當初本意. 欲打破東西. 而不自覺其身入色目之中者也. 若使生在斯世. 則君必挾冊而遊其門. 可以不拜乎. 且世之建宇俎豆而祀之者. 亦皆賢於栗谷而君其拜之乎.

90 정시한의 '이주기보理氣輔'는 훗날 이상정이 '이주기자理主氣資'라는 표제어로 새롭게 재표명된다.

91 『우담집』, 권7,「雜著」, '四七辨證' : 栗谷則以氣質之包本性七情之兼四端. 爲不可分理氣之證. 夫渾淪言之. 則氣質之包本性七情之兼四端. 不待多言而明矣.

92 『우담집』, 권7,「사칠변증」 : 朱子之言. 非不分明直截. 而以其單言理發氣發之故. 退溪又於理發之下. 繫之以氣隨. 氣隨云者. 明其氣之順理而理未嘗無氣而發也. 氣發之下. 繫之以理乘. 理乘云者. 明其理之乘氣而氣未嘗無理而發也.

93 『우담집』, 권7,「사칠변증」 : 此眞所謂分開而不害爲混淪. 混淪而不害爲分開者也.

94 『우담집』, 권7,「사칠변증」 : 126_326c-327c.

95 이상정은 유년기부터 퇴계학을 수학하며 성장했으며, 거주지 또한 안동이라는 점에서 볼 때 퇴계학의 유풍으로부터 크게 벗어나지 않았다. 특히 외조부인 이재가 죽기 전까지 이상정은 외조부에게서 주자학의 핵심 요지를 배웠을 것이다.

96 전성건은 퇴계학을 정학으로 내세우며 옹호했던 당시의 영남 남인들이 정치적 소외로부터 벗어나기 위하여 퇴계 이황이라는 대유大儒의 학문적 권위를 빌려 정치적 소생의 기회를 찾고자 했다고 논한다. 그리고 이때 등장한 인물이 대산 이상정이라 한다(전성건,「대산 이상정의 이주기자설과 그 사상사적 의미」,『퇴계학과 유교문화』58호, 2016 참조).

97 『대산집』권40,「雜著」 : 問 : "理氣是一物? 是二物?" 曰 : "考諸前訓, 則一而二, 二而一者也. 理氣渾然無間, 元不相離, 不可指爲二物, 故程子曰 '器亦道, 道亦器'. 雖不相離, 而渾然之中, 實不相雜, 不可指爲一物, 故朱子曰 '理自理, 氣自氣, 不相夾雜'. 合二說而玩索, 則理氣之妙, 庶可見之矣."

98 『대산집』권40,「雜著」 : 問 : "理氣是一物？是二物？" 曰 : "考諸前訓, 則一而二, 二而一者也. 理氣渾然無間, 元不相離, 不可指爲二物, 故程子曰 '器亦道, 道亦器'. 雖不相離, 而渾然之中, 實不相雜, 不可指爲一物, 故朱子曰 '理自理, 氣自氣, 不相夾雜.' 合二說而玩索, 則理氣之妙, 庶可見之矣."

99 『대산집』권40,「雜著」 : 按退陶嘗曰 : "理氣相循不離, 相須以爲體, 相待以爲用." 又曰 : "未有無理之氣, 亦未有無氣之理." 卽所謂二而一者也. 又曰 : "就同而見異, 卽渾淪而見分開." 卽所謂一而二者也. 而栗谷之必欲主彼而斥此, 何也？

100 『退溪集』, 卷16, 答寄明彦.

101 '이기지묘理氣之妙'는 본래 이이가 본체론을 설명할 때 내세웠던 명제다. 즉 '이와 기는 이원적으로 분리할 수 없다'는 구조적·관계론적 논리다.

102 『대산집』권39 : 蓋惻隱羞惡辭讓是非之端, 發於仁義禮智之性, 其所資而發者氣也, 然所主則

182

在乎理.; 喜怒哀懼愛惡欲之情, 於形氣之私, 其所乘而行者理也, 然所主則在乎氣.

103 '이기론'은 '심성론'과 함께 성리학에서 논하는 범주로, 우주와 인간의 존재를 이와 기로 설명하는 이론이다. 이는 음양오행의 변화와 만물의 생성을 주재하는 이치로서 형이상形而上에 해당하고, 기는 만물을 생성하는 질료의 형이하자形而下者를 의미한다. 또한, 인식론 측면에서 볼 때, 이는 관념적 사유 대상이며, 기는 실증적인 인식의 대상이다. 주희는 인간의 마음[心]을 성性과 정情으로 나누었는데, 이것을 이로 말하면 성은 이이고 정은 기에 해당한다. 이는 완전무결한 선善이고, 기는 맑거나 탁하기도 한 것으로 선악善惡이 공존한다. 따라서 성性은 오로지 선한 것이고, 정은 선과 악이 혼재되어 있다. 조선의 이기론은 우주에 관한 형이상학적 원리보다, 인간의 선악과 의리의 문제에 더 깊은 관심을 가졌기 때문에, 인간의 본질을 탐구하는 데 더욱 천착되어 왔다.

104 『대산집』 권39 : (按理墮在氣中而有性之名) 其動靜, 又乘氣而流行, 則固未嘗相離也. 然理公而氣私, 理無形而氣有迹, 理無有不善而氣易流於惡. 故觀其所感之有正私而究其所發之有賓主, 則亦不能無分耳.

105 김용재, 「대학 교양수업에서의 '문화'를 매개로 하는 한자어 교육」, 『한문고전연구』 46, 한국한문고전학회, 2023, 267쪽. 한자 문화권에서는 자연의 일부인 '여름'과 '겨울'을 서로 '상반相反'된 개념으로 인식하지 않는다. 또 '낮'과 '밤'도 '반대反對' 개념으로 보지 않는다. 『주역』에서도 '음'과 '양'은 결코 만날 수 없는 저점의 대립 개념이 아니다. 전통적으로 한자 문화권에서는 '상반'이나 '반대'라는 의미 대신에, '대대待對'라는 개념어를 사용해 왔다. 혹독한 겨울이 지나야만 무더운 여름이 오고, 해가 져야 달이 뜬다고 생각했다. 또 음이면서 양이고 양이면서 음이며, 이것이 소위 태극에 기원한다고 여겼다. 어디 이뿐만인가? 성리학을 보면 이이면서 기이고 기이면서 이이며, 삶과 죽음을 하나로 바라보는 불교에서도 이를 '불이문不二門'이라 표기했다. 그렇다. 한자 문화권에서는 반대 성향의 양면성을 지녔다 할지라도, 상대방의 자리를 대신하며 '갈마드는' 것으로 인식했다.

106 민중서림 편집국 편, 『漢韓大字典』: 儀式·行動之相對.

107 민중서림 편집국 편, 『漢韓大字典』: 賓, 客也, 敬也, 導也, 待接.

108 정약용도 『아학편』에서 빈賓은 친분이 있거나 의미 있는 손님인 반면에, 객客은 나그네라는 뜻으로 지나가다 들르는 과객科客 정도로 풀이한다.

109 『대산집』 권20 「答李希道[甲子]」: 試觀李先生辨論文字, 何嘗偏主一邊, 執一而廢二哉? 自夫文成之徒專主渾淪之論, 則後之議者不得不摘其偏而訂其謬, 此曾王父所以苦心極力, 以用其一生之力.

110 정재 류치명의 생애, 가계, 학문 교유 관계 등은 류영수의 「정재 류치명 경학 연구」, 경북대 문학 박사학위논문, 2011; 김지은, 「19세기 정재 류치명의 현실인식과 경세론」, 경북대 교육학 박사학위논문, 2017 등을 참조.

111 남인 계열의 유자들은 노론 세력에 대응하고자 「영남만인소嶺南萬人疏」를 올려 정치적 열세를 극복하려 했다.

112 성호 이익(1681~1763)은 이황 → 정구 → 허목으로 이어지는 근기 남인 계열의 실학자다.

113 『정재집』 권6, 「書」, '答金子翼問目' : 理者所主以動靜之妙也, 氣者所資以動靜之具也.

114 『정재집』 권19, 「雜著」, '理動靜說' : 理氣有形而上下之分. 而理無形. 氣有跡, 故氣之有動靜易見. 而理之有動靜難知也. 朱子曰. 理有動靜故氣有動靜. 若理無動靜. 氣何自而有動靜乎.

115 『정재집』 권19, 「雜著」, '理動靜說' : 如曰理無動靜. 則是特認爲死灰無情之物. 而氣便無所自而爲動靜矣. 大抵是理活物也. 洋洋乎流動充滿. 無乎不在. 是豈漠然無爲者哉.

116 『정재집』 권19, 「雜著」, '讀書瑣語' : "性中只有箇仁義禮智, 而更無喜怒哀樂之名, 則性之一而
不二, 可知也. 情則旣有四端, 又有七情, 則情之所發, 不一可知也. 此其性一而情二, 亦可知也."

117 이 글 2절에서 『경설유편』 체제를 분석한 바와 같이, 위 4인의 경설 인용지수는 '중용집론'
이 '424개'로 가장 많고, '대학집론'이 '378개'로 다음이며, '논어집론'이 '284개', '맹자집론'이
'184개' 순이다.

118 주 32 이후, 學學 · 思思 · 행行의 관계를 참조하기 바란다.

119 이에 관한 연구는 현재 필자가 타 학회 학술지에 연구 성과를 투고, 연구가 진행 중이다. 결
론적으로 류치명은 '이우기열理優氣劣'을 현상계의 '가치론'에 접목함으로써, 외세에 대응
하는 논리로 발전시켰다는 점이다. 일단 '서학'과 '천주교'를 전통적인 '화이관華夷觀'으로
치환하여 '중화中華 대 양이洋夷'의 우열 관계로 보았고, '정학正學과 이단異端'이라는 우열
의 프레임으로 현실을 인식하려 했다. 이러한 그의 이론은 정치 · 외교 방면에서 '척사斥邪'와
'위정衛正'을 슬로건으로 했던 의병으로 전개되었다.

120 이현일의 「율곡이씨론사단칠정서변栗谷李氏論四端七情書辨」이 대표 저작이다.

121 류치명을 비롯한 19세기 영남 유자들은 주자-성리학이 조선 영남의 퇴계학으로 적통으로
이어졌다며, 이는 이理의 절대성과 우위를 확보하기 위해서라도 모든 세계 · 현상을 이분법
으로 바라보았다. 예컨대 중화中華와 양이洋夷, 정학正學과 이단異端, 천리와 인욕, 인간과
금수禽獸 등이 그 우優와 열劣의 대표적인 표제어다.

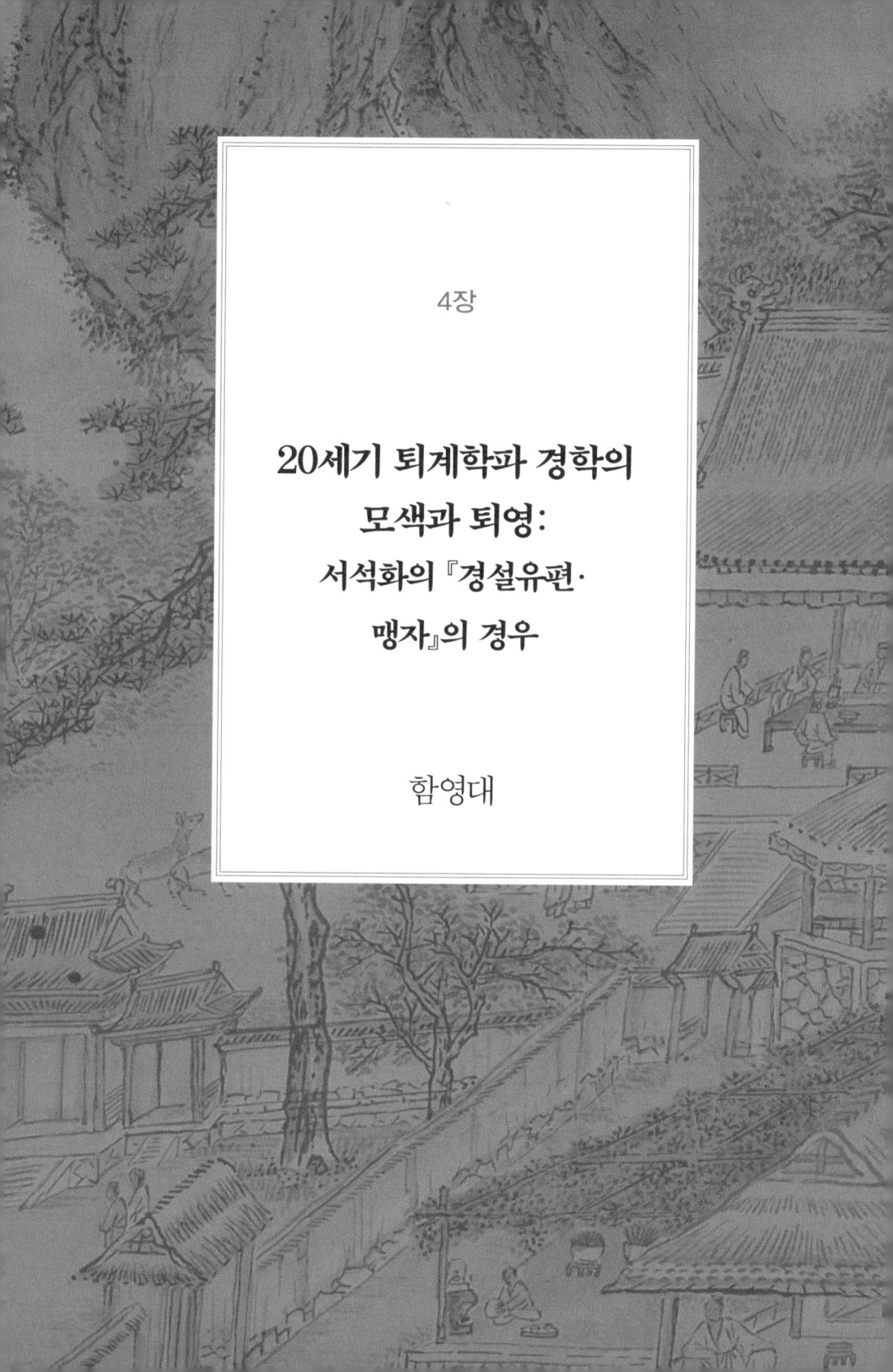

4장

20세기 퇴계학파 경학의
모색과 퇴영:
서석화의 『경설유편·
맹자』의 경우

함영대

문제제기

> 오늘에 이르기까지 경전을 담론하고 학문을 계승하는 문도들이 여전히 패도覇道를 물리치고 왕도王道를 존숭하며, 주자와 퇴계를 연원하여 공자를 종주宗主로 여길 줄 알아서 이목이 미치는 바에 감흥을 일으킨 것이 더욱 깊었으니, 차례로 학문의 정통을 전수한 것이 또한 아름답지 않은가.[1]

1919년을 마감하는 섣달, 『경설유편』을 완성하면서 그 후서後序를 작성하고 있던 60세 청송의 유학자, 서석화徐錫華(1860~1924)는 학문의 정통을 고수하며 전통 경학의 후예로 자처하는 후학들을 가상하게 평가했다. 이때는 대한제국이 국권을 빼앗기고 9년이 흐른 시기였으며, 기미독립선언서가 낭독되면서 전국적으로는 독립운동의 기치가 울려 퍼지고 수많은 사람들이 투옥되는 일이 그해 3월부터 이어지고 있던 때였다. 동시에 다른 한편에서는 유림에 의해 세계에 한국의 독립을 청원하는 파리장서운동이 펼쳐지면서 저자가 살고 있는 영남 지역에도 적지 않은 유림 인사들이 이 일에 적극 가담하기도 했던 시기였다.[2]

이러한 격랑의 시대에 왕패王霸의 의리를 논하며 경전을 담론하고 학문을 계승하는 것을 아름답다고 여기는 것은 일견 의아하게 느껴질 수 있다. 적어도 20세기 일제강점의 치욕스러운 역사는 물론 수많은 애국지사의 죽음을 초래했던 3·1운동과 파리장서운동의 좌절을 잘 알고 있는 오늘날의 관점에서는 주자와 퇴계를 연원으로 두고 전개되던 이러한 조선 주자학의 전통적인 학문에 대한 옹호는 일견 시대착오적인 방향이 아닌가 여겨질 법도 하다.

그러나 1876년, 강화도조약을 이은 개항과 1910년, 국권을 강점당한 임술국치에도 불구하고 순국殉國과 순도殉道 사이에서 순국보다는 차라리 순도의 길을 택한 유학자들이 적지 않았다. 간재 전우(1841~1922), 노백헌 정재규(1843~1911), 면우 곽종석(1846~1919)을 비롯하여 유학의 문명이 다시 되살아날 그때를 기약하며 여전히 주자학을 고수했던 그들은 결코 소수가 아니었다.[3] 그들은 일치일난一治一亂의 유교순환사관에 입각하여 다시 회복될 문명을 기약하며 주로 재야에서 후학 양성을 위한 교육에 전념했다. 그러한 20세기 전후의 조선 유학자들의 처세를 고려한다면 전통적인 학통의 계승을 자임하며 자기 학파의 경전해석을 회집하여 후학에 대한 교육을 준비했던 청송의 유학자 서석화의 저작 활동은 결코 시대착오적인 판단이라고만 평가할 수 없다.

오히려 그것은 학술사적으로는 18세기에 진행되었던 류건휴柳健休(1768~1834)의 『동유사서해집평東儒四書解集評』을 퇴계학통의 입장에서 계승하는 것이었다. 이는 권상하權尙夏(1641~1721)가『논어』·『맹자』·『중용』에서 조선 학자들의 주석을 모아『삼서집의三書輯疑』를 만들고, 이해익李海翼(1847~1925)이『경의유집經疑類輯』을 저술하여 율곡학통의 경설을 회집한 것에 대응하는 의미심장한 것이다. 20세기까지 퇴계학파의 경설을 꾸준히 회집하여 소개함으로써 자기학파의 경설을 계승하고 발전시킨 것으로 이른바 '조선적 경학의 탄생과 성장'이라는 평가[4]도 지나친 것이 아닐 수 있다.

실제로「사선생경설유편후서四先生經說類篇後序」에는 이 저작이 단순히 유학자의 학구적 활동에 그치는 것이 아니라 하나의 문명에 대한 나름의 준비였음을 확인할 수 있다. 그의 편찬의식의 한편에는 민족적 위기에 대한 유학자 나름의 견결한 대응일 수도 있었던 것이다.[5]

이러한 서석화의『경설유편』에 대한 인식을 바탕으로 여기서는 그 저작의 내밀한 정황을 좀 더 구체적으로 파악하기 위해『경설유편』가운데서도「맹자」편을 살펴본다.

『경설유편』에서『맹자』에 대한 경설회집은 모두 184항목에 그친다. 이는 사서四書 가운데 그 분량만을 놓고 본다면 각각 378항목과 424항목을 회집한『대학』과『중용』에 비해 현저히 적고, 288항목을 회집한『논어』에 비해서도 100항목 이상 적은 것이다.[6]『맹자』의 원 텍스트가 다른 경전에 비해 결코 적은 분량이 아니고, 내포하고 있는 주제의식 역시 적지 않다는 점을 고려한다면 이례적이라고도 할 수 있다.

그러나『맹자』는 심성·수양의 이론으로부터 정치·경제와 관련된 다양한 주제에 대한 논의가 상당한 분량으로 조리 있게 제시되어 있는 등 다양한 논점을 함유하고 있어「맹자」편에 대한 분석은 서석화의

『경설유편』이 지닌 경설회집서로서의 의미를 잘 드러낼 수 있을 것으로 보인다. 특히 조선 후기 유학사의 중요한 쟁점이 되었던 사단칠정논쟁四端七情論爭이나 인물성동이논쟁人物性同異論爭 역시 소의경전所依經典을 『맹자』에 두고 있기 때문에 경학인식의 다각적인 측면을 살펴보는 데도 요긴하다.

이 글에서는 삶의 이력과 『경설유편』의 편찬의식으로부터 해석의 저변을 살피고 『경설유편·맹자』에 나타난 다양한 국면을 분석해 보고자 한다. 이 저작은 퇴계 이황李滉(1501~1570), 갈암 이현일李玄逸(1627~1704), 대산 이상정李象靖(1711~1781), 정재 류치명柳致明(1777~1861) 등 퇴계학파의 저명한 네 선생의 학설을 발췌하여 모은 것으로 자신의 의견은 전혀 개입되지 않았다. 엄밀히 말해 '서석화의 경설'은 아닌 것이다. 그러나 서석화는 경설을 회집하면서 개별 학자의 해당 의견 전부를 집성集成한 것이 아니라 개별 문집에서 선별적으로 발췌하여 수록했다. 편찬자인 서석화의 개성적인 안목이 깊숙하게 반영되었으므로 그 편찬의식을 가볍게 볼 수는 없다.[7] 그렇다면 이 책은 편찬자인 서석화에 의해 선별적으로 인용 제시된 퇴계학파의 『맹자』 해석인 셈이다.[8] 그런 점을 고려하여 『경설유편·맹자』는 분명 네 분의 퇴계학파 학자들의 의견의 총체로서, 동시에 서석화의 경전에 대한 취지와 안목을 보여 주는 것으로 파악할 수 있다.

서석화의 학문 여정과 『경설유편』의 편찬

서석화의 학문 여정

편찬자인 서석화徐錫華(1860~1924)는 자가 중온仲蘊, 호가 청석淸石으로 석간石澗 서효원徐孝源(1839~1897)의 아들로 태어나 서산西山 김흥락金興洛(1827~1899)에게 수학했다.[9] 김흥락이 정재 류치명의 고제高弟라는 점에서 서석화는 류치명과 김흥락으로 이어지는 퇴계학의 정맥을 계승한 셈이다. 서석화가 『경설유편』을 저작한 1919년은 자신의 나이 60세로 생을 마치기 5년 전이다. 그는 삶의 말년에 이르기까지 퇴계 이하 갈암과 대산, 정재로 이어지는 퇴계학파 학자들의 경설을 모아 후학들을 가르치고자 한 것이니 그 자체로 영남 유학의 퇴계학통을 진작시킨 것이라 평가할 수 있다.

그는 '내면의 심성을 닦는 학문에 귀를 기울이는 일이 드문 시대'에 태어나 '정재 문하에서 전수한 심학의 지결을 계승한' 가학의 전통 속에서 유년기부터 유가의 규범에서 벗어나지 않은 여정을 걸었다.[10] 41세가 되는 1900년에는 원근遠近의 동지들을 모아 향음주례를 행하면서 '이단異端의 학설이 횡행하여 예교禮敎가 상실되었다'고 판단하고 '고례古禮를 닦아 밝히며 의연히 바로잡아 돌이키려는 뜻'을 지녔다.[11] 그 일생의 지취를 짐작할 수 있는 대목이다.

『경설유편』의 편찬과 관련하여 서석화의 일생은 음미할 만한 점이 있다. 그의 행장에는 '글자를 베껴 쓰는 데에 벽癖이 있고 필법에도 일정한 조예가 있었다'거나 '퇴계 선생의 편지와 정재 선생의 가르침을 가려 뽑아 마음으로 풀어내고 입으로 외웠다'는 기록이 산견된다.[12]

이는 젊은 시절부터『경설유편』을 저작할 수 있는 평소의 학습 소양을 쌓고 있었던 것이라 볼 수 있다.

1879년, 20세가 되었을 무렵에 퇴계의『주자서절요』에서 읽은「답위응중서答魏應仲書」가 초학자들에게 가장 절실한 것이라 생각하여 장구章句를 정리한 다음, 다른 글 중에 뜻이 서로 발명될 만한 것을 가려 취해 단락마다 모아 붙이고는『초학일용初學日用』이라는 저작을 편찬했다.[13] 이때 이미 선현의 저작을 발췌 초록하여 하나의 새로운 편찬서를 만드는 재능을 발휘한 것이다. 1899년, 40세가 되었을 때에 서석화는 스승으로 모신 서산 김흥락의 상을 맞이하여 선생이 남긴 글을 베껴 쓰면서 여러 번의 본을 만들어 바꾸어 정본淨本으로 만들기도 하였으며,[14] 1909년, 50세 나이에 아버지가 창설하여 꾸준히 강학을 이어온 부강서당鳧江書堂에서는 대산 이상정의『약중편約中篇』, 천사川沙 김종덕金宗德의『성학정로聖學正路』, 정재 류치명의『주절휘요朱節彙要』등을 간행하기도 했다.[15]

그의 삶의 지취와 학문의 여정은 선현들의 저작을 꾸준히 정리하고 초록하여 하나의 새로운 편찬서를 제작하거나 또는 완성된 저작을 간행할 수 있는 경로를 쉼 없이 밟아 왔다. 그러므로 그는 평소 자신의 후학들에게 "공부는 반드시 중단이 없어야 하고, 의리는 반드시 귀결처가 있어야 한다"고 외쳤으며, "위기지학爲己之學을 하느냐 위인지학爲人之學을 하느냐에 따라 사람이 되느냐 귀신이 되느냐가 갈린다"고 말할 수 있었다. 자기 삶의 실천으로 "세상은 깊은 연못이나 빙판길이 아닌 데가 없으나 책 속은 모두 신명神明하다"라는 신념 속에서 "눈을 감기 전까지 오직 이 일만을 귀결처로 삼았다"고 고백할 수 있었던 것이다.[16] 그러므로 유독 그의 『경설유편』은 논변류의 경설회집이 아니라 삶의 성찰과 반성으로서의 수양서적인 분위기를 물씬 풍기는 저작이 되었다.

『경설유편』의 편찬의식

이러한 여정에서 편찬된 『경설유편』은 철저하게 주자학의 시야로 보는 경전의 세계관을 옹호하는 관점을 견지하고 있다. 그는 이렇게 선언한다.

> 사자육경四子六經의 주지主旨가 자양부자紫陽夫子(주자)에 이르러 크게 정리되자 견강부회에 천착하는 자들은 얼음 녹듯 환하게 풀리고, 도교와 불교에 빠진 자들은 평탄한 길을 밟듯 바르게 되었다. 이로써 지난 성인을 계승하고 이로써 영재를 교육시키니, 대개 분서갱유焚書坑儒 이후 문명이 한 번 다스려진 때였다.[17]

이러한 문명론의 시야에서 서석화의 안목에 경전의 본지를 온전하게 밝힌 후대의 학자는 주자였고, 주자는 진나라의 분서갱유 이후의 일인자였다. 아울러 서석화는 퇴계 선생이 주자의 본의를 따라 한 시대의 인재를 길어내어 동방의 문명을 한 번 다스렸다고 인식하였으며, 갈암 이현일과 대산 이상정이 퇴계의 법문을 수호하여 퇴계가 자양부자를 따랐던 것처럼 계통을 이었다고 지적했다. 아울러 근세에 정재 류치명이 태어나 전해 오던 학문의 단서를 고찰하고 논증하여 그 말씀을 통해 그 마음을 터득했으니, 공전절후空前絶後한 하나의 본보기가 되었다고 표창했다.[18] 퇴계학통에 속한 학자들이 학문의 정통인 주자학을 제대로 계승했다는 것이다. 그러면서 그는 '학문은 발전한다'는 인식도 분명하게 가지고 있었다. 곧 "경전의 뜻을 분석한 것이 상세할수록 더욱 의미가 있고 오래될수록 더욱 폐단이 없어서, 덕과 재주를 이룬 자들이 숲처럼 무성하게 배출되었다"[19]고 짚은 것이다. 그러한 인식이 퇴계만이 아니라 갈암과 대산, 정재에 이르는 퇴계학파 학자들의 경설을 굳이 연원대로 채집하는 과정으로 이어지지 않았을까?

서석화는 나라를 빼앗기고 이단이 횡행하여 도가 땅에 떨어지려고 하는 시기에 그에 앞서 해와 별이 다시 빛나고, 하늘의 운수가 순환하며 사람의 문명을 밝힐 소명의식과 다시 자신의 고을을 해동海東의 추로鄒魯가 되게 할 책무감을 가지고 이 책을 편찬했다.[20] 그는 자신이 이전 네 선생의 글 전체를 온전히 꿰뚫기는 어려웠다고 겸손하게 말했지만 상당한 요량과 안목을 가지고 네 선생의 문집에서 경전의 뜻을 논한 것을 하나하나 채집하여 "문門을 나누고, 목目을 세워" 유형별로 모았는데 모두 13권이었다.[21]

그러한 경설회집의 취지는 "남헌南軒 장식張栻(1133~1180)이 『수사언인록洙泗言仁錄』을 편찬했을 때, 주자가 그것을 두고 "후생들에게 지름길을 좋아하고 빨리 성취하려는 마음을 열어주는 것이다"라고 평가한 것과 같은 것이라고 설명했다.[22] 장식은 송대 저명한 정치가이자 학자로 호굉胡宏의 제자로서 주자와 다양한 학문적 논쟁을 하여 『집주』에도 그의 견해가 적지 않게 수록되어 있는데 그는 『논어』와 『맹자』에서 인仁에 대해 말한 내용들을 가려 뽑아 『수사언인록』을 만든 바 있다. 서석화는 그러한 방식을 채용한 것이다.

서석화는『경설유편』이 철저하게 공부하는 후생들에게 독서의 근간이자 지남指南이 되길 기대했던 것이다. 그러므로 그는 학문의 차례와 규모, 학문하는 자세에 대한 조언을 사양하지 않았다.『경설유편』의「칠서총론七書總論」은 저작의 서문격에 해당하는 내용으로서 비록 네 선생의 논의를 인용한 것이지만 상당 부분 서석화 자신의 사서삼경에 대한 안목이 바탕이 되어 그러한 총론을 한 것으로 이해된다.

그는 사서삼경에 대한 독서 차례에서 사서를 특히 중시했다. 퇴계가〈이산서원원규伊山書院院規〉에서 제시한 "제생諸生들은 독서를 함에 있어서 사서와 오경五經을 본원으로 삼고,『소학』과 주자의『가례』를 문호로 삼아야 한다"[23]는 것을 발췌하고 또, 갈암 이현일의 문집 부록에서 "배우는 이가 공부해야 할 것은 사서보다 절실한 것이 없다. 반드시집주集註, 장구章句, 혹문或問을 아울러서 익숙하게 읽고 자세하게 완미하며 자세하게 이해하고 이치를 꿰뚫어 보아야 한다. 그렇게 하여나에게 있는 척도가 이미 정해진 뒤라야 인물을 품평할 수 있고 의리를 변별할 수 있어서 어떠한 경우에도 마땅하지 않음이 없게 될 것이다"[24]는 것을 선별했다. 이것은 비록 퇴계와 갈암의 언명을 소환한 것이고, 어느 정도는 보편적으로 받아들여졌던 조선 주자학자들의 생각이었지만 결론적으로 서석화는 이러한 언명을 정리 요약함으로써 사서오경과『소학』,『가례』중심의 경전을 읽되 주자학의 문헌을 포괄적으로 활용해야 한다는 자신의 입장을 제시했다.

또한 서석화는 사서를 중심으로 공부하되『대학』을 중심으로 경전공부의 체계화를 강조했다. 이를테면 퇴계의 언행록에서는 "집짓는것에 비유하면,『소학』은 집터를 다져서 바르게 하고 목재를 준비하는 것과 같고, 『대학』은 큰 집의 천만 칸을 그 터에 짜맞추어 놓는 것과 같고, 『논어』, 『맹자』, 『중용』 및 『시경』과 『서경』 등은 모두 『대학』의 구조에 채워 넣어서 큰 집의 천만 칸을 꾸미는 데 들어가게 된다"[25]는 구절을 인용한 것이나 대산 이상정의 "『대학』은 기둥을 세우고 칸을 정하는 것이며, 『논어』와 『맹자』는 그 사이를 채우고 꾸미는 것이고, 『중용』은 들보를 올리는 것이다"[26]라는 구절을 고른 것은 퇴계학파에서 면면히 흐르고 있는 사서학습의 전통과 방법을 계승하고자 한 것이다.

더욱 의미심장하게 볼 것은 서석화의 경전 읽기가 궁극적으로 일상에서의 절실한 체험을 위한 구도의 과정으로 읽어야 한다는 점을 강조한 것이다. 그러한 인식은 정유일에게 보낸 편지에서 "『주역』은 바로 이치와 상수象數의 연원이 되는 책이므로 참으로 읽지 않을 수 없다. 그러나 『논어』, 『맹자』, 『중용』, 『대학』이 배우는 이들의 일상 공부에 절실한 것보다는 못하다"[27]라는 것을 주목한 것이나 이상정이 자신의 문인 안찬여安瓚如(1747~1810)에게 보낸 편지에서 "『중용』과 『대학』은 종합하여 한 편으로 만들었기 때문에 본래 순서가 있고, 『논어』와 『맹자』는 손 가는 대로 그때그때 기록했기 때문에 본래 순서가 없다"라고 하여 사서의 텍스트상의 특징을 지적하면서도 "읽는 사람이 이미 완성된 글을 통하여 익숙히 신중하게 생각하며 깊이 체득하여 힘써 실천하면 자신의 심신과 일상생활에 절실하지 않은 것이 없을 것이다"[28]라는 구절을 굳이 발췌하여 경전에 대한 공부가 수신과 일상에서의 절실함이 되기를 기대한 것은 편찬자의 의식이 뚜렷하게 반영된 결과라고 이해된다.

서석화는 정재 류치명이 자신의 문인 김도화金道和(1825~1912)에게 보낸 편지에서 경전의 훈고 공부마저도 의리를 발현하는 데 매우 가치 있고 의미 있는 것이라는 점을 강조하는 다음의 내용을 발췌하여 사서 삼경을 읽는 총론의 대미를 마쳤다. 1919년의 시대에 왜 다시 서재에서 경전의 훈고를 침착하게 읽어야 하는가에 대한 서석화 나름의 변이 아닐까 짐작된다.

경전의 훈고訓詁는 마음을 넓힐 수 없다고 하였는데, 이 점에 대해서 견해가 부족한 듯하다. 천하에 의리보다 강한 것이 없으니, 여기에 터득한 것이 있다면 이른바 "바다를 본 사람이라면 웬만한 물은 물로 보이지 않는다"는 경지에 이를 것이다. 저 제자백가의 다른 학문이 치달리는 것은 다만 개구리와 지렁이의 소견일 뿐이다. 주희의 바다처럼 넓고 하늘처럼 높은 기상과 맑은 바람 같고 갠 달 같은 주돈이의 흉금에 저들이 어찌 그 울타리라도 비슷하겠는가. 의리를 묻지 않고 비록 문자로 말했지만, 『대학』의 근엄謹嚴함, 『중용』의 심순深醇함, 『논어』의 간이簡易함, 『맹자』의 준일峻逸함이 어떠한 품격이던가.

지금, 사람으로 하여금 수레에 맨 망아지처럼 얽매이는 모습이 있게 한 것은 무엇 때문인가. 아마도 경전의 의리는 깊이 음미하지 못하고 도리어 어렵다고만 하는 근심만 있을 뿐이다. 이제 크게 마음에 붙이고 높게 안목에 붙여서 문자의 밖에 뜻을 세우고 훈고의 안에 공경히 행해서 한 줄을 읽으면 한 가지 의리를 체득하여 점점 평이한 가운데 무한한 의미가 있음을 알게 된다면, 생각이 절로 넓게 펴지고 가슴이 절로 탁 트여서 빈천이 지조를 바꾸지 못하고 위협이 의지를 굴복시키지 못하는 데 이를 것이다. 천하에 다시 어떤 문자가 있어서 발현하도록 도와서 이러한 경

지에 이르게 할지 모르겠다.[29]

 "빈천이 지조를 바꾸지 못하고 위협이 의지를 굴복시키지 못하는" 것은 대장부의 기상이다. 서석화는 삶의 어려움이 "경전의 의리는 깊이 음미하지 못하"기 때문에 "수레에 맨 망아지처럼 얽매이는 모습"을 가지게 되는 것이라고 인식했다. 고루해 보이는 경전 글자의 의미 하나하나를 찾아가는 과정을 단순히 학구의 편협한 지적 추구로만 보지 않고, 천하의 의미를 체득하여 "바다를 본 사람이라면 웬만한 물은 물로 보이지 않는다"는 경지에 이를 것을 주문한 정재 류치명의 언급에서 유교경전을 공부하는 긴절한 의미를 접수한 것이다.

『경설유편』의 분석 : 「맹자」 편의 경우

 그럼 서석화는 네 선생의 경설을 유편하면서 어떠한 점에 주목하여 『맹자』를 읽고자 한 것인가? 서석화가 읽고 있는 『맹자』의 텍스트는 영락제 때 완성되어 조선에 전래된 『맹자집주대전』이다. 그는 엄밀하게 말해 『맹자』라는 경전의 원의에 대한 충실한 해석이라기보다는 차라리 주자의 『맹자집주』, 더 나아가 『맹자집주』를 부연한 『맹자집주대전』의 의리를 퇴계학파 네 명의 학자들의 의견을 인용하여 천명하고자 한 것이다.
 여기서는 텍스트를 읽는 방식과 관점을 비롯하여 『맹자』의 주요한 논점을 처리하는 방식을 짚어본다. 아울러 율곡학파 학자들의 견해를 비판하는 퇴계학파 학자들의 정통성의 계승과 관련된 진지한 접근도 함께 고찰한다. 또한 논리적 비판으로서 경전을 읽기보다는 생활의 성찰로서 경전을 읽고자 한 서석화의 취지가 강하게 드러나는 다양한 인용의 제시를 통해 결국 서석화가 자기 학파의 후학들에게 전하고자 한 퇴계학파 『맹자』 해석의 근간이 무엇이었는지도 함께 고찰한다.

『맹자집주대전』을 읽는 방식

서설의 문제

서석화는 『경설유편·맹자』를 편찬하면서 기본적으로 『맹자집주대전』이라는 텍스트에 대한 비평은 심각하게 검토하지 않았다. 이를테면 그가 기본적으로 활용하고 있는 『맹자집주대전』에는 「맹자서설」이 수록되어 있어 맹자의 일대기나 맹자와 관련된 도통론 등 맹자에 대한 전통적인 입장이 소개되어 있는데, 이러한 맹자 텍스트 전제에 대한 검토는 서석화의 시야에 들어오지 않았다.

진작에 대전본을 검토했던 율곡학파의 학자 이유태李惟泰(1607~1684)도 『맹자집주대전』의 「서설」을 검토하여 맹자의 작자 문제와 도통의 전수 등을 초보적으로나마 따져본 것과는 다른 것이다.[30] 또한 같은 남인 그룹으로 근기 지역에서 활동했던 성호학파의 학자들이 『맹자』 텍스트를 검토하면서 맹자가 자사에게 직접 배웠는가? 맹자의 자는 무엇인가? 『맹자』라는 택은 맹자가 직접 지은 것인가? 맹자외서는 어떤 가치가 있는가?라는 등의 문제[31]에 관심을 가지고 텍스트를 비판적으로 검토한 것과도 변별된다.

다만 서석화는 천리天理와 인욕人欲에 대한 구분과 부귀빈천에 대한 의리의 천명을 통해 수신과 함양의 도구로서『맹자』를 읽는 데 관심을 두었다. 그것이 "마음을 세우는 첫머리고, 몸을 안정시키는 자리"라고 판단했기 때문이며, 이에 대한 입장을 확정하고 근본을 마련한 뒤에야 박문약례博文約禮의 공부가 베풀어질 수 있을 것이라고 보았기 때문이다.[32] 그는『맹자』를 읽는 이상정의 견해에 이어 류치명의 의견을 수록하면서 주로 맹자는 도리를 말하는 것이 매우 비근하고 직접 보는 부분에서부터 심오한 견해를 다 제기하였기 때문에 궁극적으로 "가는 곳마다 활용하는 근본을 만나지 않음이 없다"[33]고 생각했다. 맹자는 특히 이기를 논하는 고전 학문의 전통 가운데서도 양기養氣와 야기夜氣에 대한 견해를 제시하여 선한 것을 배양하는 것이 도의에 부합하면 인의를 보존하는 마음에 이르러 도의를 행하는 데 용맹하고 결단성이 있을 것이며 담담하고 허명한 기상을 볼 수 있을 것으로 기대하기도 했다.[34]『논어』가 하학下學과 관련하여 사람을 가르치는 것이라면『맹자』는 심성의 본원에 나아가 사람을 인도하고 일깨우는 것이 많을 것이라고 판단한 것이다.[35]

이러한 맹자를 읽는 독법에 대한 이해는『맹자』를 객관적인 유교 경전으로서 이해하여 학구적으로 판단하고 논리적으로 논변하는 방식보다는 수용하고 실천하는 수양서로서의 경전독법에 가까운 것이라고 판단할 수 있다.

경문과 집주, 소주를 읽는 방식

경문에 대한 해석은 대체로 퇴계학파 학자들의 직관적인 해석을 소개하는 방식으로 제시된다. 이를테면「공손추상」2장, 이른바 '호연장'에서 부동심不動心이나 지기志氣의 연관성 문제는 맹자 심성론에서 매우 중요한 것으로 그 의미와 체득에 대한 다양한 논의를 전개할 수 있는 대목이다. 그런데 서석화의 경우, 다각도로 축적된 의견을 제시하기보다는 퇴계나 정재의 의견을 단발적으로 소개하는 것으로 그 해석을 갈음했다. 해당 논점에 대해 명쾌하게 논단하기보다는 이 문제를 이해하는 대체의 관법觀法을 확인하거나 『맹자집주』의 해석에 대한 이해가 심화되는 데 기여하는 것이다.

○ 퇴계 선생이 말하였다. "문왕이 유리羑里에 유폐되거나 길에서 사나운 호랑이를 만났을 적에 모두 죽음과 삶이 눈앞에 닥쳤으니, 어찌 벌벌 떨며 놀라고 두려워하는 마음이 없었겠는가. 이른바 '부동심不動心'은 겁을 먹고 어쩔 줄 모르는 것을 말하는 것이 아니다." 조기백趙起伯[36]

○ 정재 선생이 말하였다. "이는 '마음에서 얻지 못하거든 기에 도움을 구하지 말라'는 것은 불가하다는 것을 논한 것이니, 대개 '말에서 얻지 못하거든 마음에서 구하지 말라'는 것은 매우 불가한 것이기 때문에 단정하여 버린 것이다. 그리고 그 아래 다시 '겨우 가可해서 미진한 말'[37]로 그렇지 않은 원인을 논했으니, 그렇다면 스스로 윗글과 별도로 하나의 설이 되는데, '마음에서 구하지 말라는 것은 불가하다[勿求於心不可]'는 구절 아래에 토를 달아 놓아서 아래 글과 연결시켜 하나의 맥락으로 이해하도록 했으니, 아마도 온당치 못한 듯하다." 「독서쇄어」[38]

이러한 맥락은 경문의 의미에 대한 해석에서도 전체적인 문맥의 의

미를 짚어 주는 수준에 그치게 하는 측면이 있다. 이를테면「공손추
상」1장에서 맹자는 공손추와의 대화 가운데 "관중에 대해서는 증서曾
西도 비교당하고자 하지 않았는데 그대는 나를 그렇게 견주기를 바라
는가?"[39]라는 대목이 있는데 이에 대해 서석화는 정재의 "중니仲尼의
문도가 비교하지 않으려 했다는 것을 말한 것이지, 증서曾西의 뜻을 작
게 여긴 것이 아니다"[40]라는 경문의 문맥이 지니는 의미를 짚어 주는
내용을 수록했다.

　이는 같은 곳에 대해 사계 김장생이 선친의 의견이라면서 인용한 증
서曾西가 증자의 손자라는 주석에 대해 증자의 손자가 아니라 증자의
아들인 증신曾申의 자字라고[41] 고증하며 본문의 사실 정보에 대한 주
석의 내용을 교정하려는 시도와는 변별된다. 이는 경문에 대한 관심처
가 어디에 있는가를 알려주는 것이다. 전반적으로『경설유편·맹자』에
는 경전의 내용에 대한 훈고訓詁가 거의 등장하지 않아 인물이나 지명,
기물, 역사적 사실에 대한 정보의 판단이 제시되는 사례가 드물다. 이
는 상대적으로 그에 대한 정보가 적지 않게 등장하는 율곡학파[42]의 경
설이나 같은 남인 그룹의 성호학파의 경설[43]과도 변별되는 것이다. 이
는 기본적으로 경전의 훈고는 주자가 이미 다 규명해 놓았기 때문에
후학들은『주자서절요』나『퇴계서절요』등을 통해 그 요체를 터득하
고, 이를 실천하는 방향으로 학적 경로를 정향한 것이다. 이러한 인식
의 경로는 결국 주자학을 넘어서는 인식을 하기 어려운 결과에 도달하
는데, 이는 유사한 경로를 밟았지만 주자문헌학의 도정을 통해『주자
언론동이고朱子言論同異考』,『주자어류고문해의朱子語類考文解義』,『주자
대전차의집보朱子大全箚疑楫補』등의 저작을 생산하며, 주자학의 내용

에 대해 그 사실 정보의 하나하나를 파악하고자 한 율곡학파의 주자학과는 변별되는 점이 있다.[44] 불가피하게 주자학에 대한 학문 내용에서의 그 내적 축적이 미진해지는 결과를 초래할 수 있는 것이다.

다른 한편, 『경설유편·맹자』는 전체적으로 집주에 대한 좀 더 진전된 해석을 기대한다. 이를테면 경전의 본문에서 거듭 반복되지만 그 의미와 뉘앙스가 다소 달라지는 문맥에서는 통괄해서 보되 좀 더 변별적 의미를 알고자 하였다. "그 마음에서 나와 행동에 해를 끼치고 행동에서 시작하여 정사에 해를 끼친다[作於其心, 害於其事, 作於其事, 害於其政][45]라는 구절은 「맹자·등문공하滕文公下」 9장에서는 이단사설異端邪說을 비판하는 문맥에서 제시되지만 동시에 「맹자·공손추상公孫丑上」 2장에서는 지언知言의 의미를 확장하는 언명[46]에서도 반복적으로 제시된다. 그런데 그 맥락의 차이가 있어 변별적인 이해가 필요하다. 이에 대해 경문을 주의 깊게 관찰한 안목이 있다. 또한 『논어』와 『맹자』에서 인仁에 대한 주자의 주석이 그 위치를 달리하며 강조점을 다르게 한 것에 대한 예리한 관찰도 보인다. 주로 정재 류치명의 의견으로 이는 퇴계학파에서 『맹자집주孟子集註』의 내용을 매우 세밀하게 읽고 있음을 보여 준다.

○ 정재 선생이 말하였다. "지언설知言說의 '정政'과 '사事' 두 자와 서로 바꿀 수 있으나, 지언조知言條에서는 '정'과 '사'에 대해 풀이하지 않았고, 여기에서는 '사事는 행하는 바요, 정政은 대체大體다' 하였다. 대개 이 장은 그 뜻이 앞 장과 다르다. 앞 장에서 말한 정政은 명령을 내고 가르침을 베푸는 것을 말하고, 여기에서는 대체를 통합해서 말한 듯하다." 「독서쇄어」

○ 정재 선생이 말하였다. "『논어』에서 '인仁은 인仁이 된다'고 하였기 때문에 먼저 '사랑의 이치'[47]를 말하였고, 『맹자』에서는 '사람에게 고유한 것이다'고 하였기 때문에 먼저 '마음의 덕'을 말하였다.[48] 이런 부분은 곡진한 의의가 있다." 「정재선생속집」

또한 사서집주四書集註 내에서 다시 『맹자집주』만의 특징적인 국면을 구분하여 읽고자 하는 시도도 보여 준다. 이는 주자의 심성心性에 대한 이해의 한 사례이지만 그만큼 사서집주에 대한 전반적인 이해 가운데 『맹자집주』에서 보여 주는 주자의 변별적인 해석을 놓치지 않고 있음을 확인시켜 주는 것이다.

○ 갈암 선생이 말하였다. "주자의 사서집주四書集註에서 무릇 인仁을 말한 부분에서 반드시 '마음의 덕[心之德]'이라는 구절을 들어서 설명한 것은 인이 마음의 덕이 되기 때문이다. 심성心性을 말한 부분에는 반드시 '기품氣稟의 구속'과 '물욕物欲의 은폐'를 겸하여 말했는데, 『맹자집주』에서만 유독 기품을 말하지 않은 것은 맹자가 성性을 말할 때는 기질과 섞이지 않은 것을 끄집어 내어 말했기 때문이다. 『집주』에서 경중을 자세히 저울질하여 한 자도 함부로 지나치지 않은 뜻을 여기에서도 볼 수 있다." 「수주관규록愁州管窺錄」[49]

『맹자집주대전』에 수록된 소주小註에 대해서도 자기 학파 학자들의 설명을 좀 더 곡진하게 소개하는 방식으로 전개된다. 이는 『맹자집주대전』 역시 주자의 주석만큼이나 일반적으로 읽혀지고 토론되는 대상으로 수용하여, 『맹자집주』를 읽는 것과 크게 변별적으로 구분되지는 않았음을 보여 준다.

> "이기심은 남과 내가 서로 구분되는 데서 생긴다[利心 生於物我之相形]"는 주자의 해석에 대해[50] "보경원輔慶源이 '이기심은 사람에게 본래 없는데, 단지 내가 있고 남이 있기 때문에 피차가 서로 구분되어 곧바로 생겨나는 것이다'[51] 하였습니다. 그렇다면 미인이 그 몸에 닿으면 여성을 좋아하는 마음이 나오는 것은 역시 본래 나올 이치가 없는데 단지 그것 때문에 나오는 것입니까?"
> 퇴계 선생이 말하였다. "서로 구분되기 때문에 일마다 모두 자기에게 좋게 하려고만 하고, 어떠한가를 다시 헤아릴 겨를이 없으니, 이것은 바로 이기심이다. 미인을 좋아하는 마음 같은 것은 단지 욕심이라고 말해야지, 이기심이라고 말해서는 안 된다." 이굉중李宏仲

퇴계는 이기심과 욕심을 구분하는 차원에서 이굉중(이덕홍)의 물음에 답하고 있다. 여기서 이덕홍은 소주小註에 있는 언급을 토대로 질문을 한 것이고, 퇴계는 질문에 따라 대답을 한 것이지만 서석화는 그 내용을 의미심장하다고 판단하여 수록하고 있다. 그렇다면 퇴계학파의 학자들에게 소주는 집주集註와 중요도의 차이는 있을지언정 그 인용하고 논의하는 차원에서는 그리 큰 차이가 나지 않는 수준이었음을 확인할 수 있다. 이는 소주의 문자에 대해 몇 차례 인용되지도 않는 훈고까지도 반영한 사례에서 더욱 잘 드러난다. 「맹자·등문공하」 9장에는 공자가 당시를 염려하여 『춘추』를 저작했다는 맹자의 평가에 대한 호안국胡安國의 평가가 수록되어 있다. 곧 "난신적자로 하여금 자신의 욕심을 금하여 함부로 펴지 못하게 했으니 그 정상이 애처롭다[使亂臣賊子, 禁其欲而不得肆, 則戚矣]는 것이다.[52] 여기에 '척戚' 자가 등장하는데 이를 두고 퇴계는 '척' 자의 의미를 '마음이 동요되어 편안하지 못하다'는 의미로 이해했는데 이를 수록한 것이다.[53] 훈고의 내용에 대한 비판적이거나 분석적인 내용에 이르지는 못했지만 소주의 문자에 대한 훈고 사실을 적시한 것은 『맹자집주대전』을 읽고 있는 퇴계학파와 서석화의 관법을 보여 주는 것으로는 손색이 없다.

　전체적으로 「양혜왕」 편의 전체를 살펴보아도 『맹자』 경문의 의미를 파악하려는 시도보다는 『맹자집주』의 의미, 더 나아가 인의仁義, 천리天理 인욕人欲의 의미를 주자의 뜻에 맞게 부연 확대하여 그것을 일상에서 실천하는 방향으로 논의가 진행되었다. 이는 「양혜왕」 편에는 맹자의 의리지변이나 왕도사상, 외교정책과 관련하여 많은 논의가 제기되고 있는 것에 대해 본격적으로 그 내용을 검토하거나 토론하려는 시도를 하지 않은 것이 된다. 주자의 견해를 존중하고 수용하는 데에 좀 더 관심을 집중한 것으로 파악되며, 이는 경설의 회집이 경전의 본의에 대한 추구라기보다는 『맹자집주』와 『맹자집주대전』을 오해 없이 읽고, 그 내용을 잘 실천하려는 방향으로 전개되었음을 확인할 수 있다. 〈표1〉의 표제와 그 관심사에서 그러한 경향성의 일단을 볼 수 있다.

심성수양의 성찰적 철학으로서의 경전 해석

이기·심성 주제의 편향성

　서석화의 맹자 해석은 전반적으로 이기와 심성 주제에 대한 논의로

<표 1> 「양혜왕」 편의 표제, 논의대상, 수록경설

표제	논의 대상	수록경설	비고
梁惠王篇首章集註 仁者心之德愛之理	「양혜왕상」1장 집주	대산 2 정재 1	주자설
義者心之制事之宜	「양혜왕상」1장 집주	대산 2	주자설
利心生於物我之相形	「양혜왕상」1장 소주	퇴계 1	경원보씨설
造端託始	「양혜왕상」1장 집주	정재 1	주자설
權然後知輕重云云	「양혜왕상」7장 경문 분석 내용은 집주	대산 1	주자설부연
血氣之怒不可有理義之怒不可無	「양혜왕하」3장 집주	퇴계 1	장경부설
鍾鼓苑囿遊觀之樂	「양혜왕하」5장 집주	정재 1	주자설
天理人欲同行異情	「양혜왕하」5장 집주	대산 2	주자설
遏人欲而存天理	「양혜왕하」5장 집주	정재 1	주자설
雖萬鎰必使玉人彫琢之	「양혜왕하」9장 경문	정재 1	경문 훈고

해석을 진행하고 있다. 가장 많은 분량을 차지한 것은 호연장과 사단에 대한 논의였는데 내용은 상당 부분 이기와 심성에 대한 이해에 대한 설명이었다. 「공손추상」6장에 제시된 사단四端에 대한 논의는 그 표제를 '측은지심', '수오지심', '사양지심', '측은·수오·사양·시비' 등으로 나누어 그 의미에 대한 해설을 수록하고 있으며, 다시 '사단'을 표제로 삼아 그 의미를 한 번 더 짚어 주었다. 그러나 그 내용에 대한 이해는 축적된 경설의 상호 비교나 경문의 의미에 대한 새로운 해석이라기보다는 퇴계학파 학자들의 의견을 채집하여 수록하고 그 내용을 음미하게끔하는 차원에 머무르고 있다.

수오지심 : ○ 물었다. "『맹자』 7편 속에 단지 '부끄러워하는 마음[羞惡之心]'만을 말한 것이 많습니다."

대산 선생이 말하였다. "의義는 결단하고 제어하는 도리이기 때문에 배우는 사람이 인욕을 막고 선을 따르는 부분에 대해서 더욱 힘을 가진다. 다만 인용한 두 장만 그러한 것이 아니고, 웅어熊魚 한 장 같은 것은 더욱 통쾌하게 말하였으니, 사람들로 하여금 깨우치고 놀라게 하는 점이 있다."
김홍보金弘輔[54]

사양지심 : ○ 정재 선생이 말하였다. "사양[辭]과 양보[讓]에는 크고 작은 차이가 있다는데, 아마도 그렇지 않은 듯하다. 사손辭遜과 사퇴辭退가 비록 작은 절개이지만, 맹자가 10만의 녹을 사양[辭]한 것은 작지 않은 듯하다. 나라를 양보[讓]하고 왕위를 양보[讓]하는 것이 비록 크지만, 주나라 사람이 길을 양보[讓]하고 밭두둑을 양보[讓]한 것은 본래 작은 절개이니, 또 꾸며서 정할 수 있는 설이 아니다." 이시능李始能[55]

그 결과 『맹자』에서 중요하게 다루어질 수 있는 삼변론인 왕패지변王霸之辨이나 금수지변禽獸之辨, 화이지변華夷之辨과 같은 논의는 거의 다루어지지 않았다. 왕패에 대해서도 "왕자王者와 패자霸者 구분은 왕 된 자만의 일이 아니다. 배우는 사람은 일상생활에서도 곧 왕자와 패자의 구분이 있으니 마땅히 성찰해야 한다"[56](『대산선생실기』) 정도로 언급되는 데 그쳤으며, 금수지변이나 화이지변은 아주 간결하게 거론될 뿐이다.

또한 정치·경제에 대한 논점 역시 집중적으로 검토되지 못했다. 간간이 군신 관계의 정치적인 문제에 대한 경문의 해석이 있었으나 그것은 맹자 텍스트 내에서의 의미에 대한 분석이 아니라 다음과 같이 당대적 활용에 가까운 해석의 방향을 보여 주었다. 「공손추하」 2장의 "제나라 사람들 가운데 내가 왕을 공경하는 것처럼 하는 이가 없다[齊人莫如我敬王]"에 대해 "맹자는 타국의 신하로서 빈사賓師의 위치에 있었기 때문에 그의 말이 이와 같습니다. 그러나 왕의 부름에 달려가고 왕의 뜻을 따르는 것을 공손이라 여기지 않고, 요순堯舜의 도가 아니면 개진하지 않는 것을 공경이라 여기는 것에는 고금의 차이가 없습니다. 남의 윗사람이 된 자는 마땅히 신하의 경애敬愛가 진심인지 거짓인지를 잘 살펴야 할 것입니다"[57]라고 하거나 「만장하」 9장의 주자 주에서 인용한 "비록 군주가 작은 과실을 듣지 않더라도 이미 떠날 수 있다"라는 것에 대해 "그러나 또한 임금의 덕이 잘못되는 경우와 당시 정사의 결점과 백성의 기쁨이나 슬픔과 관계되면, 침묵하거나 간과할 수 없는 부분입니다"[58]라고 하여 간결하게 원론적인 정론政論을 제시하는 수준에서 그쳤다. 그나마 이러한 의견은 그 취지가 상대적으로 명확한 갈암의 『경연일기』 등에서 유래한 것이다.

정전제와 부세의 경우, 실제 정전제의 시행이 가능함을 지적했는데 논점을 제기한 것은 의미가 없지 않았으나 심각하게 그 제도의 어떠함을 분석적으로 따져보거나 다른 주석과 비교하는 수준에 이르지는 못했다. 곧 정전제 시행의 취지와 방략을 구체적으로 제시하는 것이 아니라 다소 막연하게 이치상으로 그러할 가능성에 대한 지적에 머물렀다. 부세제도에 대한 것 역시 주자의 의견으로 인증할 뿐 제도 자체에 대한 검토나 시행을 위한 경세책의 제시까지는 나아가지 못했다.

물었다. "옛날의 법을 모두 오늘날에 시행할 수 있습니다. 그러나 우리나라는 땅이 협소하고 산천이 평지에 비해 많으니, 정전법井田法은 아마도 시행하기 어렵겠습니다." 대산 선생이 말하였다. "그렇지 않습니다. 우리나라가 비록 산이 많지만, 또한 마땅히 땅을 측량하여 나누어 준다면 어느 곳인들 이 법을 시행하지 못하겠습니까."

물었다. "만약에 땅을 사람들에게 주지 않는다면 어떻게 하겠습니까?" 대산 선생이 말하였다. "하늘이 인물을 낳을 때 반드시 그들이 입고 먹을 것을 마련해 놓고 낳는다. 낳기만 하고 먹을 것을 주지 않는 것은 그에게 죽으라는 것이니, 천하의 이치는 결단코 이렇지 않다. 또한 요즘 사람 중에 혹은 열 집의 살림살이를 겸한 사람이 있는데, 가령 그에게 균등하게 나누게 하면 어찌 땅을 사람들에게 나누어 주지 못하는 근심이 있겠는가?" 「대산선생실기」[59]

"토지의 조세를 관리하는 것은 조법助法보다 좋은 것이 없고 공법貢法보다 나쁜 것이 없는 것은, 조법에는 공전公田이 있어서 풍년과 흉년에 따라 거두지만, 공법은 규정된 수량이 있어서 흉년에도 규정된 수량을 채워서 거두기 때문이다. 그러므로 도都(도시)·비鄙(시골)의 멀리 떨어진 곳은 조법을 쓰지만, 향鄕과 수遂의 가까운 곳은 가을에 수확을 살피고 봄에 밭가는 것을 살펴서, 백성들의 원망이 없게 하였다. 그러므로 공법을 행했을 것이다. 뒤에 『주자어류』에서 "서울에서 10분의 1의 세금을 거두면서 공법을 쓴 것은 왕성王城에 있어서 풍년과 흉년을 쉽게 살필 수 있기 때문이다."고 한 것을 보았다." 「독서쇄어」[60]

이는 확연하게 성호 이익이나 다산 정약용으로 대표되는 성호학파의 맹자학과는 변별되는 점이다. 정치적 시야에서 얼마간의 경세책을 제시한 바 있는 갈암 이현일[61]과는 달리 대산 이상정과 정재 류치명은 경세로서의 정치보다는 도덕정치를 기획했던 것으로 파악되며, 그 결과 이들의 경설을 회집한 『경설유편』은 상대적으로 정치경제상의 경세론과 관련된 논의는 그 비중이 매우 작았고, 상대적으로 대부분의 관심은 심성·수양의 이론에 대한 성찰적 반성과 그것과 관련된 주자주에 대한 이해의 심화에 있었다. 이는 벽이단의 논점에서도 반복되는 것인데 간략하게 그 의미를 제시하여 강조하는 데서 그칠 뿐 그 문제를 진지하게 다루거나 검토하는 수준까지 나아가지는 않았다.

「등문공하」9장의 맹자의 호변好辯에 대한 벽이단 논의에서 서석화는 대산의 의견을 채록했는데 그 내용은 "호변장好辯章은 양주와 묵적의 어지러움을 말한 것인데, 장 끝의 주석에 불씨佛氏의 폐해를 언급한 것은 당시가 한 번 어지러웠기 때문"이라고 짚고, 결론적으로 이 장의 내용을 "주자는 또 이단을 물리치는 것을 자기의 임무로 삼아서 이단을 물리쳐서 없애 버렸으니, 이것이 바로 주자가 또 세상이 한 번 다스려지게 한 공로"[62]라는 식으로 주자의 불교배척의 공로를 치하하는 것으로 정리하고 있다. 전국戰國의 상황에서 난무하는 제자백가들의 사상공세를 제 한 몸으로 이겨내며 말하기를 좋아한다는 빈정거림을 감당한 '맹자'의 처신에 대한 분석에 그 관심이 있는 것이 아니라 이와 관련된 주석을 통해 불교를 비판한 주자의 업적을 드러내는 것이 더 중요했던 것이다. 이러한 『맹자집주대전』을 읽는 시선은 시종 관철된다.

일상생활과 정감의 중시

『경설유편·맹자』에서 비중 있게 관찰되는 것은 경전 해석에 있어 일상생활과 정감에 대한 투영이 강하게 드러난다는 것이다.[63] 물론 이것은 이 책이 경전의 주석서가 아니라 개별『문집』에서 취사 선택됨으로써 자연스럽게 획득될 수 있는 성격일 수도 있지만 특히 퇴계의 문집에서 발췌한 내용 가운데는 이러한 내용이 많고, 또 서석화 역시 그러한 내용에 공감하여 적지 않은 내용을 수록해 놓은 것으로 판단된다.

「만장상」6장은 요와 순의 아들들이 부모를 닮지 못하고 불초했다는 내용이 수록되어 있는데 이에 대해 퇴계는 "요와 순으로 하여금 단주丹朱와 상균商均을 낳게 하고, 고수瞽瞍와 곤鯀으로 하여금 순과 우禹를 낳게 한 것처럼, 더러 부모와 연계되지 않은 경우에 대해, 선유들은 '실제로 천지의 기氣가 관통하여 사람이 되었기 때문에 그러한 것이다'"[64]고 하였다. 비록 그 평가에서는 이기론의 논법을 활용했지만 자식이 부모를 닮지 않는 것과 같은 생활 속의 문제에 대해 관심을 표명한 것은 주목할 만하다.

퇴계는 더 나아가「만장하」3장의 벗을 사귀는 문제에서도 덕으로 사귀어야 하는 것이지 내세우는 것으로 해서는 안 된다는 경문의 내용에 대해 '벗을 구하다 욕을 당하는' 세속의 말을 들어 의논을 제시한다. 곧 우리가 친구에게 유익을 구하려고 하면 오직 내가 할 도리를 다할 뿐이지 교제와 관련하여 후박厚薄이나 공경함과 소홀함에 대한 상대의 어떠함을 가지고 발끈하거나 치욕스럽게 여길 것이 아니라고 지적하고 있다.[65]

이러한 해석은 그야말로 생활 속의 경학으로 경전에 대한 논리적인 해석에 앞서 삶의 도덕적 지침이 될 수 있다. 특히 「진심하」 19장의 '선비는 구설口舌이 많은 법이다'라는 구절에 대한 해설은 일반적인 학자의 생활과 관련하여 많은 공감을 이끌어 낼 수 있는 구절이다. 아래 퇴계학파 학자들의 깨우침은 『경설유편·맹자』의 매우 특징적인 국면으로 이해된다.

> ○ 퇴계 선생이 말하였다. "선비가 뜻이 독실하지 못한 것을 근심하는 것은 자신이 수립한 것이 견고하고 확실하지 못하기 때문이다. 만일 학술을 선택함이 자세하고 뜻을 세움이 견고하다면 온 세상이 비난하고 비웃어도 오히려 걱정하지 않는데, 하물며 열아홉 사람 따위이겠는가. 그러므로 남의 기롱欺弄과 비웃음을 근심하여 더욱 힘쓰면 좋을 것이고, 남의 비난과 비방을 근심하여 스스로 실망하면, 아마 선비가 되기에 부족할 것이다." 조사경趙士敬66

> ○ 대산 선생이 말하였다. "근심에 대처하는 방법은 오직 조용히 침묵한 채 스스로 절조를 지켜, 자신을 옳다고 하고 남을 비난하는 것이 없어야 한다. 저들이 성을 내더라도 나는 평안해야 하고, 저들이 격동하더라도 나는 순하게 해서 절대로 따지거나 다투어 이기려는 마음이 없어야 바로 온당한 도리다. 입을 열어 해명하려고 하면, 분명히 더욱 번잡하고 어지러워, 끝내 멈출 기약이 없다." 권광백權匡伯67

퇴계가 언급한 열아홉 사람은 모수자천毛遂自薦 고사의 모수를 제외한 19명의 식객을 말하는 것으로 대수롭지 않음을 말한다. 퇴계는 선비가 학술에 뜻을 세웠다면 온 세상의 비난과 비웃음에도 흔들릴 필요가 없다고 지적하였으며, 대산은 근심과 비난에 대한 대처는 침묵으로 지조를 지키며 자신의 절조를 지킬 것을 권했다. 갈등과 분쟁의 국면에서는 자신의 정당화를 위해 자기가 옳고 남들을 그르다고 비난하는 것이 인지상정인데 대산은 자기 스스로를 지키는 것으로 온당한 도리를 다하라고 가르친 것이다.

세상의 비난과 사람들과의 분쟁에서 퇴계와 대산이 보여 주는 이러한 성찰적인 측면은 학리적 논변이 아니라 생활의 철학으로 삶 속에 녹아드는 방식을 취했던 퇴계학파 경학의 중요한 일면으로 평가할 수 있으며 그러한 내용을 주의 깊게 보고 수록한 서석화의 편찬의식과도 관련지어 생각해 볼 수 있다.

자파 논변의 강화와 교육적 측면

『경설유편·맹자』에서 가장 많은 분량을 차지하는 것은 「공손추상」 6장의 사단과 관련된 것이다. 이 표제에는 '칠정을 아울러 논하여 붙임[병논칠정부幷論七情附]'라는 부제가 붙어 있다. 단일한 표제에서는 가장 많은 분량을 차지하고 있을 뿐만 아니라 사단칠정의 논변으로 율곡학파와 4세기 이상을 논변한 내용에 대한 중층적인 변론이 길게 제시되어 있다.

우선 퇴계의 경우, 「심통성정도설」을 비롯하여 기대승에게 보내는 편지는 물론 이덕홍에게 보내는 편지 등 다양한 서간까지 수록되어 그 핵심 내용이 정리되어 있다. 이어서 갈암과 대산, 정재의 의견이 날선 비판적인 의견으로 두루 제시되어 있다. 퇴계가 주장한 이기호발理氣互

發의 논리와 사단과 칠정의 소종래를 엄격하게 구분하여 이해하려는 시각은 기발일도氣發一途를 주장하는 율곡학파와 이론적으로 대립할 수밖에 없었다. 대산은 이것을 혼륜과 분개라는 논리로 돌파하고자 하였으며, 또 정재는 이것이 정情에 대한 논의에서 그치는 것이지 성性을 언급하는 것은 아니라는 점을 강조하며 논의의 맥락을 계승하려 했다.

○ 갈암 선생이 말하였다. 이씨(이이)는 "어린아이가 우물에 들어가는 것을 보고 측은해하는 것은 기氣다" 했으니, 맹자의 뜻을 잃었다. 어린아이가 우물에 들어가는 것을 언뜻 보았을 때는 마음속에 본래 있던 이理가 감촉에 따라 발하여, 마음에 간직해 둘 수 없고, 기가 여기에 간여할 수 없다. (이 세 마디는 주자의 말을 추려서 요약한 것이다.) 그렇다면 측은해하는 것이 어찌 이가 발한 것이 아니겠는가. 맹자의 본뜻은 진실로 여기에서 나온 것인데, 지금 사단을 기가 발한 것이라 하는 것이 옳겠는가. 「율곡이씨논사단칠정서변栗谷李氏論四端七情書辨」[68]

○ 대산 선생이 말하였다. 칠정을 혼륜渾淪해서 말할 때는 사단이 모두 그 속에 포함되어 있으니, 비록 의아스러울 수 있다. 그러나 일찍이 주 선생이 "만일 인심 하나만을 놓고 말하면 모두 좋지만, 도심과 상대해서 말하면, 바로 혼란스러운 것이 된다. 무릇 인심과 도심은 이미 형기形氣와 성명性命의 발함으로 붙여진 이름인데, 합해서 말하게 되면 인심을 말하더라도 도심이 그 속에 있는 것이다"라고 한 말을 본 적이 있다. 사단칠정의 구분 역시 이와 같을 뿐이다. 그러므로 퇴도선생(이황)이 '혼륜분개' 네 자로 말하였다. 혼륜은 바로 주자가 이른바 '하나만 놓고 말한다'는 것이고,

분개는 바로 주자가 '상대해서 말한다'는 것이다. 한사응韓士凝[69]

○ 정재 선생이 말하였다. 성性이 이理와 기氣로 구분되는 것은 정이 이와 기로 구분되는 것과 약간 차이가 난다. 대개 성은 혼연하고, 정은 각양각색이다. 혼연하기 때문에 '척발剔拔'해서 말할 수 있고, 각양각색이기 때문에 '분개'해서 말할 수 있다. 척발은 기 속에서 그 이를 도출挑出하므로 '대대對待'할 수 없다. 분개는 발현하는 것이 각각 주재하는 것을 가리키므로 나란히 설 수 없다. 이런 까닭으로 혼륜설渾淪說과 분개설分開說은 정을 말하는 것에서 그치지, 성을 언급하지 않는다. 성으로써 하면 혼륜과 분개로 말할 수 없다. 경로京老[70]

이러한 입장은 자기 학파의 의견을 고수하는 것으로 경설 가운데 가장 많은 분량을 차지하고 있다. 이는 자파 논리를 강화하고 또 이것을 학습하고자 하는 의도를 군이 숨기지 않는 것으로『경설유편·맹자』는 분명 자기 학파 학술의 정통성을 고수하고 계승하려는 의도를 분명히 가지고 있다고 하겠다.

또한 경쟁하는 논리의 변파적인 입장뿐 아니라 기존에는 제시되지 않았던 경전의 새로운 일면을 분석하여 새롭게 제시하려는 시도도 나타난다. 「이루하」 26장에는 "천하에 성을 말하는 것은 이미 드러난 자취일 뿐이니 이미 드러난 자취는 순리를 근본으로 삼는다"는 맹자의 말이 있다. 이것에 대해 정재는 성性이라는 것은 형체가 없기 때문에 성을 말할 때는 드러난 자취를 통해 추론할 수밖에 없는데 그 드러난 자취에는 선과 불선이 나타날 수 있다. 그러나 불선이라는 것은 인위적으로 흐르는 물을 쳐올려 이마에 올리는 것과 같은 것으로 물이란 위에서 아래로 흘러가는 것이 자연스러운 것이다. 그러므로 드러난 자취는 순리를 근본으로 삼는 것이고, 이것이 바로 성선性善의 이유라는 것이다.[71]

이것은 기존에는 제시되지 않았던 성性에 대한 신선한 논의로 퇴계학파의 빛나는 안목이다. 이에 대해서 정재 역시 상당히 유의했던 것으로 보이며, 그러므로 이렇게 그 의미를 다시 짚어 부연하기도 했다.

○ 이 장은 성性을 논한 여러 장보다 앞서 있지 않고 아래에서 섞여 나왔기 때문에 성을 논한 근본이 됨을 알기가 쉽지 않다. 또 선善만을 주장했지, 다시 기氣를 말하지 않았다. 이것을 양웅과 한비자는 믿을 수 없어서 어지럽게 성을 말하였다. 대개 순자와 고자가 성을 말한 것도 '고故'일 뿐이고 순리를 근본으로 삼지 않았다. 맹자만이 유독 순리를 근본으로 삼았다. 맹자는 순리를 따르지 않는 기를 말하지 않았는데, 정자와 장자는 순리를 따르지 않는 기를 말하였다. 여기에 이르러서 늘 성을 말한 시비와 득실이 모두 그 귀결점을 얻어, 천하에 기로써 성을 말하는 자의 입을 만족시키게 되었다. 이윤실李允實[72]

또한 학파의 미래를 위해 교학서로서의 의미도 적지 않게 드러냈는데 『경설유편·맹자』의 대미를 장식하는 다음의 구절은 「진심하」 37장에서 제시된 공자가 노나라의 광사狂士를 생각한 것에 대한 설명에서 더 나아가 퇴계학파의 후학들을 진작시키려는 의중도 있다. 그것은 대산의 말이지만 대산의 제자에게만 그치는 것이 아니라 서석화의 회집으로 20세기 퇴계학파의 학자들에게도 쟁쟁한 교도의 지침이 되었다.

○ 대산 선생이 말하였다. "공자는 문하의 많은 제자 중에서 단지 몇몇 광간狂簡한 사람을 생각하며 은근히 바라고 기대하는 것이 있었을 것이다. 이것이 무슨 심정이겠는가. 대개 소심하고 근후한 세상의 모든 사람이 머리를 숙이고 뜻을 낮추어 드러나게 잘못한 점이 없는데, 끝내는 증점曾點이 공자를 모신 좌석에 있으면서 고무 진작시켜도 진작하지 못하는 것에 비해서, 저 광간한 선비들은 걸핏하면 떠들썩하게 고인처럼 되기를 기약하여, 기상이 탁 트이고 의사가 시원스러우므로 성인의 교화를 입어서 나가면 멀리 내달리며 활보하고 크게 진보하여 결코 소소한 등급의 사람이 되지 않기 때문이다.

이제 우리들이 뜻을 세울 적에도 마땅히 확장하고 넓혀서 사통팔달할 수 있어야 매우 좋다. 이러한 경지에 나아가서 세밀하게 공부를 하고 확충하여 나가면 거의 밑바탕이 확고하고 경지가 높고 원대해질 것으로 본 것이지, 일상 사이에 전혀 인위적인 것이 없어서 단지 '사슬슬瑟'과 '욕기浴沂' 같은 일만 가지고 읊조리며 소일하는 바탕으로 삼는다고 말한 것이 아니다." 이학보李學甫[73]

남는 문제

서석화의 『경설유편』은 20세기 퇴계학파 경학의 모색과 퇴영을 잘 보여 주는 저작이다. 퇴계학의 전통을 계승하는 분위기가 고스란히 남아 있던 청송에 거주하던 영남의 유학자가 여전히 전통적인 지평에서 퇴계학파 경학의 전통을 충실하게 계승한 것으로 파악된다.

퇴계 이황으로부터 갈암 이현일, 대산 이상정, 정재 류치명으로 이어지는 계보는 자신이 직접 배운 서산 김흥락으로 이어지는 퇴계학파에서도 특히 학봉 김성일 계열에서 계승된 퇴계학파 경학의 일면을 요령껏 수습한 것이다.

비록 그 문제의식의 지평을 확대하거나 창신하려는 시도를 넉넉하게 보여 주지는 못했지만 그가 기획한 의도대로 적어도 "후생들에게 지름길을 알려주어 그 성취하려는 마음을 열어 주는 것"이라는 취지는 달성케 할 수 있는 것으로 평가된다. 그는 급변하는 시대의 분위기에 편승하기보다는 차라리 전통의 지평을 고수하면서 다시 밝아질 유교의 문명을 기대하고 있었을 것이다.

『경설유편·맹자』를 통해 살펴본 바와 같이 서석화의 경설회집은 철저하게 후학들의 교도를 위한 자료로 활용되기를 기대한 편찬자의 의식에 맞추어 퇴계학파 네 선생의 경설을 취사선택하여 모은 것이다. 자신의 의견은 전혀 덧붙이지 않았기 때문에 이렇게 선택된 주석의 의미에 대한 저자의 입장을 직접적으로 확인할 수는 없지만 선별되는 과정에서 간취할 수 있는 편찬의식은 간과할 수 없는 의미가 있다.

전체적으로 서석화는 『맹자』라는 유교 경전을 텍스트 비평을 통해 문헌학적으로 검토하거나 경문의 의미를 새롭게 분석하며 신의新義를 찾고자 하지는 않았다. 다른 사서류에 비해 적은 180여 개의 표제는 대체로 『맹자』라는 경전 자체가 아니라 『맹자집주』가 아니면 『맹자집주대전』이었으며, 그 기본적인 취지는 주자학적 의리관으로 『맹자』를 해석하는 것이었다. 이는 퇴계로부터 갈암과 대산, 정재로 이어지는 한결같은 것으로 서석화 역시 그 전통에 흔쾌히 동참한 것이다. 또한 조선 주자학에서 특히 강조한 심성 수양에 대한 깊은 관심 속에서 사단칠정론에 대한 퇴계학파의 학문적 정체성을 확고히 하고 계승하려는 시각을 보였다.

다만 네 선생의 학자적 면모의 차이에 의해 퇴계에게서는 좀 더 일상의 성찰과 정감이 두드러졌고, 갈암에게서는 상대적으로 경세 방면의 시각이 드러났으며, 대산과 정재는 성리학적 관점과 논리를 좀 더 변별적으로 다듬는 방향으로 그 성향의 다채로움이 있다. 그에 따라 후학의 입장에서는 일상과 정감에 충실하면서도 성리학적 논리를 정교하게 다듬는 과정을 아울러 학습할 수 있는 좋은 경설의 회집서를 확보할 수 있었으며, 이는 서석화가 자부한 것이기도 했다.

다만 일상의 체험을 바탕으로 성찰적 관점을 강하게 투영할 경우, 경전의 해석은 학술적이고 논리적인 방면으로 진행하지 못하고 수양서로서의 의미를 더욱 강하게 가지게 된다. 실제로『경설유편·맹자』의 경설은 사단론에서 파생된 사단칠정론에 대한 장황한 논변을 제외하고는 전통적인 경전의 주석서가 보여 주는 해석의 누층적인 논변이 보이지 않고, 단편적이고 직관적인 해석의 내용을 소개할 뿐이다. 이는 성호학파 학자들이 보여 주는 다양한 경설의 비교 분석과는 현저하게 차이가 나는 것이다. 그 내용 역시 주자문헌학의 여정을 걸었던 율곡학파가 보여 주는 경문의 훈고마저 아주 미미하거나 대체로 생략되어 있어 경전 이해의 기반이 되는 새로운 정보 사실의 검토가 선행되지 않았다. 이로 인해 경전 해석의 내용은 주자 해석에 대한 부연이나 감상적 접근에 그치는 경우가 적지 않았다. 예리하거나 흥미롭게 보일 만한 관찰 역시 주자학의 의미를 추구한 반면 더 이상은 나아가지 못했다.

　이는 물론 본격적인 경전 주석서의 회집이 아닌 문집에서 산견되는 경설을 회집한 결과와 무관하지는 않을 것이지만 『맹자』에 산재되어 있는 정치·경제론에 대한 무관심 또는 관념적이거나 초보적인 해석은 경학을 통한 경세학으로의 진전을 기대하기 어렵게 하는 요소로 작용할 여지가 있다. 이는 경학사의 입장에서 보면 훈고를 따지고, 주자의 의견에 과감하게 이론을 제기하며 경문의 문맥과 어세를 고려하여 『맹자』의 의미를 찾고자 했던 퇴계의 『경서석의·맹자』보다 그 학술적 예리함은 후퇴한 것이다.

　또한 이기 심성론의 논점으로 치달아 『맹자』 해석의 폭넓은 주제의식의 지평을 제한한 것은 20세기 이후 국권피탈의 격란기에 사상적으로 대응할 수 있는 자원을 스스로 제한한 것은 아닐까 하는 반성도 하지 않을 수 없다. 1919년 서석화가 『경설유편』을 마무리하며 작성한 후서에는 회복되길 기대하는 문명에 대한 아득한 기대가 느껴질 뿐 당장 눈앞에서 펼쳐지고 있는 국권피탈의 절박함은 실감되지 않는다. 그의 시선은 여전히 변함없는 주자학적 이理의 세계를 고대하며 유교경전을 통해 내면의 동요를 가라앉히고 있었던 것은 아닐까!

참고문헌

서석화, 권진호 외 옮김, 『경설유편』, 한국국학진흥원, 2017.

정약용, 맹자요의강독팀, 『역주 맹자요의』, 다산학술문화재단, 2020.

강정화, 「노백헌 정재규의 삶과 학문」, 『남명학연구』 29, 경상국립대 경남문화연구원, 2010.

강지은, 「『주자언론동이고』를 통해 본 17세기 조선유학사의 새로운 이해」, 『퇴계학보』 135, 퇴계학연구원, 2014.

김성윤, 「『홍범연의』의 정치론과 군제개혁론-갈암 이현일을 중심으로 한 조선 후기 영남 남인의 실학적 경세론」, 『대구사학』 83, 대구사학회, 2006.

남윤덕, 「청석 서석화의 『경설유편』에 나타난 학봉학파의 경학적 특징 연구」, 『동양학』 80, 단국대 동양학연구소, 2020.

서동일, 「파리장서운동의 전개와 영남 지역의 숨은 협력자들」, 『대동문화연구』 89, 성균관대 대동문화연구원, 2015.

이영숙, 「일제강점기 전통지식인으로서 회봉 하겸진의 위상」, 『남명학연구』 71, 경상국립대 경남문화연구원, 2021.

이영호, 「조선의 주자문집 주석서와 그 의미」, 『대동문화연구』 88, 성균관대 대동문화연구원, 2014.

_____, 「해제」, 『경설유편』 1, 한국국학진흥원, 2017.

_____, 「퇴율학통의 경학논변과 경설회집」, 『대동한문학』 54, 대동한문학회, 2018.

이천승, 「간재 전우의 자존의식과 강학활동」, 『유교사상문화연구』 63, 한국유교학회,

2016.

정선모,「조선 후기『주자어류』연구의 특징 -『주자어류고문해의』의 편찬 배경을 중심으
로」,『한국문화』74, 서울대규장각한국문화연구원, 2016.

함영대,『성호학파의 맹자학』, 태학사, 2011.

_____,「송산 권재규의 현실인식과 20세기 유교지식인의 형상」,『남명학연구』34, 경상
국립대 경남문화연구원, 2012.

_____,「김장생의『경서의의·맹자』에 대한 일고」,『대동문화연구』105, 성균관대 대동
문화연구원, 2019.

_____,「초려 이유태의『사서답문·맹자』연구」,『동방한문학』, 88, 동방한문학회, 2021.

_____,「후창 김택술의 역사인식과 대처 -20세기 유교지식인의 인간의 삶과 역사에 대
한 논리」,『한문학보』49, 우리한문학회, 2023.

_____,「면우문고의 연구」,『한국한문학연구』89, 한국한문학회, 2023.

주

1 徐錫華, 『經說類篇』, 「附錄·四先生經說類編後序」 "至于今日, 譚經承學之徒, 尙知黜覇而尊王, 溯朱退而宗孔氏, 耳目所逮, 興感更深, 迭次傳受之的, 不亦懿哉." 이 논문에서 활용되는 『경설유편』의 원문과 번역은 서석화 저, 권진호 외 옮김, 『경설유편』 1~4, 한국국학진흥원, 2017의 내용을 참조함.

2 이와 관련해서는 서동일, 「파리장서운동의 전개와 영남 지역의 숨은 협력자들」, 『대동문화연구』 89, 성균관대 대동문화연구원, 2015 참조.

3 율곡학통의 간재 전우를 비롯하여 퇴계학통의 한주 이진상을 잇는 면우 곽종석 등은 가장 대표적인 사례다. 면우의 후학 회봉 하겸진이 일제강점기를 지나면서 『동유학안』을 저술한 것은 이러한 전통학문의 면면한 계승이자 시대에 대한 대응이다. 다시 돌아올 유학의 부흥기를 준비하는 그들 나름의 고육책이었다. 간재와 면우, 회봉의 당대 활동에 대한 평가로는 이천승, 「간재 전우의 자존의식과 강학활동」, 『유교사상문화연구』 63, 한국유교학회, 2016; 강정화, 「노백헌 정재규의 삶과 학문」, 『남명학연구』 29, 경상국립대 경남문화연구원, 2010; 함영대, 「면우문고의 연구」, 『한국한문학연구』 89, 한국한문학회, 2023; 이영숙, 「일제강점기 전통지식인으로서 회봉 하겸진의 위상」, 『남명학연구』 71, 경상국립대 경남문화연구원, 2021 참조. 또 노백헌의 제자 송산 권재규와 간재의 제자 후창 김택술로 이어지는 전통학문의 강학은 20세기 이후 일제강점기를 지나는 시기에도 면면이 이어지고 있는 것을 확인할 수 있다. 관련하여 함영대, 「송산 권재규의 현실인식과 20세기 유교지식인의 형상」, 『남명학연구』 34, 경상국립대 경남문화연구원, 2012; 함영대, 「후창 김택술의 역사인식과 대처-20세기 유교지식인의 인간의 삶과 역사에 대한 논리」, 『한문학보』 49, 우리한문학회, 2023 참조.

4 조선에서 퇴율학통의 경전회집과 관련해서는 이영호, 「퇴율학통의 경학논변과 경설회집」, 『대동한문학』 54, 대동한문학회, 2018 참조.

5 그는 「사선생경설유편후서四先生經說類篇後序」에서 주자와 퇴계에 의해 이룩된 경전의 해석이 '문명일치지회文明一治之會'라고 적시했다. 이는 경전의 해석을 문명 전환의 중요한 계기로 인식한 결과로 보인다. 서석화의 『경설유편』 편찬의도가 "당시 민족적 위기의식 속에서 새로운 구심점이 필요했던 이유와 자신이 몸 담았던 회봉학파에 대한 학문적 자부심을 되살리고자 했던 의지에서 찾을 수 있겠다"는 지적도 있다. 관련하여 남윤덕, 「청석 서석화의 『경설유편』에 나타난 학봉학파의 경학적 특징 연구」, 『동양학』 80, 단국대 동양학연구소, 2020 참조.

6 이영호, 「해제」, 『경설유편』 1, 한국국학진흥원, 2017, 29쪽 다음 표 참조.

경전명 \ 인명	퇴계 이황	갈암 이현일	대산 이상정	정재 류치명	인용 경설
『경설유편·대학』	101	27	169	81	378

『경설유편·논어』	67	15	165	41	288
『경설유편·맹자』	60	13	62	49	184
『경설유편·중용』	108	15	218	83	424
『경설유편·시경』	9	2	1	2	14
『경설유편·서경』	7	11	0	0	18
『경설유편·역경』	28	59	61	3	151
인용 학자	380	142	676	259	1,457

7　일례로 『경설유편·맹자』「이루하」 12장의 경우, 유건휴의 『동유사서해집평』에 수록된 적자지심赤子之心에 수록된 대산의 흥미로운 언급도 채택되지 않았으며, 「이루하」 14장에 수록된 대산의 언급도 일부만 절취되어 수록되었다.

8　이는 경설이 회집된 저작의 보편적인 특징이다. 다만 경설의 회집은 단순히 경설이 일방적으로 나열된 것이 아니라 회집한 학자의 강렬한 편찬의식에 의해 선별된 상태로 제시되는 것이라는 점은 간과할 수 없다. 실제로 서석화는 그 이전 유건휴의 『동유사서해집평』과는 상당 부분 변별적인 수준에서 경설을 회집한다. 그것은 해당 경전에 대한 편찬자의 관심과 시각을 반영하는 것이다.

9　서석화의 생애에 대해서는 권상규權相圭(1874~1961)의 행장에 자세히 나와 있다. 권상규는 충재 권벌의 후손으로 의병 활동을 하기도 했으며, 『동국사략東國史略』, 『경제사의經濟私議』 등의 저작을 남기기도 했다. 문집으로 『인암집』이 전해진다.

10　權相圭, 「行狀」, "自夫世級降, 而敎術壞, 人之稍有才氣者, 率皆專心擧業, 以倖倖於榮名. 其或自拔於時尙俗套之外者, 亦只是組綴文詞, 便以爲能事已畢, 而於吾儒向裏之學, 鮮乎其有聞矣. 石澗翁承坪門心授之訣, 實見得眞正門路, 而躬行之, 亦復以是而敎於家庭, 故公天竅早開. 幼年意想, 已不出儒家規範."

11　위의 글, "庚子(1900), 速遠近同志, 行鄕飮禮于先齋. 時異說恣橫, 禮敎淪喪, 公修明古禮, 毅然有挽回之意焉."

12　위의 글, "癖於寫字, 筆法早詣 (…) 抄選陶山書牘及定齋格訓, 心繹而口誦."

13　위의 글, "己卯(1879), 讀朱書節要, 以答魏應仲書爲最切於初學, 釐爲章句, 撫取他書中旨義可相發者, 逐段彙附, 名之曰初學日用."

14　위의 글, "己亥(1899), 哭西山先生. 不服華, 不赴宴, 伸心喪之制. 謄出遺文, 至屢易本而就淨焉."

15　위의 글, "己酉(1909), 刊行大山先生約中篇·川沙聖學正路·定齋朱節彙要于鼇江書堂."

16　위의 글, "常語學者曰 : "工夫須要無間斷, 義理須要有歸宿." 又曰 : "爲己爲人, 是人鬼關頭." 又曰 : "地上莫非淵氷, 卷裏都是神明." 又曰 : "瞑目前, 惟此事爲究竟地." 卽此數語, 尤可想仰其勤苦刻勵之規心法也."

17　徐錫華, 「四先生經說類編後序」, "四子六經之旨, 至紫陽夫子而大定, 鑿於傅會者, 疏通而氷釋, 淫於老佛者, 澤正而履坦. 以之繼往聖, 以之育英材, 蓋硏灰以來, 文明一治之會也."

18　위의 글, "國朝明宣之際, 我退陶先生, 作於嶠南, 以興起斯文爲己任, 發揮經旨, 壹遵紫陽本意, 陶鑄一世人材. 凡颺于朝, 而龍矯鳳騫, 郜于野, 而珠媚玉輝, 莫不惟先生之敎是訓是式, 此又吾

東方文明一治之會也. 再傳而葛庵先生, 三傳而大山先生, 乘運迭起, 謹守先生法門, 猶先生之於紫陽. (…) 近世定齋先生, 又振起於垂絶之際, 考論乎相傳之緖, 因其語而得其心, 曠世一揆式."

19 위의 글, "所以辨析經旨者, 愈詳而愈有味, 愈久而愈無弊, 成德達才, 菀然林立."

20 위의 글, "夫世之相距也, 間不百年, 而曇華輒現, 道之將廢也. 未墜於地, 而日星復耀, 天運之循環, 人文之宣朗, 是孰使之然. 而嶠南一省, 稱爲海東鄒魯者, 果伊誰之力歟."

21 위의 글, "錫華晩生末學, 竊嘗受讀有年, 實難於總貫會通. 乃敢取四先生集, 采撫經旨論辨者, 分門立目, 各以類從, 凡得十三卷"

22 위의 글, "昔南軒張氏, 嘗類聚洙泗言仁錄, 朱子謂其啓後生好徑欲速之心."

23 徐錫華, 『經說類篇』「七書總論」, "退溪先生曰, "諸生讀書, 以四書五經爲本原, 小學家禮爲門戶"(伊山院規).

24 위의 글, "葛庵先生曰, "學者用工, 莫切於四書. 須並其集註章句或問, 熟讀詳玩, 融會通貫. 使在我之權度旣定, 然後乃可評品人物, 辨別理義, 無所往而不得其當矣"(附錄).

25 위의 글, "以作室比之, 小學如修正基址而備其材木也, 大學如大厦千萬間, 結構於基址也. 如論孟中庸及詩書諸書, 皆當塡之於大學規模, 而爲大厦千萬間, 修粧所入矣"[(退溪)言行錄].

26 위의 글, "大山先生曰, "大學, 是立柱定間架, 語孟, 是塡構他, 中庸, 是上樑"(實紀).

27 위의 글, "易, 乃理數淵源之書, 誠不可不讀. 但不如語孟庸學之切於學者日用工夫"(鄭子中).

28 위의 글, "中庸大學, 鑄成一篇, 固有次第, 論孟, 隨手散記, 本無次第. 讀者, 但因見成文字, 熟讀愼思, 深體而力行之, 則無非切於自家心身日用之功."

29 앞의 글, "定齋先生曰, "經傳訓詁, 無以恢拓心胷之云, 似於此未有所見. 天下莫強於義理, 使其有得於此, 則所謂觀於海者難爲水, 彼外家馳騁, 直蛙蛭之玩耳. 海闊天高之氣象, 光風霽月之胷襟, 彼何曾彷彿他藩籬耶. 則不問義理, 雖以文字言之, 大學之謹嚴, 中庸之深醇, 論語之簡易, 孟子之峻逸, 是何等標格耶. 今乃謂使人有局趣轅駒之態何也. 恐於經傳意味, 有未深嚼, 而反有戛戛其難之患耳. 今且大著心胷, 高著眼目, 志立乎文字之表, 而敬行乎訓詁之內, 讀得一行, 體得一義, 漸見其平易中有無限意味, 則意思自然寬展, 胷次自然恢拓, 以至於貧賤不能移, 威武不能屈. 不知天下更有何文字, 可以助發至此耶"(金達民).

30 이유태의 맹자학과 관련해서는 함영대, 「초려 이유태의 『사서답문·맹자』 연구」, 『동방한문학』, 88, 동방한문학회, 2021, 23~24쪽 참조.

31 특히 성호 이익의 『맹자질서』와 다산 정약용의 『맹자요의』에 해당 문제에 대한 토론이 활발하다. 관련한 언급은 정약용, 맹자요의강독팀, 『역주 맹자요의』, 다산학술문화재단, 2020, 39쪽 참조

32 徐錫華, 『經說類篇·孟子』, 「孟子總論」 "大山先生曰, 孟子之書, 以遏欲存理爲第一門路. 於富貴貧賤取舍之間, 處之以義命, 而枉尺直尋詭遇獲禽之說, 痛加排斥, 不遺餘力, 蓋此是立心路頭, 安身地位. 於此, 立得脚定, 粗有根基, 然後博文約禮之功, 方有所施"(崔仲久).

33 위의 글, "定齋先生曰, "孟子說道理, 自至卑近, 常所目見處, 擧起洞見底蘊. 所謂取之至近, 無所往而不値其所資之本也"(讀書瑣語).

34 위의 글, "從古論學, 皆辨別理氣, 孟子卻不事分別, 發出養氣夜氣等說. 就中培養得好, 至於配道義, 而存仁義之心, 則反能合而有助, 行之勇決, 湛然虛明氣象可見."

35 위의 글, "論語敎人, 多在下學處, 孟子多就本原處. 開曉人, 可見憂道之意, 轉切."

36 徐錫華, 『經說類篇·孟子』, 「公孫丑·不動心」 "ㅁ退溪先生曰, "文王囚羑里, 路逢猛虎, 皆死生在前, 豈無惕然警懼之心乎. 所謂不動心者, 非恇怯失措之謂也"(趙起伯).

37　『孟子集註·公孫丑上』2章, "可者 亦僅可而有所未盡之辭."

38　徐錫華, 『經說類篇·孟子』, 「公孫丑·志氣之帥也氣體之充也」"定齋先生曰, 是論不得於心, 勿求於氣之不可, 蓋不得於言, 勿求於心, 不可之甚者. 故斷而去之. 其下更將其僅可而未盡者, 論其不然之故, 則自與其上文, 別是一說, 而勿求於心不可吐, 有若牽連下文, 解作一串語脈者然, 恐未穩"(讀書瑣語).

39　『孟子·公孫丑上』1장 "曰管仲, 曾西之所不爲也, 而子爲我願之乎?"

40　徐錫華, 『經說類篇·孟子』, 「公孫丑·管仲曾西之所不爲」"定齋先生曰, 言仲尼之徒所不爲, 非小了他曾西意."

41　金長生, 『經書辨疑·孟子』「公孫丑上」1장 "先君子曰, 曾西非曾子之孫, 乃曾子之子曾申之字也."

42　위에 제시한 사례 김장생의 『경사변의·맹자』의 경우만 놓고 보더라도 다양한 사전류와 음운서 등을 동원하여 적지 않은 훈고 내용을 규명하고자 시도한 흔적이 보인다. 관련해서는 함영대, 「김장생의 『경서의의·맹자』에 대한 일고」, 『대동문화연구』105, 성균관대 대동문화연구원, 2019 참조.

43　이와 관련해서는 함영대, 『성호학파의 맹자학』, 태학사, 2011 참조.

44　『주자언론동이고』에 대해서는 강지은, 「『주자언론동이고』를 통해 본 17세기 조선유학사의 새로운 이해」, 『퇴계학보』135, 퇴계학연구원, 2014; 『주자어류』와 관련해서는 정선모, 「조선 후기 『주자어류』 연구의 특징–『주자어류고문해의』의 편찬 배경을 중심으로」, 『한국문화』74, 서울대규장각한국문화연구원, 2016; 주자문집의 주석서와 관련해서는 이영호, 「조선의 주자문집 주석서와 그 의미」, 『대동문화연구』88, 성균관대 대동문화연구원, 2014 참조.

45　『孟子·滕文公』9장 "吾爲此懼, 閑先聖之道, 距楊墨, 放淫辭, 邪說者不得作. 作於其心, 害於其事, 作於其事, 害於其政, 聖人復起, 不易吾言矣."

46　『孟子·公孫丑上』2장 "何謂知言, 曰詖辭, 知其所蔽, 淫辭, 知其所陷, 邪辭, 知其所離, 遁辭, 知其所窮, 生於其心, 害於其政, 發於其政, 害於其事, 聖人復起, 必從吾言矣."

47　『論語集註·學而』2장, "仁者, 愛之理, 心之德也."

48　『孟子集註·梁惠王上』1장, "仁者, 心之德, 愛之理."

49　徐錫華, 『經說類篇·孟子』, 「滕文公·性善集註」"葛庵先生曰, 朱子四書集註, 凡言仁處, 必擧心之德爲說者, 以仁爲心之德故也. 凡言心性處, 必兼言氣稟之拘物欲之蔽, 而孟子集註, 獨不言氣稟者, 以孟子言性, 拈出不雜乎氣質者而爲言故也. 集註稱輕等重, 一字不放過之意, 於此亦可見矣"(愁州管窺錄)

50　『孟子集註·梁惠王上』1장, "仁義 根於人心之固有, 天理之公也, 利心, 生於物我之相形, 人欲之私也."

51　『孟子集註大全·梁惠王上』1장 "慶源輔氏曰, 利心, 人本無之, 而只緣有己有物, 彼此相形, 便生出較短量長, 爭多競少之意, 遂欲己長人短, 人少己多, 偏詖反側, 惟己是徇. 故曰, 人欲之私也."

52　『孟子·滕文公下』9장 "孔子懼, 作春秋, 春秋, 天子之事也. 是故, 孔子曰, 知我者, 其惟春秋乎, 罪我者, 其惟春秋乎"에 대한 『孟子集註大全』"胡氏曰, 仲尼作春秋, 以寓王法, 厚典庸禮, 命德討罪, 其大要皆天子之事也. 知孔子者, 謂此書之作, 遏人欲於橫流, 存天理於旣滅, 爲後世慮, 至深遠也. 罪孔子者, 以謂無其位而託二百四十二年南面之權, 使亂臣賊子, 禁其欲而不得肆, 則戚矣."

53　徐錫華, 『經說類篇·孟子』, 「滕文公下·使亂臣賊子禁其欲而不得肆則戚矣」"退溪先生曰, 戚,

227

恐是心動不寧之意"(許美叔).

54 徐錫華,『經說類篇·孟子』,「公孫丑·羞惡之心」"問:"七篇中單言羞惡者甚多."大山先生曰: "義是斷制裁割底道理, 故於學者遏欲從善處, 尤有力. 非但所引二章爲然, 如熊魚一章, 說得尤痛快, 使人有警發踈動處"(金弘輔).

55 徐錫華,『經說類篇·孟子』,「公孫丑·辭讓之心」"定齋先生曰, 辭讓之有大小, 恐未然. 辭遜辭退, 雖是小節, 而孟子之辭十萬之祿, 似不爲小. 讓國讓位, 雖爲大, 而周人之讓路讓畔, 自是小節. 又未可粧定爲說也"(李始能).

56 徐錫華,『經說類篇·孟子』,「公孫丑·王霸」"大山先生曰, 王霸之辨, 不獨爲王者事. 學者日用之間, 便有王霸之別, 所當省察"(實紀).

57 徐錫華,『經說類篇·孟子』,「公孫丑·齊人莫如我敬王」"葛庵先生曰, 孟子以他國之臣, 處賓師之位, 故其言如此. 然不以趨走承順爲恭, 以非堯舜不陳爲敬, 則無古今之異. 而爲人上者, 所當察臣下敬愛之誠僞者也"(經筵講義).

58 徐錫華,『經說類篇·孟子』,「萬章·雖小過而不聽已可去矣」"然亦係是君德闕失, 時政疵敗, 生靈休戚, 不容泯默放過處".

59 徐錫華,『經說類篇·孟子』,「滕文公·井田」"問:"古法皆可行於今, 而我東地步褊少, 山川與平地較多, 井田法恐難行."大山先生曰:"不然. 我東雖多山, 而亦當量步數割給, 則更於何處不用此法."問:"若地不給人則奈何."曰:"天之生人物, 必資其所衣食以爲生, 而不與之食, 是使之死也. 天下之理, 決不如此. 且今人, 或有兼十家計活者, 倘使之均平如一, 則又何有地不給之憂哉"(實紀).

60 徐錫華,『經說類篇·孟子』,「滕文公·請野九一而助國中什一」"定齋先生曰, 治地之莫善於助, 莫不善於貢者, 以助有公田, 隨其豐歉, 而貢有常數, 凶年取盈故也. 故都鄙之遠者用助, 而若鄉遂之近, 則可以秋省斂而春省耕, 使民無冤. 故行貢法耶. 後看語類曰, 國中什一, 以在王城, 豐凶易察"(讀書瑣語).

61 갈암 이현일의 정치 경세사상이 집약된 『홍범연의』와 관련한 연구는 김성윤,「『홍범연의』의 정치론과 군제개혁론-갈암 이현일을 중심으로 한 조선 후기 영남 남인의 실학적 경세론」, 『대구사학』83, 대구사학회, 2006 참조.

62 徐錫華,『經說類篇·孟子』,「滕文公·予豈好辯哉」"大山先生曰:"好辯章, 言楊墨之亂, 而章末註, 及佛氏之害, 是當時又一亂也. 朱子又以攻異端爲己任, 將闢之廓如也, 此乃朱子又致一治之功. 故寓見以寄意. 其所以攻斥邪淫, 以承四聖之功者, 亦有所不可隱者矣."

63 이와 관련하여 선행연구는 『경설유편』이 경문에 대한 주석은 '체험과 사리'에 의해 전개되어 '자신의 체험 혹은 인간사의 보편적인 사리'에 근거하여 경전을 이해했다고 지적한 바 있다. 이영호,「해제」,『경설유편 1』, 한국국학진흥원, 2017, 31쪽 참조.

64 徐錫華,『經說類篇·孟子』,「萬章·丹朱之不肖舜之子亦不肖」"退溪先生曰, 以堯舜而生朱均, 以瞽鯀而生舜禹, 或不係於父母者, 先儒以爲實天地之氣貫穿來爲人故然耳"(趙起伯).

65 徐錫華,『經說類篇·孟子』,「萬章·友也者友其德也不可以有挾」"退溪先生曰, 求友取辱之說, 愚意, 我苟欲求益於彼, 惟當盡在我之道而與之, 豈可先計其禮際之間厚薄敬忽之故, 而咈然生恥辱之嫌也."

66 徐錫華,『經說類篇·孟子』,「盡心·士增玆多口」"退溪先生曰, 士患志不篤, 所以自樹立者, 不堅確耳. 苟擇術審而植志固, 擧世而非笑之, 猶不恤, 況十九人者乎. 故慮人之譏笑而加勉, 則善矣, 憂人之非毁而自沮, 則恐不足以爲士也"(趙士敬).

67 위의 글, 大山先生曰:"處患之道, 惟靜默自守, 不是己而非人. 彼怒而我平, 彼激而我順, 切無

較計爭勝之心, 方是穩當道理. 欲開口分疏, 只益坌亂, 終無底止之期矣"(權匡伯).

68 徐錫華, 『經說類篇·孟子』, 「公孫丑·四端」 ○葛庵先生曰 : "李氏謂見孺子而惻隱者, 氣也, 則失孟子之旨矣. 方其乍見孺子入井時, 心中本有之理, 隨觸而發, 心包蓄不住, 氣著脚手不得 (此三轉語節略朱子語. 則惻隱, 豈非理之發耶. 孟子元初本意, 固出於此, 而今以四端爲氣之發, 則其可乎哉"(栗谷書辨).

69 위의 글, "七情渾淪言時, 包四端在其中. 雖若可駭. 然嘗見朱先生有曰, 如單說人心都是好, 對道心說, 便是勞攘物事. 夫人心道心, 旣以形氣性命之發得名, 而合而言之, 則言人心而道心亦在其中. 四端七情之分, 亦如是耳. 故退陶先生以渾淪分開四字爲言. 渾淪, 卽朱子所謂單說者也, 分開, 卽朱子所謂對言者也"(韓士凝).

70 위의 글, "性之分理氣, 與情之分理氣, 有些不同. 蓋性則渾然, 而情則散殊. 渾然故可剔拔言, 而散殊故可分開說. 剔拔者, 就氣中挑出其理, 而不可以對待者也. 分開者, 就發處各指所主, 而可以雙立者也. 是以渾淪分開之說, 而止於言情而不及於性. 以性則非可以渾淪分開言也"(京老).

71 徐錫華, 『經說類篇·孟子』, 「離婁·天下之言性也則故而已故者以利爲本」 "定齋先生曰, 性無形影, 故言性者, 必以已然之跡而推之. 然所謂已然之跡, 又有善不善之異, 而其不善者, 卽水之過顙在山者也. 其爲不利大矣, 故不謂性. 而其善者, 卽水之就下者也, 其爲利明矣. 乃性之本然也. 故曰, 故者, 以利爲本. 此所以斷然以爲性善而不疑也"(讀書瑣語).

72 위의 글, "○緣此章不在論性諸章之先, 而雜出於下. 故未易見其爲論性之本. 又只管說善, 更不言氣. 此揚韓之猶未能信而混於言性也. 蓋荀 告言性, 亦故而已矣. 而不以利爲本. 孟子獨以利爲本. 孟子不言不利之爲氣, 程張方言不利之爲氣. 至此而終古言性者, 是非得失, 皆得其歸, 而厭天下以氣言性者之口矣"(李允實).

73 徐錫華, 『經說類篇·孟子』, 「盡心·孔子在陳何思魯之狂士」, "大山先生曰, 孔子於許多門弟中, 只思幾箇狂簡, 殷勤屬望. 是甚心情. 蓋緣世間一切小心謹厚底人, 低頭下意, 無形顯過差, 而畢竟點在坐席, 鼓作不起, 彼狂簡之士, 動輒嘐嘐, 以古人自期, 氣象開豁, 意思明爽, 被聖人點化出來, 長趨闊步, 大故長進, 決不伏作小小等人. 今吾輩立志, 亦當展拓開廣, 四通八達方好. 就此田地, 下細密工夫, 充擴將去, 庶幾脚跟牢固, 地步高遠, 非謂日用之間都無作爲, 只把舍瑟浴沂底事, 爲諷詠消日之資也"(李學甫).

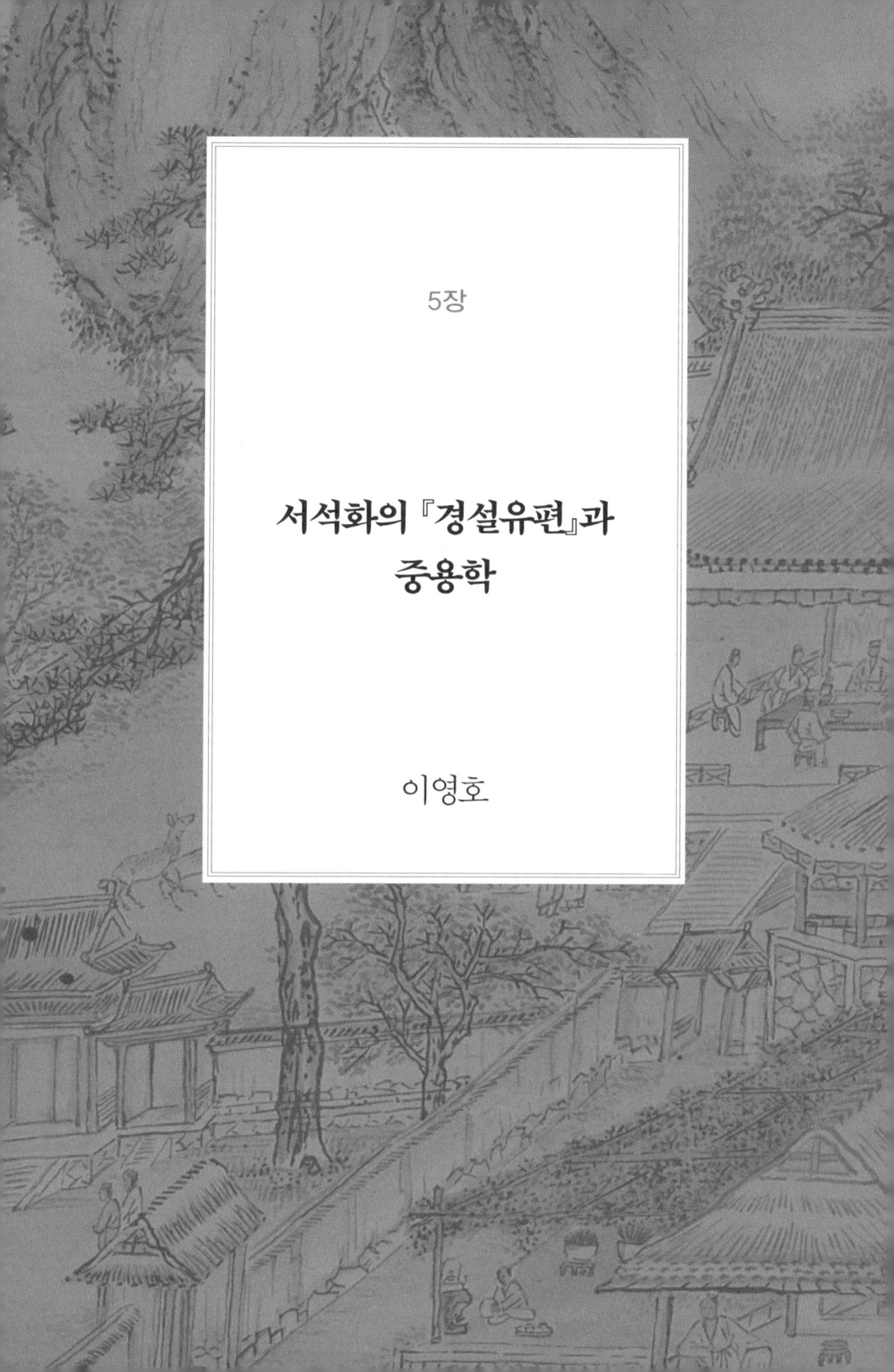

5장

서석화의 『경설유편』과 중용학

이영호

서석화의 『경설유편』과 영남 사선생

　19세기 말부터 20세기 전반을 살았던 서석화徐錫華(1860~1924)는 영
남(안동) 지방 퇴계학통의 유학자이자 경학자였다. 서석화의 학문의
연원과 특징에 대한 일차적 자료는 권상규權相圭(1874~1961)가 저술한
「행장」에 잘 드러나 있다.

　권상규는 서석화의 「행장」에서 그가 정재定齋 류치명柳致明의 문하,
서산西山 김흥락金興洛(1827~1899)에게서 전수한 심학心學의 지결을 계
승하여 참으로 진정한 문로를 얻어 몸소 실천하였다고 하였다. 이외에
도 권상규는 서석화를 가리켜 경전과 『사기史記』와 제자백가의 말에
두루 정통하였고, 선기옥형璇璣玉衡과 상수象數의 심오한 내용이나 의
서와 지리지의 번다한 부분도 모두 깊이 궁구하면서도 통달하였다고
하였다. 그리고 마지막으로 서석화의 저술로 『경설유편經說類編』과 문
집을 거론하면서, 그의 시를 외우고 그의 글을 읽는 사람들은 반드시

그의 사람됨을 흠모하고 그의 시대를 논할 것이다라고 고평하였다.[1] 이렇게 고평을 받은 서석화의 학문은 퇴계에게서 갈암 이현일로 갈암에게서 대산 이상정으로 대산에게서 정재로 이어진 영남 퇴계학파의 정통을 계승한 셈이다. 그러면 권상규가 지은 「행장」에 의거하여 그의 삶의 이력을 좀 더 상세하게 살펴보기로 하겠다.[2]

서석화의 본관은 달성達城이며, 자는 중온仲蘊, 호는 청석淸石이다. 철종 경신년(1860) 3월 26일에 경북 청송군 부동면 상평리 달성 서씨 집성촌에서 태어났다. 아버지 휘 효원孝源은 호가 석간石澗인데 정재 류치명의 문하로 동문들이 경학과 문장으로 추숭하였다. 어머니는 영양 남씨로 남언철南彦喆의 딸이다.

어릴 적부터 거동과 용모가 맑고 순수했으며, 재주와 품성이 총명하고 슬기로웠으며, 말을 배우면 곧장 글자를 이해했고, 글을 배우면 곧바로 암송하였다고 한다. 또한 글자를 베껴 쓰는데 벽癖이 있어 필법에 조예가 있었는데, 조부가 『대학』을 베껴 쓰라고 명하자 열흘이 채 못되어 일을 끝냈는데, 자획의 구조가 노성한 사람과 다름이 없을 정도였다고 한다. 그리고 10대 초반에는 북송 때 주돈이周敦頤의 「태극도太極圖」와 장재張載의 「서명西銘」 그리고 퇴계退溪와 류치명의 글을 즐겨 읽었다. 우리는 여기에서 청소년기 서석화의 중국과 조선의 주자학에 대한 공부의 경사를 알 수 있다.

16세(1875)에 소과에 응시하기도 하였으며, 17세(1876)에 안동의 금계金溪에 가서 김흥락金興洛에게 속수束脩의 예를 올리고 학문을 배웠다. 이때 정재의 문인이었던 용암慵庵 김헌락金獻洛(1826~1877), 서전書田 김병모金秉模(1829~1877)의 인정을 받기도 하였다. 『주자서절요朱子

書節要』를 읽고 이를 대본으로 다른 글 중에 뜻이 서로 발명될 만한 것을 가려 취해 단락마다 모아 붙이고 『초학일용初學日用』이라 명명하였는데, 이 책으로 서산의 칭찬을 들었다. 이때부터 경전과 『심경』, 『근사록』 등의 책에 크게 힘을 쏟았는데, 특히 『중용』과 『대학』에 공력을 기울였다.

29세(1889)에 역병을 피해 경북 청송의 주왕산에 들어가 반고班固, 사마천司馬遷, 한유韓愈, 유종원柳宗元, 구양수歐陽脩, 소식蘇軾 등의 글을 탐독하기도 하였다.

35세(1894)에 한성시漢城試에 나아갔다가, 역병이 크게 유행하는 것을 보고 그날 바로 돌아왔다. 38세(1897)에 부친상을 당하였으며, 40세(1899)에 스승인 서산 선생의 상을 당하였고, 49세(1908)에는 모친상을 당하였다.

50세(1909)에 부강서당鳧江書堂에서 이상정의 『약중편約中篇』과 천사川沙 김종덕金宗德(1724~1797)의 『성학정로聖學正路』, 류치명의 『주절휘요朱節彙要』를 간행하였으며, 57세(1916)에는 부친의 문집 『석간집石澗集』 8권 4책을 간행하였다.

만년에 면우俛宇 곽종석郭鍾錫(1846~1919), 회당晦堂 장석영張錫英(1851~1929) 등 당대의 명유들과 명리名理에 대해 토론하면서 지우知遇의 감회가 있었다.

1924년 10월 8일에 침소에서 세상을 떠나니 향년 65세였다. 배위配位는 의성 김씨義城金氏 학봉鶴峯 선생의 후손 김주모金周模의 딸로, 무오년(1858)에 태어나 계묘년(1903)에 졸하였다.

한 사람의 일생에 대한 평가는 그의 삶의 궤적과 남겨진 글로 이루어진다. 서석화에 대한 평가 또한 그의 학문적 궤적과 유문으로 평가 받을 내용이 충분하다. 특히 그가 남긴 『경설유편』은 의미가 깊다.

『경설유편』은 서석화가 사서삼경四書三經에 대한 조선 선현 네 분(이황, 이현일, 이상정, 류치명)의 주석을 정선하여 편집한 주석서다. 때문에 이 책은 『사선생경설유편四先生經說類編』으로 불리기도 한다. 그러므로 『경설유편』의 편자는 서석화이지만, 실제 이 책의 저자는 퇴계 이황, 갈암葛庵 이현일李玄逸, 대산大山 이상정李象靖, 정재 류치명이다.

한편 서석화는 자신이 이 네 분의 경설을 선집하여 『경설유편』을 지은 정황을 「사선생경설유편후서四先生經說類編後序」에서 다음과 같이 말하고 있다.

조선의 명종·선조 연간에 우리 퇴도退陶 선생이 교남嶠南(영남)에서 태어나 사문斯文을 흥기시키는 것을 자신의 임무로 삼고 경전의 주지를 충분히 드러내되 한결같이 자양紫陽(주자)의 본의를 따르며 일세의 인재를 길러내었다. 무릇 조정에 나아가면 용과 봉황처럼 날아올랐고, 초야에 은거하면 구슬과 옥처럼 반짝반짝 빛나 오직 선생의 가르침만이 교훈과 법도가 되지 않음이 없었다. 이는 또 우리 동방의 문명이 한 번 다스려진 때였다.

두 번 전하여 갈암 선생과 세 번 전하여 대산 선생이 시운을 타고 차례로 흥기하여 삼가 퇴계 선생의 법문을 수호한 것이 퇴계 선생께서 자양 부자를 대한 것과 같았다. 그래서 경전의 뜻을 분석한 것이 상세할수록 더욱 의미가 있고 오래될수록 더욱 폐단이 없어서, 덕과 재주를 이룬 자들이 무성하게 숲처럼 늘어섰다.

근세 정재定齋 선생이 또 명맥이 끊어질 즈음에 떨치고 일어나, 전해 오던 학문의 단서를 고찰하고 논증하여 그 말을 통해 그 마음을 얻었으니, 시대를 뛰어넘는 하나의 도가 지금까지 이르게 되었다. 경전을 담론하고 학문을 계승하는 문도들이 아직도 패도覇道를 물리치고 왕도王道를 존숭하며, 주자와 퇴계를 연원하여 공자를 종宗으로 여길 줄 알아, 이목이 미치는 바에 감흥이 더욱 깊었으니 차례로 연원의 적전을 전수한 것이 또한 아름답지 아니한가!

무릇 세대 간의 거리가 채 백 년이 되기 전에 담화曇華(異端)가 문득 출현하여 도가 장차 무너지려 하였다. 그러나 땅에 실추되기 전에 해와 별이 다시 빛나 천운이 순환하여 인문이 밝아졌으니, 누가 그렇게 만든 것인가? 교남의 한 고을을 '해동추로海東鄒魯'라고 칭하게 된 것은 과연 이 누구의 힘인가? 나는 늦게 태어난 후학으로 삼가 몇 년 동안 글을 배워 보니, 사실 전체를 꿰뚫어 훤히 알기가 어려웠다. 이에 감히 네 선생(퇴계 이황, 갈암 이현일, 대산 이상정, 정재 류치명)의 문집을 취하여 경전의 뜻을 논변한 것을 채집하여 각 부문별로 목目을 세우고, 또 각기 유형별로 모아 모두 13권을 얻었다.[3]

이상에서 보듯이 『경설유편』 13권의 저자는, 퇴계, 퇴계의 재전再傳 제자인 갈암 이현일, 삼전三傳 제자인 대산 이상정, 근세의 정재 류치명 네 분이며, 편자는 서석화다. 이에 먼저 이 책의 저자인 네 분의 생애를 간략하게 일별해 보기로 하겠다.

퇴계 이황(1501~1570)

본관은 진성眞城, 자는 경호景浩, 호는 퇴계, 시호는 문순文純이다. 1534년 문과에 급제하여 대사성과 예조판서를 비롯하여 양관대제학을 역임하고 은퇴하여 고향으로 내려왔다. 만년에 도산서당陶山書堂을 세워 후진 양성과 학문 연구에 전념하여 심오한 학문적 업적을 이룸으로써 후인의 추앙을 받는 대학자로서의 큰 궤적을 남겼다. 특히 주자학에서 '이발설理發說'과 경학적 방면에서 주자주朱子注를 근간으로 하면서도 독자적 해석을 한 학문적 업적은 퇴계학파뿐 아니라 율곡학파에 의해서도 계승되어, 가히 조선 유학의 연원이 되었다. 문묘에 종사되고 도산서원을 비롯한 전국의 수십 개 서원에 제향되었다. 저서로는 『퇴계집』, 『성학십도聖學十圖』, 『주자서절요朱子書節要』, 『자성록自省錄』, 『계몽전의啓蒙傳疑』, 『사서삼경석의四書三經釋義』 등이 있다.

갈암 이현일(1627~1704)

본관은 재령載寧, 자는 익승翼昇, 시호는 문경文敬이다. 1646년과 1648년 초시에 모두 입격하였으나 출사를 단념하였다. 영릉참봉, 사직서참봉, 장악원주부, 공조좌랑, 사헌부지평을 제수받았으나 나아가지 않았다. 1666년 영남 유생을 대표하여 송시열의 기년예설을 비판하는 소를 올렸다. 1678년 공조정랑, 지평을 제수받아 외척의 용사와 당쟁의 폐단 등을 논하였다. 여러 관직을 거쳐 이조판서에 제수되었으며, 1694년 갑술옥사로 남인이 축출되자 유배된 후, 현재의 안동인 화산의 금양으로 돌아와 후진을 지도하였다. 퇴계학을 정통으로 계승하여 율곡학파의 퇴계 비판에 맞서 이기이원론理氣二元論과 이발理發을

극력 주장하면서, 퇴계설에 대한 변론의 작업을 수행하였다. 저서로는
『갈암집』,『홍범연의洪範衍義』등이 있다.

대산 이상정(1711~1781)

본관은 한산韓山, 자는 경문景文, 호는 대산, 시호는 문경文敬이다. 이
재李栽의 문인이다. 1735년 문과에 급제하고, 연원찰방, 부사과, 연일
현감 등을 역임하였다. 그 후 정언, 감찰, 예조참의, 형조참의 등에 임
명되었으나 모두 부임하지 않았다. 제자들과 함께 강학에 힘써 당세의
종사로 일컬어졌다. 갈암이 이기이물理氣二物을 강조함으로써 퇴계학
의 정수인 이발을 강조하는 데 더 관심을 기울인 반면, 대산은 이발과
이기불상리理氣不相離의 논지를 모두 강화하는 입장을 견지했다. 대산
의 이러한 입장은 이론적 치밀성을 담보하여 퇴계설에 잠재된 논란의
여지를 미연에 방지하고자 했던 의도가 있었다고 평가할 수 있다. 저
서로는『대산집』,『이기휘편理氣彙編』,『제양록制養錄』등이 있다.

정재 류치명(1777~1861)

본관은 전주, 자는 성백誠伯, 호는 정재이며, 아버지는 회문晦文이고,
어머니는 한산 이씨韓山李氏로 이완李埦의 딸이다. 대산 이상정의 외증
손이다. 이상정의 문인인 남한조南漢祖, 류범휴柳範休, 정종로鄭宗魯, 이
우李瑀 등의 문하에서 수학하였다. 1805년 별시 문과에 급제한 뒤에 사
간원, 대사간, 병조참판 등을 지냈다. 1855년 장헌세자莊獻世子의 추존
을 청하는 상소를 올려 박내만朴來萬의 탄핵을 받고 유배되었다가 풀
려났다. 그뒤 제자들이 지어 준 뇌암雷巖의 만우재晚愚齋에서 후진을

양성하다가, 1861년 10월 6일 졸하였다. 류치명은 이황 → 김성일 → 장흥효 → 이현일 → 이재 → 이상정으로 이어지는 퇴계학통을 이어받은 영남의 대학자로, 문하에서 이진상, 이돈우, 김흥락 등 많은 학자들이 배출되었다. 저서로는 53권 27책의『정재집』이 있다.

이상으로 우리는『경설유편』의 저자인 네 분의 생애를 간략하게 일별해 보았다. 다음으로『경설유편』의 경학적 특징을 이 책에 들어 있는 영남 사선생 경설의 분포도를 중심으로 살펴보겠다. 그리고 이어서 서석화의 경학의 특징에 관하여 살펴보겠다.

『경설유편』 소재 사선생 경설의 분포도

『경설유편』에서 서석화는 사서삼경에 관한 퇴계, 이현일, 이상정, 류치명의 경설을 정선하였다. 그런데 경전별로 정선의 비율이 달랐으며, 또한 학자별로 인용의 정도가 달랐다. 이 정황을 도표로 구성하면 〈표 1〉과 같다.

〈표 1〉을 보면, 서석화는 퇴계학파의 경설을 정리함에 있어서『중용』과『대학』에 관한 주석을 압도적으로 인용하였으며 뒤를 이어『논어』와『맹자』에 대한 주석을 다수 인용하였다. 이에 비하여『역경』, 『서경』,『시경』에 관한 주석은 상대적으로 인용 빈도가 낮다. 또한 이상정의 경설에 대한 인용의 정도가 압도적으로 높고 뒤를 이어 퇴계 경설을 다수 인용하였다. 이현일과 류치명은 상대적으로 낮다. 여기

<표 1> 『경설유편』의 영남 사선생 경설의 인용 빈도

인명 경전명	퇴계 이황	갈암 이현일	대산 이상정	정재 류치명	인용 경설
『경설유편·대학』	101	27	169	81	378
『경설유편·논어』	67	15	165	41	288
『경설유편·맹자』	60	13	62	49	184
『경설유편·중용』	108	15	218	83	424
『경설유편·시경』	9	2	1	2	14
『경설유편·서경』	7	11	0	0	18
『경설유편·역경』	28	59	61	3	151
인용 학자	380	142	676	259	1,457

서 우리는 서석화가 파악한 퇴계학파 경설이 사서 중심 더 좁게는 『중용』, 『대학』 중심이며, 퇴계를 이어 이상정이 퇴계학파 경학의 종장으로 자리하고 있음을 확인할 수 있다.

한편 그 경설 인용의 양상을 살펴보면, 경문經文 분석, 주자주朱子注 분석, 소주小註 분석으로 나눌 수 있다. 이는 바로 조선 세조 때 수입되어 조선 유학자들의 경전 공부의 바이블이 된 영락대전永樂大全 본本 칠서대전七書大全이 『경설유편』의 저본임을 확인해 주는 것이다. 그렇다면 경문, 주자주, 소주의 인용 빈도를 살펴보겠다. 『경설유편』을 보면, 『중용』의 인용 빈도가 가장 앞서고 있는데 그중에서도 『중용』 1장에 대한 분석이 93조목으로 가장 높다. 그런데 『중용』 1장의 93조목을 분류해 보면, 경문 49조목, 주자주 38조목, 소주 6조목이다. 이는 다른 경전의 주석을 분석해 보아도 대체로 비슷한 정황을 보이고 있다. 그렇다면 『경설유편』에서는 칠서대전을 저본으로 하였지만, 경문과 주자주에 대한 분석의 비중이 높고 소주는 상대적으로 낮음을 알 수 있다.

이상의 내용을 요약하면,『경설유편』은 영락대전 본 칠서대전을 저본으로 삼아 주석을 단 이황, 이현일, 이상정, 류치명의 경설을 정선精選한 것인데, 특히 이황과 이상정의『중용』과『대학』주석에서 경문 분석과 주자주 분석을 한 조목을 집중적으로 채록해 놓은 퇴계학파의 경전주석회집서다.[4]

이 글에서는 서석화 경학의 특징을 규명하기 위하여 먼저 그가 편집한『경설유편』의 특징적 면모를 살펴보았다. 다음으로『청석집』소재 경설의 양상이 어떤지를 밝혀내고, 이 양자를 대비적으로 고찰하면서 서석화 경학의 특징을 고찰해 보겠다.

『청석집』 소재 경설의 분포도

서석화의 문집인『청석집』은 13권 7책으로 이루어져 있다. 이 문집에서 그의 경설을 살펴볼 수 있는 자료는 주로 4권, 6권, 9권, 10권에 산재해 있다. 조금 번다하지만, 뒷날의 연구를 위해서『청석집』에 들어 있는 경설의 소재를 적시하면 다음과 같다.

중용설中庸說

『淸石文集』卷之四,「上西山先生」(癸巳)'問目'

1. 中庸章句序文(주자주) : 人心道心 / 守其本心之正 / 支分節解 /『대학』과
   『중용』의 서문 비교

19. 24장 : 至誠前知(경)

20. 25장 : 誠者, 自成也(경) / 不誠無物(경)

21. 26장 : 至誠之德, 著於四方(주자주) / 無間斷先後(주자주)

22. 27장 : 待其人而後行(경) / 道中庸崇禮(경) / 旣明且哲, 以保其身(경)

23. 29장 : 在彼無惡, 在此無射(경)

24. 30장 : 首節(경) / 兼內外該本末而言(주자주)

25. 31장 : 五者之德(주자주) / 發見當其可(주자주)

26. 32장 : 至誠無妄, 自然之功用(주자주) / 至誠至聖(주자주)

27. 33장 : 知風之自(경) / 尙不愧于屋漏(경) / 不顯惟德, 註雲峯說(소주) / 又

云不顯之德, 卽未發之中(소주) / 章下極致馴致(주자주)

28. 『중용』전반에 관한 해설

대학설大學說

1. 『淸石文集』卷之四, 「與修齋柳丈」(戊戌), '別紙' : 誠意章 / 一有之 / 治國章

2. 『淸石文集』卷之四, 「答修齋柳丈」(a) : 誠意章

3. 『淸石文集』卷之四, 「答修齋柳丈」(b) : 誠意章(自欺)

4. 『淸石文集』卷之六, 「答張舜華」'別紙' : 傳九章

5. 『대학장구』와『대학혹문』의 비교

6. 『대학』경문과『대학장구』의 비교 등등

학용설學庸說

『淸石文集』卷之九, 「學庸疑義辨」(甲午冬趙公秉鎬按嶺臬發問諸生)

『淸石文集』卷之十, 「兒子基潤論孟箚疑批評」

논어설論語說

1.「學而」: 學而時習 / 無友不如己 / 因不失其親 / 無諂無驕

2.「爲政」: 詩三百 / 擧直錯枉

3.「八佾」: 季氏旅泰山 / 繪事後素 / 祭如在 / 君使臣以禮 / 儀封人請見

4.「里仁」: 蓋有之矣 我未之見 / 朝聞道夕死 / 一貫 / 君子喩於義

5.「公冶長」: 甯武子 / 伯夷不念舊惡 / 顏淵無施勞

6.「雍也」: 其本也眞而靜 / 人各有所長 / 敬鬼神而遠之 / 博施濟衆

7.「述而」: 不憤不啓 / 聖人道體 / 我欲仁

8.「泰伯」: 君子篤於親 / 正顏色斯近信矣 / 集註暴粗勵 / 致美乎黻冕

9.「子罕」: 叩基兩端 / 述其先難之故 / 說而不繹

10.「先進」: 門人欲厚葬之 / 賢知之過 / 子畏於匡 / 子路率爾而對 / 其言也認 / 是聞也非達也 / 樊遲子張俱問

11.「子路」: 恭主容敬主事 / 樊遲問仁 / 人而無恒

12.「憲問」: 夫子譏管仲 / 請討陳恒

13.「衛靈公」: 恭己正南面 / 群居終日 / 君子義以爲質 / 君子矜而不爭

14.「季氏」: 季氏伐顓臾 / 視思明

15.「陽貨」: 陽貨問答 / 唯女子與小人爲難養

16.「微子」: 逸民伯夷柳下惠

17.「子張」: 非謂末卽是本

18.「堯曰」: 尊五美屛四惡

맹자설孟子說

1.「公孫丑」上: 告子曰不得於言 / 告子亦已能不動心 / 以直養而無害 / 浩然之

氣 / 孟子知言 / 公孫丑歷擧諸子

2. 「告子」上 : 人無有不善 / 公都子歷擧或說 / 章下註性雖本善 / 富歲子弟多賴
/ 牛山之木 / 學問之道無他 / 人之於身也

3. 「告子」下 : 不可磯亦不孝

4. 「盡心」上 : 盡心知性

5. 「盡心」下 : 充實而有光輝之謂大

이상의 정리를 통해 본『청석집』소재 서석화 경설의 가장 두드러진 특징은『중용』에 관한 해석이 압도적으로 많다는 점이다. 이외에도『맹자』해석의 경우, 심성설에 관한 주석으로만 이루어져 있는 것도 특징이라고 할 수 있다.

한편『대학』,『논어』,『맹자』의 해석이 주로 선배나 제자, 혹은 자제들과 문답을 통해 이루어진 반면,『중용』만은 스승인 서산 김흥락에게 질의하는 형식으로 구성되어 있다. 이는 그 양적인 면에서뿐 아니라, 질적인 면에서도 서석화의『중용』경설이 정치한 내용으로 구성되어 있음을 짐작할 수 있다. 아무래도 스승에게는 자기 공부의 핵심처를 가지고서 질의하고 가르침을 받기 때문이다.

그런데『청석집』소재 서석화의 경학은 그가 편찬한『경설유편』과 연계하여 고찰해야 한다. 왜냐하면 이 양자에서 공히 서석화가 주목한 경전이 바로『중용』이기 때문이다. 앞서『경설유편』의 경전 주석 선정의 분포도를 보았을 때, 서석화는 영남 사선생의 중용설만 400회 이상 정선하였다. 그리고『청석집』에서 오직『중용』의 내용만 가지고서 스승에게 질의하여 답변을 받았으며, 그 분량 또한 다른 경전을 압도한다. 이는 서석화의 경학에서『중용』이 차지하는 비중이 어떠한지를 단적으로 보여 주는 것이라 할 것이다.

그러면 서석화 경학의 핵심이라 할 수 있는 그의 중용학의 특징을 어떻게 규명할 것인가? 여기서 필자는『경설유편·중용』과『청석집』소재「상서산선생上西山先生」(癸巳) 중용문목中庸問目을 대비적으로 살펴보면서, 영남 퇴계학파의 전통 아래 서석화의 경학적 면모를 고찰해보겠다. 이를 위해『경설유편·중용』과『청석집』소재 중용문목에서 공히 중시되는 경문을 우선 추출하고, 이 경문 아래 영남 사선생의 주석을 배치한 다음 서석화의 중용설을 마지막에 놓고서 비교 분석하겠다. 이런 방식의 분석은 서석화 경학의 특징을 분석하는 것을 넘어서서, 조선 후기 영남 퇴계학파 경학의 행방을 읽을 수 있다는 점에서 상당히 유의미하다고 할 수 있다.

서석화 중용학의 특징

서석화 중용학의 특징을 파악하기 위하여『경설유편·중용』과『청석집』소재 중용문목을 비교 분석할 때, 전체를 단순 비교하는 것은 논의의 초점을 흐리게 할 여지가 있다. 이에 이 글에서는 먼저 서석화가 선집한『경설유편·중용』에서 영남 사선생의 중용설의 인용 빈도를 살펴볼 것이다. 그리고 그중에서 가장 많이 인용된 경설과『청석집』소재 중용문목에 들어 있는 서석화 경설을 대비하여 비교 분석하고자 한다.

이런 방법은 단순하게 서석화가 중시하였던『중용』의 경문에 대한 분석임과 동시에 영남 퇴계학파 중용학의 초점이 어디를 향하는지를 알려줄 것이다. 〈표 2〉는 『경설유편·중용』의 영남 사선생의 경설 인용 빈도를 도표로 제시한 내용이다.

〈표 2〉 『경설유편·중용』의 영남 사선생 경설의 인용 빈도

장	퇴계	갈암	대산	정재	
총론(總論)	13	6	21	9	49
1章	20	4	39	30	93
2章	4	0	8	1	13
3章	1	0	0	1	2
4章	1	0	1	0	2
5章	0	0	0	0	0
6章	0	0	2	0	2
7章	0	0	1	0	1
8章	0	0	0	0	0
9章	0	0	4	0	4
10章	1	0	4	2	7
11章	3	0	2	2	7
12章	15	1	14	7	37
13~15章(總論)	0	0	0	2	2
13章	3	0	6	1	10
14章	1	0	3	0	4
15章	1	0	1	0	2
16章	3	1	20	5	29
17章	0	0	2	0	2
18章	0	0	3	0	3
19章	2	0	6	3	11
20章	8	2	26	4	40
21章	0	0	3	1	4
22章	0	0	1	0	1

23章	1	0	0	0	1
24章	0	0	0	0	0
25章	0	0	12	2	14
26章	7	0	2	2	11
27章	5	1	5	6	17
28章	4	0	2	0	6
29章	0	0	0	0	0
30章	3	0	3	1	7
31章	0	0	1	0	1
32章	2	0	3	0	5
33章	6	0	12	2	20
혹문或問	4	0	11	2	17
합계	108	15	218	83	424

〈표 2〉를 보면 서석화가 주목한 영남 사선생의 중용설은 일단 양적인 면에서 『중용장구中庸章句』33장 중 총론(서문, 독중용법), 1장, 12장, 20장에 논의가 집중되어 있다. 사실 서석화의 이런 주목은 그 소종래가 있다. 일찍이 주자는 『중용장구』「독중용법讀中庸法」에서 『중용』을 육대절六大節로 분절하였다. 육대절의 분절은 1장(중화론中和論), 2~11장(중용론中庸論), 12~19장(비은론費隱論), 20~26장(성론誠論), 27~33장(제1장의 의미 부연)이다.[5] 이 육대절에 가장 중요한 분절은 제1장의 중화론, 12장의 비은론 그리고 20장의 성론이다. 이 세 절이 『중용』의 핵심가치를 함유하고 있기 때문이다. 더하여 주희의 저작인 『중용장구』「서문」 또한 주자학자들에게는 매우 중시되었다. 〈표 2〉에서 보다시피 서석화가 『경설유편·중용』을 편집하면서, 『중용장구』의 총론(서문, 독중용법), 1장, 12장, 20장의 영남 사선생의 경설을 집중적으로 채록한 것은 바로 이 때문이다.

따라서 이 글에서는 『경설유편·중용』의 『중용장구』의 서문과 12장의 영남 사선생의 경설 중에서 핵심적 내용이거나 논쟁적 사항이 있는 구절을 선별하여 시대순으로 제시한 다음, 그 말미에 『청석집』 소재 「상서산선생」(癸巳) 중용문목의 해당 내용일 것이다. 그리고 나서 영남 퇴계학파의 경학적 전통하에서 서석화의 『중용』 해석이 가지는 의미를 비교 분석해 보겠다. 또한 『중용장구』 20장에 대한 서석화의 경설을 살펴보면서 최종적으로 그의 경학이 지닌 함의에 대하여 간략하게 살피고자 한다. 먼저 『중용장구』 「서문」에 관한 영남 사선생과 서석화의 경설을 일별하면 다음과 같다.

『중용장구』 「서문」의 인심도심론

『중용장구』 「서문」의 인심도심론은 이른바 16자 심전心傳이라 일컬어지는 『서경書經』 「대우모大禹謨」의 '인심유위人心惟危, 도심유미道心惟微, 유정유일惟精惟一, 윤집궐중允執厥中'에 관한 논의다. 실상 이 구절은 위서僞書 논란이 불거져서 주자도 이미 당대에 의심을 하였고, 청대에 이르러서는 위서로 확정되어 『서경』에서 산삭되기도 하였다. 그러나 주자가 이 구절을 『중용』을 설명하는 핵심으로 가져온 이래, 경학사에서는 매우 중시되었다. 중국의 경우, 진덕수眞德秀(1178~1235)가 『심경心經』을 편찬하고 이 책에 대하여 정민정程敏政(1445~1499)이 주석을 달고 『심경부주心經附註』를 편찬하면서, 이 구절을 가장 앞에 두었다. 이후 중국과 조선의 주자학자들은 위서 논란에도 불구하고 이 구절을 유가의 핵심을 표현한 문구로 규정하였다.

한편 『심경부주』의 주석에서는 이 구절에 대하여 논하면서, 인심人

心과 도심道心을 이심二心으로 구분하는 정자와 일심一心 안의 이심二心으로 규정하는 주자의 견해를 나누어 싣고 있다. 영남 사선생과 서석화의 논의 핵심도 초점이 여기에 있다. 이에 그 논의의 핵심만 옮겨 놓으면 다음과 같다.[6]

이황

인심과 도심을 나누어 말하면, 인심은 형기에서 생기고 도심은 성명에 근원한다. 합쳐서 말하면 도심은 인심 사이에 섞여 나오는 것으로 사실상 서로 바탕이 되기도 하고 서로 발하기도 하여서 분명하게 다른 존재라고 할 수 없다. 때문에 주자는 "공력을 쓸 때 반드시 도심을 위주로 하고 인심은 천명을 들을 수 있도록 한다"고 했으니, 이는 모름지기 직접 체험한 것으로 오래도록 공력을 기울여야 나타나는 것이다. [人心道心, 分而言之, 人心固生於形氣, 道心固原於性命. 合而言之, 道心雜出於人心之間, 實相資相發, 而不可謂判然爲二物也. 故朱子言用功之際, 必曰道心爲主, 而人心聽命云云. 此須親切體驗, 用功之久, 當自見也.]

이현일

"(주자는 오봉 호씨의 설에 대하여) 지금 천리와 인욕을 한 덩어리로 만들었으니 큰 착오를 면치 못한 것이다"고 하였다. 이는 도심은 천리의 공변된 것이고, 인심은 형기의 사사로운 것이기 때문입니다. (…) 대개 요사이 여러 학자들은 반드시 이와 기를 합하여 하나로 보려고 하기 때문에 전체로 뒤섞는 것을 좋아하고 나누는 것을 싫어하다가 보니 자신도 모르는 사이에 점점 기가 리의 영역인 줄로 알게 되니, 다만 걱정스러울 뿐이다. [今以天理人欲混爲一區, 則不免大錯. 蓋道心, 是天理之公也, 人心, 是形氣之私也. (…) 大凡近日諸君子之見, 必欲合理氣爲一物, 故樂渾全而惡分析, 不覺其漸入於認氣爲理之域, 殊可懼也.]

이상정

구분하여 말하면 인심으로부터 거두어 들여 비록 정당함을 얻었더라도 이는 결국 인심이 거두어진 것이고, 도심으로부터 내보내서 비록 정당하지 못해도 이는 결국 도심이 내보낸 것입니다. 그러나 합하여 말하면 인심이 거두어들이되 도심이 위주가 된 것이라면 도심이라 해도 되고, 도심이 내보냈지만 인심이 위주가 된 것이라면 인심이라 해도 됩니다. [分而言之, 自人心而收回, 雖得其正, 而這畢竟是人心之收回者也. 自道心而放去, 雖失其正, 而這畢竟是道心之放去者也. 然合而言之; 人心收回, 乃是道心爲之主, 雖謂之道心亦可也. 道心放去, 乃是人心爲之主, 雖謂之人心亦可也.]

류치명

인심과 도심은 모두 나타난 곳을 지칭하는 것이다. 아직 나타나기도 전에 어떻게 인심이라거나 도심이라는 명칭이 있을 수 있겠는가? [人心道心, 皆指發處言. 未發之前, 安有人心道心之名?]

먼저 이황은 인심과 도심을 '나뉨[分]'과 '통합[合]'의 두 방면에서 논하고 있다. 그러나 이황은 도심은 인심 사이에서 섞여 나오는 것으로 서로 다른 존재라고 할 수 없다고 하였다. 주자의 일심一心 안의 이심론二心論을 준수하되, 일심으로 좀 더 기울고 있다.

이에 비하여 이현일은 도심을 천리의 공변, 인심으로 형기의 사사로 움이라고 규정하고서 선명하게 양분하였다. 그리고 이를 섞어 보는 것은 매우 잘못된 것이라고 비판하였다. 종래 일심 내의 이심론으로 규정한 주자와 이 노선을 따르면서 일심론에 무게중심을 실은 이황에 비하여, 이현일은 강경한 어조로 이심론을 주장하고 있다.

한편 이상정은 다시 주자의 일심 내의 이심론으로 기울었다. 이에 인심과 도심의 '나뉨[分]'과 '통합[合]'을 언급하면서, 이 양자 사이에서 균형을 잡고자 하였다. 그러나 류치명은 인심과 도심이 모두 이발 상태의 마음임을 지적하였다. 이는 비록 이심적 양상을 부정하는 것은 아니지만 이발의 일심에 좀 더 무게를 싣고 있다.

이상의 논의를 정리하면, 이황과 류치명은 비교적 일심론에 치중하고 있고, 이현일은 이심론을 주장하며, 이상정은 이 양자 사이의 균형을 잡고 있는 듯하다. 그러면 서석화의 입장은 어떠한가? 다음은 서석화의 논이다.

> 애초 마음이 발동할 때는 형기形氣와 성명性命의 다름이 있습니다. 정밀하게 살피고 전일하게 유지하는 공부가 비록 그 극치에 나아가더라도 또한 도심이 위주이고 인심의 그 명령을 듣습니다. 이 두 마음의 경계는 그 근본에서 비롯된 것입니다.[7]

위의 논의를 보면, 서석화는 퇴계학파의 전통에서 소수에 해당되는 이심론을 확고하게 지지하고 있다.

이 논의를 이어서 서석화는 배고프면 먹고 목마르면 마시는 인심이 올바름을 얻었다고 해서, 이를 성명에서 발현되었다고 말할 수는 없다고 한다. 또한 반대로 측은지심인 도심이 그 올바름을 잃었다고 해서 이를 형기에서 발현되었다고 할 수는 없다고 한다. 어디까지나 인심은 인심의 영역에서, 도심은 도심의 영역에서 기능할 뿐이다. 인심의 고양이 도심으로 이어지거나, 도심의 타락이 인심으로 추락하는 사태는 결코 일어나지 않는 것이다.[8]

이상으로 보면, 서석화는 영남 사선생의 서로 다른 논의에서 이심론에 확고한 지지를 보내고 있다. 서석화의 이런 주장은 영남 사선생의 경설에서 비교적 소수의 편에 서며, 일심 내의 이심을 논한 주자와도 어느 정도 결을 달리하고 있다.

『중용장구』12장의 비은론

『중용장구』12장(「비은장費隱章」)의 경문은 '군자지도君子之道, 비이은費而隱'으로 시작한다. 그런데 주자는 이 경문의 비이은에 대하여, "비費는 작용作用의 넓음이요, 은隱은 본체本體의 미묘함이다[費, 用之廣也. 隱, 體之微也]"라고 주석을 달았다. 이는 곧 비와 용을 체용론적 구조로 이해하였음을 보여 주고 있다. 과연 비은費隱을 작용과 본체로 볼 수 있는가? 영남 퇴계학파는 주자의 이러한 이해에 대하여 의문을 표하고 있다.

이황

비은은 자사子思와 주자朱子가 이미 도道로 말하였으니, 모두 형이상形而上의 이理다. 그 산재散在하는 것이 넓고 많음을 가지고 말하면 '비'

라 하고, 형상으로 볼 수 없음을 가지고 말하면 ‘은’이라 하니, 두 가지가 있는 것은 아니다. 만약 형이하形而下를 ‘비’라 한다면, 도道를 둘로 나누어서 그 하나를 기器에 해당시킴을 인정하는 것이니, 옳겠는가? [子思 朱子旣以道言, 皆是形而上之理也. 以散在之廣且多言, 則謂之費, 以無形象可見言, 則謂之隱, 非有二也. 若以形而下者爲費, 則是分道爲二, 而認其一端以器當之, 其可乎?]

이상정

‘비’는 작용이 넓음이고, ‘은’은 본체가 은미함입니다. 작용을 말하면 본체는 그 안에 있고 넓음에 이르면 은미함은 벗어날 수 없으니, 굳이 따로 ‘은’ 자를 언급한 뒤에 알 수 있는 것은 아닙니다. [費者, 用之廣, 隱者, 體之微也. 言用而體在其中, 卽廣而微不能外, 不必別贊隱字然後可見也.]

류치명

자사子思가 ‘군자의 도는 널리 유행되면서도 은미하다’고 하여, ‘도’ 자만 제시하여 ‘비’와 ‘은’을 말하였으니, ‘은’과 ‘비’는 모두 ‘도’ 자에 따라서 알아차려야 마땅하다. (…) 나누어 말해도 하나가 됨에 해롭지 않고, 합쳐서 말해도 둘이 됨에 해롭지 않다. [子思謂 ‘君子之道, 費而隱’, 是單提道字, 說費說隱, 是隱與費, 皆當於道字上看取. (…) 分言之而不害其爲一, 合言之而不害其爲二.]

‘비’와 ‘은’을 체용론적으로 이해하였을 때, 제기되는 문제의 발단은 그 앞의 문장이다. 비은의 앞에 ‘군자지도’가 있는데, 여기서 ‘도’는 근원적 일자一者다. 그런데 주자처럼 비은을 체용으로 파악한다면, 이는 일자인 도가 작용과 본체, 이자二者로써 분리될 위험성이 있기 때문이다.[9]

이황은 바로 이 지점에 주목하였다. 이황은 군자지도의 일자성을 긍정하면서, 비와 은은 모두 형이상의 이理라고 판단하였다. 그러고서 만약 '비'를 작용으로서의 형이하라고 한다면, 도를 둘로 나누는 것이기에 이 경문의 본지에 맞지 않다고 하였다. 퇴계의 이런 주장은 이후 영남 퇴계학파에 영향을 미치게 된다.

그 실례로 이상정은 주자처럼 비용을 본체론으로 파악하면서도, 작용을 언급하는 순간 이미 본체는 그 안에 내재되어 있다는 주장을 펼침으로써 작용과 본체의 일자성을 확인하였다. 한편 류치명은 '비'와 '은'을 모두 '도'라는 글자 안으로 수렴하여야 마땅하다고 하면서, 이 양자는 나누어 말해도 하나가 됨에 해롭지 않고, 합쳐서 말해도 둘이 됨에 해롭지 않다고 하였다.

사실 비은론을 체용론으로 규정하는 논의에 가장 비판적으로 반응한 이는 이황이었다고 한다. 이후 이상정과 류치명 같은 영남 퇴계학파는 주자의 주장과 이황의 주장을 융합하려고 하였는데, 그 논의의 귀결은 이황의 비와 은의 일자성에 더 가깝다 할 것이다. 그러면 이에 관한 서석화의 견해는 어떠하였는가? 다음의 언급에서 그 주장의 요체를 살펴보겠다.

언해諺解에서는 『중용』 12장을 통괄하는 의미에서 파악하여, '비하되 은하다'고 해석하였습니다. 이에 비해 율곡은 『중용장구』의 '비는 작용의

256

넓음, 은은 본체의 은미함'이라는 구절에 의거하여 대비적으로 해설하였습니다. 이에 '비하고 또 은하다'고 해석하였습니다. 이에 저는 이렇게 생각합니다. "이 한 구절은 『중용』 12장章의 대의를 모두 들어서 강령綱領으로 세웠으니, 그 문세로 보아 마땅히 『중용』 12장을 통괄하는 대의로 풀이해야 한다. 『중용장구』에서 대비적으로 해설한 것은, 먼저 비와 은 자의 훈고訓詁를 풀이했기 때문에, 글의 형세[文勢]가 부득이하게 그러하다. 만약 이것을 가지고 고집스럽게 보아서 비하고 또 은하다고 해석한다면, 뒤 단락의 내용과 도리어 서로 융합하고 관통되지 않은 장애가 있게 된다. 이에 마땅히 언해를 따르는 것이 옳을 듯하다." 저의 견해가 어떤지 알지 못하겠습니다.[10]

『중용』 12장 '군자지도君子之道 비이은費而隱'의 대표적 언해는 두 종이 있다. 관본언해(교정청언해)와 율곡언해다. 관본언해에서는 이 구절을 "군자君子의 도道는. 비費호디 은隱ᄒ니라"라고 하였고, 율곡은 "군자의 도는. 비코 은ᄒ니라"라고 언해하였다. 서석화는 관본언해가 『중용』 12장의 본지를 총괄하는 언해를 했다고 하면서, 관본언해에 의거하여 풀이하기를, '비의이은언費矣而隱焉'이라고 하였다. 그리고 주자의 비은을 대비적으로 보는 관점에 의거한 율곡언해를 풀이하기를, '기비우은旣費又隱'이라고 하였다.

여기서 서석화는 단연 관본언해의 입장에 선다. 이황은 도의 일자성의 관점에서 이를 체용으로 나누는 것을 반대하였고, 이상정과 류치명은 주자와 이황의 설을 융합시키려고 하면서 이황으로 기울었다. 그런데 서석화의 주장은 선배들과 결을 달리하면서 율곡설 더 나아가 주자설에 의문을 제시한다. 이황이 이 구절을 '도'라는 키워드를 통해 철학적으로 읽은 데 비해, 서석화는 이를 문장학의 관점에서 파악한다. 즉 서석화가 보기에 『중용』 12장의 첫머리인 '군자지도 비이은'은 이후 이어지는 경문의 의미를 총괄하는 대표성을 지닌 문장이다. 그런데 이 경문 뒤에 이어지는 문장들은 '비이은'을 체용론적으로 해석할 때, 의미가 연결되지 않고 또한 소통되지 않는다는 문제점이 있다. 이에 율곡언해처럼 이 양자를 분절하는 '코'의 현토를 반대하고 관본언해처럼 이 양자의 연계성을 중시하는 '호듸' 토를 지지한다. 이는 본질적으로 경문 중심으로 경전을 파악하고자 하는 자세이며, 이런 자세에서는 선현인 율곡이나 주자의 주장도 검토 혹은 비판의 대상이 되는 셈이다. 다음에 살펴보려고 하는 서석화의 성론誠論은 이 점을 더욱 선명하게 보여 준다.[11]

『중용장구』 20장의 성론

『중용』을 육대절로 나누었을 때, 가장 중요한 내용의 구분은 『중용장구』 1, 2장의 중용론(중화론)과 『중용장구』 20장의 성론이다. 특히 성론에서는 천도天道로서의 성론과 인도人道로서의 성지론誠之論이 중요한 내용인데, 이 경문에 대하여 서석화는 다음과 같은 논의를 남겼다.

> 주자가 『맹자』의 경설을 인용하면서, "(맹자가) '만물이 모두 나에게 갖추어져 있다'는 것은 바로 성誠이요, '자신에게 반성하여 성실하게 한다'는 것은 바로 성을 하려는 것이다"라고 한 이 단락에 대해 저는 의혹을 품고 있습니다. 무릇 실리實理가 유행流行하여 만물에게 부여한 것은 하늘

의 성이며, 혼연渾然한 천리天理에 조용히 도에 맞아 들어가는 것은 성인聖人의 성이니, 성인은 하늘과 하나가 되므로 하늘의 도라고 칭하는 것입니다. 덕德이 아직 성하지 못한 자는 반드시 선善을 선택하여 굳게 지키고 성에 이르기를 구해야 하는데, 이것이 배우는 자가 성을 하려는 일이니, 그래서 사람의 도라고 칭하는 것입니다. 만약 맹자의 말로 헤아려 본다면, '만물이 모두 갖추어져 있다'는 것은 부여받아 받아들인 측면에서 말한 것이니 마땅히 하늘의 성이 되고, '자신에게 반성하여 성실하게 한다'는 것은 보존하고 주재하는 측면에서 말한 것이니 마땅히 성인의 성이 됩니다. 힘써 서恕를 실천하며 인仁을 구하는 것은 공부의 측면에서 말한 것이니, 사람의 도가 될 수 있고, 성을 하려는 일입니다. 저의 이런 견해가 어떤지 모르겠습니다.[12]

『중용』20장에서 "성자誠者, 천지도야天之道也, 성지자誠之者, 인지도야人之道也"라고 하였다. 그런데 『중용장구대전』의 소주를 보면, 이 경문에 대하여 주자는, "(맹자가) '만물萬物이 모두 나에게 갖추어져 있다'는 것은 바로 성이요, '자신에게 반성하여 성실하게 한다'는 것은 바로 성을 하려는 것이다"[13]라고 하였다. 주자의 이런 해석은 '자신에게 반성하여 성실하게 함[反身而誠]'을 '성지誠之'라고 하였으니, 성지를 인도人道라고 한 『중용』의 경문에 비추어 보면, 곧 '반신이성反身而誠'이 인도인 셈이다. 정리하면 성지 = 반신이성 = 인도인 셈이다.

서석화는 이런 등식에 반대한다. 서석화가 보기에 보통 인간이 가야 하는 도[人道]의 양상은, 덕이 아직 성하지 못한 자가 반드시 선을 선택하여 굳게 지키고 성에 이르기를 추구하는 것이다. 이에 비해 주자가 말한 '자신에게 반성하여 성실하게 한다[反身而誠]'는 것은 천리를 보존하고 주재하는 측면에서 말한 것이니, 이는 마땅히 성인의 성이 되고, 성인은 곧 하늘과 일치된 자다. 그렇다면 성인의 성은 이미 어떤 노력의 측면에서 이루는 인도라기보다는 그 자체로 천도인 셈이다. 이렇게 보면 주자의 성지 = 반신이성 = 인도의 공식은 부정된다. 서석화의 주장대로라면, 성지 = 반신이성 = 천도天道인 것이다.

　이상으로 우리는 서석화의 경학의 특징을 그가 편찬한『경설유편』과『청석집』소재 경설을 통해 살펴보았다. 서석화가 편집한『경설유편』에서 가장 많이 선집한 경전은『중용』이며,『청석집』에서 주석을 가장 많이 단 경전도『중용』이다. 먼저 서석화의『경설유편』은 일찍이 영남 퇴계학파의 선배였던 대야 류건휴(1768~1834)가 남긴『동유사서해집평』을 이은 조선 경학가들의 경설회집서다. 류건휴는 퇴계학통임에도 불구하고 율곡학통에 속하는 경학자들의 설을 다수 회집하였다. 특히 퇴계학파에서는 이상정, 율곡학파에서는 박세채와 김창협의 경설을 다수 채집하였다. 이에 비해 서석화는『경설유편』을 통해 영남 퇴계학파에서 가장 주목할 네 분을 선정하여 그들의 경설을 채록하였다. 이는 조선 말기에서 구한말로 내려올수록 자파 경학에 대한 호교적 의식이 어느 정도 작동한 결과라고 할 것이다. 여하간 이런 현상은 율곡학파에서 있었으니, 바로 용강 이해익이 편찬한『경의유집』이 바로 그것이다.

　한편 서석화의『중용』주석은 그의 나이 34세였던 1893년(계사년)에 노년의 김흥락에게 질의한「상서산선생」(癸巳) '문목'(『淸石文集』卷之四)

에 잘 나타나 있었다. 그러면 이 글의 몇 대목을 분석한 결과로 알 수 있는 서석화 경학의 특징은 무엇인가?

서석화가 30대 중반에 스승에게 올린 「상서산선생」(癸巳)에 담겨 있는 『중용』에 대한 이해는 비록 질문의 형식을 빌리고 있지만, 자신의 확고한 경설이 구현되어 있다. 가장 큰 특징으로는 주자 경학에 몰입하고 있지만, 주자 경설에 대해 비판적인 지점 또한 확연하였다. 또한 영남 사선생 경설을 정리하였으며, 그중에 특정인을 지지하기보다는 자신의 정견에 의하여 어느 한쪽을 지지하거나 자기 설을 개진하기도 하였다. 그 주자비판적 경설, 자신의 독창적 경설의 의미가 무엇인지에 대해서는 다음의 연구 주제로 남겨둔다.

『淸石文集』卷之四,「上西山先生」(癸巳)‘問目’

年來甘伏暴棄, 不謀辦一筭, 趨陪門屛, 數次拜謁, 槩是過關歷梯, 嚮道求敎之疎慢
如此, 所謂聖人與居不能化者, 景慕之餘, 兼悚恨無喩. 暮春者伏不審道體節宣對時康
衛, 雷軒侍住, 見有幾人, 天下英才不爲不多, 而擧斳於俗尙, 擴就得大大成就, 諒亦不
易聽授之際, 果有識頭顅可倚卑者否? 錫華省傍免愆, 而春回連汩憂虞, 職事全廢, 不
謀以養志, 愧惕奈何? 近讀思傳一過, 粗覺意味自別. 夫聖人之道, 只在平常, 初非艱深
稀異底, 而患在學者不得其所從而入, 資講說者不求諸日用, 務本領者不屑乎文義, 二
者均之非適道之逕也. 自顧合下賦質, 委靡欠剛果, 用工散緩不接續, 三五年間, 未必
役心專精於應擧之需, 而依舊黏泥渙散, 無一格進步處, 豈不以下學迷方, 未有一段靠
據, 以爲之門路哉? 朱夫子答魏應仲一書, 總論日用節度, 甚合初學受用, 竊欲從事於
斯, 立定一副規模, 而第患霎時意想, 不能保鎭長, 且靜對書冊, 若有些兒收拾, 而動處
便打乖, 應酬煩劇之際, 利害相形之交, 輒復枚失, 纔覺其放失, 則輒復生躁擾之證, 始
知積蔽痼習, 非猝乍可革, 承襲談說, 無實地可據也. 中庸疑目, 雖甚零鎖, 俯眷之下,
不敢有隱, 敢此呈上, 伏乞特賜批誨, 以發蒙菩, 如何如何?

問目

中庸序

人心道心.

原初所發, 有形氣性命之殊, 精一之工, 雖造其極, 亦曰道心爲主, 而人心聽命焉. 是二者界分, 自其根本而已. 然盖飢食渴飲固人心, 而無以飢渴爲心害者, 直人心之得其正, 謂之聽命於道心則可, 不可便謂發於性命也. 惻隱固道心, 而其或內交要譽, 惡其聲而爲之者, 乃是理發未遂而爲氣所揜, 直道心之失其正, 豈可以此而便謂發於形氣乎? 序文本意盖如是, 而『節要』有曰: "自人心而收回便是道心, 自道心而放出便是人心." 又曰: "有道心而人心爲所節制." 人心皆道心也. 二說若是矛盾, 敢問何也?

守其本心之正.

人心非人欲, 朱子定論也. 這箇但易流故危, 能節制而不流, 則莫非心之正, 所以不曰道心, 而特稱本心, 以見人心之得其正者, 亦包攝在這裏也. 盖心一也, 而所發有或生或原之殊, 然亦未嘗各占窠窟, 限隔區分. 是以就界分不雜處言, 則曰人心道心, 就全體渾融處言, 則曰本心之正. 離看合看, 言各有攸當也. 陳胡氏專指道心爲本心, 而遺却人心之得其正, 如是則下文每聽命, 危者安云云, 皆爲無所本而贅膚之語矣, 豈朱子之旨哉?

支分節解.

支, 四大支也, 節, 六大節也. 許東陽說非是. 詳略巨細, 亦當以此分屬. 盖一巨一細, 兩節目而各成頭段, 故曰畢擧, 或詳或略, 一文字而互爲資發, 故曰相因. 許氏又謂三書旣備, 然後中庸之脈絡, 却相貫通, 亦恐未然. 夫支分節解, 脈絡貫通, 『章句』中已盡此妙, 不待二書之備也. 諸說之同異得失, 各極其趣, 由其刪潤論辨, 而取舍得正故也. 此則『章句』所不及, 似當專指二書, 未知如何?

雲峯胡氏曰: "『大學』不出性字, 故序言性詳. 『中庸』不出心字, 故序言心詳."

二序之詳言心性, 固也, 而謂庸學本文不出心與性, 則恐未然. 盖中庸論道之書, 故擧天下許多道理, 無不備載, 大學論學之書, 故三綱八條, 無不向動處用工, 安在其云云也? 且明德爲大學之綱領, 而明德非可專訓性者也. 誠爲『中庸』之樞紐, 而誠者非但言實心而已也. 何必偏執局定, 如雲峯之說哉? 序文所以詳性詳心不同者, 特以擇執時中, 實出於堯舜相傳之旨, 故追述人道危微之訣. 學問頭項雖多, 而莫不因吾之所固有者, 故先明均賦本然之善, 此朱子發揮推擴之意也. 今徒見序文之各異爲說, 而遂上及經文, 有此分析, 無乃逕庭否?

讀法註西山眞氏曰：“必篤恭而後, 能造無聲無臭之境.”

篤恭與無聲無臭, 不是兩件事. 無聲無臭, 只是形容篤恭之極其妙有如此者, 豈篤恭上面復有所謂無聲無臭者乎? 今如西山說, 是篤恭與無聲無臭煞有淺深之等, 恐與『章句』本意不相脗合, 如何?

看此書, 將來印證.

將來只是語辭否? 抑猶言持此以來否? 若如後說, 則謂將道理來印證此書亦可, 謂將此書來印證道理亦可, 如何?

『中庸』半截都了, 不用問人.

都了, 下句絕了, 卽刷畢之義. 四書一箇門路, 故看了三書, 已盡『中庸』半截云爾. 或云：“了, 只是語辭. 其意若曰, 『中庸』半截大都不待問人, 而看得自透, 故只略略恁地看過.” 此說何如?

篇題

中者不偏不倚, 無過不及之名.

不偏不倚, 所以狀未發之大本, 無過不及, 所以狀已發之時中, 或問盡之矣. 抑道理無窮, 往往有變通互言處, 然不偏不倚, 猶可兼言已發, 而無過不及, 終不可賺說未發. 夫中之在中, 未有中節, 不中節之可名, 則謂之過者, 是過箇甚? 不及者, 是不及箇甚也. 此義明甚. 而節要「答南軒書」, 又以不偏倚無過不及總言於未發之中, 或恐是初晚之殊否？

首章

氣以成形，而理亦賦焉．

氣者，造化發育之具也，理者，主宰發揮之妙也．理氣有則俱有，而論本原，則理先氣後，太極動而生陽，靜而生陰是也．及其稟賦處，則理不能自做，常因氣以爲之地，故氣聚成形，而理亦具焉．此章『章句』所以先氣後理，有異於本原之論也．所謂因氣爲地者，才有氣，理固乘載其上，不爭霎時．或疑『章句』亦賦字，恐稍涉慢了．然細看亦字，帶得并行底意，覺似緊於旋便等字，如何？

健順五常之德．

論性之所具，而曰仁義禮智者，對天道之元亨利貞而言也，曰健順五常者，對化生之陰陽五行而言也．雖然，陰陽五行，氣也，健順五常之德，理也．理之賦於人而爲性者，由其氣之有陰陽而必稱健順，由其氣之有五行而必稱五常，則名言之際，反似有氣爲主理爲實之嫌，不若只以仁義禮智對元亨利貞而言也．如何？

性道雖同．

天只以一箇理乘載氣上，經緯錯綜，化生人物，於是人物之生，同得天地之氣以爲形，同得天地之理以爲性．性卽理也．理無不善，而萬物同出一原，理一而已矣【子思天命之性，朱子一原理同之論占此地頭】．氣則有清濁分數之不齊，故成形者有平正直立橫生逆生之分，而所賦之理不能不隨而有通塞偏全焉．蓋均是天地本然之性，而人具仁義禮智之粹，然物僅通其一路而已【孟子犬牛人之性，朱子異體性不同之論占此地頭】．故從一原處說下其理，則曰人物性道同，就異體中指言其性，則曰性道不同，所就而言之各異故也．近世主偏全之論者，每以後段說話，賺及於前段，議論時，至謂子思本意亦乃爾，所以其說愈多而愈不合也．其曰人與人同，物與物同者，於性道同，訓詁雖亦可通，而於本旨則頭面已改換矣．又以一原二字，只屬之賦受以前，而才說性時，便使

不得這箇字云爾, 則朱子所謂人物之性亦我之性【二十二章章句】, 人與物之性皆同,

【首章小註】此言皆何謂也? 今且權倚閣許多競辨, 只於兩段說, 各就其所言地頭, 分明歷落, 不相混雜, 則子思朱子之旨, 庶可以覬得如何?

『章句』三各字.

主偏全之論者, 以三箇各字爲人物異性之證, 謂『章句』已自分別, 蓋亦解作人與人物與物之義看也. 各字指意果如是否? 竊謂此章立言, 自一原處說下來, 故首言賦與之初, 化生之物, 無一箇不具此理. "各"之云者, 猶言人人物物之謂也. 人人物物, 箇箇賦此理, 故箇箇循其性之自然, 則箇箇有當行之路. 『章句』所以節節提擧, 不厭重複, 而下文復以吾之所固有者一語貼解之, 所以結各字歸宿處也. 然則三各字, 政是申明性道所以一原之妙, 烏可作以人對物之辭, 反爲人物異性之證乎哉?

道不可須臾離, 可離非道.

或云此道無乎不在, 洋洋於日用, 非須臾可離底物事. 或云離合之機, 在我體則合, 背則離, 一有離之, 則失此道. 湖門嘗以後說爲正. 妄意後說於學者用功上極親切, 然經文本意則似主前說. 蓋此節立言, 承上率性一句, 故先明道之實體原於性, 而散在日用, 離了不得, 然後更下是故字, 指示戒愼恐懼爲體道之方. 政如西銘上一截爲碁盤, 下一截爲下碁樣子也. 故『章句』之解亦曰: "無物不有, 無時不然. 若其可離, 則豈率性之謂"者, 分明主前說. 費隱一章, 申明道不可離, 而大意亦如是. 今若以後說看作經文本意, 則不幾近於道之因人方有, 而率字又不可謂不是用力字也. 如何?

不睹不聞.

睹聞與不睹聞, 只就此心之發與未發處言, 初不干於外面聲色之有無也. 蓋機之始動雖至微, 然旣云動, 便有箇形迹, 旣有形迹, 便可睹聞. 至若喜怒哀樂未發, 萬事皆未萌芽, 泯然而無形可睹, 寂然而無聲可聞, 故曰不睹不聞. 此是自家便先恁地戒懼處, 固不待徵於色, 發於聲而後用其力也. 若夫外面聲色, 則人生未嘗有無見無聞時. 方其

未發之際, 此心湛然, 虛明洞徹, 凡聲色之入耳過目者, 愈益精明而不亂. 程子耳須聞目須見之訓, 朱子所謂子約平生還曾有耳無聞目無見時節者, 皆爲此也. 耳目雖有見有聞, 而思慮未萌, 則其裏面未發之體無所睹聞者, 固自若也. 然則不睹不聞四字, 向外面聲色上說不得, 而饒胡二氏墮在這裏, 故遂以須臾暫焉之頃當之, 以避睡未足不識四到之譏, 其失可知矣. 如此看, 果不悖否?

戒懼愼獨.

戒懼是統體工夫, 貫動靜徹幽明, 而對言愼獨則屬之靜, 亦猶四七之渾淪言時, 四端包在七情中, 而惟其與七情對言, 則始屬之理發者, 同一語例. 中和『章句』戒懼約之與謹獨精之, 對待立說, 政是專屬靜者也. 蓋曰靜時工夫, 下得戒懼而愈加歛約, 以至於至靜之中無所偏倚, 而其守不失之地, 動時工夫, 下得謹獨而益加精審, 以至於應物之處無少差謬, 而無適不然之地, 則於是乎極其中和, 而有天地位萬物育之效矣. 然則約之精之者, 工夫之節度也, 至靜應物以下, 造詣之地位也. 大要是用此工夫到此地位之謂也. 今必欲以戒懼兼動靜看, 則不得已而有由動趨靜之云, '至靜應物'以下連作工夫看者, 又有靜有至不至由微以達顯之解, 二說俱不免窘苟, 而無由覰『章句』本旨矣. 未知如何?

學問之極功, 聖人之能事.

中和位育, 在聖人分上, 只從至誠無息中做出, 不待用力. 其曰致者, 由教而入者之事也. 『或問』註陳氏曰: "由教而入者, 果能盡致中和之工夫, 則學問極功, 亦可庶幾乎." 此庶幾二字, 語有斟酌. 退陶先生亦云: "賢人之學, 雖曰及其成功一也, 然至論神化妙用處, 則孔子之綏來動和, 豈顏曾所能遽及哉?" 謹按顏曾所以不及聖人者, 特以未至於化, 化則便與聖人無間矣. 然其所以未至於化者, 亦恐只於致字上猶有些子未盡分數. 若謂賢人之致中和, 雖盡到十分, 而位育極功, 終不能不異於聖人云爾, 則此非聖人立言本意. 且致曲章誠形變化之訓, 皆爲假設之辭矣, 豈其然乎?

修道之教, 亦在其中.

天地位, 萬物育, 只是中和極處效驗, 未見有教底意. 然其位其育, 必須有裁成輔相匡直輔翼之事, 然後可以致之, 故曰教在其中否? 更按裁成輔相匡直輔翼, 乃是做工夫事, 是則致字裏面實含修道之教之意, 未可就位育分上說教在其中也. 未知如何?

第二章

以德行則曰中庸.

饒氏謂德卽性情之德, 中和是也. 饒說無害, 然包不得時中之義, 當以行道有得於心兼言, 似完備. 盖『中庸』之中實兼中和者, 以其和了在中時中之義也. 然第二章以下所說中字, 却重在時中上, 一切就發見處言也. 故游氏以性情德行分屬中和中庸, 而黃氏亦曰: "性情天生底, 德行人做底. 性情人人一般, 德行人人不同." 苟或以此德字專指中和, 而不就行道有得上說, 則安得謂人做底? 安得謂人人不同也? 德行二字當連看, 只是德容德音之類, 未知如何?

第三章

民鮮能久矣.

胡氏以此章添一能字, 歷舉一篇能字爲子思所託意, 恐不免牽合之病. 夫能字有二意, 承接處用者, 爲輕輕帶去說, 用力處用者, 兼了行底意. 鮮能之能, 用力字也. 篇內『中庸』不可能惟聖者能人一能之之類, 皆是行字意. 外此則大率是承接處通貫語脈之辭, 不必掠粗爲精, 將淺作深也. 未知如何?

第六章

註朱子曰: "淺近言語, 莫不有至理."

淺近之言，如何皆有至理？造道深者，聲入心通，便見有至理．如孺子滄浪，只是等閒歌曲，而夫子聽之，知其爲自取之理．孟子又推而言之，則人自侮，家自毀，國自伐，皆是理也．舜之所以爲大知，政在樂取人爲善，故言雖淺近，無不好察大意，猶詢堯擇狂之類．若以爲鎖屑俚諺皆有理在，必欲一一以求至理之寓，則鑿矣．未知如何？

第九章

中庸不可能．

不可能，謂能之之難，非謂眞不可能也．夫行之而不著，習矣而不察，衆人之鮮能，固也．若夫賢者，知足以均天下，仁足以辭爵祿，勇足以蹈白刃，抑庶幾矣．而皆倚於一偏而出於勉強，則未可便許以中庸．故曰中庸不可能，所以道中庸之至難也．然擇之審而至於義精，守之固而至於仁熟，卓然無一毫私欲留於心目之間，則焉有眞不可能之理哉？游楊二氏，本欲極贊不可能之妙，而語意失於過高．其曰絕學無爲，則中庸非學之所可到矣，其曰有能斯有爲，則中庸又無所事於學矣．是皆以中庸把作一團物事，有如無位眞人之閃爍自在，而反使學者起怳惚之想，絕嚮往之念，其弊不少，故朱子直斥之以爲佛老之緒餘否？

第十章

註饒氏曰："四者有次第，一件難似一件."

竊謂四者各舉一段而言，不可分難易次第．夫柳下惠和而不流，而三仕無喜，三黜無慍，已可見不變之守．伯夷中立不倚，而西伯善養則歸，武王伐紂則去，豈非不變所守者乎？若史魚之如矢，伯玉之卷懷，謂之不變猶可，而不流不倚，却恐有未盡也．故此四者，非可以先後難易言，只是各舉一段，以進子路之強耳．又謂至死不變，卽遯世不悔，是則中庸之成德，夫子猶不自居，曾謂子路之行行，而遽以是語之哉？饒氏必欲分作難易之序, 故不自覺其反於牽強之病矣. 如何?

十二章

君子之道, 費而隱.

諺解從全章本意, 釋爲費矣而隱焉. 栗谷以本節『章句』, 用之廣, 體之微, 對待立說, 解作旣費又隱. 竊謂此一節, 摠擧一章大旨, 立爲綱領, 其勢當以全章大意爲解.『章句』之對待立說者, 先釋費與隱字義訓詁, 故文勢不得不然. 若以此泥看, 解作旣費又隱, 則於後段論說時, 還覺有不相融貫之碍, 當從諺解似爲是, 未知如何?

君子之道, 近自夫婦居室之間.

舊嘗疑居室造端, 人道之基, 知幾君子之所致謹, 夫婦之愚不肖, 却如何皆能知能行? 近始覺得此段『章句』, 乃是總括全章大旨, 以明道之無所不在. 其曰近自夫婦居室者, 貼解經文造端夫婦而言, 非謂本節愚不肖之夫婦也. 故下文復以道中一事, 釋愚不肖之可知可能, 如事親事長之類, 不必專就居室上說也,『章句』自分明, 不合致疑. 而但『或問』則以能知能行, 指言男女居室一事, 恐與『章句』又不同, 如何?

鳶飛魚躍.

其飛其躍, 氣也, 所以飛, 所以躍, 理也. 氣載得許多理出來, 而子思引詩之意, 却不在氣上, 特以明道體流行昭著之實, 故『章句』只言理之用而不言氣否? 小註程子云:"若說鳶上面更有天在, 魚下面更有地在." 先生默然微誦曰天有四時云云, 程子說與謝氏所謂非是極其上下者意同否? 程子此段不省其歸宿處, 朱子說亦不解其爲襯貼發明. 伏乞幷賜明誨, 發此蒙蔽.

十三章

註饒氏曰:"道是天理, 忠恕是人事."

饒說極似精密, 而前輩多疑之, 引朱子仁是道, 忠恕是學者下工夫處一語, 以證其非. 竊意仁者心之德而天理之全體, 忠恕是下學人事, 求至於仁之工夫. 以此證彼, 不惟不相背, 還似有融貫相發之意, 而前輩有此從違, 敢問何也?

某未能一者, 聖人所不能.

『章句』雖云云, 而隨文釋經之例, 有不可泥看. 蓋上章所不能, 謂此道至廣, 無所不包, 故其於粗淺沒緊要底聖人, 亦容有所不能盡. 此章所言, 乃是庸行之常, 聖人爲能經綸天下之大經, 於此果有所未能, 則安足爲聖人哉? 特以道體無窮盡, 聖人德愈盛而心愈下, 未嘗有一毫自滿底意, 故特言此以勉人, 非眞有所不能如上章之謂也. 如何?

十四章

居易以俟命.

竊謂居易俟命雖學者事, 然這地位覺甚高, 不可易以言. 蓋能夷驗一致, 憂樂齊視, 勢位隆爀, 而歉然無凌忽之萌, 厄窮桎梏, 而泰然無憾恨之滯, 然後所履者, 皆平常易順之地, 所居者, 莫非安身立命之所. 若子路之慍見樂正子之發恨臧倉, 皆有所不足於居易也. 此其與樂天知命者相去亦豈遠乎哉? 然曰樂天知命, 則渾全從容, 不見痕迹, 曰居易俟命, 則便見下手著力, 勉勵修爲底意. 故陳氏以聖人學者事分而言之否?

十六章

鬼神之德.

鳶魚鬼神, 俱是明費之無所不在. 鳶魚言上下昭著之用而體在其中, 鬼神言不見不聞之微而顯不外是也. 鳶魚專言費, 鬼神兼費隱言, 而鳶魚『章句』謂莫非理之用, 鬼神『章句』專以氣言之, 何也? 屈伸者, 鬼神之迹也, 能屈能伸者, 鬼神之靈也, 實屈實伸者, 鬼神之誠也, 所以屈所以神者, 鬼神之理也. 『章句』功用, 造化言其迹, 良能言其靈，合散無非實言其誠．舉一章說了鬼神之情狀功效體段，而不一及所以屈所以伸之理者，何也？前承下誨『易』專妙用謂之神，亦不可做理看當時竊聽瑩，近始覺功．用是指造化流行可見之迹，妙用是指他良能靈妙不測處而言，此神與鬼神之別，而壹是就氣上說而已．未知如此看，不悖誨意否？

不見不聞隱也，體物如在則費矣．

以不見不聞對體物如在，則分言費隱固宜，然不見不聞直鬼神情狀之隱耳．自道觀之，則才說鬼神，便是指費不見不聞體物如在，均之爲道之費也，豈可以鬼神情狀之隱爲道之所以然之體乎？前承下誨，章下總論，與『章句』正義往往有不同．竊嘗推究其由，蓋『章句』體貼本文，正義解去，章下統說全章大旨出來，故所包者潤．道與鬼神，雖其所就而言有不同，然專言之，則鬼神固不外乎道，何嘗判然爲二物哉？章下則包了專言底，故直以鬼神之德，分言費隱，其實鬼神之費隱，亦不害爲道之費隱也．訓解體例之不同，抑如此否？

十七章

舜其大孝也與！

孔子曰：“啜菽飲水盡其歡，斯之爲孝.”自人子分上言之，則素位盡職，均之爲孝．文王曾子，未必不如舜．自孝言之，則其道極廣，必也以天下養，然後方始爲大孝也．若文王曾子，非有不足於孝，而畢竟不能致他極廣處，政是聖人所不能底，夫子所以獨稱舜爲大孝也歟？下章言達孝，亦稱武王周公，而不及文王，恐亦以此．未知如何？

十八章

推己以及人.

『章句』三舉推字與及字，儘有意，雲峯說自好．蓋十七章以下，舉費之大者，言聖人大行之事, 凡所以搜剔禮意, 立爲定制, 以尊祖宗而達上下者, 皆天下之大經, 中庸之至道也. 故『章句』以推字及字, 節節申言, 以示其緣情制禮, 未有偏倚過不及之差, 於此可見不遠人以爲道, 又可見聖人之於中庸, 亦未嘗無稱權裁度之工, 如何?

十九章

繼志述事.

西銘以知化屬述事, 窮神屬繼志, 盖謂繼志難於述事. 而中庸大意只是恁地說. 孝子承先之道, 繼成其父祖欲爲之志, 遵述其父祖已爲之事, 則是之謂孝之大也. 夫事有欲爲而未及就者, 有已爲而堪爲法者, 此志與事所以分言, 不是說到難易淺深也. 如何?

治國, 其如視諸掌.

明乎祭禮而何以見治國之易? 盖事天事先之禮, 其心則一於敬, 敬者, 治之本也. 其事則親親長長貴貴尊賢逮賤之道備焉. 五者, 治之術也. 本與術具, 引而伸之, 觸類而長之, 治國乎何有? 譚氏以心言, 饒氏以事言, 二說兼備, 其義乃盡. 下章論九經之道, 旣列其目, 而復以九經之實, 別爲一節以承之, 亦此意也. 有是心而無是事, 則徒善而已, 不可以爲治, 有是事而無是心, 則虛文而已, 不能以致治. 明乎祭祀之禮, 則爲治之道不外是矣. 未知如此看否?

二十章

修身以道, 修道以仁.

取人之則在身, 修身之術以道, 修道之方以仁. 仁者, 卽本心之全德, 至親切底是, 其說直窮到底, 無復餘蘊, 而又慮求仁者失於莽蕩濶疎, 不知下手之方, 故更以仁者人也, 親親爲大承之. "修道以仁"之仁, 專言者也, 親親爲大之仁, 偏言者也. 專言則全體渾圓, 無可靠據, 偏言則就他愛之理發見之端, 易爲下手用功故也. 盖仁之用, 莫切於愛,而愛之施，莫大於親親，有子所謂孝弟爲仁之本是耳．下面義與禮，乃是從仁上出來，而末梢起頭處，又在知人知天．蓋其立政求仁之要，知行先後之序，儘辭約而意備矣．未知如何？

仁者，人也．

天地以生物爲心，而是心也，賦於人則爲仁．仁者，性之德也，胡乃以血肉之軀明之也？蓋人之所以有此身者，卽天地生理之所以化成，而形旣生矣，卽此生理便具于此身，充塞無間，所以拔一毛，下一針，痌瘝疾痛遍于一身也．這箇身渾同是一團生理，故惻怛慈愛之意，不待假借，而自然便有不可遏者，狀仁之體，莫切於此．更以程子所引手足痿痺之說參互考證，則尤似分明．未知如何？

三近者，勇之次．

知仁勇，成德之名，三近求以入德之事也．旣曰近矣，未可便謂勇，而此云勇之次者，上文旣分三知爲知，三行爲仁，故此三近者，知其當爲勇之次舍也．大抵『章句』文字，有逐段解底，有通融說底．逐段說處，只求體貼本文，勿插入外來義理，統說處，徐究上下融貫之義，勿膠守當下言句，始可以覷得『章句』曲盡之妙．如何？

九經之效．

九經不一其事，故各有其效，逐段下句卽上句之效也．雲峯胡氏謂道立是修身之效，以下皆道立之效．夫道立是功效之稱，非做工夫名目，安有不是做工夫而反有功效之可言哉？胡說恐逕庭．但修身尊賢之效與以下諸段有在己在外之別．蓋修身者九經之本，尊賢所以贊助修身者，故道立不惑幷說自己上見效．親親以下，乃是修身推行之事，故不怨以下，皆說外面底效應，是則稍不同耳．未知如何？

凡事豫則立．

『中庸』之前定與『大學』知止有定，却是一般地位．蓋知止而定，則意誠以下必皆能得．先立乎誠，則事到面前都理會得，自無跲困疚窮之患．苟非平日深於存省者，安能有此？蓋能明善誠身, 則在我之達德, 極其實而無不立矣. 順親信友, 則達道之推行, 本末有序, 而五典敍矣. 獲上治民, 則由達德而行達道, 措之天下國家, 條緒不紊, 而九經立矣. 此皆所謂凡事素定之效, 而其裏面骨子, 只是一箇誠字爲之本, 能發揮出千變萬化之妙用也. 未知然否？

誠者, 天之道.

註朱子引『孟子』說, 謂萬物皆備於我便是誠, 反身而誠, 便是誠之, 此段竊惑焉. 夫實理流行, 賦予萬物者, 天之誠也, 渾然天理, 從容中道者, 聖人之誠也. 聖人與天爲一, 所以稱天之道也. 德未能皆實者, 必擇善固執, 求至於誠, 此學者誠之之事, 所以稱人之道也. 若以孟子說揆之, 萬物皆備, 自賦受處言, 當爲天之誠, 反身而誠, 就存主處言, 當爲聖人之誠, 強恕求仁, 指用工上言, 是可爲人道, 誠之之事也. 未知如何？

博學之.

『或問』論五者次序煞有先後, 而『章句』註又謂五者, 無先後有緩急, 二說若是相反, 何也？蓋『或問』指五者脈絡次序而言, 『章句』註指學者用工節度而言也. 以次序言之, 則君子之於天下, 無一物非吾性分內道理, 故學欲其博, 學不能無疑, 故有問, 問必有所發, 故可思, 而思之愼, 然後施其辨, 辨之明, 然後進於行. 然行之不力, 則四者又無以爲己有, 故行欲其篤. 此平說五者之次序也. 以用工節度言之, 則方其學也, 不可徒事學而無問, 及其思也, 不可徒費思而弗辨, 方其致知也, 不可但務窮格而疏於踐履行爲之實, 必也從頭做去, 無分段, 無間斷. 知未及之, 則四者爲急而篤行緩, 旣知了, 則篤行爲急而四者緩, 此所謂無先後有緩急也. 如此看, 則二說雖若相友, 而其義實相須而兼備也. 未知如何？

二十三章

致曲.

舊嘗疑致曲與至誠盡性不合, 分爲兩章, 不但以文勢相連綴, 兩章旨意首尾融貫, 打成一章體例. 盖上章以天下至誠起頭, 而說盡性之天道, 其不因說人道致曲, 而更以天下至誠爲能化結之, 文體起應縝密, 旨趣脈絡混融, 實是一章合天人而言者也. 分而二之, 雖有辨析分明之可喜, 而抑豈無衡決全體之未安乎? 近始按兩節, 雖是話頭連綴, 而體例各具. 上節論天道, 則由己而人, 由人而物, 至於贊化育參天地, 其序實由內而達外, 下節論人道, 則自致曲而誠, 自誠而形著, 而動變, 至於能化, 其序亦由中而達外也. 於是乎知兩節各是一段文體, 各是一段旨趣, 『章句』之分作兩章, 不其以此乎否?

二十四章

至誠前知.

孟子言知曰故者以利爲本, 謂因其已然之迹, 而以順推來也. 如孔子以三代因革, 言十世可知, 周公因尙功之治, 知後世簒弒之禍是耳. 至誠前知, 又是就動之微, 兆朕形見之初, 他人不能覺, 而聖人便先知之. 河出圖, 洛出書, 知其爲八卦九疇之理, 萍實, 知其興覇業, 一角獸獲, 知其爲不祥之獮. 凡此之類, 非至誠能之乎? 若以術數揣測之, 私億而或中者, 其本已不是誠, 惡足爲知也?

二十五章

誠者, 自成也.

誠之爲義, 在天曰實理, 在人曰實心. 『章句』物之所以自成, 指實理言, 而其下復謂誠以心言, 不幾於自相矛盾乎? 雲峯胡氏分作兩截看, 極似分曉. 而湖門又謂一箇誠字, 不應有二解, 將何所適從? 盖天下之物, 莫非實理之爲. 天地有此實理, 故成其爲天地, 人有此實理, 故成其爲人. 飛潛動植, 莫不有此實理, 故成其爲飛潛動植. 此所謂物之所以自成也. 就一物上看, 則物之所由成, 固實理之爲, 然得此實理, 旣以自成, 則物之所存主處, 卽物之心也. 故朱子曰: "凡物必有是心, 有是心然後有是事." 然則『章句』誠以心言者, 乃通人物而言, 不獨就人分上說也. 始知兩段解釋, 自是一串義理. 雲峯說不免有破碎之病可知矣. 但理無不誠, 人則有誠, 有不誠, 故『章句』釋而道自道, 則曰人之所當自行, 又曰道以理言. 此理字指日用卽事當行之理, 非指實理之全體也. 誠者物之終始, 所以解誠自成, 俱是懸空說. 不誠無物, 所以解道自道, 却是人當著力去自行, 使理之在我者無有不誠也. 下節『章句』盖字以下, 乃是和本與用該自成與自道打成一片, 發明經旨, 無復餘蘊矣. 未知如此否?

不誠無物.

嘗驗之讀書最易見. 假如限十遍定課, 而五遍專精讀過, 五遍流注想讀過, 則口頭雖盡了十遍, 而流注想五遍, 却是與不讀一般. 此之謂雖有所爲, 亦如無有. 惟其如無有, 故直謂之無物也. 不惟讀書爲然, 目用許多應事, 一箇事應不以實, 則便是無這一箇事. 不惟動處爲然, 驗之靜時亦然. 戒謹恐懼之心, 一有不實, 則雖終日端坐, 却是不成爲靜, 此皆所謂無物也. 故人之心, 誠則有以自成, 不誠則便無物, 君子所以必以誠之爲貴也. 未知如何?

二十六章

至誠之德, 著於四方.

朱子曰: "此是言聖人功業著見." 妄意諸家之作進德節次固非是, 然亦非遽說到功業, 只是言至誠著見之表, 猶云盛德之符采旁達也. 盖上文言存諸中者, 不息而久, 則其說驗外者, 亦當有遠近, 漸次積之博厚, 猶包涵厚重之謂, 發之高明, 猶光輝發越之謂. 到得載物覆物以下, 方可就功業上說, 如何?

無間斷先後.

惟其無間斷, 故卽未有先後之可言. 天道之元亨利貞, 循環不息, 何先何後? 聖人之壯老終始，一息無間，亦何先何後？若顏子三月不違仁，已可以先後言，纔違處便是後，不遠而復，便是先．無先後者，惟天與文王而已．

二十七章

待其人而後行．

行謂道之行，非就行道人上說，饒氏可行云云，非矣．第四章不行之行，與此同意．夫道之行與不行，固由乎人，而此兩章皆主道而言，故彼所謂不行，非謂人不行也，指道之不行也，此所謂行，非謂人能行道也，指道之待人而行也．饒氏於彼嘗分析其言之賓主，而於此却云云，所以有一是一非之異也．如何？

道中庸崇禮．

處事之中，節文之謹行底事，而屬之致知，何也？就一事上言，則知此者知之事，踐此者行之事也，而此章以道之巨細兩下立論，而下文逐言修德凝道事，存心所以克發育峻極之大也，致知所以盡三千三百之細也，是以舉全體工夫而言，則凡向裏體認，涵養本原，皆存心之屬也，逐事精深細密用工，皆致知之屬也．然則道中庸崇禮，自當屬之致知無疑，下文大小首尾，大與首指存心，小與尾指致知，非存心無以致知，故曰大小相資，存心者不可以不致知，故曰首尾相應，如何？

既明且哲，以保其身．

上文言有道足興，無道足容，而引『詩』以證之，乃是總結之辭也．竊以下章通考之，言足以興，固是有其德者也．然苟無其位，則以孔子之聖，亦曰從周而已．若徒恃有德之足興，而不度無位之不敢專擅作禮樂反古之道，則裁必及焉，非所謂明哲保身也．然則新安陳氏以此『詩』單說，無道足容，莫無商量否？

二十九章

在彼無惡，在此無射．

陳氏以此『詩』句句分配上節, 恐涉破碎. 古人於言斷意不盡處, 每引『詩』以結之, 以致其詠歎諷玩之味, 槩是大要取義, 不必節節泥著. 今以無惡無射配有望不厭, 則遠近彼此字猶或相近, 而以庶幾終譽配世爲天下道三句, 則遠企近安, 獨非令譽事乎? 且云蚤有譽爲總結永終譽, 則又是不得於言也. 故妄意陳說不必取, 未知如何?

三十章

首節

此章言仲尼體中庸之道. 盖道者, 事理之當然, 中也, 法者, 不『易』之常典, 庸也. 宗之, 守之, 言夫子體前聖之中庸也. 自然之運, 中也, 一定之理, 庸也. 法之, 因之, 言夫子體天地之中庸也. 如此看, 似亦不悖, 如何?

兼內外該本末而言.

陳氏單說下二句, 胡氏總言四句. 夫律天時, 襲水土, 分明有內外本末之可言, 而道與法不可如此說. 道者, 理也, 法者, 循此理而爲制度者也. 細分之, 非不可以內外精粗言. 然此章本意, 只是恁地平說, 非謂於堯舜宗其內底精底, 於文武法其外底粗底也. 胡說恐未安, 不若從陳氏, 以兼內外該本末爲專指律天時襲水土之事也. 如何?

三十一章

五者之德.

聰明睿知包說下四句. 然下四句重在行上, 聰明睿知重在知上, 故『或問』以聰明睿知爲生知安行之資, 而『章句』却只云生知之資, 盖猶三達德以舜爲知之意也. 如何?

發見當其可.

陳氏曰: "當其可之謂時", 是接上文時出字而發揮之, 盖以時字作時中看. 然經文而時出之, 謂充積於中者, 隨所遇而發見云爾, 非必帶時中之義. 『章句』發見當其可,指見言行所以敬信悅之由, 非必接時字而發揮之也. 未知如何?

三十二章

至誠无妄, 自然之功用.

此章言大德之存主處, 存主底如何云功用? 盖大經大本, 雖是天敍天命, 而非至誠不能經綸焉立焉, 天地化育造化之流行, 而非至誠不能默契焉. 旣曰經綸之立之知之, 則不害其爲功用也. 曰功用, 而比諸上章之小德發見, 則此章之爲存主底又自若也. 未知如何?

至誠至聖.

上章至聖, 言至誠之發見處, 下章至誠, 言至聖之存主處, 分段雖甚截然, 而於其中又各有互相融貫之妙. 溥博淵泉, 又是存主底, 經綸大經, 又是發見底. 然而如天如淵, 猶未若其天其淵之渾浩爲一, 經綸大經又不特小德條理之隨事著見, 其立言主意又依然故在也. 渾然而徹上徹下, 粲然而賓主不紊, 此所以爲聖人之言也. 如何?

三十三章

知風之自.

風字難看. 陳氏謂, 著見於風化者, 由身始, 是從人己交接上言, 却與遠之近何別? 朱子曰: "知風之自, 是知其身之得失, 由其心之邪正". 夫外面言貌動作之中節不中節, 由存諸內者有邪正眞妄之異也. 然一身之言貌動作, 幷謂之風者, 敢問何義也? 且『或問』中所載呂氏說, 朱子深斥其非, 以爲作用是性之意. 愚見呂說與朱子意, 似別無異同, 而取舍若是懸絶, 何也? 伏望呂說本意, 竝賜指示.

尙不愧于屋漏.

謂之屋漏, 以日光所漏入, 解作不愧屋漏一點明處, 甚合本意. 而說者力言爲幽隱地者, 嫌其與亦孔之昭相近也. 夫亦孔之昭, 豈謂居在顯明之處? 不睹不聞, 亦豈謂居在幽隱之地乎? 稠人廣坐而此心未發, 則不睹不聞之地也, 暗室僻處而此心纔發, 則見顯孔昭之地也. 然則指屋漏謂室中明處, 而安得爲睹聞孔昭之地頭? 謂之不愧屋漏一點明處, 而安得不爲戒謹不睹恐懼不聞之工夫哉? 明之與昭, 字相似而意不相蒙, 不必偏執一邊, 以廢屋漏得名之由也. 如何?

不顯惟德, 註雲峯說.

胡氏以兩引『詩』分言敬信之效, 恐有牽合之病. 夫不言亦信, 不動亦敬, 是戒懼工夫築底深密, 不待言動而後然. 不可分頭段, 分先後, 而兩引『詩』說效, 則煞有淺深之別. 時靡有爭, 變也, 百辟, 刑之化也. 今以無先後之工夫分屬於有淺深之效應, 恐非正意, 如何?

又云不顯之德, 卽未發之中.

妄意不顯之德, 非專就未發言. 蓋此德之存諸中而發於言動施爲者, 莫不當理, 故治之所及, 人自化之, 斯有百辟刑天下平之盛. 若只枯守不顯於未發界至, 而拱手以俟其刑平, 則不其爲死底法乎? 但聖人盛德之至, 凡所施爲皆自然中道, 不見其有爲之迹, 而功效如此, 此所謂至德淵微自然之應也. 下面形容其不顯之妙, 至於無聲無臭, 然後方是爲專指未發之中. 蓋無聲無臭與不顯之德不是有等, 而不顯惟德, 言之於百辟其刑之前, 自當幷擧發見處言也. 無聲無臭, 贊歎形容於極處結局之後, 自當追原其未發之本體也. 未知如何?

章下極致馴致.

極致, 天道也, 馴致, 人道也. 天道自然無節次, 無俟乎馴致, 人道下學而上達, 馴致之盡, 便是極致. 首章『章句』學問之極功, 聖人之能事, 卽此意也. 大要申明凡入可以作聖, 聖人不可他求, 只在勉力於日用之間. 其所以引人當道之意, 可謂反覆深切矣.

大抵『中庸』一篇，義理淵奧，文字簡嚴，非初學所敢窺測．然首章言道之大原出於天，實體備於己，而戒懼謹獨爲體道之工，位育爲盡道之效，不多節內該包了一篇體要．其下繼以中庸，而三達德爲造道之門．第二支，復以費隱起頭，極言此道之徹上下貫顯微，而旋以造端素位不遠人，自邇卑承之．至二十章，備說用工地頭，而歸摠於一誠字．第三支，復以誠明，分言天道人道，至此則檠是造道成德極致事，而如致曲成已尊德性，道問學，又歷指修凝之端．卒章復自立心之始，從謹獨戒懼，推而至於無聲無臭，與首章相爲表裏．盖一篇之中，論上達處，極高遠，極浩博，而不於窈冥恍悅之域．論下學處，極低平，極靠實，而馴致乎參贊造極之地，卽此便所謂實學也．若夫下手著力之方，條緒雖不一，而首末二章約言處，只擧戒懼謹獨，可知二者之爲摠說至要也．然先儒嘗云：“克己復禮，未若告樊遲．”夫克己復禮，豈不是用工大節目，而除非顏子之明睿剛健，未遽及此，居處恭執事敬，與人忠，隨事有靠據，初學亦易爲著手也．故妄意始學之初，不必以戒懼謹獨，專用力於心術精微處，當擇篇內一兩句合吾意者，量力操持，隨分體驗，亦可以得力，故竊欲以素位不願，爲立心基本，三近五之爲用工節度，守之以弗得弗措，約之以尙絅闇然，則外至得喪之念，稍易驅遣，當下持循之事，庶免生受，其於戒謹工夫，亦不害爲殊塗而同歸也．至若中和位育之極，篤恭不顯之應，非所逆睹而預期．然隨其用力之緊歇，莫不各有所至之淺深，其理則必然也，子思子豈欺余哉？率爾稟白，悚仄悚仄．

참고문헌

『經說類編』.

『中庸章句』.

『中庸章句大全』.

『淸石文集』.

서석화, 권진호 외 옮김,『경설유편』, 한국국학진흥원, 2017.

이영호, 여헌 경학의 특징과 그 위상 :『녹의사질』에 대한 분석을 중심으로,『여헌 장현광

　　의 학문 세계 3 : 태극론의 전개』, 예문서원, 2008.

_____, 경설유편 해제,『경설유편』1, 한국국학진흥원, 2017.

1 『經說類編』附錄「行狀」. "石澗翁承坪門心授之訣, 實見得眞正門路, 而躬行之, 亦復以是而敎於家庭, 故公天竅早開. 幼年意想, 已不出儒家規範, 及其就傅受學, 嗜書如飢, 經傳史記百家之言, 靡不淹貫, 而璣衡象數之奧, 醫門ţ誌之繁, 亦皆深究而傍通. (…) 公所著有經說類編及文集若干卷, 使其公行于世, 則誦其詩讀其書者, 必當慕其人而論其世也. 相圭少也, 從士君子後, 稔聞公文學行治, 爲西塾高弟, 傾慕者雅, 而緣所居僻左, 竟抱賁沈之恨."

2 이하 서석화의 생애와 영남 사선생에 관해서는, 이영호, 『경설유편』 1, 「경설유편 해제」, 한국국학진흥원(2017)에서 전재하였다.

3 『經說類編』附錄「四先生經說類編後序」. "國朝明宣之際, 我退陶先生, 作於嶠南, 以興起斯文爲己任, 發揮經旨, 壹遵紫陽本意, 陶鑄一世人材. 凡麗于朝, 而龍矯鳳褰, 蔀于野, 而珠媚玉輝, 莫不惟先生之敎是訓是式. 此又吾東方文明一治之會也. 再傳而葛庵先生, 三傳而大山先生, 乘運迭起, 謹守先生法門, 猶先生之於紫陽. 所以辨析經旨者, 愈詳而愈有味, 愈久而愈無弊, 成德達才, 菀然林立. 近世定齋先生, 又振起於垂絶之際, 考論乎相傳之緖, 因其語而得其心, 曠世一揆, 式至于今日, 譚經承學之徒, 尙知黜覇而尊王, 溯朱退而宗孔氏, 耳目所逮, 興感更深, 迭次傳受之的, 不亦懿哉. 夫世之相距也, 間不百年, 而曩華輒現, 道之將廢也. 未墜於地, 而日星復耀, 天運之循環, 人文之宣明, 是孰使之然. 而嶠南一省, 稱爲海東鄒魯者, 果伊誰之力歟. 錫華晩生末學, 竊嘗受讀有年, 實難於總貫會通. 乃敢取四先生集, 朶撫經旨論辨者, 分門立目, 各以類從, 凡得十三卷." (번역은 서석화, 권진호 외 옮김, 『경설유편』 4, 한국국학진흥원, 2017, 190~191쪽의 일부를 수정하였다.)

4 이상의 '『경설유편』 소재 사선생 경설의 분포도'의 서술은, 이영호, 「경설유편 해제」의 내용을 전재하였다.

5 『中庸章句』「讀中庸法」. "中庸, 當作六大節看, 首章, 是一節, 說中和, 自君子中庸以下十章, 是一節, 說中庸, 君子之道費而隱以下八章, 是一節, 說費隱, 哀公問政以下七章, 是一節, 說誠, 大哉聖人之道以下六章, 是一節, 說大德小德, 末章, 是一節, 復申首章之義."

6 이하 영남 사선생의 경설(번역과 표점원문)은 서석화, 권진호 외 옮김, 『경설유편』(한국국학진흥원, 2017)에서 인용하였다.

7 『淸石文集』卷之四, 「上西山先生」(癸巳) '問目'〈中庸序〉. "原初所發, 有形氣性命之殊, 精一之工雖造其極, 亦曰道心爲主, 而人心聽命焉. 是二者界分, 自其根本而已."

8 『淸石文集』卷之四, 「上西山先生」(癸巳) '問目'〈中庸序〉. "然蓋飢食渴飲固人心, 而無以飢渴爲心害者, 直人心之得其正, 謂之聽命於道心則可, 不可便謂發於性命也. 惻隱固道心, 而其或內交要譽, 惡其聲而爲之者, 乃是理發未逯而爲氣所揜, 直道心之失其正, 豈可以此而便謂發於形氣乎?"

9 주자는 『중용장구』에서 비은을 체용으로 해석하였다. 그러나 이 주석 아래 소주를 보면, 주자 또한 일자성의 도가 분리되는 것에 대한 위험성을 인식하고 있다. 이에 주자는 체용을 겸하는 것으로써 도를 규정하면서, 비은이 일자로서의 도에 포괄된다고 하였다. 그러나 체용이라는 언어로써 비은을 설명하는 순간, 이원으로 분리됨을 면하기 어려운 지점이 있다. 때문에 영남 퇴계학파의 비판의 초점은 여기에 맞추어져 있다(『中庸章句大全』 12장, 小註. "朱

子曰 : '道者, 兼體用, 該費隱而言也.'")

10 　『淸石文集』卷之四,「上西山先生」(癸巳) '問目'〈十二章〉. "諺解從全章本意, 釋爲費矣而隱焉. 栗谷以本節章句, 用之廣, 體之微, 對待立說, 解作旣費又隱. 竊謂此一節, 摠擧一章大旨, 立爲 綱領, 其勢當以全章大意爲解. 『章句』之對待立說者, 先釋費與隱字義訓詁, 故文勢不得不然. 若以此泥看, 解作旣費又隱, 則於後段論說時, 還覺有不相融貫之碍, 當從諺解似爲是, 未知如 何?"

11 　주자의 비은론이 체용론적 구조였다면 율곡은 이에 동조하였다. 그러나 퇴계는 비은 양자를 본체론으로 귀속시켜 주자와 율곡과 대비되는 일자성을 강조하였다. 한편 퇴계학파 내에서 는 비교적 퇴계의 노선을 따라서 체용론적 구조를 비판하였다. 그런데 흥미로운 것은 영남 의 유학자였던 장현광이 비은론을 모두 작용론적 관점에서 파악하였다는 것이다. 이는 체용 론으로 비은을 해석한 주자와도 주장이 다르며, 동일한 일자성을 견지하지만 비은을 본체가 아닌 작용으로 보았다는 점에서 퇴계와도 결을 달리한다. 여기에 서석화는 경문의 문맥에 의거하여 그 체용론적 비은론은 반대하였으니, 퇴계 이후 실로 다양한 양상으로 비은의 일 자성이 거론된 셈이다(이에 관한 자세한 논의는, 이영호,「여헌 경학의 특징과 그 위상 : 『녹 의사질』에 대한 분석을 중심으로」, 『여헌 장현광의 학문 세계 3 : 태극론의 전개』, 예문서원, 2008 참조).

12 　『淸石文集』卷之四,「上西山先生」(癸巳) '問目'〈二十章〉. "誠者 天之道. 註朱子引『孟子』說, 謂萬物皆備於我, 便是誠, 反身而誠, 便是誠之, 此段竊惑焉. 夫實理流行, 賦予萬物者, 天之誠 也, 渾然天理, 從容中道者, 聖人之誠也. 聖人與天爲一, 所以稱天之道也. 德未能皆實者, 必擇 善固執, 求至於誠, 此學者誠之之事, 所以稱人之道也. 若以孟子說揆之, 萬物皆備, 自賦受處 言, 當爲天之誠, 反身而誠, 就存主處言, 當爲聖人之誠. 强恕求仁, 指用工上言, 是可爲人道, 誠 之之事也. 未知如何?"

13 　『中庸章句大全』20장, 小註. "朱子曰 : '孟子言萬物皆備於我, 便是誠. 反身而誠, 便是誠之. 反 身, 只是反求諸己, 誠, 只是萬物具足, 無所虧欠.'"

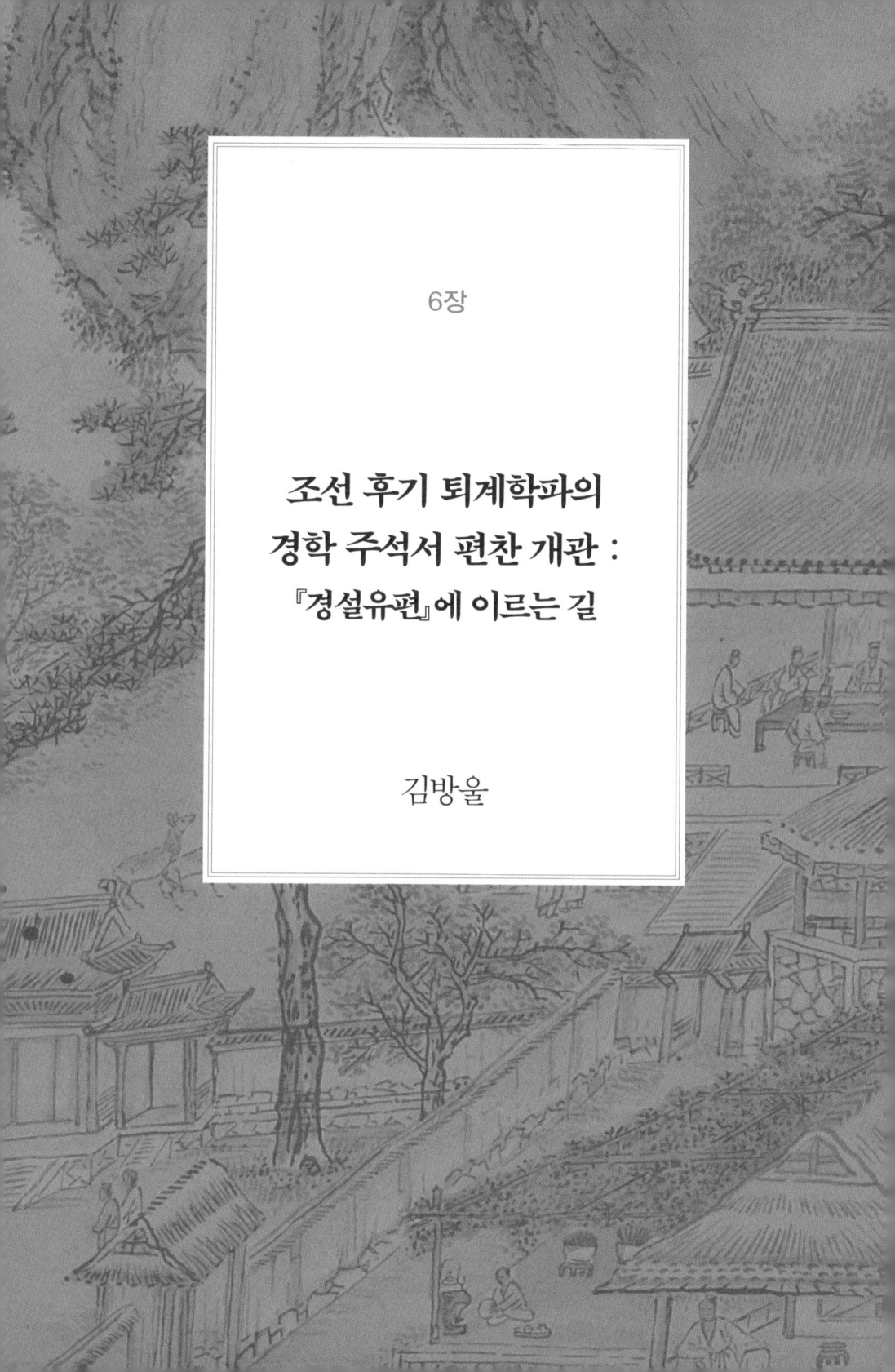

6장

조선 후기 퇴계학파의
경학 주석서 편찬 개관 :
『경설유편』에 이르는 길

김방울

머리말

이 글은 『경설유편』 심화 연구 사업 참여에 대한 결과물이다. 그래서 제목은 '조선 후기 퇴계학파의 경학 주석서 편찬 개관'으로, 부제는 '『경설유편經說類編』에 이르는 길'로 잡았다. 사실 긴 기간 여러 학자의 편찬서를 다루는 작업은 필자의 능력 밖이다. 그래도 어쩔 수 없이 결과물을 만들어 내야 하기 때문에 얼기설기 여러 선학의 연구 성과를 차용할 수밖에 없었다. 새로운 연구 내용은 별로 없고, 기존 연구를 정리하는 수준에 머물렀다. 따라서 이 글은 논문이라기보다는 상세 해제 정도로 봐 주면 좋겠다.

퇴계와 남명 이후 진행되던 영남 지역의 경학 연구는 광해군 대에 이르러 퇴계학파가 정치적으로 몰락하고, 인조반정으로 남명학파가 몰락한 이후로 상황이 급변했다. 남명학파는 조식 이후로 이론적 탐구보다는 실천궁행의 수행론을 강조했기 때문에 경학 연구가 소홀해질 수밖에 없었다. 그리고 17세기 퇴계학파의 학자들도 경학 연구에 별다른 관심을 경주하지 않았다. 퇴계의 문인 간재艮齋 이덕홍李德弘(1541~1596)과 지산芝山 조호익曺好益(1545~1609) 등에게서 경설이 나타난 이후 오랫동안 경학에 대한 연구 업적이 나타나지 않았다.[1]

18세기 중후반 영남 학계에는 퇴계 이황 이후 학봉 김성일, 경당 장흥효, 갈암 이현일, 밀암 이재로 이어지는 퇴계학통이 정립된다. 특히 이재의 외증손인 대산大山 이상정李象靖(1711~1781)은 세칭 '소퇴계小退溪'로 이황의 학문을 깊이 연구하여 발전시킨 학자다. 그는 퇴계의 이기설을 깊이 연구함은 물론이요, 『퇴계문집』의 편지를 선별하여 『퇴계서절요退溪書節要』를 편찬하고, 『성학십도』의 「경재잠도敬齋箴圖」를 연구하여 『경재잠집설敬齋箴集說』을 엮었다. 이상정의 문하에서는 많은 학자가 배출되어 퇴계학이 크게 꽃피웠다. 류도원柳道源·이종수李宗洙·김종덕金宗德·류장원柳長源·김굉金堉 등은 이황과 이상정의 학문을 충실히 계승하여 그 학문을 더욱 발전시켜 나갔다.[2]

18세기 들어 동암東巖 류장원과 괴담槐潭 배상열裵相說에 이르러 경학 관련 저술이 나오는데, 이들은 모두 이상정의 문인이다. 류장원은 『사서찬주증보四書纂註增補』를 저술하였는데, 이는 『사서집주대전四書集註大全』을 보완하기 위해 주자의 여러 설을 뽑아 보충하고 후대의 설을 첨입한 것이다. 그리고 배상열은 『사서찬요四書纂要』를 저술하였는데, 이는 주자 이후 여러 학자의 설 및 우리나라 선유의 설을 광범위하게 채집한 것이다.

왜 류장원과 배상열에 이르러 연구 성과물이 나오게 된 것일까? 이에 대해서는 그들의 스승인 대산 이상정을 주목해야 한다. 대산은 퇴계학파를 중흥시킨 인물로 퇴계학파의 성리설이 분개간分開看에 치우치고 기호학파 성리설이 혼륜간渾淪看에 치우친 것을 직시하고서 통합적 관점으로 통간通看을 제시하였다. 대산의 성리설은 통간의 방법에 의해 회통적 성격을 갖는 것으로 알려져 있다. 이 통간의 방법론은 영남의 학풍을 변화시키는 데 결정적인 계기를 마련해 주었을 뿐만 아니라 경학 연구에도 큰 영향을 미쳤다.[3]

이후 19세기에는 대야大埜 류건휴柳健休가 『동유사서해집평東儒四書解集評』을 편찬했고, 정재定齋 류치명柳致明은 『주절휘요朱節彙要』와 「독서쇄어讀書瑣語」를 저술했다. 그리고 봉촌鳳村 최상룡崔象龍은 『사서변의四書辨疑』를 지어 영남학파를 넘어 기호학파의 설들을 채집하고 자신의 의견을 첨가했다. 이러한 흐름은 20세기 전반기까지 이어져 회간晦澗 조독호趙篤祜가 『독서찬요讀書纂要』를 편찬했고, 이를 본받아 청석淸石 서석화徐錫華가 『경설유편經說類編』이라는 대작을 집필했다. 이를 순서대로 정리해 보면 다음과 같다.

① 동암 류장원(1724~1796)의 『사서찬주증보』
② 괴담 배상열(1759~1789)의 『사서찬요』
③ 대야 류건휴(1768~1834)의 『동유사서해집평』
④ 정재 류치명(1777~1861)의 『주절휘요』·「독서쇄어」
⑤ 봉촌 최상룡(1786~1849)의 『사서변의』
⑥ 회간 조독호(1843~1914)의 『독서찬요』
⑦ 청석 서석화(1860~1924)의 『경설유편』

본론에서는 이를 시기별로 나누어 각 편찬자의 생애와 학문을 살펴본 후, 이어서 각 편찬서의 체계와 내용을 정리해 보고자 한다.

18세기 편찬서

동암 류장원의 『사서찬주증보』
동암 류장원의 생애와 학문

류장원의 생애를 알아보기 전에 먼저 전주 류씨 수곡파에 대해 살펴봐야 한다. 전주 류씨 수곡파가 안동에 입향하기 전에는 조상 대대로 서울 묵사동墨寺洞에 살았다. 그러다가 류식柳軾의 아들 류윤선柳潤善(1500~1557)이 영주에 살던 박승장朴承張의 딸에게 장가들었다. 그리고 류성柳城이 청계靑溪 김진金璡의 사위가 되어 수곡에 거주하게 되었다. 전주 류씨 수곡파 문호의 터전은 바로 그로부터 시작되었다.[4]

전주 류씨 수곡파는 퇴계 이황–학봉 김성일의 학맥을 잇고 있다. 안동의 동부 지역은 토지가 아주 척박하여 근검절약하는 생활을 하지 않고는 생활조차 힘든 환경이다. 이 지역은 신라시대부터 불교가 성행하여 사찰이 많았고, 아기산과 약산에는 황산사黃山寺와 선찰仙刹이 남아있었다. 따라서 조선 건국 후 불교와 도교, 민간신앙으로부터 성리학으로의 방향 전환은 안동 사림에게 주어진 역사적 과제였다. 그 역할을 수행한 대표적 인물이 김진이었다.

전주 류씨는 바로 김진의 외손들이다. 따라서 김진의 후손인 의성 김씨와 그 외손인 전주 류씨는 안동 동부 지역에 수백 년 동안 터전을 잡고 경학과 예학을 숭상하며 살아왔다. 이 두 가문은 세칭 '천김수류川金水柳'라 하여 이황 이후의 학술 문화를 크게 발전시켰다. 전주 류씨 수곡파는 수곡·박곡·대평·삼산·마령·광평·고천 등에 문중을 형성하며 살아왔다.5

류장원은 영조 45년(1724) 대평에서 태어났다. 본관은 전주, 자는 숙원叔遠, 호는 동암이다. 참의 류관현柳觀鉉의 아들로, 영조 39년(1763) 사마시에 합격했다. 풍의風儀가 준엄하고 단정하였으며 도량이 넓었다. 덕행을 쌓고 부모에게 효성스러웠으며 친구에게는 신의가 있었다. 책을 읽고 토론하고 이론을 강습하였으며 제자백가에 정통하였다. 저서로는 『사서찬주증보』·『사서소주고의四書小註考疑』·『상변례통고常變禮通考』·『계훈유편溪訓類編』·『호서유편湖書類編』·『자경록資警錄』·『학용의의學庸疑義』·『주천산법周天算法』·『용산세고龍山世稿』 등과 약간의 문집이 있다.

영조 45년(1769) 이상정의 문하에 들어가 학문을 익혀 이종수·김종덕과 함께 '호문삼로湖門三老'로 일컬어진다. 그는 정조 11년(1787) 대평 위에 동암정東巖亭을 지어 이황의 「동암언지東巖言志」를 써서 걸어 놓고 이황을 우러러 존경하는 마음을 표하였다.

정조 13년(1789) 사림은 호계서원에서 강회를 베풀고, 류장원으로 하여금 장석을 삼았는데, 이때 모인 선비가 300여 명이나 되었다. 그는 특히 예학에 밝아 『상변통고常變通攷』를 지어 상례와 변례를 종합하여 그동안 분분하던 예설을 정리하여 집성했다. 만년에는 동암정에서 사색과 저술 그리고 교육으로 여생을 보냈다.

류장원의 학문은 류건휴·류휘문·류치명·류정문 등에게 전해졌다.

류건휴의 아버지 류충원柳忠源은 자식 교육에 각별했다. 류건휴는 상수학과 예학을 깊이 연구하였고, 당시 이단으로 규정된 책들도 깊이 연구하여 비판했다. 그리고 복서·산경·지지에 이르기까지 모두 섭렵하여 그 요점을 초록했다. 그는 순조 29년(1829) 대야정大埜亭을 지어 공부하는 장소로 삼았다. 류건휴는 당시 류두문·류병문·류휘문·류정문·류치명 등과 교유하였고, 서원이나 사찰에서 강회가 있을 때는 반드시 의장으로 추대되었다.[6]

『사서찬주증보』의 체재와 내용

이 책은 류장원이 57세 되던 해인 1780년 저술했다. 모두 31권으로 필사본이다. 『수류문헌총간水柳文獻叢刊』 제4~5집에 수록되어 있다. 주로 사서에 대한 주석들을 찬집했다. 1858년 류치명이 82세의 나이에 이를 교정하면서 류치엄·류치유 등과 간행을 논의했으나, 간행에는 이르지 못했다. 기본적으로 주자의 저술 5종인 『논맹정의』·『중용집략』·『사서혹문』·『주자대전』·『주자어류』에서 인용했다. 조선 학자의 설은 오직 이황의 학설만을 '계훈溪訓'이라고 하여 12조목을 수록했다.

1790년에는 그 부록으로 『소주고의小註考疑』를 저술했다. 모두 2권으로 필사본이다. 『사서집주』 아래 쌍주로 부기되어 집주의 내용을 보충한 『사서대전』의 소주에 여러 문제가 있음을 확인하고 그에 관해 연구했다. 『수류문헌총간』 제5집에 수록되어 있다.

그리고 『동암집』 권10에는 「학용의의」가 실려 있다. 1760년 가을에 스승 김낙행에게 질의했던 『대학』과 『중용』에 관한 원고를 훗날 발견하고서 40조목으로 재정리한 것이다. 여기에는 김낙행의 답변 이외에 훗날 이상정과 문답한 내용도 부분적으로 첨가되어 있다.[7]『동암집』권12에는 「괴담처사배군묘표槐潭處士裵君墓表」가 수록되어 있다. 괴담 배상열이 31세의 나이로 요절한 것에 대한 애절한 마음을 표현하고 있다.

류장원은『사서찬주증보』의 '자서自序'에서 "경서를 해설한 선유의 문자가 여러 서적에 무수히 나온다. 그리하여 그것을 전부 보기는 용이한 일이 아니다. 영락永樂 연간의 여러 학자들이 편성한 주석이 지금 경서의 소주로 되어 있지만, 미언微言을 논하기에는 아직 미진한 점이 있다. 때문에 지금 모두 채집하여 참고 자료로 하고자 한다. 절대로 찬주보다 많은 사실만을 구하려는 것은 아니다"라고 이 책을 저술하는 의도를 밝히고 있다.

그리고 권두에 '범례 5조'를 실어 놓았다. 이를 통해 이 책을 어떤 체재로 편찬했는지 알 수 있다. 이를 옮겨 보면 다음과 같다.

① 선유의 훈설로 이미 찬집된 주설에 있는 것은 다시 수록하지 않는다.
② 수록한 주설은 출전에 의거하여 기록자를 표시하였다.
③ 정주의 학설을 주로 하였다. 그것을 본문으로 하여 정행正行으로 기록하고 나머지는 쌍주雙註로 하였다.
④ 각단에는 다 표제를 붙이는데, 사서의 정문은 원권圓圈, 주자의 집주는 방권方圈, 대주大註는 점으로 구분하였고, 임의로 정한 제목은 장말長抹[8]하였다.

⑤ 찬주 가운데 잘못된 것은 모아서 『고의考疑』 2편을 만들어 편의 말미에 붙였다.

괴담 배상열의 『사서찬요』

괴담 배상열의 생애와 학문

배상열은 본관이 흥해興海, 자는 군필君弼, 호는 괴담이다. 여말선초 두 왕조를 섬기지 않은 백죽당栢竹堂 배상지裵尙志의 후손이다. 할아버지는 배행목裵行睦, 아버지는 배집裵緝, 어머니는 안동 권씨로 권경여權慶餘의 딸이다.

배상열은 1760년 당시 안동부였던 경상북도 봉화군 봉화읍 석평 2리 녹동에서 태어났다. 5~6세에 이미 글을 읽고 썼으며, 온순하고 단아한 용모와 성품을 가졌다. 일찍부터 천지조화와 우주의 이치에 관심을 가져 11세에 어느 스승에게 수학하러 갔다. 그 스승이 배상열의 능력을 파악하려고 글을 지으라고 하자 즉석에서 "수금목토수水金木土修인의예지학仁義禮智學"이라 답하여 좌중을 깜짝 놀라게 했으며, 이후 신동으로 찬사를 받았다. 15세에 『역학계몽易學啓蒙』과 『율려신서律呂新書』 등의 천문·역학 서적을 탐독하여 상수학象數學에 깊은 조예를 가지게 되었다. 일찍이 산천을 측량하고 일경대日景臺를 지어 천상天象을 관측하고 혼천의渾天儀를 만들었다.

1781년 9월 21세에 소호蘇湖에서 후학을 지도하던 대산 이상정에게 나아가 인사를 올리고 사흘 동안 학문을 하는 방법과 독서 과정 등에 관한 강설을 들었다. 『대학』·『중용』·『주역』 등의 내용에서 의문 나는 곳을 질의했다. 특히 이상정은 배상열에게 "『대학』은 옛사람이 세상에 전한 가르침의 큰 전범으로 학문을 하는 차례가 이보다 자세한 것이 없으니 진실로 학문의 강령이 된다"고 강조하여 읽기를 권하였다. 그리고 "그대는 천문·성력星曆을 먼저 했으니, 이제는 마땅히 도학道學을 공부하라"라고 가르쳤다. 이때부터 『대학』을 연구하면서 일취월장하여 일가의 경지를 이루었으며, 그 결과 『사서찬요』 등을 저술하였다. 이상정과 이기理氣와 의리지학義理之學 등에 관해 질의와 토론을 주고받았다. 그 내용은 『호상종학록湖上從學錄』에 들어 있다. 그런데 그해 12월 9일에 이상정이 죽었으므로, 배상열은 더 이상 가르침을 받을 수 없었다.

그뒤 29세에는 이상정의 동생인 소산小山 이광정李光靖을 찾아가 문인이 되었다. 배상열은 거문고 타기를 좋아하는 풍류처사이기도 하여, 벼슬에는 전혀 관심이 없었다. 특히 산수를 즐겨 집 근처 괴화나무 아래에 작은 연못을 파고는 '직방당直方塘'이라는 이름을 짓고 늘 여기에서 독서하였기 때문에 배상열은 '괴담처사槐潭處士'라고 불렸다. 1789년 31세의 젊은 나이에 세상을 떠났다.

배상열은 이기론理氣論에 있어 "이理란 무엇인가? 기氣의 주재主宰요, 기란 이의 재료다"라고 하는 것에서 알 수 있듯이 주리적 성리설을 주장하였다. 또한 도道와 기器를 대비하여 "도는 그릇이 아니므로 형상이 없고, 그릇은 도가 아니므로 스스로 설 수 없다"라고 하여 이와 기를 도와 기에 비유하기도 하였다. 소암素巖 김진동金鎭東은 "괴담은 천지조화의 묘한 이치, 인륜일용人倫日用과 신심성명身心性命의 원리, 풀한 포기, 나무 한 그루의 이치도 직접 체험해서 마음에 터득하지 않음이 없었다. (…) 그는 생물을 죽이지 않았고, 돋아 오르는 새순도 꺾지 않았다"라고 하여 그가 천지자연의 조화를 실천하였다고 칭송하였다.

문집으로『괴담유고槐潭遺稿』가 있으며, 저술로는『성리찬요性理纂要』,『사서찬요』,『계몽도해啓蒙圖解』,『서계쇄록書計瑣錄』,『도학육도道學六圖』 등이 있다. 문집 중 시는 「관물음觀物吟」과 「자탄自嘆」 2편만 전한다.9

『사서찬요』의 체재와 내용

『사서찬요』는 배상열이 사서에 대한 중국과 조선 학자들의 주석을 모아 편집한 책이다. 서명으로 보면 사서에 대한 주석을 모은 것으로 여겨지지만, 실제 본문 내용은『대학』과『중용』만을 대상으로 여러 유학자의 주석을 수록하였다. 1884년 후손 배약주裵約周가 주도하여 간행할 당시 여력이 없어『대학』과『중용』만 우선 간행하고,『논어』와『맹자』는 후일을 기약했다. 하지만『논어찬요』와『맹자찬요』는 일실되어 지금 전해지지 않기 때문에『사서찬요』를『용학찬요庸學纂要』라고 부르기도 한다.10

류장원의『사서찬주증보』는『사서집주대전四書集註大全』을 보완하기 위해 주자의 여러 설을 뽑아 보충하고 후대의 설을 첨입한 것이다. 이에 비해 배상열은『사서찬요』에서 주자 이후 여러 학자의 설과 우리나라 선유의 설을 광범위하게 채집하였다. 즉 류장원의 저술은 대전본大全本에 국한되었던 데에서 해석의 시야를 넓힌 것이고, 배상열은 주자의 여러 설은 물론 원명대元明代 여러 학자의 설과 우리나라 선유의 설까지도 광범위하게 채집하여 해석하는 쪽으로 시야를 더 확대한 것이다.11

이 책의 첫머리에는 이돈우李敦禹의 서문이 실려 있으며, 이를 통해 간행 연도를 확인할 수 있다. 아울러 배상열은 '편집대의編輯大意'를 통해 본서의 편집 방향을 밝히고, '인용선유성씨서목引用先儒姓氏書目'을 통해 이 책에 인용된 학자들과 문헌을 소상히 제시하였다. 이에 따르면 주희의『주자대전』과『주자어류』는 물론이고, 진순陳淳의『성리자의性理字義』등 송대 이후 성리학자들의 문헌을 비롯하여 왕수인王守仁의『전습록傳習錄』까지 인용하고 있다. 또한 권근權近의『입학도설入學圖說』, 이언적李彦迪의『대학보유大學補遺』, 장현광張顯光의『역학도설易學圖說』, 이황의『퇴계선생문집』, 이이의『율곡선생문집』등 조선 유학자들의 여러 전적도 두루 인용하였다. 인용된 전적을 통해 볼 때 배상열은 특정한 학파나 정파에 구애되지 않고 중국과 우리나라의 전적을 포괄적으로 수용함을 확인할 수 있다. 책의 맨 뒤에는 권연하權璉夏의 발문이 수록되어 있다.

배상열은 단순히 선유들의 사서에 대한 학설을 모아 편집하는 데 그치지 않고, 자신의 입장에서 사서의 주요 내용을 정리하고 있다.「대학도大學圖」에 대해 권근과 장현광의 그림 두 개를 하나로 합하여 정리하는 것에서 그러한 면모를 확인할 수 있다.[12]

『중용찬요』와『대학찬요』는 1882년 목판으로 간행되었다. 그리고『괴담유고』권2에는「독서차록」이 수록되어 있다. 위에서 언급한 바와 같이『대학찬요』권두에는 '편집대의' 8개조가 수록되어 있다. 그 중 중요한 조목만 골라 소개하면 다음과 같다.

① 사서를 해의解義한 제가諸家의 학설은 산견될 뿐 널리 보기에 난

점이 있다. 이에 그 요점을 모아 열람이 편리하도록 한다.

② 제가의 해설은 극히 호한하여 이루 다 기록할 수 없다. 이에 번만한 것은 산삭하여 요약하였다.

③ 중국과 동방의 선배 문집 중 경의經義를 발휘한 것이 많을 것이니 계속 고거考據하여 추록해야 할 것이다.

④ 혹 자신이 일득一得한 것이 있더라도 함부로 수록하지는 않았다. 단 사문師門의 질정을 받아 분명한 것은 말미에 부록하여 그 득실을 고찰함에 대비하고자 한다.

다음으로 배상열이 인용한 선유의 서목을 제시하고 있다. 중국본은 19종으로 다음과 같다.

『주자대전』,『주자어류』,『성리자의』,『성리대전』,『성리군서』,『대학연의』,『용학지남』,『통고』,『전습록』,『곤면록』,『독서록』(설문청薛文淸),『몽인蒙引』(채청蔡淸),『존의存疑』(임희원林希元),『천설淺說』,『달설達說』,『우설迂說』,『왕분보주王份補註』(사서증정四書增訂),『근비당장판近比堂藏版』(이정李禎),『삼어당장판三魚堂藏版』(육가서陸稼書)

그리고 조선본은 17종이다.

『입학도설』,『대학보유』(이언적),『역학도설』(장현광),『퇴계선생문집』,『사서석의』,『율곡선생문집』,『분지선생문집賁趾先生文集』(남치리南致利),『백암선생문집』(김륵金玏),『양현연원록兩賢淵源錄』(정붕鄭鵬, 박영朴英),

『경당선생문집』,『존재선생문집』,『호상유사湖上遺事』(이상정),『소주고의小註考疑』(류장원),『심경석의心經釋疑』,『근사록석의近思錄釋疑』,『기몽설記夢說』(김상용金尙容),『여강기문록廬江記聞錄』

　여기에서 이상정의 강설을 기록한 것으로 추정되는『호상유사』와 『여강기문록』그리고 류장원의『소주고의』가 주목된다. 호상은 이상정이 강학하던 안동의 소호蘇湖를 가리키며, 여강은 이상정이 몇 차례 강회를 열었던 여강서원을 뜻한다.

19세기 편찬서

대야 류건휴의 『동유사서해집평』
대야 류건휴의 생애와 학문[13]

　류건휴는 본관이 전주, 자는 자강子强, 호는 대야다. 그는 송음松陰 류화현柳和鉉의 손자이자 류충원柳忠源의 맏아들로, 영조 44년(1768) 안동 수곡리水谷里에서 태어났다. 어려서는 진중하고 과묵한 성격으로 재주가 노둔해 힘을 많이 들이는 편이었다. 조부에게 밤낮으로 엄격한 가르침과 각별한 사랑을 받았다. 이러한 환경에서 류건휴는 부지런히 노력하였고, 조부는 이러한 손자에게 큰 기대를 걸었다. 임종 직전에는 학문에 부지런히 힘쓸 것을 당부하였다. 조부의 가르침에 더욱 분발한 류건휴는 평생 조금도 나태하지 않겠다는 좌우명을 짓기도 하였다.

　18세가 되던 해인 정조 9년(1785)부터 류건휴는 먼 친척이 되는 동암 류장원에게 학문을 배웠다. 류건휴는 류장원의 명망을 듣고 부친의 뜻을 여쭌 뒤에 그의 문하로 찾아갔다. 그는 스승을 성심껏 섬겨 스승의 인정을 받기도 했다. 그러던 어느 날 스승으로부터 『사서찬주증보』의 초고본을 받았다. 『사서찬주증보』는 위에서 살펴본 바와 같이 류장원이 중국의 각종 문헌을 참고하여 정주학 중심의 사서 경설을 휘편한 저작이다. 당시 조선에 널리 보급된 『사서대전』의 내용에 만족하지 못한 것이 편찬의 계기가 되었다. 1780년 무렵 갈무리된 초고본은 비록 정리가 미진하여 류장원조차 자신하지 못하고 있던 상태였다. 류건휴는 이를 매우 귀중히 여겼으며, 『동유사서해집평』을 집필하는 데에도 적지 않은 자극이 되었다.

류건휴는 류장원이 사망하기 전까지 매일같이 찾아가 시봉했다. 틈나는 대로 다양한 분야의 서책을 섭렵했는데, 천문·지리·상수·복서·의학 등 그 영역이 광범위했다. 그가 미처 보지 못했던 기이한 책을 보면 매우 기뻐했으며, 빌릴 수 없는 책은 내용을 팔뚝에 베껴 적었다가 집으로 돌아와 정리한 적도 있었다. 또 분야별로 작은 책자를 마련하여 중요한 내용이나 선유의 학설을 깨알같이 받아 적고는 했는데, 이러한 필기 더미가 상자에 가득할 정도였다. 이렇듯 청년 시절 류건휴는 스승의 학문적 성과에도 큰 영향을 받았을 뿐만 아니라, 스스로도 지식에 대한 욕구가 무척 왕성했다. 류장원 문하에 있은 지 10여 년이 흐른 뒤인 1796년 스승이 세상을 떠났다. 스승을 당세의 유종儒宗으로 추앙하고 있던 류건휴로서는 학문적으로 기댈 버팀목 하나가 사라진 셈이었다.

순조 7년(1807)에 이르러 류건휴는 손재損齋 남한조南漢朝(1744~1809)

에게 편지를 보내 가르침을 청했다. 남한조는 이상정의 문인으로 류건휴에게는 스승뻘 되는 사람이었으나, 그는 불혹의 나이에 접어든 류건휴를 노우老友로 대하였다. 또 류건휴는 이 무렵부터 같은 문중의 학자인 류범휴柳範休(1744~1823)와도 교유하기 시작했다. 이외에도 일가친척인 류낙문柳洛文·류병문柳炳文·류정문柳鼎文·류회문柳晦文·류정휴柳挺休·류치명柳致明 등과도 학문을 토론했다. 그리고 우고雨皐 김도행金道行(1728~1812)·면암俛庵 이우李堣(1739~1810)·만주晩洲 권이복權以復(1740~1819)·성재誠齋 남한호南漢皓(1760~1821)·송서松西 강운姜橒(1773~1834)·소암所菴 이병원李秉遠(1774~1840)·신암信庵 이병하李秉夏(1780~1852) 등과도 교유했다. 이들 가운데 이병원은 이상정의 손자이자 이완李埦의 아들로, 류건휴와는 각별한 사이였다.

노년에 접어든 류건휴는 학문에 힘쓰기 위한 공간을 새로 조성했다. 순조 29년(1829) 대야정大埜亭을 짓기 시작하여 그다음 해에 완공했는데, 이때 류건휴의 나이 63세였다. 대야정은 서쪽의 성건재省愆齋와 동쪽의 관선재觀善齋로 구성된 건물로, 성건재에는 본인이 거처하고 관선재에는 자제들을 머무르게 하였다. 만년의 거처인 이곳에서 류건휴는 강학과 저술에 힘썼다. 그의 문하에서 손자뻘 학자인 류치구柳致球·류치덕柳致德 등이 배출되었다.

대야정이 지어진 해에 류건휴가 줄곧 편찬에 몸담았던『상변통고常變通攷』가 간행되었다. 이 책은 류장원이『가례』의 체재에 따라 상례와 변례에 관한 제설을 참조하여 편찬한 예서로, 류건휴가 류장원의 문하에 들어가기 전인 1783년에 초고가 완성되었다. 류장원이 사망한 이후에도 류건휴를 비롯한 문인들이 그 내용을 정리해 왔다. 한편 류건휴는 역대 유학자들이 이단을 비판한 학설을『이학집변異學集辨』이라는 책으로 정리하여 순조 33년(1833)에 완성했다. 이 책은 한중 역대 문헌과 학설을 근거로 이단을 총체적으로 비판한 저술인데, 만년의 역작이라 할 수 있다. 그는 성리학적 관점에서 노장·선불교·육왕학陸王學·천주교뿐만 아니라 사장詞章과 과거 중심의 학문도 비판의 대상으로 삼았다. 이 저서를 마지막으로 류건휴는 1834년 3월 27일 병으로 일생을 마감했다.

류건휴는 청년 시절부터 여러 분야의 서적을 탐독하였고, 이는 저술의 밑바탕이 되었다. 그는 경학자로서『동유사서해집평』외에도 조선 유학자들의 삼경에 대한 경설을 초록하여『동유삼경집해東儒三經集解』를 지었다. 또 1789년 류장원의 문하에서『대학』을 강론하며 주고받은 문답을『화림강록華林講錄』으로 정리하였으며,『중용』제1장과 관련된 중국 정주학파의 학설을 모아 본인의 안설按說을 두루 첨부한「중용수장의의中庸首章疑義」를 지었다.

조선 후기의 많은 유학자들이 그랬듯 류건휴의 경학적인 관심 영역은 사서삼경이었다. 학문과 저술의 방법으로는 기존 문헌에서 중요한 부분을 베껴 적는 '초록'을 자주 활용하였다. 이를 통해 탄생한 저작으로는『동유사서해집평』과『동유삼경집해』외에도『동유근사록해東儒近思錄解』,『심경해집초心經解集抄』,『동유태극도해집초東儒太極圖解集抄』,『주어유초朱語類抄』,『계호학적溪湖學的』등이 있다.

『계호학적』은『근사록』의 체재를 참고하여 퇴계와 이상정의 언설을 모아 13개 편으로 편집한 저술로, 두 선현에 대한 류건휴의 시각을 잘 보여 준다. 그리고 순조 즉위년(1800) 이후에 편찬한 것으로 추정되는

『국조고사國朝故事』역시 같은 방식으로 지어졌다. 이 책은 태조 원년 (1392)부터 정조 24년(1800)에 이르는 조선 시대 역사를 편년체로 정리한 역사서다. 류건휴는 가급적 논평을 드러내지 않은 채 각 문헌에 수록된 중요한 사건을 위주로 하여 기술하였다.

한편 초록뿐만 아니라 주해나 논설류 저작도 확인된다. 류건휴는 이상정의 『경재잠집설敬齋箴集說』에 간략한 주해를 붙인 『경재잠해敬齋箴解』를 지었으며, 주자의 「감흥시感興詩」와 「무이도가武夷櫂歌」에 대한 여러 학자의 설을 모아 정리하기도 했다. 또 『상례비요喪禮備要』를 비판한 「상례비요의의喪禮備要疑義」, 심의에 대한 설을 정리한 『심의집고深衣輯考』, 『주례』를 연구한 것으로 추정되는 『주례만기周禮謾記』를 지었다. 이외에도 『계몽집초啓蒙集抄』·『성학설령聖學挈領』·『사문록思問錄』·『동국선행록東國善行錄』·『나사羅史』 등을 저술했던 사실이 확인되며, 문집으로는 1857년 간행된 『대야문집大埜文集』 10권 5책이 있다.

『동유사서해집평』의 체재와 내용[14]

류건휴의 대표작인 『동유사서해집평』에는 이상정과 류장원을 비롯하여 조선 유학자 60여 명의 경설 1,100여 건이 수록되어 있다. 금장태 교수는 『동유사서해집평』에 대하여 "퇴계 학맥을 중심으로 우리나라 도학자들의 경전 해석을 수집하여 정리함으로써 '조선경학'의 집성을 이루었다"[15]고 평가했다.

이 책은 6권 3책으로 1941년 석인본으로 간행되었다. 권1~2는 『대학』, 권3은 『중용』, 권4~5는 『논어』, 권6은 『맹자』에 할애하고 있다. 2003년 '전주 류씨 수곡파 대야고택'의 명의로 한국국학진흥원에 기탁되어 있다. 5종의 필사본이 존재한다. ① 4권 2책본 → ② 5책본 → ③ 권차卷次 표기가 불완전한 8권 4책본 → ④ 권차 표기가 완전한 8권 4책본 → ⑤ 6권 3책본의 순으로 책이 성립되었다.[16] 인용 서목은 총 73종으로 문집 49종, 저술 12종, 인명 12인이다.[17]

이 책의 편찬은 저자가 스승인 류장원에게『사서찬주증보』초고본을 받은 것이 그 계기다.『동유사서해집평』의 사본 가운데 2책본을 보면『사서찬주증보』의 체재와 매우 흡사한데, 이는『사서찬주증보』의 체재를 적극 수용했다고 볼 수 있다. 이영호에 따르면, 류장원은『사서찬주증보』를 통해 중국 주자학파의 경설을 재편하여 주자의 종지에 부합하는 사서 해석을 확립하고자 하였다.[18] 류건휴는 스승이 정리한 중국의 경설 대신 조선 경학자의 경설에 주목했다.『동유사서해집평』을 편찬한 목적은 류건휴의 지문識文에 보인다. "우리나라의 문헌은 퇴계 선생 이래로 경전을 해석한 글들이 자부子部 전적과 문집에 흩어져 있어 학문하는 사람들이 이들을 두루 살펴볼 수 없음을 안타깝게 여기고 있었다. 나는 수집하는 대로 편집하여 독자들이 살펴보는 데 편리하도록 하였다"고 밝히고 있다. 중국은 경학자들의 저술과 경설이 잘 정리되어 있어 접근성이 높은 편이다. 반면 조선의 경우 성리학이 주도적인 위치를 점했음에도 불구하고 정작 학자들의 경설은 문집을 비롯한 다양한 문헌에 여기저기 흩어져 있었다.

류건휴가 보기에 조선 경설의 정리 작업은 누군가는 해야 하는 일이었다. 결국 직접 정리 작업에 나선 것이다. 청년 시절부터 조선 유학자들의 문집을 두루 섭렵하면서 사서 경설을 다양하게 수집했다. 이를 정리한 게『동유사서해집평』이다. 25세 되던 해인 정조 16년(1792) 무렵『동유사서해집평』의 초고를 어느 정도 완성했다. 류건휴는 질정을 받고자 류장원에게 보여 주었는데, 그는 류건휴가 잡서에 탐닉하는 것으로 여겨 탐탁지 않게 생각하고 주의를 주었다. 그러잖아도 그는 평소 류건휴가 잘 찾아보고 사색하는 점은 인정했으나, 여러 서적을 널리 섭렵하는 점에 대해서는 우려를 갖고 있었다. 스승의 주의에 류건휴는 자신감을 잃고 심리적으로 상당히 위축되었다. 급기야 한동안 『동유사서해집평』의 정리 작업을 그만두었다.

그럼에도 류건휴의 주변에서는『동유사서해집평』의 존재를 아는 사람이 생긴 것으로 보인다. 류건휴는 증손자뻘 되는 류기진柳箕鎭에게『동유사서해집평』을 빌려 준 적이 있었는데, 이때가 순조 14년 (1814)이다. 당시까지만 해도 류건휴는『동유사서해집평』에 대해 만족하거나 자신감을 갖고 있지 않았다. 이 무렵부터 류건휴가『동유사서해집평』을 지었다는 사실이 알려지면서, 그는 상당 기간 그만두었던 『동유사서해집평』정리 작업에 다시 착수한 것으로 보인다. 정리를 거듭하면서『동유사서해집평』의「범례」도 마련했는데, 그 내용은 다음과 같다.

- . 이 책은 사서 해석에 관계된 우리나라 유학자들의 여러 해설을 편집한 것으로, 수집하는 대로 기록하여 살펴보는 데 편리하도록 하였다.
- .『대학장구』,『중용장구』와『논어집주』,『맹자집주』에 대해서는 같은 체례體例로 표제어를 제시하였고,『사서대전』의 소주와 개인적으로 의문을 제기한 경우에도 표제어를 만들었는데 이때에는 한 글자를 낮추어 부기하였다.

- 유현의 학설들은 하나같이 시대순으로 배열하였다. 그런데 원저자의 문집을 상고하지 못하고 다른 책에서 채록하여 출전 표기를 어떻게 해야 할지 잘 모르는 경우에는 해당 인물의 자를 표기하기도 하고 성명을 표기하기도 하였으니, 독자들은 양해하기 바란다.
- 사문師門에서 듣고 기록했던 내용은 대부분 문집에는 실려 있지 않은데, 평소에 구두로 전수받았던 내용은 모두 '동암왈東巖曰'이라는 글자로 표시하였다.
- 나의 천견淺見을 첨입한 곳에는 '건휴안健休按'이라는 말을 각 조문의 아랫부분에 써넣었으니, 참람함을 금치 못하겠다.

이상에 따르면 『동유사서해집평』은 다음과 같은 방식으로 편찬되었다. 첫째, 다양한 문헌에서 경설을 베껴 적고 첨삭을 거듭하면서 가치 있는 학설 위주로 추려냈다. 본문의 내용 정리는 류건휴 사후에도 이루어졌는데, 이 과정에서 5종의 사본寫本이 생겨났다. 이 사본들 간에는 자구字句의 출입이 있다. 2책본과 5책본을 보면 가능한 한 많은 경설을 채록하고자 노력했음을 알 수 있다. 그런데 4책본 이후의 사본에서는 깊이가 떨어지는 경설들이 대거 삭제되었다.

둘째, 문헌으로 편찬된 경설과 그렇지 않은 경설을 폭넓게 수용하였다. 『동유사서해집평』 권수의 「인용서목」에는 류건휴가 참고한 73건의 인용 출처가 열거되어 있다. 이중 49건은 문집이며, 12건은 『심경부주석의心經附註釋疑』와 같은 단행본 저작이다. 나머지 12건은 '김씨金氏(楪)', '박씨朴氏(琮)' 등과 같이 인명만 제시되어 있는데, 이 경우는 류건휴가 해당 인물의 문집을 직접 입수하지 못하여 다른 문헌에서 경설을 채록한 것이다. 그리고 류건휴가 류장원의 경설을 받아 적은 경우에는 경설의 맨 마지막 부분에 작은 글자로 '구수口授'라고 표기하였다.

셋째, 채록한 경설들을 표제어 아래에 두면서 이를 시대순으로 배열하였다. 이는 독자가 특정 학파에 치우치지 않고 통시적으로 고찰할 수 있도록 편집한 것이다. 그리고 표제어 경문 및 『사서집주』와 관련된 표제어는 극행極行에 두고, 『사서대전』 소주에 관련된 내용이나 류건휴 본인의 문제 제기와 관련된 표제어는 앞의 경우보다 한 글자를 낮추어 편집했다.

넷째, 선유의 경설을 비평하거나 추가 설명을 할 경우 또는 류건휴 본인의 경설을 제시할 경우에는 앞에 '건휴안'으로 표시하고 내용도 작은 글씨로 작성하였다.

『동유사서해집평』은 저자 생전에 스승의 인정을 받지 못했으나, 류건휴의 후손들은 간행을 기획할 만큼 중요한 저술로 인식하였다. 그 직접적인 계기는 김문희金文熙가 엮은 『학용요의집록學庸要義輯錄』이라는 책을 1917년 무렵 김문희 후손들이 간행한 것이 그 계기가 되었다. 『학용요의집록』이 『동유사서해집평』의 『대학』과 『중용』 부분을 거의 표절하다시피 작성했기 때문이다. 김문희 후손 측에서 『학용요의집록』을 간행하자 류건휴의 후손을 비롯한 전주 류씨 측은 크게 경악하지 않을 수 없었다. 『동유사서해집평』 원고지본에 수록된 발문을 보면 김문희 후손 측에 대하여 날선 감정을 감추지 않았다. 전주 류씨 측의 적극적인 변정辨正 작업을 통해 김문희 후손 측이 과오를 인정함으로써 『동유사서해집평』의 석인본을 간행할 무렵에는 갈등이 어느

정도 매듭지어진 것으로 보인다.[19]

한편『동유사서해집평』은 본래 목판본으로 간행될 예정이었으나 결국 이루어지지 못하고 1941년에 이르러서야 석인본으로 간행되었다. 목판본 간행이 무산된 자세한 경위는 알 수 없으나, 목판본을 제작할 때 석인본에 비해 비용이 월등히 많이 드는 점으로 미루어 문중의 경제적인 상황이 어려워진 것으로 추정된다.

정재 류치명의『주절휘요』와「독서쇄어」
정재 류치명의 생애와 학문[20]

류치명은 본관이 전주, 자가 성백誠伯이고, 호는 정재定齋다. 정조 원년인 1777년 10월 13일에 태어나서 철종 12년(1861) 10월에 85세를 일기로 사망했다. 고조부는 양파陽坡 류관현柳觀鉉(1692~1764)이고, 증조부는 류통원柳通源(1715~1778)이며, 조부는 류성휴柳星休(1738~1819)다. 아버지는 한평寒坪 류회문柳晦文(1758~1818)이며, 어머니는 한산 이씨로 이상정의 아들인 간암艮巖 이완李埦(1740~1789)의 딸이다. 그는 이상정의 외증손이 된다.

이상정의 학통은 동암 류장원과 손재損齋 남한조南漢朝(1744~1809)를 통하여 류치명에게 전해졌다. 류치명은 우선 동암 류장원·호곡壺谷 류범휴柳範休·한평 류회문의 가학을 전수받았다. 더구나 류치명은 이상정의 외증손으로 외가인 소호리에서 태어났다. 이상정은 류치명의 증조부 류통원에게 편지를 보내 골상이 비범한 증손자의 탄생을 축하하고 이름까지 지어 주었다.

류치명은 1781년 5세에 당시 58세의 나이로 학문적 성숙기에 있었던 종증조부 류장원에게 나아가 학문의 길로 들어선다. 이후 20살까지 류장원의 문하에서 가르침을 받아 이상정의 학문을 이어받았다. 이어 1797년 21세의 나이에 류치명은 부친 류회문의 편지를 들고서 당시 54세의 나이로 상주에 거주하고 있던 남한조를 찾아가 가르침을 청한다. 이어 남한조가 죽는 1809년까지 남한조의 가르침을 받았다. 류치명은 이상정의 학설을 이어 이理에 능동성을 적극적으로 부여하였다.

류치명은 1800년 24세에 자신의 첫 저술인『주절휘요』를 완성함으로써 주자와 퇴계를 계승하는 기반으로 삼았다. 1801년에는 상주 우산愚山에 머물고 있던 입재立齋 정종로鄭宗魯(1738~1816)를 만나기도 했다. 정종로는 우복愚伏 정경세鄭經世(1563~1633)의 증손자로서, 서애西厓 류성룡柳成龍(1542~1607)의 학통을 계승한 인물이다.

전주 류씨 수곡파가 안동 학계에서 주도적 역할을 한 시기는 1811년 8월 고산강회高山講會를 열면서부터다. 이때 이상정의 제자인 류범휴가 동주洞主로서 이상정의 성性과 도道의 여러 설에 대해 강론하였다. 류치명은 류범휴가 주도하는 이 학술회의에 참여하여 그 이름을 드러내기 시작했다.

안동 동남 지역의 유림을 주도하던 류범휴가 순조 23년(1823) 죽자 그뒤를 이어 류건휴·류휘문·류치명이 전주 류씨 문중의 학문을 이끌어 가게 되었다. 이들은 순조 31년(1831) 11월 기양서당에서 매달 초하루에 강의하는 규정을 정하고 문중 자제들을 가르쳤다. 한편 이해 10월 류치명은 고산서당에 주교主敎로 있으면서 유생들을 선발하여 교육하였다. 그런데 1832년 류휘문이 죽고 또 1838년 류건휴가 죽자 류치명은 전주 류씨 수곡파의 가학을 책임져야 했다.

철종 8년(1857) 5월에 만우정晩愚亭이 지어져 류치명과 그 문인들은 학문 토론을 할 수 있는 장소를 갖게 되었다. 이듬해 7월 류치엄·류치유와 함께 만우정에 들어가 류장원이 편찬한『사서찬주증보』를 교정하였다. 만우정은 류치명 생전은 물론 사후까지도 류치명 학맥의 학문과 사회 활동의 중심지 역할을 했다. 류치명을 중심으로 형성된 학단은 19세기 중반 이후 영남을 대표하는 학파로 성장하였다. 따라서 19세기 후반 영남에서 전개된 위정척사운동과 의병운동은 이 학파의 연원과 직간접으로 연결되어 있다. 류치명 학파는 주희와 퇴계의 학문에 철저했다.

『주절휘요』와 「독서쇄어」의 체재와 내용

①『주절휘요』

1800년 류치명 24세 때 그의 첫 저술이다. 류치명의 학문 기반은 『주절휘요』에 있고, 그 기반 위에서 학문을 실천하였다. 1800년은 류장원이 세상을 떠난 지 약 4년이 흘렀고, 남한조에게 입문한 지 3년째 되던 해였다. 학문적 전환기에『주절휘요』를 저술한 것은 일찍부터 자신의 학문 방향을 확고하게 정하겠다는 의도를 가진 것으로 이해할 수 있다.[21]

『주절휘요』는 류치명이『주자서절요朱子書節要』를 저본으로 삼았음을 알 수 있다. 이황이 주자학의 정수와 요체를 발췌하여『주자서절요』20권 10책을 집성한 것처럼, 류치명은 이를 다시 요약하여 학문을 위한 교재로 재구성한 것이다.『주자서절요』는『주자대전朱子大全』에 실려 있는 편지글 가운데서 학문의 요지를 취해 편저한 퇴계 성리학의 명저 가운데 하나다. 이황의 저술 유형 가운데 이와 같은 절요식節要式 학문 방법은 훗날 학자들의 학문하는 방법과 저술의 한 유형으로 많은 영향을 끼쳤다.[22]

『근사록』의 편제 방식을 전범으로 삼아 주제별로 요약하고 분류했다. 대주제를 도체道體·위학대요爲學大要·궁리窮理·주경主敬·역행力行·출처出處와 같이 6강목으로 분류했다. 그리고 그 아래에 다시 총 77조목으로 세분했다. 수재修齋 류정호柳廷鎬(1837~1907)는 발문에서 "정재 선생께서 스무살 무렵부터 『주자서절요』에 잠심하여 오랫동안 훤히 정통할 때까지 공부를 하였다. 대개 그 핵심을 얻은 것으로 드디어 『근사록』의 편목을 본받아 문門을 나누고 유類대로 모아서 제목을 『주절휘요』라고 하였다. 모두 4권 2책이다"[23]라고 전후 시말을 밝히고 있다.

류치명이 『주자서절요』에서 범위를 요약하고 요체를 추린 의도는 무엇이었을까? 다시 류정호의 발문을 살펴보자. "주자의 저술 가운데 『주자대전』이 세상에서 널리 읽히지만, 편질이 호양하여 마치 바다에 들어가 용을 보는 것 같았다. 후학들이 배우고자 하여도 아득하여 알기 어려운 것이 있었다. 이것이 퇴계 선생께서 『주자서절요』를 지은 까닭이었다. 이를 통해 황홀하게도 그 입구와 지름길의 말미암은 바를 알 수 있었고, 종묘백관의 성대함이 모두 그 안에 있음을 알게 되었다. 다만 그 시말을 편성하고 다듬은 것이 하나같이 『주자대전』의 차례를 따랐기 때문에, 문답의 사이에 성명性命의 심오함과 사물의 미세함이 종종 흩어지고 뒤섞여 있어 부류 별로 서로 따를 수 없었다."[24] 류치명의 의도는 학문적으로는 주자와 퇴계의 계승, 방법론으로는 주제별 핵심 요약이라고 정리할 수 있겠다.

이 책은 4권 2책으로 1909년 청송 부강서당鳧江書堂에서 이상정의 『약중편約中篇』·김종덕의 『성학정로聖學正路』와 함께 목판본으로 간행되었다.[25] 대원군 서원 철폐 이후 부강서당 재건에 필요한 기금을 조성할 목적으로 간행된 것이다. 이외에 부강서당 간본에는 고종 연간에 간행된 『석간문집石澗文集』이 있다. 부강서당에 수장되었던 『주절휘요』 판목 70점은 2003년에 한국국학진흥원에 기탁되었다.

권1은 「도체」편으로 태극太極·도도·이리·도기道器·이기理氣·음양陰陽·성성·인仁·인심도심人心道心·심성정心性情·중화中和 등의 항목, 「위학대요」편으로 총론·지행知行·계고원戒高遠·변의리辨義理·반구저기反求諸己·구인求仁·집의양기集義養氣 등의 항목 설명이 있다.

권2는 「궁리」편으로 총론·독서·궁격활법窮格活法 등의 논술이 있다. 권3은 「주경」편으로 총론·조존操存·함양·성찰·동정교양動靜交養·거경궁리居敬窮理 등을 서술하고 있다. 권4는 「역행」편으로 총론·극기·변화기질變化氣質·검신檢身·수사修辭·응사應事·처가處家·재용財用 등과, 「출처」편으로 총론·처세處世·고궁固窮·사군事君·거관居官·과학·변이단辨異端·관성현觀聖賢·자론위학공부自論爲學工夫 등의 항목으로 각각 구성되어 있다.

②「독서쇄어」[26]

『정재집定齋集』의 전체 규모는 원집原集이 36권 19책, 속집續集이 12권 6책, 부록이 5권 2책, 총 53권 27책으로 방대하다. 『정재집』의 초고본草稿本은 지금까지 고스란히 전해지고 있는데, 이 초고본을 바탕으로 문인들이 교정·산삭하여『정재집』이 간행된 것이다. 특이한 점은『정재집』에는 서문과 발문이 없다는 것이다. 원집은 아들 류지호와 문인 이돈우·김홍락·류정호·권연하 등이 가장초고家藏草稿를 바탕으로 교정·산삭하여 1883년 7월 안동의 용담사龍潭寺에서 목판으로 간행되었다. 그리고 속집과 부록은「연보」에 따르면 1901년 목판으로 간행되었다.

「독서쇄어」는 원집 권17·권18의 잡저와 속집 권7의 잡저에 각각 수록되어 있다. 원집에 수록된「독서쇄어」는 류치명이 58세가 되던 해에 저술한 것으로, 사서의 경의를 논한 내용이다. 서두에 총론에 해당하는 조목을 수록하였다. 이것은 그가 사서 전체에 대한 연구를 통하여 '태극·음양·이기·노불·육경' 등에 대한 견해를 기록한 것이다. 이어서『대학장구』·『중용장구』·『논어집주』·『맹자집주』의 차례로 자신의 훈석과 견해를 기록하였다.

속집에 수록된「독서쇄어」는 원집의「독서쇄어」를 완성하고 20여 년 후인 79세에 지었다. 경학에 관한 총괄적인 연구를 서술한 내용과 지도智島에서 유배 중에 기록한 내용이다. 류치명이 지도 유배 당시에『심경』과『근사록』을 읽고 변석한 것을 기록한「도중수록島中隨錄」등과 함께 수록되어 있다. 이러한 사실을 고려해 보면 유배 시절에 추가로 지은 것임이 틀림없다.

「독서쇄어」는 류치명이 일정한 형식을 갖추지 않고 사서를 읽으면서 자신의 견해를 부기해 놓은 것이다. 일제一齋 김성호金性昊 (1777~1845)의 문집『일제집』에 저자가 류치명의「독서쇄어」를 읽고 자신의 견해를 밝혀 놓은 글인「독류성백독서쇄어讀柳誠伯讀書瑣語」가 있다. 그는「독서쇄어」를 읽고 120여 항목의 내용을 발췌하여 인용한 다음, 다시 이를 평하거나 자신의 견해를 보완하는 형식으로 조목조목 열거하였다.

「독서쇄어」는 류치명의 경학적 인식을 엿볼 수 있는 중요한 저술이므로, 전체적인 내용 체계를 정리해야 한다.「독서쇄어」에 수록된 사서의 조목 수를 살펴보면,『대학』이 111조목으로 가장 많고, 다음으로『중용』이 92조목이다.『맹자』는 71조목이고,『논어』는 53조목이다. 이를 통해 류치명이 가장 큰 관심을 가지고 활발하게 논변을 시도한 것은『대학』과『중용』이고, 다음이『맹자』이며, 마지막이『논어』였음을 알 수 있다. 이와 같은 비중은『대학』과『중용』이 공부의 차례와 실천의 단서 그리고 성리사상과 수양론을 동시에 내포하고 있기 때문에 각별한 분석의 대상이 되었음을 짐작할 수 있다.

『논어』는 총 53조목 가운데 총론이 2조목이고, 총 20편 498장 가운데 14편 35장에 대해서만 논변하였다.『논어』는 전체적으로 편명의 순서에 맞게 자신의 견해를 기술해 놓았기 때문에 내용을 분류하기가 쉽다.『맹자』는 총 71조목 가운데 총론이 3조목이고, 총 14편 260장 가운데 27여 장에 대해서만 논변하였다.『맹자』는 전체적으로 편명의 순서에 맞게 서술해 놓은 것이 아니라 자신이 관심을 가졌던 일정한 주제에 대해서 길게 논변한 것이 많으므로 내용을 분류하기가 쉽지 않다.

「독서쇄어」에 나타난 서술상의 특징을 살펴보면 경서의 내용을 바탕으로 경의의 의미를 밝히고 있다.『논어』와『맹자』의 내용에 대해 논변한 것을 보면 원문에서 주로 '소위所謂~야也', '내시~乃是~', '차지위야此之謂也' 등과 같은 형식을 사용하여 경서와 성리학서 그리고 역사서의 내용에 근거하여 해석하고 있다. 또 논변을 위해 전거로 삼은 내용이 경서와 성리학서 등에 국한되어 있는 것으로 보아 『논어』와 『맹자』의 내용에 대해 종종 활발한 변석을 시도하고 있지만, 결국 주자학적 경학 체계 안에 있음을 알 수 있다.

그리고 역사적 인물의 사례를 들어 자신의 논리를 전개하고 있다. '충'의 의미를 설명하면서 공손홍公孫弘의 일을 인용한 것, '강자剛者'의 의미를 급암汲黯의 일을 인용하여 비교한 것, 자공子貢이 공자에게 정사에 대해 물은 일에 대해 태왕太王이 빈邠 땅을 떠나자 백성들이 따랐던 일과 장순張巡과 허원許遠의 일 등을 인용하여 설명하였다. 이와 같이 「독서쇄어」에서는 실제적인 사례를 통한 실증을 중시하고 있다.

봉촌 최상룡의 『사서변의』

봉촌 최상룡의 생애와 학문

최상룡은 본관이 경주, 초명은 상성象性, 자는 덕용德容, 호는 봉촌鳳村이다. 최상룡은 조선 개국원종공신으로 병조판서에 오른 최단崔鄲의 후손이다. 최단의 시호가 광정匡靖이므로 이 집안은 광정공파라 불린다. 최단의 세손 최동집崔東㠍이 광해군 9년(1616) 대구 칠계漆溪로 이주하여 세거함으로써 옻골 최씨가 되었다. 최상룡의 증조부는 최수형崔壽衡인데 군자감정軍資監正을 증직받았고, 조부는 최현석崔玄錫이며, 아버지는 최흥한崔興漢이다. 어머니는 신광준辛光俊의 딸인 영산 신씨靈山辛氏다.

최상룡은 어려서부터 영특하여 겨우 말을 알아들을 즈음에 어른들이 입으로 글자를 가르쳐 주면 문득 암송하여 잊어버리지 않았다. 7세에『십구사략』을 읽었고, 20세 때 족형 칠실漆室 최화진崔華鎭 문하에 나아가『심경』·『근사록』·『도산십도陶山十圖』등의 수업을 받았다. 이어서 최화진의 추천으로 입재立齋 정종로鄭宗魯의 문하에서 수학하였는데, 온 마음을 쏟아서 성리학을 탐구하였다.

최상룡은 최화진과 정종로에게 배운 뒤에 매산梅山 홍직필洪直弼 (1776~1853)을 찾아갔다. 이때 그는 37세로 순조 22년(1822)에 사마시에 합격하여 성균관 유생이 되었을 때다. 홍직필은 그와 이야기를 나누어 보고는 크게 기뻐하여 머무르게 하고는 사제간의 두터운 정을 쌓았다. 홍직필은 최상룡이 성균관을 떠난 후에도 편지를 보내 안부를 묻곤 하였다. 홍직필은 최상룡보다 10세 연상으로, 미호渼湖 김원행金元行 → 근재近齋 박윤원朴胤源으로 이어지는 학맥을 고산鼓山 임헌회任憲晦에게 전수해 준 기호학파의 거유였다. 퇴계학파의 정통을 이은 정종로의 문인이었던 최상룡이 기호학파의 학자에게 학문을 질정한다는 것은 당시에는 파격적인 일이었으며, 이를 통해 최상룡이 학파에 구애받지 않았음을 알 수 있다.[27] 그리고 순조 27년(1827)에는 천주교인 이경언李景彦의 처벌을 청하는 상소를 올렸다.

이후 향리에 독암서당讀巖書堂을 지어 후학 양성에 힘써서 배극소裵克紹·남수명南守明·이진용李震容을 비롯해 여러 문인을 배출하였다. 만년에 봉무정鳳舞亭을 지어서 오동나무와 대나무를 심고, 원근의 여러 벗과 학문을 강론하며 예를 익히고, 마을 사람들에게 권선징악을 강조하며 착한 풍속을 장려하였다.

그는 평생 학문에 전념한 학자답게 22권 11책의『봉촌집』을 남겼다. 이 문집은 고종 30년(1893) 후손 최영환 등이 편집하여 간행했다.

이 안에는 「재이록在邇錄」 2권·「소학췌의小學贅疑」 2권·「사서변의 대학」 2권·「사서변의 논어」 2권·「사서변의 맹자」 2권·「사서변의 중용」 2권·「계몽차의啓蒙箚疑」 2권·「성리관규性理管窺」·「경서팔도經書八圖」 등 학술적으로 매우 귀중한 자료가 들어 있다. 「재이록在邇錄」은 수신 제가에 대한 내용을 정리한 것이고, 「소학췌의」는 이수호李遂浩의 「소학집주증해小學集註增解」를 읽고 자신의 뜻을 붙인 것이다. 「사서변의」는 사서에 대한 주석서이고, 「계몽차의啓蒙箚疑」는 「역학계몽易學啓蒙」에 대한 자신의 견해를 밝힌 것이다.

최상룡은 경전 가운데 사경四經과 사서四書를 특별히 중시하여 '경서팔도經書八圖'를 그렸다. 그는 8종의 경서를 사경과 사서로 나누었는데, 이것이 그의 사경사서론四經四書論이다. 그가 말하는 경서經書란 사경과 사서를 포함하는 8종의 경전을 말한다. 최상룡이 사서보다 사경을 앞에 내세운 것은, 비록 그가 사서를 학문의 중심으로 여긴다고 하더라도, 그 근원에는 사경이 있음을 강조한 것이다. 최상룡의 경서에 대한 인식에서 특기할 만한 점은 『예기』를 포함시켜 사경의 체제를 구성하고 있다는 것이다.

경서는 8종이지만, 이를 경經과 전傳의 관련성을 가지고 검토해 보면 4종으로 나눌 수 있다는 말이다. 이 말은 『중용』의 명도明道는 『주역』의 정미精微한 도에 근원하고, 『대학』의 입덕入德은 『서경』의 왕도王道에 근본하고, 『논어』의 인仁은 『예기』의 예禮에 드러나고, 『맹자』의 반경벽사反經闢邪와 알욕존리遏欲存理는 『시경』의 성정선악性情善惡과 감발징창感發懲創에서 비롯되었다는 그의 견해에서 나온 것이다.

경전을 가지고 말하면 사경과 사서는 크게 4종으로 묶을 수 있지만,

공부를 가지고 말하면 이 4종 경전의 내용은 하나로 관통될 수 있다는 것이다. 『주역』의 대지大旨는 시時인데 『중용』의 간단間斷 없는 성誠이 곧 시고, 『서경』의 흠欽은 『대학』의 경敬이고, 『시경』의 사무사思無邪는 『맹자』의 존리알욕存理遏欲이며, 『예기』의 무불경毋不敬은 『논어』의 인을 행할 적에 경을 위주로 하는 것인데, 대지에 나아가 귀추를 자세히 살펴보면 사경과 사서의 요령이 또한 '경' 한 글자에서 벗어나지 않는다고 하였다. 퇴계는 경을 '성학聖學의 처음과 끝'이라 하였다.[28]

『사서변의』의 내용과 의의

『사서변의』는 사서에 대한 주석서다. 『대학』에서는 우리나라의 권근·송시열·이재·한원진 등의 학설을 참고하고, 특히 이언적의 『대학장구보유大學章句補遺』를 높이 평가하여 부설附說로 변론하고 있다. 『논어』·『맹자』·『중용』 등도 각 장의 항목에 따라 자신의 안설按說을 붙이고 있다. 그리고 사서 전체에는 '회왈誨曰'이라고 하여 스승인 정종로의 학설을 밝히고 있는 것이 특징이다.[29]

최상룡은 한국경학사에서 매우 주목해 볼 만한 인물이다. 그는 대산 이상정으로부터 비롯된 통간通看의 시각을 확고히 하여 학파와 당색에 구애되지 않고 기호학파의 학설까지 두루 참고하였다. 특히 주요한 설에 대해 동이득실을 고구考究하여 경학을 심도 있게 논변하는 차원으로 끌어올렸다.[30] 최상룡의 경학 연구 성과는 통합적 시각으로 소통적 담론을 하였다는 데 큰 의의가 있다. 그의 해석 성향은 이상정과 정종로를 통해 계발된 것으로, 19세기 영남의 경학 연구에 새로운 시각을 제공하였다.[31]

위에서 살펴본 바와 같이 대야 류건휴는 『동유사서해집평』을 찬술하였는데, 이 책에는 우리나라 선유의 설 74종이 인용서목에 들어 있다. 다만 이 책은 선유들의 설을 광범위하게 채집하기는 하였지만, 각각의 설에 대한 품평이 미진한 것이 흠이다. 이러한 한계를 극복한 것이 최상룡의 『사서변의』다.

최상룡은 이 책을 찬술하면서 이전 시기 류장원처럼 주자의 여러 설을 두루 참고하지도 않았고, 배상열처럼 중국 학자들의 설을 폭넓게 수집하지도 않았으며, 대야의 경우처럼 우리나라 선유의 설을 폭넓게 채집하지도 않았다. 그러나 퇴계학파 이상정·정경세 등의 학설과 함께 기호학파의 핵심인 이이·김장생·송시열·한원진·이재 등의 설을 심도 있게 논변했다. 일방적으로 기호학파의 설을 비판한 것이 아니라, 동이득실을 따져 적극 수용하기도 하고 날카롭게 비판하기도 하였다.

이러한 최상룡의 학문적 근원을 면암勉庵 최익현崔益鉉(1833~1906)은 『봉촌집』 서문에서 다음과 같이 정리했다.

> 봉촌 선생은 안으로는 칠실옹漆室翁을 스승으로 삼고 밖으로는 입재 정종로 선생에게서 열심히 공부하였다. 매산 홍직필 선생에 미쳐서는 그의 학문을 증익한 것이 많았으니, 연원과 교유가 분명하였다. 마침내 뜻을 고상하게 하여 벼슬에 나아가지 않고 걸음걸이 하나하나까지 엄격하여 법도가 있었다. 사서를 전문으로 하여 늙어서도 학문을 게을리 하지 않고 뜻을 발휘하여 저술하였다.[32]

칠실옹은 족형 최화진을 말한다. 최상룡은 처음에 그에게 배운 다음

정종로에게 입문하고, 그다음 홍직필에게까지 나아가 학문을 닦았다는 것이다. 사서를 전문으로 했다는 것은 사서를 깊이 연구하여 영남학파와 기호학파의 주요 설을 두루 논변했음을 말한 것이다.

그러고 나서 최익현은 또 다음과 같이 언급하고 있다. "주자의 학문이 한 번 전하고 두 번 전해지자 말만 외우고 뜻은 어둡게 되었다. 그래서 혼전渾全을 좋아하며 분개分開를 싫어하는 자가 있게 되었고, 말류를 좇으며 본원에 어두운 자가 있게 되었는데, 이들은 한 곳에만 천착하여 도리어 그 진면목을 잃어버렸으니 작은 일이 아니다. 공이 이를 두려워하여 이에 제가의 설을 취하고, 퇴계와 율곡 이하 선유의 설을 참조하였다. 근일 여러 선생의 의논을 아울러서 비교하고 살펴 동이를 끝까지 궁구하고 득실을 논하고 바로잡아 지극히 당연한 결론을 얻으려 노력하였다. 그 미언대의는 천명·인심·입도入道·적덕積德의 핵심과 기본에 관계된 것이었다."[33] 여기서 주목되는 것이 제가의 설을 취하고, 퇴계와 율곡 이후 선유의 설을 참조하고, 당대 여러 선생들의 설까지도 모두 논의 대상으로 하였다는 것과 각각의 설에 대해 동이를 끝까지 궁구하고 득실을 논하여 바로잡았다는 것이다.[34]

20세기 편찬서

회간 조독호의 『독서찬요』
회간 조독호의 생애와 활동
조독호는 본관이 함안咸安, 자는 주용周用, 호는 회간晦磵이다.

1843년 11월 6일 청송군 안덕면 장전리에서 동추同樞 조경방趙景滂의 현손으로 아버지 조기유趙其宥와 어머니 영양 이씨永陽李氏 사이에서 태어났다. 정절공貞節公 어계漁溪 조려趙旅의 후예로 입향조 망운望雲 조지趙址가 청송 안덕에 들어와 살면서 그 후손들이 세거하고 있다.

조독호는 1896년 3월 청송의진에 참여하였다. 1896년 3월 8일 안동 의진의 소모장召募將인 류시연柳時淵이 청송으로 들어와 청송군 관아의 군기 탈취를 시도하고 거의를 촉구하는 격문을 청송 유림들에게 보냈다. 이에 3월 10일 청송향교의 향원 100여 명과 함께 토적복수討賊復讐를 기치로 창의를 추진하였다. 3월 12일 청송 유림 200여 명과 함께 향회를 개최하여 창의하기로 하고, 이날 오후 객사에서 창의대장으로 심성지沈誠之를 추대하였다. 3월 15일 부장 조성박趙性璞·우익장 권성하權成夏·좌익장 김상길金相吉을 내정하고 참모와 서기 이하를 선발하였는데, 이때 조독호는 참모에 임명되었다. 조독호는 청송의진의 상영上營에서 창의대장 심성지를 배종하였으며, 청송의진이 진영을 해산하는 8월까지 활동하였다. 1914년 9월 8일 사망하였다. 저서로 『독서찬요』와 『회간집』이 있다.[35]

『독서찬요』의 체재와 편찬 과정

『독서찬요』는 14권 12책 목판본으로 권두에 조독호의 자서가 있고, 권말에 서석화의 발문이 있다. 권1은 「도체道體」, 권2는 「위학지요爲學之要」, 권3은 「치지致知」, 권4는 「존양存養」, 권5는 「역행力行」, 권6은 「제가齊家」, 권7은 「출처出處」, 권8은 「치도治道」, 권9는 「치법治法」, 권10은 「정사政事」, 권11은 「교인敎人」, 권12는 「계근戒謹」, 권13은 「변이단辨異端」, 권14는「관성현觀聖賢」으로 구성되어 있다.

권1의「도체」에는 태극·이기·사단칠정 등 85개 항목을 수록하고, 권2의「위학지요」에는 박학·심문·신사·명변·독행 등 94개 항목, 권3의「치지」에는 허심정려虛心靜慮·궁리 등 84개 항목, 권4의「존양」에는 동정·삼성·주경·양심 등 58개 항목, 권5의「역행」에는 극기·천선·개과·성의 등 39개 항목을 수록하고 있다.

권6의「제가」에는 효자지도와 오륜행실 등 29개 항목, 권7의「출처」에는 행신·본분·염치·살신성인·사생취의 등 17개 항목, 권8의「치도」에는 군왕의 수덕에 대해 이언적의「진수소進修疏」중 일강십목소一綱十目疏 등 24개 항목, 권9의「치법」에는 과거법·설교법·작상징벌 등 16개 항목을 수록하고 있다.

권10의「정사」에는 염치·근검·관대·시민여상 등 24개 항목, 권11의「교인」에는『소학』의 의의와 오륜 등의 21개 항목, 권12의「계근」에는 군주의 원소인遠小人·진현인進賢人의 요도 등 20개 항목, 권13의「변이단」에는 불·로·양·묵의 해독에 대한 논설 등 24개 항목, 권14의「관성현」에는 안자·증자·맹자·자사 등의 성인들과 그 밖의 현인들이 공자를 추모하는 사실 등 42개 항목을 수록하고 있다.

『독서찬요』는 조독호의 자서에 따르면『주자대전』·『회재문집』·『퇴계문집』·『대산문집』을 항상 애독하였기에『주자대전』의 어록과『대학혹문』·『맹자혹문』·『논어집주』·『맹자집주』·『중용장구』,『회재문집』의『구경연의』,『퇴계문집』의『언행록』,『대산문집』의『실기』에서 중요한 항목을 발췌해 14개 항목으로 분류해 편찬했다고 하였다.

책판은 경북 청송군 방호정方壺亭에 소장되어 있다가 2024년 4월 한국국학진흥원에 기탁되었다. 방호정은 조선 후기 학자 조준도趙遵道 (1576~1665)가 건립한 정자로 청송군 안덕면 신성리에 있다. 기탁된 책판은 1845년 간행된 조준도 문집『방호문집』책판 82장, 조기영趙基永 (1764~1841)이 함안 조씨 선조의 사적을 정리해 1906년 간행한『파산세록』책판 158장, 1863년 간행된 조기영의 문집『현은문집玄隱文集』책판 3장, 함안 조씨 삼대 다섯 인물의 글을 모아 1907년 간행한『현애세고玄厓世稿』책판 102장 등이다. 그리고 단종 사적과 관련된 내용을 모아 1914년 방호정에서 간행한『장릉사보』책판 121장, 1922년 간행한 독립운동가 조독호의 문집『회간문집晦磵文集』책판 56장,『독서찬요』책판 76장이 포함되어 있다.

『독서찬요』에 대해서는 아직 본격적인 연구 논문이 없다. 다만『민족문화대백과사전』등에는 1908년 조성현趙性玹 등이 간행한 것으로 소개되어 있다. 하지만 이 책의 편찬과 간행 과정에 대해 서석화가 남긴 기록이 있다. 이를 통해『독서찬요』의 편찬과 간행 과정 그리고 그 의의를 정리해 보고자 한다.

먼저 조독호는 무신년(1908) 동지에 쓴『독서찬요』서문에서 "서재에 머물며 한가한 틈에 주부자와 회재·퇴계·대산 세 선생의 책을 읽었다. 넓고 깊어서 중요한 가르침이 아닐 수 없었다. 배우는 자들이 단서를 찾아 힘을 쓰고 자신을 닦고 남을 다스리는 방법에 대해 강령과 조목이 두루 갖추어져 정미함이 극치를 이루고 있었다. 그러나 여러 편을 산견하는 자들은 찾아 열람하기가 쉽지 않다. 삼가『근사록』편례에 의거하여 부류에 따라 초록하니 모두 14편이 되었다. '사선생집설'이라고 이름했다. 단지 사적으로 열람하기에 편의를 위한 것이니 감히 찬집에는 비길 수 없다. 열람하는 자들의 용서를 바란다"[36]라고 그 편찬 의도를 밝히고 있다.

여기서 1908년이라는 시점은 어느 정도 원고가 정리된 때로 보인다. 그가 죽기 6년 전이다. 그가 오래전부터 읽어 왔던 주자와 회재 그리고 퇴계와 대산의 책에서 중요 내용을 초록해 왔을 것이고, 이를 『근사록』 편제에 따라 정리하는 작업을 해왔던 것으로 보인다. 그러다가 이 시점에 어느 정도 원고가 정리되었고, 그 이름을 '사선생집설'이라고 명명했던 것이다. 그러면서 겸손하게 개인적인 열람의 편의를 위한 작업이라고 그 의도를 밝히고 있다.

하지만 이때는 초고 상태였던 것으로 보인다. 임자년(1912) 서석화가 조독호에게 보낸 답장을 통해 서석화가 이 책을 교정 본 기록이 보이기 때문이다. 서석화는 여조겸呂祖謙이 편찬한 『문감文鑑』[37]과 『곤범閫範』[38]을 예로 들며 이러한 편찬 사업의 어려움을 다음과 같이 표현하고 있다. "이러한 사업은 편차編次가 어렵지 않다면 수교讎校가 진실로 어렵고, 수교가 어렵지 않다면 완전하고 정밀하기는 더욱 어렵습니다. 그러므로 여러 사람들의 생각을 모으는 자라야 쉽게 힘을 쓸 수 있고, 오랫동안 공력을 쌓은 자라야 실수가 드뭅니다. 채택함이 엷으면 완비되지 못할까 걱정되고, 채택함이 정밀하면 혹시 오류가 있을까 걱정됩니다."[39] 개인 저술 못지 않은 편찬 사업의 어려움을 토로하고 있다.

이 둘은 세 번이나 편지를 주고받으면서 서로의 의견을 물은 것으로 보인다.[40] 그러면서 서석화는 조심스럽게 자신의 의견을 개진한다. "주제넘게 말씀드리자면 타당하지 못한 부분과 의심나는 부분이 있습니다. 내 의견을 종이 여백에 표기하였고, 장황하여 미진한 부분은 별지에 적어 올립니다. 이치에 닿지 않는 말은 버리시고, 채택할 만한 말이 있다면 다시 한번 가필하셔서 진선진미에 이르시길 바랍니다."[41]

별지에 개진한 내용은 다음과 같다. "이 책은 여러 의견을 모아 편집한 것으로서 『근사록』의 편제를 모방하였습니다. 그래서 그 유래를 표시하여 적이 견주려는 뜻을 남기셨습니다. 이 뜻은 매우 좋으나 매 권 아래에 '근사록문목近思錄門目'이라는 다섯 자를 써넣은 것은 과잉이라고 생각됩니다. 삭제하는 것이 어떠신지요. '문목'이라는 두 글자도 또한 말에 병폐가 있는 것 같습니다."[42] 아마 조독호는 자신이 『근사록』 편제를 모방했음을 어떻게든 표시하려 했던 것으로 보인다. 하지만 서석화는 군이 그럴 필요가 없다고 판단했던 것이다. 그러지 않아도 이 책을 읽는 사람들이 이 책이 『근사록』 편제를 따랐다는 사실을 알 것이라고 생각했을 것이다.

하지만 이 책을 교정 보던 와중인 1914년 9월 조독호가 사망한다. 서석화는 이듬해인 을묘년(1915)에 조독호에 대한 애사哀辭를 쓴다. 여기에서 다음과 같은 아쉬움을 토로하고 있다. "편집한 한 부의 책자에 대한 교정 임무를 나에게 부탁하셨다. (…) 공이 성취한 아름다운 업적에 대해 나의 노둔함을 헤아리지 않고 증산增刪한 부분에 대해 공은 모두 수긍하시면서 '중간본이 완성되었으니 마땅히 다시 교감해야겠다'라고 말씀하셨다. 그러나 지금 천고의 객이 되어 버리셨다."[43] 이를 통해 이 책의 완성을 보지 못하고 조독호가 사망했음을 알 수 있다.

이후 이 책의 완성과 간행 작업은 그 자손들에게 맡겨졌던 것으로 보인다. 신유년(1921) 서석화가 쓴 『독서찬요』 발문이 『청석집清石集』 권11에 실려 있다. 여기에서 서석화는 주자가 『근사록』을 편집한 사례를 먼저 언급하며 그 공덕이 새로운 책을 저술한 것보다 배나 된다고 언급하고 있다. 후대인들이『근사록』의 편제를 모방하여 책들을 만들었다. 정휘암程徽庵[44]이『속근사록續近思錄』을, 채각헌蔡覺軒[45]이『근사별록近思別錄』을 지어 사문斯文에 도움이 되었음을 밝히고 있다. 그리고 나서 조독호의 일을 다음과 같이 평가하고 있다. "우리나라에 회간 처사 조공이 있었다. 고인의 학문에 종사하여 칠십 년을 궁구하여 깊이 있는 곳에 나아가 자득하지 않음이 없었다. 곧 회암서晦庵書를 취하여 편제를 따라 모아 편집했다. 또 우리 동방의 회재와 퇴계 두 선생과 대산 선생의 설을 그뒤에 붙였다."[46]

원고가 완성되지 않은 상태에서 조독호가 사망했다. 그러자 그의 큰아들 조성현趙性玹이 원고를 들고 여러 선생들에게 교정을 받았고, 이때 책 제목도『독서찬요』라고 지었다. 그리고 이 책을 간행하고자 하여 서석화에게 발문을 청했던 것이다. 조독호가 살아 있을 때 서로 책의 편차를 논의했던 사실을 잘 알고 있었기 때문이다. 서석화는 이 발문에서 이 책의 가치를 다음과 같이 평가하고 있다. "다만 아쉬운 건 회암의 설이 휘본徽本[47]에는 보이지 않는다는 사실이다. 그렇지만 요체의 상세함과 간략함은 비록 다르더라도 대체는 서로 멀지 않다. 우리 동방의 여러 선생의 가르침은 강역이 같고 연대도 서로 가까워, 유풍과 여운이 사람들의 이목을 물들일 수 있을 만하다."[48] 아마 조독호가 인용한 주자의 어록 중에 서석화가 참고했던『주자어류』휘본에는 없는 부분이 있었던 모양이다.

이를 통해『독서찬요』는 초고 상태에서 1908년 조독호 자신이 서문을 썼고, 이후 여러 차례 교정 작업을 거쳤음을 알 수 있다. 그러다가

1914년 9월 조독호가 사망했고, 이듬해인 1915년 서석화는 조독호에 대한 애사를 지었다. 이후 교정과 간행 작업은 자손들이 맡았던 것으로 보이고, 이러한 작업이 어느 정도 완성된 1921년 큰아들 조성현이 서석화에게 발문을 부탁했던 것이다. 이러한 과정에서 이 책의 제목도 '사선생집설'에서 '독서찬요'로 바뀐 것으로 보인다. 이 책은 목판으로 간행되었는데, 서석화에게 발문을 받은 1921년 즈음에 간행되지 않았을까 추측해 본다.

청석 서석화의 『경설유편』

청석 서석화의 생애와 학문

청석 서석화는 아버지 서효원徐孝源(1839~1897)의 영향을 많이 받았다. 그래서 서효원에 대해 먼저 알아보아야 한다. 서효원은 본관이 달성, 자는 백순百順, 호는 석간石澗이다. 증조부는 서활徐活이고, 부친 서문희徐汶熙와 모친 김병운金炳運의 딸 안동 김씨 사이에서 태어났다. 류치명의 문하에서 수학하였으며, 증조의 학통을 계승하였다. 경학과 성리학 분야에 조예가 깊었다. 만년에 부강서당鳬江書堂을 지어 후학 양성에 매진하였고, 김흥락金興洛·류치엄柳致儼·류정호柳廷鎬 등과 사단칠정론에 대해 강론하면서, 성리학 연구에 매진하였다. 1896년 유림들로부터 시작된 의병활동이 전국적으로 퍼져간 병신창의丙申倡義 때 남승철南升喆·심성지沈誠之 등과 의병을 일으켰다. 저서로 『석간문집石澗文集』8권 4책이 있다. 이 서적은 아들 서석화가 편집하여 간행하였다.

서석화는 자가 중온仲蘊, 호는 청석이다. 1860년 3월 청송군 부동면 상평리 달성 서씨 집성촌에서 태어났다. 어릴 적부터 글자를 베껴 쓰는 데 벽이 있어 필법에 조예가 있었다. 조부가 『대학』을 베껴 쓰라고 명하자 열흘도 지나기 전에 일을 끝냈는데, 자획의 구조가 노성한 사람과 다름이 없었다. 또한 어린 시절부터 주돈이의 「태극도」와 장재의 「서명」 그리고 퇴계와 정재의 글을 즐겨 읽었다. 여기에서 서석화의 중국과 조선 주자학에 대한 공부 이력을 알 수 있다.

1875년 16세에 소과에 응시하기도 하였다. 17세에 안동 금계에 있는 서산 김흥락에게 속수의 예를 올리고 학문을 배웠다. 이때 정재의 문인이었던 용암 김헌락·서전 김병모의 인정을 받기도 했다. 19세에 『주서절요』를 읽고 이를 대본으로 다른 글 중에 뜻이 서로 발명될 만한 것을 취해 단락마다 모아서 『초학일용』을 지었다. 이때부터 경전과 『심경』·『근사록』 등에 더욱 힘을 쏟았다. 특히 『중용』과 『대학』에 공력을 많이 들였다.

1894년 35세에 한성시에 나아갔다가 역병이 크게 유행하는 것을 보고 그날 바로 돌아왔다. 1897년 38세에 부친상을, 1899년에는 스승 김흥락의 상을 당했다. 그리고 1908년에는 모친상을 당했다. 1909년 부강서당에서 대산 이상정의 『약중편』, 천사 김종덕의 『성학정로』, 정재 류치명의 『주절휘요』를 간행했다. 그리고 1916년에는 부친 서효원의 문집을 간행했다. 만년에 면우 곽종석·회당 장석영 등 당대의 명유들과 토론하며 교유했다. 1924년 10월 65세의 나이로 세상을 떠났다.

『경설유편』의 편찬 의도

『경설유편』은 13권 7책으로 필사본이다. 필사본 상태의 유일본으로 남아 있는 것으로 보아 간행에는 이르지 못한 것으로 보인다. 『경설유편』은 퇴계 이황·갈암 이현일·대산 이상정·정재 류치명의 퇴계학파 대표적 경학가 네 명의 사서삼경에 관한 경설을 정선하여 채록해 놓은 경전 주석서다. 특히『대학』과『중용』중심으로 퇴계와 이상정의 경설을 집중적으로 채록해 놓고 있다. 서석화는 퇴계학파의 경설을 정리함에 있어,『중용』과『대학』에 관한 주석을 압도적으로 인용하였으며 뒤를 이어『논어』와『맹자』에 대한 주석을 다수 인용하였다. 이에 비하여『역경』·『서경』·『시경』에 관한 주석은 상대적으로 인용 빈도가 낮다. 또한 이상정의 경설에 대한 인용의 정도가 압도적으로 높고 뒤를 이어 퇴계의 경설을 다수 인용하였다. 이현일과 류치명은 상대적으로 낮다. 우리는 여기서 서석화가 파악한 퇴계학파 경설이 사서 중심, 더 좁게는『대학』·『중용』중심이며, 퇴계를 이어 이상정이 퇴계학파 경학의 종장으로 자리하고 있음을 확인할 수 있다.[49]

이 책이 13권 7책에 달하는 많은 분량임을 감안하면 오랜 세월 준비하고 정리했을 것 같은데, 정작 이 책의 편찬 과정에 대해서는 별로 기록을 남겨 놓지 않았다. 다만 그의 문집인『청석집』에 간략한 기록들이 보인다. 그리고『경설유편』서문에서 서석화 자신이 어느 정도 자신의 생각을 밝혀 놓았다. 이 기록들을 소개한 후『경설유편』의 편찬 과정과 의도를 정리해 보고자 한다. 먼저『청석집』에 나오는『경설유편』관련 기록들이다.

① 기유년(1909) 대산 선생의『약중편』과 천사의『성학정로』그리고 정재의『주절휘요』[50]를 부강서당에서 간행했다. 부강은 부친께서 창건하신 서당으로, 선현들을 모셔놓고 제사 지내기 위함이었으나, 나라

의 금지령 때문에 완공을 이루지 못했다. 공이 부친의 뜻을 이어받아 이 일을 해냈다. (…) 공이 지은 책으로는 『경설유편』과 문집 몇 권이 있다. 이를 세상에 유통시킨다면, 그의 시를 암송하고 그의 글을 읽는 자들이 반드시 그의 사람됨을 흠모하고 그의 세대를 논하게 될 것이다.[51]

②공이 지은 시와 문장 원고는 병이 들어서도 손수 교정을 보아 책 몇 권이 되었다. 또 『경설유편』이 있는데, 여러 현인들의 말을 가려내고 문목을 나눠 정리했다. 몇 권으로 완성되니 아울러 마땅히 간행해야 할 것이다.[52]

③마음을 고르게 하고 곰곰이 탐구하여 참된 지식을 몸소 체득하고자 했다. 그리고 후학들에게 도움을 주고자 하여 일찍이 여러 선생들의 문집 중에서 경의를 논변한 것들을 가려 뽑아 문목을 나눠 정리했다. 그렇게 해서 『경설유편』 몇 권을 완성했다. 배우는 자들이 일목요연하게 공부할 수 있도록 함이니, 마치 손바닥을 가리키는 것과 같았다.[53]

이 정도가 『청석집』에 나오는 『경설유편』 관련 기록들이다. 서석화 자신이 남긴 구체적 기록들이 없다 보니, 그가 죽은 후 후세대들이 남긴 기록들도 단편적인 내용들뿐이다. 다만 자손들과 후학들이 이 책을 간행하고자 하는 뜻을 갖고 있었던 것 같은데, 결국 간행에는 이르지 못했다.

다음으로 서석화가 1919년 지은 서문인 「사선생경설유편후서四先生

經說類編後序」의 내용을 살펴보자. 조금 길지만 전문을 인용한다.

조선의 명종 선조 연간에 우리 퇴도退陶 선생이 교남嶠南에서 태어나 사문斯文을 흥기시키는 것을 자신의 임무로 삼고 경전의 주지를 충분히 드러내되 한결같이 자양紫陽[54]의 본의를 따르며 일세의 인재를 길러내었다. 무릇 조정에 나아가면 용과 봉황처럼 날아올랐고, 초야에 은거하면 구슬과 옥처럼 반짝반짝 빛나 오직 선생의 가르침만이 교훈과 법도가 되지 않음이 없었다. 이는 또 우리 동방의 문명이 한 번 다스려진 때였다.

두 번 전하여 갈암葛庵 선생과 세 번 전하여 대산大山 선생이 시운을 타고 차례로 흥기하여 삼가 퇴계 선생의 법문을 수호한 것이 퇴계 선생께서 자양 부자를 대한 것과 같았다. 그래서 경전의 뜻을 분석한 것이 상세할수록 더욱 의미가 있고 오래될수록 더욱 폐단이 없어서, 덕과 재주를 이룬 자들이 무성하게 숲처럼 늘어섰다.

근세 정재定齋 선생이 또 명맥이 끊어질 즈음에 떨치고 일어나, 전해 오던 학문의 단서를 고찰하고 논증하여 그 말을 통해 그 마음을 얻었으니, 시대를 뛰어넘는 하나의 도가 지금까지 이르게 되었다. 경전을 담론하고 학문을 계승하는 문도들이 아직도 패도覇道를 물리치고 왕도王道를 존숭하며, 주자와 퇴계를 연원하여 공자를 종宗으로 여길 줄 알아, 이목이 미치는 바에 감흥이 더욱 깊었으니 차례로 연원의 적전을 전수한 것이 또한 아름답지 아니한가.

무릇 세대 간 거리가 채 백 년도 되기 전에 담화曇華[55]가 문득 나타나고, 장차 무너지려는 도가 아직 땅에 떨어지기 전에 해와 별이 다시 빛난다. 천운이 순환하여 인문이 밝아졌으니, 누가 그렇게 만든 것인가. 교남의

한 고을을 '해동추로海東鄒魯'라고 칭하게 된 것은 과연 이 누구의 힘인가. 나는 늦게 태어난 후학으로 삼가 몇 년 동안 글을 배워 보니, 사실 전체를 꿰뚫어 훤히 알기가 어려웠다. 이에 감히 네 선생의 문집을 취하여 경전의 뜻을 논변한 것을 채집하여 문門을 나누고 목目을 세워 각기 유형별로 모으니, 모두 13권을 얻었다.[56]

영남에서 퇴계가 주자의 본의를 따라 경전의 뜻을 밝혀 놓았고, 두 번째로 갈암이 그리고 세 번째로 대산이 일어나 퇴계의 학문을 이었다. 그리고 근래 정재가 일어나 명맥이 끊어져 가는 학문을 이어 하나의 도통으로 이었다는 것이다. 퇴계→갈암→대산→정재로 이어지는 이 거봉들이 담화가 문득 나타나듯, 해와 달이 다시 빛나듯 그렇게 끊이지 않고 이어져 왔다는 것이다.

여기서 하나 지적할 것은 위 인용문에서 밑줄 친 부분을 번역본에서는 "무릇 세대 간 거리가 채 백 년이 되기 전에 담화曇華(이단異端)가 문득 출현하여 도가 장차 무너지려 하였다. 그러나 땅에 실추되기 전에 해와 별이 다시 빛나"라고 해석했다. 아마 담화가 불교에서 말하는 꽃이니 이를 이단이라고 생각한 모양이다. 하지만 이 문장은 서로 대구를 이루고 있어 담화는 이단과 아무 상관이 없다. 여기서는 '일현담화一現曇華'로 인물이 우연히 한 번 왔다가 금세 가버리는 것을 비유한 표현이다.

즉 퇴계가 문득 출현하여 주자의 학문을 이었고, 잠시 쇠퇴했다가 채 백 년이 되기 전에 갈암이 또 나타나 퇴계의 학문을 이었다는 것이다. 그리고 잠시 쇠퇴했다가 또 백 년이 되기 전에 대산이 우뚝 출현하

여 다시 주자와 퇴계의 학문을 이었고, 또 잠시 쇠퇴했다가 근래 정재
가 갑자기 나타나 쇠잔해 가는 학문의 단서를 이었다는 것이다. 사실
여부를 떠나 서석화는 이렇게 영남의 경학적 전통이 이어져 왔다고 생
각한 것이다. 그래서 자기가 네 선생의 문집을 읽고 경전의 뜻을 논변
한 부분을 채집하여 문목을 나눠 정리했다는 것이다.

　이 서문을 지은 때가 언제인가. 1919년 아닌가. 그리고 서석화는
이후 5년을 더 살아 1924년에 죽었다. 어릴 때는 정재 문하에서 수학
한 부친과 서산 김흥락 밑에서 학문을 배웠다. 19세기 후반과 20세
기 초는 시대의 격동기이자 민족의 수난기였다. 새로운 학문이 물밀
듯 쏟아져 들어올 때였고, 외세의 압박이 거세질 때였다. 그러던 차에
1897년 부친상을 당하고, 급기야 1899년에는 스승 김흥락의 상을 당
했다. 이 시점에서 어떤 길을 갈 것인가. 개화의 길과 복고의 길, 의병
의 길과 학문의 길, 시대의 도도한 흐름 속에서 한 지식인의 고뇌는 깊
어갔을 것이다. 서석화가 선택한 길은 이후의 행적을 보면 알 수 있다.
1909년 부강서당에서 대산의 『약중편』, 천사의 『성학정로』, 정재의
『주절휘요』를 그리고 1916년에는 부친의 문집을 간행한 것을 보면 전
통 학문의 길을 통해 천운이 다시 돌아오길 기대했던 것 같다. 어찌 보
면 정재 이후 꺼져 가는 영남 퇴계학의 횃불을 자신이 다시 타오르게
하겠다는 자부심을 갖고 있지 않았을까 생각해 본다.

　참고로 『경설유편』을 편찬한 서석화의 의도를 기존 연구자들은 어
떻게 파악했는지 그 논지를 몇 가지 소개하고자 한다.

　① 이영호의 견해

종래 조선 주자학파의 경설회집이 주자 주석에 대한 회집이 많은 데 비해, 서석화는 경문에 대한 주석을 중심에 두고서 선대의 경설을 회집하였다는 것이다. 또한 그 인용의 빈도를 보자면 퇴계에 이어 대산 이상정을 퇴계학파 경학의 적전으로 평가하였다는 점이다. (…) 20세기에 들어와 퇴계에게서 발원된 경학을 정리한 것도 주목할 만한 점이다. (…) 조선의 주자학파 경학을 성립 가능케 한 두 키워드는 퇴계와 자파 경설의 축적을 통한 회집이었다. 그 대미에 서석화의『경설유편』이 있었던 것이다.[57]

② 설석규의 견해

『경설유편』을 저술한 것은 단순한 학문에 대한 현학적 관심에 따른 것이 아니라 국권을 상실한 민족적 위기상황에서 이황·이현일·이상정·류치명으로 이어지는 퇴계학파 학맥의 정체성을 확보하여 국권회복을 목표로 한 민족해방운동의 결속을 도모하기 위한 목적이 담겨 있음을 알 수 있다. (…) 나아가 퇴계학파 학봉계를 연원으로 하는 정재학파가 퇴계학파의 적통이라는 사실을 강조하고자 하는 의도도 작용하고 있었다고 보아야 할 것이다.[58]

③ 류영수의 견해

20세기 당시의 시대 상황과 결부시켜 보면, 청석과 청석의『경설유편』은 16세기 이후 퇴계학의 확고한 종지 가운데 하나로 자리잡은 경敬을 중심으로, 예법과 제도의 왕도를 보수하고 의義로서 발현하고자 하였고, 그것을 학자의 양심에서 드러내고자 했던 의지의 산물이라고

단정할 수 있다.[59]

④ 남윤덕의 견해

청석이 살았던 구한말은 한일합방·국권상실 등 민족적 위기의식
이 팽배했던 시기였다. 『경설유편』은 그러한 위기의식 속에서 편찬되
었다. 비록 청석이 직접 저술한 것은 아니지만 퇴계·갈암·대산·정재
의 경설을 『경설유편』에 정선해 넣은 사람은 바로 청석이다. 다만 『경
설유편』이 청석의 경학이론을 직접적으로 다룬 것이 아니라는 점에서
아쉬움은 있지만, 조선조 경학의 특성상 한 학파의 주요 인물들의 이
론을 자신의 시각에 맞추어 선별했다는 것 자체는 청석의 경학관을 간
접적으로 확인할 수 있는 단서가 된다. 이러한 사실은 우리에게 청석
이 『경설유편』을 편찬한 의도와 학봉학파의 경학적 특징을 살펴볼 수
있게 해 준다. 결과적으로 청석이 『경설유편』을 편찬한 의도는 당시
민족적 위기의식 속에서 새로운 구심점이 필요했던 이유와 자신이 몸
담았던 학봉학파에 대한 학문적 자부심을 되살리고자 했던 의지에서
찾을 수 있겠다.[60]

맺음말

지금까지 『경설유편』에 이르는 길을 살펴보았다. 18세기에 편찬된
동암 류장원의 『사서찬주증보』와 괴담 배상열의 『사서찬요』를, 이어
서 19세기에 편찬된 대야 류건휴의 『동유사서해집평』과 정재 류치명

의 『주절휘요』와 「독서쇄어」 그리고 봉촌 최상룡의 『사서변의』를, 다음으로 20세기 초에 편찬된 회간 조독호의 『독서찬요』와 청석 서석화의 『경설유편』을 정리해 보았다. 이외에도 필자가 포착하지 못한 또 다른 저술들이 있을 것이다. 이 부분은 새로운 자료 발굴과 연구를 통해 빈 공간을 메워 가야 할 것이다.

처음에 『경설유편』을 놓고 어떻게 연구를 시작해야 할지 막막했다. 그래서 서석화의 문집이 있음을 알고 그의 문집인 『청석집』을 살펴보게 되었다. 그러다가 조독호의 『독서찬요』를 알게 되었고, 이 둘의 관계를 알아봐야겠다고 생각했다. 이 과정에서 선행 연구들을 정리하면서 그 이전 시기의 여러 저술이 있었음을 알게 되었고, 이들을 하나의 흐름으로 정리해 보자는 마음을 먹게 되었다. 하지만 각 편찬서에 대한 내용을 숙지하지 못한 상태에서 기존 연구들을 정리하다 보니 솔직히 수박 겉핥기가 되어 버렸다. 미숙한 부분들은 훗날의 연구를 기약할 것이고, 혹시 오류가 있다면 그 책임은 선학들에게 있는 것이 아니라 전적으로 필자에게 있음을 밝혀둔다.

조선 후기 영남 퇴계학파의 경학 연구를 어떻게 볼 것인가. 이 문제를 논하기에 앞서 위에서도 간략히 언급했지만 전주 류씨 수곡파의 가학을 먼저 언급하지 않을 수 없다. 조선 후기 안동 일대에 세거했던 전주 류씨 수곡파는 같은 문중 사람끼리 사제지간이 되거나 학문을 주제로 서신 왕복과 강학 활동을 벌이는 등 여느 학맥에 버금가는 네트워크를 형성했다.[61] 류장원과 류건휴가 사제지간이 되고, 류장원 사후에 류건휴가 류범휴 등과 학문을 강론한 것이 그 예라고 할 수 있다. 이러한 배경에서 류건휴는 류장원을 통해 이상정의 학맥을 계승하였으며,

평생에 걸쳐『동유사서해집평』을 저술함으로써 영남 최초로 조선 유학자의 사서 경설을 정리하였다.

전주 류씨 수곡파는 이황에서 김성일·이현일·이재·이상정으로 이어지는 퇴계학을 계승하고 세칭 '소퇴계'로 일컬어지는 이상정의 학문을 '호학'으로 명명하여 발전시켰다. 그러면서 가학으로는 김성일 이후 류복기·류우잠·류직 등을 거쳐 내려온 학문적 전통을 류승현·류관현 형제, 류치명과 류치호·류치엄·류치유·류기호·류필영 등이 더욱 발전시켜 나갔던 것이다. 이러한 학문적 업적에 근거하여 전주 류씨 수곡파는 구한말에는 위정척사운동과 의병운동에 주도적으로 참여했다. 그리고 일제강점기에는 수십 명의 독립운동가가 배출되어 우리나라의 독립과 광복을 위해 투쟁했다.[62]

이상정의 퇴계학과 '통간'이라는 학문 방법론으로 무장한 일단의 지식인들이 조선 후기 영남 지역을 수놓게 된다. 이들은 서로 사승 관계로 맺어지면서 수백 년을 면면히 이어오게 된다. 류장원과 류건휴 그리고 류치명 등 전주 류씨 수곡파가 큰 흐름을 이루면서, 그사이 배상열과 최상룡이 나타나 새로운 열기를 불어넣었다. 최상룡은 이상정의 학문을 이은 정종로 문하에서 수학하여 기호학파까지 아우르는 학문적 역량을 보여 주었다. 그리고 19세기 후반과 20세기 초에는 류치명의 학문을 계승한 조독호와 서석화가 영남 경학 연구의 맥을 이어 나갔다. 이들의 경학 연구는 주자와 퇴계에 충실했다. 따라서 사서삼경을 연구하면서도 그 중심은 사서에 두었고, 사서 중에서도 주로『대학』과『중용』에 집중했다. 주자의 정통주의 그리고 퇴계의 '이'와 '경' 중심의 철학, 이를 통해 난세를 극복하고 세상의 중심을 회복하고자 하는 의도가 강했던 것으로 보인다. 세상은 쉴 새 없이 변한다. 그 변화의 와중에 중심을 어디에 둘 것인가. 순간의 찰나에 불과한 현재를 놓고 과거와 미래가 충돌한다. 과거가 미래를 구할 수 있을 것인가. 과거의 가치는 어디에 있는 것인가. 영남 퇴계학의 강고하면서도 면면한 흐름은 이러한 질문을 던지고 있다고 생각된다.

참고문헌

강지은, 「柳健休『東儒論語解集評』에 나타난 조선유학사의 특징」, 『공자학』 47, 한국공자
학회, 2022.

권오영, 「무실의 가학과 학문 경향」, 『안동 무실 마을-문헌의 향기로 남다』, 예문서원,
2008.

금장태, 「한국 經學에서 계승과 개혁」, 『대동문화연구』 제49집, 성균관대 대동문화연구
원, 2005.

김순현, 「19세기 嶺南 儒學者의 孟子 解釋 研究 : 崔象龍, 李震相, 郭鍾錫을 중심으로」, 대구
한의대 석사학위논문, 2018.

남윤덕, 「청석 서석화의 『경설유편』에 나타난 학봉학파의 경학적 특징 연구」, 『동양학』
제80집, 단국대 동양학연구원, 2020.

남재주, 「『퇴계학자료총서』 제8차분 해제 :『東巖集』-柳長源 저」, 『퇴계학』 16, 안동대학
교 퇴계학연구소, 2007.

류기수, 『定齋 柳致明의 「讀書瑣語」 譯注 :『論語』·『孟子』를 중심으로』, 고려대 석사학위논
문, 2015.

류영수, 『全州柳氏 水谷派 家學의 형성과 전개』, 경북대 석사학위논문, 2008.

_____, 『定齋 柳致明 經學 研究』, 경북대 박사학위논문, 2012.

_____, 『경설유편 학술회의 발표 논문집』, 2018.

류탁일, 「퇴계의 문헌관과 문헌학적 학풍의 전개」, 『퇴계학연구』 2집, 단국대 퇴계학연
구소, 1988.

설석규, 『경설유편』 해제, 한국국학진흥원, 2004.

안병걸,「退溪學派의 四書註說考」,『안동문화』8, 안동대학교 안동문화연구소, 1987.

_____,「槐潭 裵相說의 〈道學六圖〉解題」,『안동문화』8, 안동대학교 안동문화연구소, 1987.

_____,「東巖 柳長源의 經學思想」,『퇴계학』1, 안동대학교 퇴계학연구소, 1989.

윤기륭,「鳳村 崔象龍의『논어』해석의 특징과 경학사적 위상」,『대동문화연구』92, 성균관대 대동문화연구원, 2015.

_____,『崔象龍의『論語辨疑』譯註』, 성균관대 박사학위논문, 2017.

이승희,「대야 류건휴의『동유사서해집평』연구」, 고려대학교 석사학위논문, 2010.

이영호,「退溪『論語』解釋의 經學的 特徵과 그 繼承樣相」,『퇴계학과 한국문화』36, 경북대 퇴계학연구소, 2005.

_____,「韓國經學資料集成의 자료적 특징과 그 보완 및 연구의 방향—韓國經學資料集成 所載 論語註釋을 중심으로」,『대동문화연구』49, 성균관대 대동문화연구원, 2005.

_____,「조선 논어학의 형성과 전개양상」,『동양철학연구』59, 동양철학연구회, 2009.

_____,『국역 경설유편』해제, 한국국학진흥원, 2017.

이혜인,『봉촌 최상룡의 맹자 해석 연구』, 성균관대 석사학위논문, 2014.

전병철,「槐潭 裵相說의『大學纂要』에 나타난 중국 四書註釋書 수용 양상」,『동방한문학』66, 동방한문학회, 2016.

정의우, 전주유씨 수곡파와 이현 핑촌 왕씨의 학문적 연원과 계승 ,『안동학연구』제6집, 한국국학진흥원, 2007.

조준호,「『東儒四書解集評』의 寫本과 그 가치」,『대동문화연구』77, 대동문화연구원, 2012.

_____,「柳健休『東儒論語解集評』의 研究 및 譯註」, 성균관대 박사학위논문, 2016.

최석기,「鳳村 崔象龍의 학문성향과 경학론」,『한문학보』17, 우리한문학회, 2007.

_____, 「鳳村 崔象龍의『大學』解釋의 特徵과 그 意味」,『한문학보』18, 우리한문학회, 2008a.

_____, 「조선 후기 영남의 經學研究와 소통의 모색」,『한국한문학연구』41, 한국한문학회, 2008b.

_____, 「『中庸』의 分節問題와 崔象龍의 解釋」,『한문학보』19, 우리한문학회, 2008.

_____, 「槐潭 裵相說의『中庸』分節說」,『한문학보』26, 우리한문학회, 2012.

1 최석기, 「조선 후기 영남의 經學硏究와 소통의 모색」, 『한국한문학연구』 41, 한국한문학회, 2008, 172쪽 참조.
2 권오영, 「무실의 가학과 학문 경향」, 『안동 무실 마을-문헌의 향기로 남다』, 예문서원, 2008, 74쪽.
3 최석기, 「鳳村 崔象龍의 학문성향과 경학론」, 『한문학본』 17, 우리한문학회, 2007, 619쪽.
4 권오영, 위의 책, 2008, 58쪽.
5 권오영, 위의 책, 2008, 57쪽.
6 권오영, 위의 책, 2008, 77~78쪽.
7 남재주, 「『퇴계학자료총서』 제8차분 해제 : 『東巖集』-柳長源 저」, 『退溪學』 16, 안동대학교 퇴계학연구소, 2007, 193쪽.
8 엷은 먹으로 곁에 길게 칠함.
9 위 내용은 디지털안동문화대전과 전병철, 「槐潭 裵相說의 『大學纂要』에 나타난 중국 四書註釋書 수용 양상」, 『東方漢文學』 66, 동방한문학회, 2016 참조.
10 전병철, 위의 책, 2016, 224쪽.
11 최석기, 「槐潭 裵相說의 『中庸』 分節說」, 『漢文學報』 26, 우리한문학회, 2012, 303쪽.
12 디지털장서각 참조.
13 이 부분은 조준호, 「柳健休 『東儒論語解集評』의 硏究 및 譯註」, 성균관대 박사학위논문, 2016, 15~20쪽 참조.
14 이 부분은 다음을 참조했다. 조준호, 「『東儒四書解集評』의 寫本과 그 가치」, 『大東文化硏究』 77, 대동문화연구원, 2012; 조준호, 「柳健休 『東儒論語解集評』의 硏究 및 譯註」, 성균관대 박사학위논문, 2016.
15 금장태, 「한국 經學에서 계승과 개혁」, 『대동문화연구』 제49집, 성균관대 대동문화연구원, 2005, 14쪽.
16 조준호, 위의 책, 2012, 407쪽.
17 이를 소개하면 다음과 같다. 『양촌집』, 『회재집』, 『퇴계집』, 『월천집』, 『고봉집』, 『우계집』, 『율곡집』, 『학봉집』, 『동강집』, 『서애집』, 『간재집』, 『한강집』, 『우복집』, 『사계집』, 『경당집』, 『靜觀齋集』(李端相), 『久庵集』(韓百謙), 『미수기언』, 『존재집』, 『남계집』, 『우암집』, 『갈암집』, 『명재집』, 『우담집』, 『밀암집』, 『농암집』, 『屛谷集』(權榘), 『淸臺集』(權相一), 『塤篪集』(鄭萬陽, 鄭葵陽), 『霽山集』, 『九思堂集』(金樂行), 『대산집』, 『도암집』, 『櫟泉集』(宋明欽), 『남당집』, 『노애집』(류도원), 『蘭谷集』(金江漢), 『川沙集』(金宗德), 『后山集』(金宗洙), 『손재집』, 『동암집』, 『晩谷集』(趙述道), 『壺谷集』(柳範休), 『約齋集』(權炳), 『槐潭集』(배상열), 『桐湖集』(李世弼), 『竹陰集』(趙希逸), 『拙齋集』, 『寒坪集』(柳晦文), 『釋疑』(퇴계 제자), 『퇴계선생언행록』, 『朱書刊補』(李栽), 『同異考』(韓元震), 『四書發微』, 『辨疑』, 『纂註增補』(류장원), 『심경석의』, 『陶南講錄』(拜鄭立齋時記聞), 『廬江講錄』, 『指南』, 『華林講錄』 金橘, 朴琮, 朴泰初, 金叔涵, 金直卿, 沈明仲, 鄭景由, 李箕疇, 金日章, 柳洛文, 李秉夏, 柳致明 등이다.
18 이영호, 「退溪 『論語』 解釋의 經學的 特徵과 그 繼承樣相」, 『퇴계학과 한국문화』 36, 경북대

학교 퇴계연구소, 2005a, 227쪽.

19 『학용요의집록』 출간을 둘러싼 시비 문제를 참고할 만한 논문으로는 이승희, 「대야 류건휴의 『동유사서해집평』 연구」(고려대학교 석사학위논문, 2010)가 있다.

20 류영수, 『定齋 柳致明 經學 硏究』, 경북대 박사학위논문, 2012, 6~24쪽; 권오영, 앞의 책, 2008, 79~82쪽 참조.

21 류영수, 위의 논문, 2012, 64쪽.

22 류탁일, 「퇴계의 문헌관과 문헌학적 학풍의 전개」, 『퇴계학연구』 2집, 단국대 퇴계학연구소, 1988 참조.

23 "先師定齋先生, 自妙年, 潛心於此書, 經歷諳練之久, 蓋有得其肯綮者. 遂倣近思篇目, 分門類彙, 題曰 朱節彙要, 凡得四卷二冊."

24 "朱子書有大全, 遍行於天下, 而篇帙浩穰, 如入海觀龍. 後生承學 有未易以涯涘而窺測者, 此退陶夫子節要之所以作也. 於是, 而悅然得其門路蹊逕之所由, 而知宗廟百官之盛盡在於其中矣. 第其編摩始末, 一遵大全次序, 故問答之間, 性命深奧, 事物微細, 往往散見錯出, 有不得以類相從."

25 "己酉季春日, 靑松鳧江書堂藏板, 約中篇, 聖學正路, 同時幷刊."

26 류기유, 『定齋 柳致明의 「讀書瑣語」 譯注 : 『論語』·『孟子』를 중심으로』, 고려대 석사학위논문, 2015, 12~15쪽; 류영수, 위의 논문, 2012, 117~122쪽 참조.

27 최석기, 앞의 논문, 622~623쪽.

28 윤기륜, 『崔象龍의 『論語辨疑』 譯註』, 성균관대 박사학위논문, 2017, 20~24쪽.

29 윤기륜, 위의 논문 2017, 13~14쪽.

30 최석기, 위의 논문, 2007, 643쪽.

31 최석기, 앞의 논문, 2008a, 201쪽.

32 "鳳村公內以漆室翁爲師, 外而服勤於立齋鄭先生, 以及于梅山洪先生, 而資益洪多, 則淵源交遊, 尤甚端的. 乃尙志東岡, 一步一趨, 繩尺斬然, 專門四子, 老而靡倦, 發揮著述."

33 "一傳再傳, 誦言迷指. 樂渾全而惡分開者, 有之, 逐末流而昧本原者, 有之, 而繳繞穿鑿, 反失其眞, 非細故也. 公爲是之懼, 乃取諸家之說, 參以退栗以下, 幷近日諸先生議論, 比竝較量, 究極同異, 論正得失, 務得至當之歸, 則其微言大義, 有關於天命人心入道積德之肯綮基本."

34 최석기, 위의 논문, 2007, 625~626쪽.

35 디지털청송문화대전 참조.

36 "齋居閒隙, 讀朱夫子及晦庵大山三先生書, 浩穰涵負, 莫非要訓, 而於學者求端用力修己治人之方, 綱條備具, 精微極致. 然散見諸篇者, 未易究覽, 謹依近思錄例, 隨類抄錄, 凡爲十四編, 名曰四先生輯說. 只是便於私覽, 非敢擬纂輯, 幸覽者之恕焉."

37 여조겸이 송나라의 문장을 모아 엮은 책이다. 『송문감宋文鑑』 또는 『황조문감皇朝文鑑』이라고도 한다.

38 부녀자가 집안에서 지켜야 할 범절을 이르는 말인데, 여조겸이 지은 책의 제목이다.

39 『淸石集』 권5 「答趙晦潤 壬子」, "此等事業, 非編次之難, 讎校之實難, 非讎校之難, 能十分完粹之爲尤難也. 是以, 集衆思者易爲力, 積久功者鮮有失, 探之薄而猶恐其或欠完備, 擇之精而猶憂其或有紕謬."

40 "三復來諭, 仰認盛意懇懇乎."

41 "故僣不自揆, 凡有未安處, 可疑處, 輒以揣籥之見, 拈標紙頭, 其章皇未盡者, 別紙仰貢. 言不中理, 固宜齚齓, 如有可採, 幸更加修潤, 期到盡美盡善, 如何?"

42　"此書蒐輯, 旣倣近思錄篇第, 則標識其由, 以存竊比之意, 此意儘好, 而每卷下, 輒書近思錄門 目五字, 恐涉繁剩, 去之如何? 門目二字, 亦恐病於辭矣."

43　『淸石集』권12「趙晦礵哀辭 乙卯」, "以所編一部冊子, 謬屬梳洗整頓之責. … 公成就美業, 不 計疏鹵, 妄有所增刪, 公皆首肯之, 具謂中本成, 當再勘, 而今千古矣."

44　정약용程若庸을 말한다. 자는 봉원逢原, 호는 물재勿齋 또는 휘암으로 남송 때 학자다. 주자 의 학문을 종주로 하여 남송의 정단몽程端蒙이 편찬한『성리자훈性理字訓』을 재편집하여 『성리자훈강의性理字訓講義』를 편찬하였다. 그외 저술로『태극홍범도설太極洪範圖說』이 있다.

45　채모蔡模를 말한다. 자는 중각仲覺이고 호는 각헌이다. 건안建安 사람이다. 『사서집소』는 『맹자집소』만 전해지는데, 그 내용은 주희의『맹자집주』원문을 나열하고 그 뜻을 밝히거나 증명과 부연을 가한 것이다.

46　『淸石集』권11「趙晦礵讀書纂要跋 辛酉」, "吾州有晦礵處士趙公, 從事古人之學, 窮居玩賾 七十年, 不無深造而自得者. 逐取晦庵書, 逐篇彙輯, 復以吾東方晦齋退溪兩夫子及大山先生 說, 搬附其後."

47　『주자어류』의 여러 판본 중 가정 12년(1219) 황사의가 편찬한 본을 '촉본蜀本', 순우 12년 (1252) 왕필이 후속 편찬한 본을 '휘본徽本'이라고 한다. 이밖에 가정 8년(1215) 지주池州에 서 판각한 '지록池錄', 가희 2년(1238) 요주饒州에서 판각한 '요록饒錄', 순우 9년(1249) 채 항蔡抗이 32명의 기록을 더 모아 요주에서 판각한 '요후록饒後錄', 함순 1년(1265) 오견吳堅 이 앞의 세 본에 들지 않은 29명의 기록을 모으고 또 4명의 기록을 증보하여 건안建安에서 판각한 '건록建錄', 이를 분류하여 편집한 '어류語類' 등이 있었다. 함순 6년(1270) 여정덕이 여러 판본을 모두 취합하여 정리한 것이 지금의 통행본이다.

48　"但晦庵說, 未見徽本, 可恨. 然要之詳略雖殊, 大體不相遠. 至若我東諸先生訓, 則疆域旣同, 年 代又近, 流風餘韻, 尙濡染人耳目."

49　이영호,『국역 경설유편』해제, 한국국학진흥원, 2017.

50　류치명이 주희의『주자대전』의 내용을 요약하여 편집한 책이다. 4권 2책으로 목판본이다.

51　『淸石集』「行狀」, "己酉, 刊行大山先生約中篇川沙聖學正名定齋朱節彙要于亀江書堂, 亀江乃 先公所刱, 而爲先賢尸祝計也. 拘邦禁未果, 公追述遺志, 有是役. (…) 公所著有經說 編及文集 若干卷, 使其公行于世, 則誦其詩讀其書者, 必當慕其人而論其世也."

52　『淸石集』권14「墓碣銘并序」, "公所著詩文稿, 臨病手經刪裁焉, 畧干卷. 又有經說 編, 搬取諸 賢, 分門列目, 裒成若干卷, 并當印行."

53　『淸石集』권14「遺事」, "平心以玩究, 須要眞知實得, 而又眷眷於嘉惠後學之意, 盖嘗搬取諸先 生集中經義之論辨者, 分門列目, 裒成經說 編, 畧干卷, 使學者瞭然, 如指諸掌."

54　주자를 말한다.

55　담화는 불교에서 말하는 일현담화一現曇華로, 세상일이나 인물이 우연히 한 번 왔다가 금세 가버리는 것을 비유한다.

56　『經說類編』「四先生經說類編後序」"國朝明宣之際, 我退陶先生, 作於嶠南, 以興起斯文爲己 任, 發揮經旨, 壹遵紫陽本意, 陶鑄一世人材. 凡麗于朝, 而龍矯鳳褰, 鄒于野, 而珠媚玉輝, 莫 不惟先生之教是訓是式. 此又吾東方文明一治之會也. 再傳而葛庵先生, 三傳而大山先生, 乘運 迭起, 謹守先生法門, 猶先生之於紫陽. 所以辨析經旨者, 愈詳而愈有味, 愈久而愈無弊, 成德 達才, 菀然林立. 近世定齋先生, 又振起於垂絶之際, 考論乎相傳之緖, 因其語而得其心, 曠世一 揆, 式至于今日. 譚經承學之徒, 尙知黜覇而尊王, 溯朱退而宗孔氏, 耳目所逮, 興感更深, 迭次

346

傳受之的, 不亦懿哉. 夫世之相距也, 間不百年, 而曡華輒現, 道之將廢也, 未墜於地, 而日星復耀. 天運之循環, 人文之宣朗, 是孰使之然. 而嶠南一省, 稱爲海東鄒魯者, 果伊誰之力歟. 錫華晩生末學, 竊嘗受讀有年, 實難於總貫會通. 乃敢取四先生集, 采撫經旨論辨者, 分門立目, 各以類從, 凡得十三卷."

57 이영호, 앞의 책, 2017.

58 설석규, 『경설유편』 해제, 한국국학진흥원, 2004.

59 류영수, 『『경설유편』 학술회의 발표 논문집』, 2018, 57~58쪽.

60 남윤덕, 「청석 서석화의 『경설유편』에 나타난 학봉학파의 경학적 특징 연구」, 『동양학』 제80집, 단국대 동양학연구원, 2020, 18쪽.

61 이와 관련된 논저로는 정의우, 「전주 류씨 수곡파와 이현 굉촌 왕씨의 학문적 연원과 계승」, 『안동학연구』 제6집(한국국학진흥원, 2007), 안동대학교 안동문화연구소, 『안동 무실 마을-문헌의 향기로 남다』(예문서원, 2008), 류영수의 「全州柳氏 水谷派 家學의 형성과 전개」(경북대 석사학위논문, 2008) 등을 참고할 만하다.

62 권오영, 위의 책, 2008, 87쪽.

경설유편

1판 1쇄 발행 2025년 11월 29일

지은이 · 이근호 박준철 김용재 함영대 이영호 김방울
펴낸이 · 주연선

(주)은행나무
04035 서울특별시 마포구 양화로11길 54
전화 · 02)3143-0651~3 | 팩스 · 02)3143-0654
신고번호 · 제1997-000168호(1997. 12. 12)
www.ehbook.co.kr
ehbook@ehbook.co.kr

ISBN 979-11-6737-614-5 (93910)